地球の食卓

世界24か国の家族のごはん

エンサダ・デュドと夫のラシムは、いまでもサラエボの伝統的な肉屋やグリーン・マーケットで買い物をする。この新しくできた、品揃え豊富なスーパーマーケットで買い物をすれば、1度で済むし、高品質の保存食品を安く買えるのが魅力だ。集中管理されて世界的に広がる食料品店は、個人消費者を喜ばせるとともに、昔ながらの暮らしを脅かしている。前ページ：ブライアン・フェルナンデスとブリアンナ・フェルナンデスが、家族で食料品の買い出しをした帰り道、ミニバンの後部座席で、テキサスならではの大きなパンドゥルセ（菓子パン）にかぶりついている。

地球の食卓

世界24か国の家族のごはん

ピーター・メンツェル＋フェイス・ダルージオ

TOTO出版

22

30

36

46

74

82

96

106

132

140

144

156

180

186

196

206

234

246

252

260

目次

序文　60億人の食卓
　　　マリオン・ネスル ……………… 6
はじめに　ごはんができたよ ……………… 11

オーストラリア　ブラウンさん一家 ……………… 22
　　　　　　　モリーさん一家 ……………… 30
ブータン　ナムガイさん一家 ……………… 36
ボスニア・ヘルツェゴビナ　デュドさん一家 ……………… 46

エッセイ-1　ベイクド、ボイルド、
　　　　　ロースト、アンド・フライド
　　　　　アルフレッド・W・クロスビー ……………… 52
フォト・ギャラリー　世界の台所 ……………… 54

チャド　アブバカルさん一家 ……………… 56
　　　　ムスタファさん一家 ……………… 68
中国　ドンさん一家 ……………… 74
　　　ツゥイさん一家 ……………… 82

エッセイ-2　マックにする？スローにする？
　　　　　コービー・クマー ……………… 92
フォト・ギャラリー　ファストフード ……………… 94

キューバ　コスタさん一家 ……………… 96
エクアドル　エイメさん一家 ……………… 106
エジプト　アフマドさん一家 ……………… 118
フランス　ルモワンヌさん一家 ……………… 124

エッセイ-3　世界の屋台事情
　　　　　チャールズ・C・マン ……………… 128
フォト・ギャラリー　屋台の食べ物 ……………… 130

ドイツ　メランダーさん一家 ……………… 132
イギリス　ベイントンさん一家 ……………… 140
グリーンランド　マドセンさん一家 ……………… 144
グアテマラ　メンドーサさん一家 ……………… 156

エッセイ-4　顔の見える食べ物
　　　　　マイケル・ポラン ……………… 162
フォト・ギャラリー　世界の肉 ……………… 164

インド　パトカールさん一家 ……………… 166
イタリア　マンツォさん一家 ……………… 174
日本　ウキタさん一家 ……………… 180
　　　マツダさん一家 ……………… 186
クウェート　アル・ハガンさん一家 ……………… 196

エッセイ-5　海の倫理学
　　　　　カール・サフィーナ ……………… 202
フォト・ギャラリー　世界の魚 ……………… 204

マリ　ナトモさん一家 ……………… 206
メキシコ　カザレーゼさん一家 ……………… 218
モンゴル　バトソーリさん一家 ……………… 226
フィリピン　カバーニャさん一家 ……………… 234

エッセイ-6　糖尿肥満症
　　　　　フランシーン・カウフマン ……………… 242
フォト・ギャラリー　世界の食事 ……………… 244

ポーランド　ソブツィンスキーさん一家 ……………… 246
トルコ　チェリクさん一家 ……………… 252
アメリカ合衆国　キャベンさん一家 ……………… 260
　　　　　　　リーバイスさん一家 ……………… 266
　　　　　　　フェルナンデスさん一家 ……………… 270

あとがき　食後酒に代えて ……………… 277
　　　　プロジェクトの実施方法 ……………… 278
　　　　参考文献 ……………… 279
　　　　統計 ……………… 280
　　　　出典 ……………… 282
　　　　執筆者略歴 ……………… 284
　　　　謝辞 ……………… 286

一瞬、朝食の手を休めて、客人をちらりと見上げるフルは、スマナ・ナトモと第二夫人のファトゥマタとのあいだにできた娘で12歳。一家の朝食は、乳酸を使った薄いミルク粥。マリの村に暮らす多くの親戚同様、ナトモ家も戸外で食事をする。低いスツールに腰かけ、敷地内の中庭で1つの鍋を囲む。

序文 | マリオン・ネスル

60億人の食卓

時折、新鮮かつオリジナルで非常に洞察にすぐれた書物に出会うことがある。本書もそのような1冊で、私のように長年、食というテーマを研究している者でさえ、食物調査が人間の境遇についてこれほど多くを物語ってくれようとは、いまさらながらに驚いている。『地球の食卓 世界24か国の家族のごはん』を制作するにあたって、ピーター・メンツェルとフェイス・ダルージオは、一見シンプルでありながら、実に見事な仕事をやってのけた。世界各地の家族に、一家の丸1週間分の食料をすべて並べてもらい、家族とともに写真に収めたのだ。そうしてでき上がったのは、単なる家族の肖像コレクションではなく、今日、世界が直面する、きわめて重要な問題についての目覚ましい記録である。それらの写真は、異なる国、異なる文化、異なる社会水準の人々が、それぞれ家族をどのように養っているか、また、彼らの類似点と相違点の由来について、多くのことを教えてくれる。各家族が買い求めたり、手に入れたりした固有の食べ物には、当然ながら、その国の伝統文化が反映されている。しかし同時に、食生活や栄養摂取や健康が、貧困、紛争、グローバリゼーションといった、個人の力の及び難い事柄に左右されていることも語っている。確かに写真は、ある時点の、ある国、ある場所に暮らす家族を代表した、1つのサンプルにすぎないかもしれない。しかし、それ以上に、私たちみんなに関係のある大きな問題を象徴しているのだ。

人はみな食べる。世界中の人々はさまざまな点で異なっているが、食事は私たちを1つにつないでいる。人は有史以来、絶えず手に入る限りの食材に工夫を凝らして、滋養になる調理法を考案してきた。古くは、それぞれの土地の地理と気候がもたらす恵みを日常食とし、それらを狩猟と採集によって得ていた。やがて、交易が生まれ物質の流通が盛んになると、豊富な食材を手にした料理人は、それらを使って食生活を多様に変化させ、数多くの美味を生み出してきた。しかしそれ以上に、人類が生存していること自体、世界の食生活がおおむね、成長と繁殖を支えるのに十分な栄養価を備えていることの証である。ただその食生活が、「最適条件の」成人の健康を促すものであるかどうかは、また別の話である。健康と長寿を考えるなら、入手方法も値段的にも可能な範囲で、まずまず味のよい食べ物を、バラエティ豊かに食することが必要となる。

本書の写真を見るとわかるように、世界人口の大半が経験している昨今の食生活は、狩猟採集時代よりはるかに向上している。200年前の産業革命に端を発する食料生産の変化にともない、食生活も進化を遂げてきたのだ。保存方法の発達によって、食物は収穫や捕獲してからずっとあとになっても食べられるようになった（たとえば、ケチャップがそうだ）。鉄道、トラック、航空機といった新しい輸送手段は（冷蔵というテクノロジーとあいまって）、ある場所で収穫された食物を、何千kmも離れた場所で、「新鮮なまま」摂取することを可能にしている。そのおかげで、ブータン（p.36参照）の一家は、ヒマラヤのはるか彼方で採れたにちがいないオレンジを手にできるのだ。

新しい加工技術によって、メーカーは買い置きの効く食品開発を実現した。それらは輸送可能で、口にするのはずっとあとでもかま

わない（グリーンランドのパスタもその一例。p.144参照）。新しいテクノロジーは、インスタントコーヒーやチーズウィッツ（p.234参照）のような未知の食品開発への道を拓いている。さらに、新たな販売方法によって、そうした食品の世界的な需要を生み出した（その最たるもので、世界中、津々浦々に広まっているのが、コカコーラだろう）。

先進工業国ではますます、食物供給が地理や気候、季節に左右されなくなってきている。グローバルな食品経済の一員は、いまや、新鮮な野菜や果物を一年中、比較的低価格で手に入れることができる。開発途上国の人々は加速的に裕福になり、便宜上、必要以上に食べ物を買う余裕ができた。本書の写真に登場する、新興の裕福な家族たちが購入する食べ物には、増大する期待と選択の幅とを見て取ることができる。

写真には、もう1つの、きわめて重要な歴史的現象が映されている。ごく最近まで食にまつわる最大の懸案といえば、十分な食料を確保することであり、最も深刻な健康状態である飢餓は世界各地でもたらされていた。天災や人間同士の紛争によって、たびたび飢饉が起こり、多数の人々が栄養失調に陥った。今日でもまだ、地球上の10億人近い人々が日常的な食料不足にあえいでおり、その半数は幼い子どもだ。とりわけ憂慮されるのは、世界的に見れば地球上のすべての人に十分行き渡るだけの食料が生産されているにもかかわらず、公平に分配されていない、というだけの理由でこの欠乏が生じている点だ。たとえば、チャドに暮らすスーダン難民の1日当たりの配給量（p.56参照）と、彼らがそれをやりくりして粗末な食事を作らねばならない、という状況に目を向けてみるとよい。ここでは政治紛争がこの不公平をもたらしているのだが、同時にそのほかの地域でも、同じく乏しい食料で暮らす家族に貧困がもたらす作用が、生々しく描かれている。

しかし、写真は、さらに多くのことを私たちに物語ってくれる。紛争が解決し開発途上国の暮らし向きがよくなると、人々はより安定した食物供給源を確保し、食べ方が変わってくる。必然的に、日常の食卓には、穀物や豆に代わって動物由来の食物が取り入れられ、さらには肉や菓子や加工食品を以前よりもたくさん買うようになる。

また、他人の手でととのえられた食事をより多くとるようになる。すると、たちまち食べすぎてしまうのだ。体重が増え始め、やがて太りすぎて、心臓病、糖尿病といった、先進国に見られやすい慢性病を引き起こす。ここに、現代人の栄養状態に関して私たちが抱える、大いなる皮肉がある。何億もの人々が食料不足にあえぐ中、ほかの何億もの人々は食べすぎて、肥満や肥満症を引き起こしているのだ。現在、最貧国を除けば、実は、標準体重に達していない人より太りすぎの人の方が多い。お腹を空かせた国民を養う、という社会的懸案に苦慮する政府は、同時に食べすぎの人の健康問題にも取り組まねばならないのだ。

食料不足から食べすぎへの移行現象は、いまではさほど珍しいことではなくなり、この現象には「栄養転換」という名が冠されている。栄養転換の実態を目の当たりにしたければ、マリ、モンゴル、フィリピンの家族の食生活を、フランス、オーストラリア、アメリカ合衆国と比較してみればよい。肥満症の割合はあらゆる国々で急速に上昇しているが、最も高いのは先進国だ。その理由は、本書の中に載っている家族の買い物リストや、食卓に並べられた食物をよく吟味すれば明白だろう。

私は、食物と栄養状態および公衆衛生との関係を研究する者として、食品のマーケティングが食生活の選択にどのように作用しているかに注目しながら、これらの写真を考察してみた。今日の過酷な競争金融環境にさらされている食品企業は、四半期ごとに販売を拡大し、売り上げを伸ばすことを命題としている。肥満やそれによって健康面にもたらされる結果は、いわば企業の過当競争の巻き添えのかたちで生じているのだ。企業の成長を追求するメーカーにとって、上昇経済のさなかにある発展途上国ほど、新しい購買者を開拓しやすい場所はないだろう。10億人以上の人民が集う中国に、食品メーカーやファストフード企業から熱い視線が注がれているのもうなずける。

ここで、中国の2家族の食生活を比較してみよう。1組は都市部在住、もう1組は地方在住の家族である。いずれも経済的にはどんどん豊かになりつつあり、食料も十分にある。また、貧しい食生活から豊かな食生活への過渡期にある点でも両家族は共通している。

**何億もの人々が食料不足にあえぐ中、
ほかの何億もの人々は食べすぎて、
肥満や肥満症を引き起こしているのだ。現在……
標準体重に達していない人より太りすぎの人の方が多い。**

地方の一家（p.82参照）は、転換の初期段階にある。この一家の食べ物は、主として穀物、野菜、果物で、これに比較的少量の肉が加わる。一家の肖像写真にずらりと並べられた食物を見ると、ほとんどが生ものか、加工してあっても最小限で、彼らの好物の中華料理がどのように調理されたか、読者は容易に想像することができる。この一家の場合、固形のチキンブイヨンを、贅沢品として購入している。それ以外にも、ビールや、たばこ、さらには、世界中いたるところでおなじみのコカコーラなどが、贅沢品である。一方、都市部に暮らす一家（p.74参照）には、それよりずっと多種多様な食品を購入する経済力があり、入手方法もある。地方の一家と同じ基本食品を数多く購入しているものの、従来の中国人は決して買わなかったアイテムが加わっている。フランスパン、ノンシュガー・ガム、ハーゲンダッツのアイスクリーム、ケンタッキー・フライド・チキンのテイクアウトなどだ。これが、21世紀型のグローバルな食品市場である。

私は栄養学の専門家として、飢餓の脅威を取り除いてくれる繁栄の拡大を歓迎する。そして、グローバルなマーケティングが伝統料理の楽しみや、栄養転換の過渡期にある人々の健康を損なうことがないよう、切に願っている。しかし、グリーンランドのマドセン一家の写真（p.144参照）を見たとき、この一家の新たな食の伝統に、首を傾げずにはいられなかった。この人たちは、セイウチや北極グマの肉に、ケチャップで味つけするのだろうか。プリングルズ（ポテトチップスの代表的ブランド）は、彼らの伝統的な食生活にどのように溶け込んでいくのだろう。あるいは、日本やモンゴル、フィリピン、トルコの家族（p.252参照）の買い物の中にたばこを見つけたとき、グローバルな食品マーケティングの影響をどのように解釈すればいいのだろう。

本書は、そうした疑問を次々と提起してくる。楽しい本であると同時に、今日の人間の状態に関する、豊かで思慮に富んだ記録でもある。ピーター・メンツェルとフェイス・ダルージオは、私たちの目と心と知の滋養になる、ごちそうを用意してくれた。私たちは、そのごちそうにありつく幸運に恵まれている。さあ、どうぞ召し上がれ！

マリオン・ネスルは　ニューヨーク大学栄養食品学科教授。公衆衛生学修士。著書に『Food Politics: How the food Industry Influences Nutrition and Health』（邦題『フード・ポリティクス―肥満社会と食品産業』、新曜社、2002年）など。

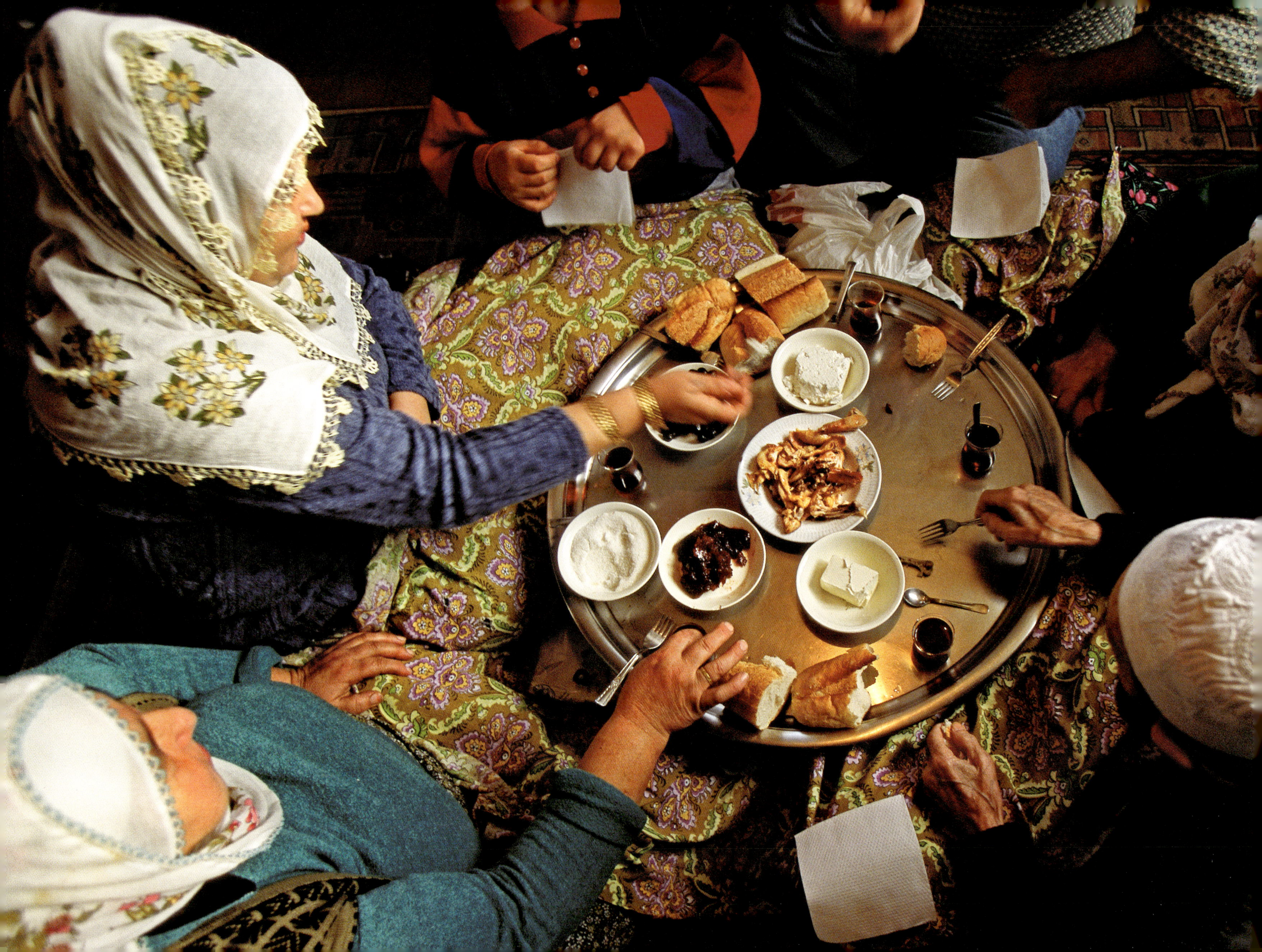

はじめに | フェイス・ダルージオ

ごはんができたよ

トルコ、イスタンブールのゴールデンホーン。シナールさん一家が小さなリビングルームに集い、床に座って朝食を食べている。メニューは、フェタチーズ、オリーブ、昨夜の残り物のチキン、パン、ローズジャム、甘ったるく濃い紅茶。

ピーター・メンツェルと私は、世界24か国30家族の食卓を訪れ、人類最古の営みである「食事」について調査してみることにした。20年前の食料品の買い物風景がどんなだったか思い返せば、身のまわりの食生活が急速に変化していることに気づくだろう。それなのに、こうした転換が世界的に広がっていることを意識している人は、ほとんどいない。このような食生活の変化をもたらす背景には、グローバリゼーションがある。大規模資本主義が津々浦々にまで広がっているのだ。一方で、食物供給が豊かになっていることが挙げられる。かつて貧困にあえいでいた地域の人々が、食生活を多様化させるだけの財力をもつようになり、まず肉や魚を、次いでピザやハンバーガーを食べるようになっている。さらに、移動潮流という要因もある。旅行者、移民や難民が、新天地に自分たち固有の食べ物をもたらし、その一方で、新しい土地の味覚に親しむ。このような実態をもっとくわしく知りたくて、私たちは、世界各地のごくふつうの家族を取材することにした。畑を耕す様子から、買い物、料理、食卓の風景にいたるまで、つぶさに観察したのだ。そして、取材の締めくくりに、1週間分の食料をずらりと並べてもらって、家族のポートレイトを撮影した。このようにして、私たちは、驚くべき変化にさらされているこの地球の、ある時代の「食のアトラス」を作りたいと思ったのだ。

この本は、ひと口のインスタント・ラーメンから発想のヒントを得た。1990年代半ば、ピーターと私は、ニューギニア島南岸沖にあるアラフラ海を、屋根つきの小さなモーターボートでひたすら疾走していた。早春で、台風シーズンが間近に迫っていた。1年のこの時期は、またたく間に嵐がやってくるので、地元のチャーター機はほんのわずかでも悪天候の兆しがあると、運行を見合わせてしまう。ニューギニア島周辺の熱帯海で密猟をする違法トロール漁船すら、特別な警戒をするほどだ。しかし、私たちのプロジェクトの実施スケジュールは非常に厳しいものだったので、ましな天気になる日を待っている余裕はなかった。そこで、アスマットまで7時間の航海も厭わないというベテラン船頭を雇って、インドネシア州に属するパプアの密林地帯——あの世界の果てのような場所——を目指した。

ピーターは報道写真家、私はライターとして、過去12年間に世界50か国以上でともに仕事をしてきた。インターナショナルなトピックにスポットを当てたものがほとんどで、8年前のその日は、狩猟採集生活を営む原住民をドキュメントする目的で、アスマットへ向かっていた。

アスマットのさびれた州都アガツからさらに、40フィートのロングボートでポマツ川を上ること3時間、私たちは、サワ村へと向かった。そこは、熱帯雨林の貧しい小村で、集落の丸太小屋には水道も、電気も、電話も通っておらず、道らしい道もなかった。地元の人々はその日暮らしで、そびえ立つサゴヤシを伐採し、その果肉をすりつぶして食べ物を作る。一種のパンのようなもので、これが主食になる。ときには川魚を食べる。私の知る限り最も高温多湿な、じめじめした場所だった。本書のアイデアが生まれたのは、そんな村に辿り着いて、1〜2時間後のことだった。

ピーターと私はそれぞれ、のっぽの痩せた男と2人の息子の写真を撮り（ピーター）、話を聞いて（私）、取材をしていた。3人は、一様に生活の厳しさをにじませている。多くの村人がそうであるように、男もビタミン不足から、片目を失明していた。息子たちは皮膚病にかかり、ひどい栄養不良のようだった。話をしているうちに、年長の少年がインスタント・ラーメンの包みから乾麺の塊を取り出して、ボリボリかじりだした。裸でポコリとお腹の出た弟の方は、調味料の小袋を傾けて口にサラサラ流し込み、粉末が溶けるまで舌の上で弄んでいた。その姿に私は心を奪われた。サワ滞在中、この光景はいく度となく目の前でくり返された。世界から隔離されたこんな場所で、はるか彼方に暮らす人々の忙しい生活を合理化するために作られたインスタント食品を、子どもたちが生で食べている。

布教のため長年村に住むカトリックの司祭に、インスタント・ラーメンについて訊ねてみると、伐採による収入が、狩猟採集生活を営む人々を少しずつ潤しているのだという。その現金収入にともない、スラウェシ島からサワに初めての商人がやって来て、ドライフードとスナックを商っていったらしい。加工処理されたスープを添えたラーメンを軽食としてたまに食べるくらいなら本質的には何ら問題ないが、基礎的な食物にも事欠くアスマット人が、砂糖や、塩や、人工調味料などの刺激物を摂取するのが果たしてよいのかどうか、食品関係のアクティビストでなくても疑問に思うだろう。

アスマット訪問以来、私たちは、世界のあちらこちらでよく似た光景を目の当たりにした。そして、奇妙な——革命的とさえいえる——何かが、食の世界で起こりつつあることを直観した。食物の生産と消費は、人間古来の最も基本的な営みのはずだが、その変化の兆しがいたるところに見えるのだ。北京の街をタクシーで流しながら、ケンタッキー・フライド・チキンのチェーン店が、続々と街に出現しているのを見た。苦しかった飢餓の記憶がいまだ癒えない中国農村部の老人は、食べ物を粗末にする若い世代の姿を激しく非難していた。帰国して中東での取材成果を検証してみると、見渡す限りのとうもろこし畑と大豆畑は、大半が遺伝子組み換

マッカス（オーストラリアの俗語でマクドナルド）でテイクアウトをした帰り道、15歳のナケーラ・サミュアルズ（中央、50セントのTシャツを着ている）は、3-Dコミック『スパイキッズ』の封を破いている。マッカスの「ハッピーミール」のおまけだ。異母姉妹のシニード・スタントン（左、飲み物を飲んでいる）や、その友人のアメリア・ウィルソンも、ナケーラと同じく乾燥したアウトバック（オーストラリア奥地の荒野）をルーツにもつアボリジニの出身。とはいえ、みんなアウトバックの伝統料理にはあまり関心がない。とりあえず当分は、マッカスがこの少女たちの食のメッカだろう。

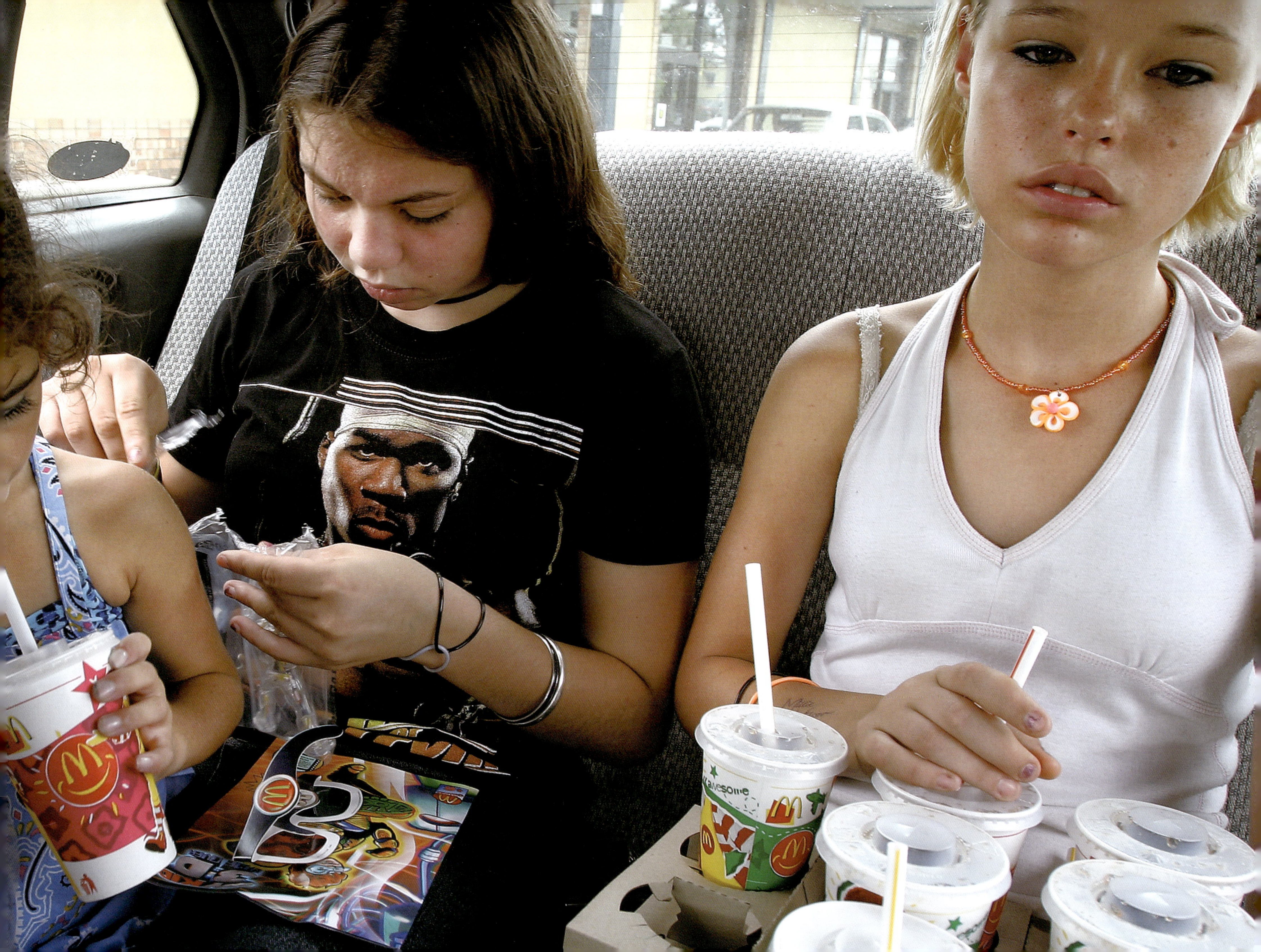

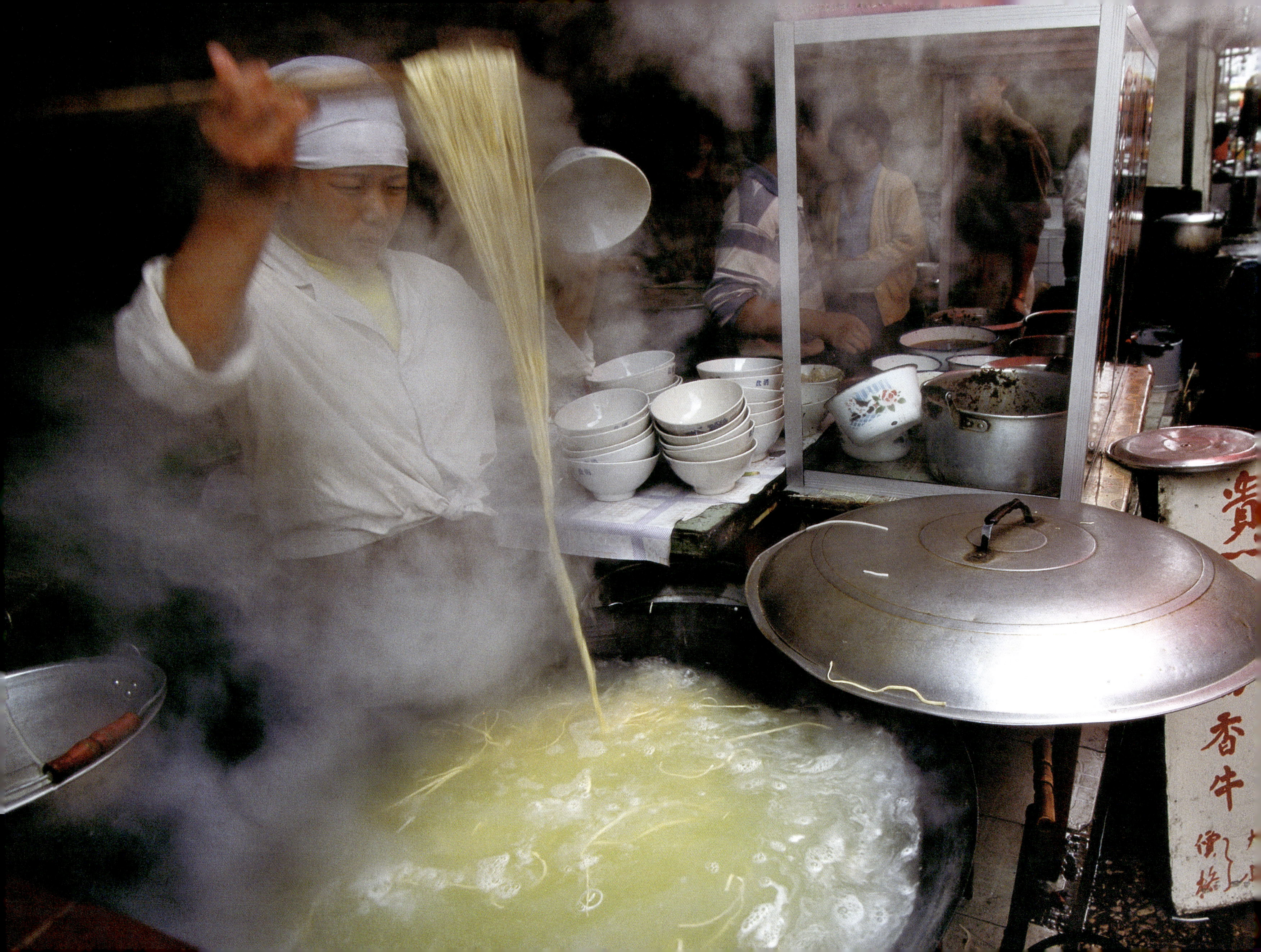
香牛
價格

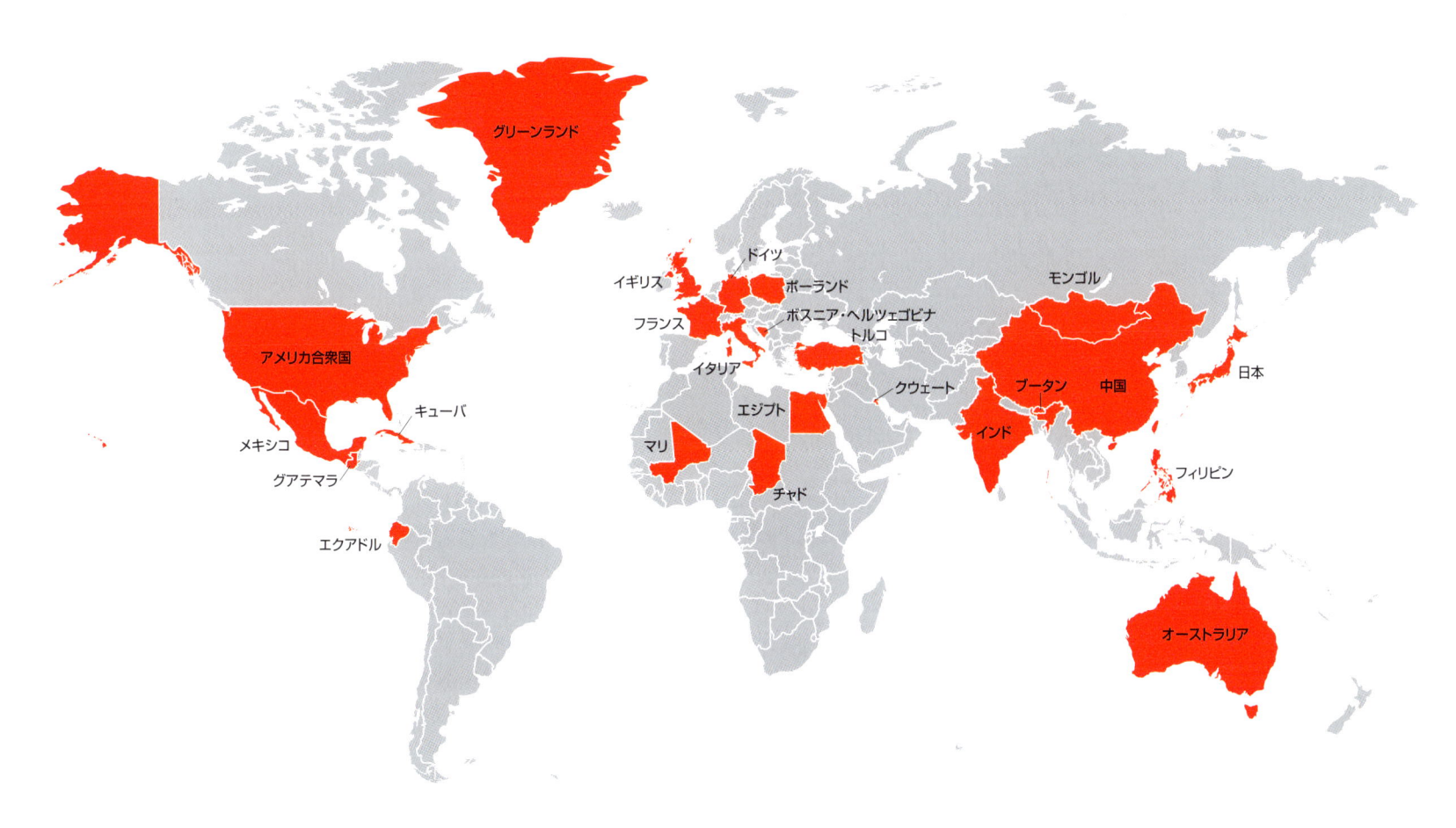

グリーンランド
ドイツ
イギリス ポーランド
フランス ボスニア・ヘルツェゴビナ
アメリカ合衆国 イタリア トルコ モンゴル
キューバ エジプト クウェート ブータン 中国 日本
メキシコ マリ インド
グアテマラ チャド フィリピン
エクアドル
オーストラリア

巨大な中華鍋からもうもうと湯気が立ち昇る。中国南西部、昆明の露天の麺屋にて。この卵麺にはスパイシーな煮出しスープを合わせ、鶏肉、牛肉、しいたけなどをトッピングする。最も人気のあるトッピングは、豚の腸詰め。

えされていることがわかった(私たちアメリカ人は、いい悪いは別として、遺伝子組み換え食品をいつ口にしているか気づいていない)。パリ郊外では、タイ風炒麺のパトタイと寿司が好物だという、フランス人のティーンエイジャーに出会った。メキシコ在住の若い母親は、ソフトドリンクの原材料をまったく知らないと言った。この女性は5人家族だが、座ってばかりいて運動不足気味なのに、1週間に24ℓのコカコーラを飲んでいた。家族の体重は増え続け、歯のトラブルを気にしながらも、それ以外の飲み物はほとんど飲んでいなかった。

グローバル市場が、人々の食のあり方を変化させている。社会全体がどんどん運動不足に陥っている一方、高カロリー食品の消費量が増加している。アカデミックな研究の裏づけを待つまでもなく、ちょっと周囲を見回してみれば、すぐにわかるはずだ。豊かな国々の多くで、人々は食べすぎている。そして、皮肉なことに開発途上国でも、適正栄養摂取を確保するのに必要な供給レベルに達しないうちからすでに、どう見ても健康によくない食べ方をしているのだ。慈善団体が世界の飢餓をなくすため、きわめて重要なキャンペーンを展開し続ける一方、世界的に広がる肥満解消のための、やはり重要なキャンペーンに着手している団体がある。そのかたわらで、右派、左派、中道派のアクティビストたちは、食品会社、食品科学の専門家、環境保護運動家、食品監督機関を、こぞって非難している。

この非常に興味深く不可解な混沌の重大性についてもっとよく知るため、私たちは世界各地を巡り、ごくありふれた場所の、ごくありふれた人々の、ごくありふれた食事をつぶさに観察した。中流家庭の食卓に並ぶお皿に山盛りの食べ物、貧困にあえぐ家族が1つの鍋から分け合う粗末な食事、果敢に活動する援助団体から届

いたひと握りの穀物、ハイパーマーケットのにぎにぎしい通路、家族経営の小さな店のぎゅうぎゅう詰めの棚、信仰にのっとった食事、祝いの宴、政府の助成金で支給される食料など、さまざまな食の風景を目の当たりにした。その中で、私たちは多くの人々に出会い、そのおかげで、21世紀の人間の食にまつわる、めくるめく多様性をひもとくことができた。さらに、グローバルフード、スナックフード、ファストフード、ジャンクフード、健康食品、機能食品、補助食品、強化食品、自然食品、加工食品などを知った。

　そうしてでき上がったこの本は、ダイエット本ではないし、ましてや、悪徳企業や、人々の進歩の妨げになりそうなもの、あるいは、食物政策に関する議論のもう1つの側面にスポットを当てた、嘆きの書でもない。ここに上梓する私たちの本は、時代の変わり目のグローバルなポートレイト、動きの速い被写体をストップモーションでとらえた、スナップショットへの試みなのである。

プロジェクトの実施方法

複数の国々にまたがるプロジェクトの取材は、うんざりするほど困難なものだが、この本は特にそうだった。たとえば、発展途上国の取材では、先進諸国では当然のことと思われる概念を、しばしば説明しなければならなかったりする。一例を挙げれば、レシピのメモを取るときのこと。チャド東部のブレイジング難民キャンプで、私は通訳のハッサンに、アイシュのレシピを訊ねた。アイシュはどろどろしたポリッジ（粥）のようなもので、キャンプ地におけるスーダン人の主食である。ところがハッサンは、ぽかんとしている。取材相手のディミア・イシャク・スレイマンという女性がアイシュをどうやって作るか、その方法を書き留めたい、と私は説明した。「そんなことが、どうしてわかる？」とハッサンが問い返してきた。「料理に"方法"なんてないよ。彼女は母親の見よう見まねで作っているだけさ」。「そうかもしれないけど、私はアイシュの作り方をどうしても知りたいの。アイシュが何で、ディミアがそれをどんな手順で作っているか、本を読む人にわかるようにしたいのよ」。「みんな、ただ作るだけで、それについて話なんかしないよ」と彼は異を唱えた。「それはわかるけど、ハッサン」と私は、なおも食い下がった。「でも、ディミアだって訊かれたら、教えてくれるんじゃないかな。彼女にこう伝えてくれない？ 何人もの女性がアイシュを作るところを見てきたけど、あなたの作り方を知りたい。そうすれば、それをメモして本に載せることができるから、って」。

　ディミアとあるテント区画の長──この男性が、ハッサンのアラビア語をディミアの部族の言葉であるマサリットに通訳してくれていた──は、私とハッサンのやりとりを、興味深げに眺めている。「そんなの難しすぎるよ」と、ハッサンは首を振って繰り返した。英語からアラビア語、アラビア語からマサリット、そして、またその逆のリレーが、あらためて行われた。そんなやりとりがあってようやく、ディミアからアイシュの作り方のあらましを聞き出すことができた。彼女は、5人の子どもとの生活や、ダルフール紛争でチャドに追われるまで、スーダンにはあり余るほどの食べ物があった話などをしてくれた（p.56参照）。

　イギリス、ウィルトシャー州コリングボーン・デュシス村在住のデブ・ベイントンからは、こんなメールが届いた。「実は、ポートレイトを撮影するとき、1週間で食べたチョコレートバーの量をごまかしていました。本当は、もっとたくさん食べていたの。このところは逆に忙しくてほとんど何も食べていないのだけれど、これはこれで、きっと不健康なのでしょうね。健康からほど遠い生活をしていると思うと、ゾッとするわ！」（p.140参照）。

　デブ・ベイントンからのメッセージや、私がチャドで交わした異文化間の壁に阻まれたやりとりは、この本を制作する作業が長く、辛く、興味深く、ときに魅力的な体験であることを物語っている（くわしいプロジェ

ソマリランドの首都ハルゲイサに立つ大きな週市には、にぎやかなざわめきが渦巻いている。アフリカ北東部に位置するこのソマリアの分離領土では、慢性的な政情不安にもめげず、人々は可能な限り、ふつうの暮らしを営もうとしている。ここでは、牛肉や羊肉、ラクダ肉が売買される。

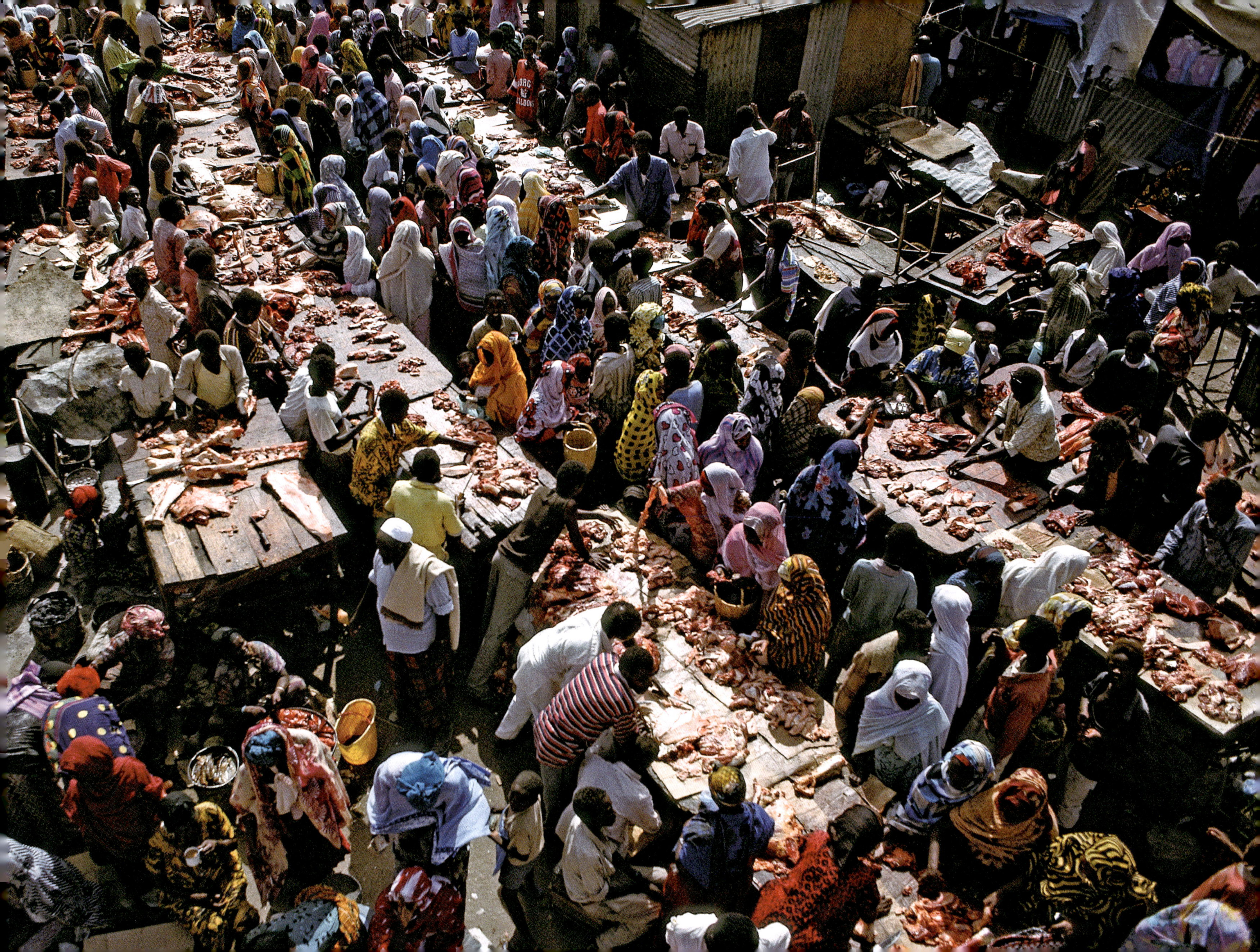

クトの実施方法については、p.278参照)。取材を進める一方で、マリオン・ネスル、カール・サフィーナ、アルフレッド・W・クロスビー、コービー・クマー、フランシーン・カウフマン、チャールズ・C・マン、マイケル・ポランから、エッセイを寄せてもらった(執筆者の略歴はp.284参照)。

　北カリフォルニアのわが家で私がこれを書いているいま、ピーターは庭で一輪車に堆肥を積み込み、春のガーデニングの準備をしている。私は、サンフランシスコのプラネット・オーガニックスに1週間分の食料を発注し、深さ75mの井戸から機械で汲み上げた清浄水をコーヒーポットに満たす。そうしながら、アムナ・ムスタファのことを考える。チャドで知り合った愛くるしい12歳の少女は、乾いた河川敷に手でにわか井戸を掘って、料理用の水をすくっていた(p.68参照)。ディミアはどうしているだろう。チャドとスーダンの国境付近に生きる彼女は、5人の子どもを育てる未亡人で、国際社会からの食糧供給や一家に屋根を提供してくれる国連のテントに感謝しつつも、スーダンへの帰還を切望し、手塩にかけたマンゴーの木を恋しがった。そして、片手1杯分の乾燥オクラを買えるかどうか心配していた(p.56参照)。

　ピーターと私の友人であるチャールズ・C・マンから聞いた話も頭をよぎる。私たちの本を編集してくれたこともある彼は、10年以上前、ピーターとメキシコ・ベリーズ国境付近のチェトゥマルを訪れたという。「実に汚らしい店でさ」とチャールズは言った。「少なくとも当時はそうだったよ。夜中に営業している唯一のレストランには、僕たち以外、人っ子一人いなかった。メニューもはっきり言ってお粗末だし、サービスだってお世辞にもやる気があるとは言えない。でも、僕らはお気楽だし、冒険好きだろ？ メニューに、プルポ・イ・ヒガド(pulpo y higado)っていうのがあった。要するに、タコとレバーだ。イタリア料理のパグリア・エ・フィエーノ(paglia e fieno)みたいなものかと思ったよ。あれは、わらと干し草の大皿料理じゃなくて、グリーンとイエローのパスタだよね。これだって、きっとそんな感じのものだろうと思ってオーダーしたら、タコのぶつ切りを牛レバーのピューレで和えたものが出てきた。ふだんはクリーンプレート・クラブのメンバー(料理をすっかり平らげる人)を自負してるけど、料理を平らげられないどころか、手もつけられないのは初めてだったよ。数年後、こんな漫画を見た。タキシード姿のウエイターが、煙がもうもうと上がる黒焦げの塊を載せた大皿を手に、つかつかとテーブルに歩み寄って、『フライド・テレフォンブック(電話帳の揚げ物)でございます』って、ギョッとしてる客に言うんだ。『フランス語のメニューに(わがレストランの)電話番号を載せていたら、お客様がそれをご注文されたのでございます』。僕たちも、まるで同じだよね」。私たちだって、しょっちゅう、そんな経験をしている。

本書の内容

●ブータンのシンカ村。自作農のナリムは、調理用の炉の前で、塩の利いたバター茶をふるまってくれた。そこは数年前、彼女と最後に過ごした場所だ。「子どもたちは、あなたが戻ってきたと聞いて、びっくりしてた」とナリムが言う。私があげた腕時計を、もう動かなくなっているのにいまもしている。壁には電池時計が掛かっていて、そちらはちゃんと動いている。「時間通りに暮らしているの？」と訊ねてみる。「朝、9時半には何をするの？」。「みんなで牛を放すわ」。「11時は？」。「お昼ごはん」。「じゃあ、時計の電池がなくなったら？」。「お日様を見ればいいじゃない！」(p.36参照)。

●オーストラリア、リバービュー在住のマージ・ブラウンは、スマートで働き者の電気冷蔵庫にひと目惚れし

ドイツ、ハンブルグ郊外に暮らす、ヨルグ・メランダーさん一家の日曜日のブランチ。ヨルグはこのブランチのために、11月下旬の雪の中を自転車を走らせ、近所のパン屋までロールパンとペストリーを買いに行く。妻のスザンネは看護師で夜勤明けだが、すぐにはベッドに入らず、家族とともにテーブルを囲むようにしている。パンとチーズやジャムを、紅茶、コーヒー、ホットチョコレートで胃袋に流し込む。この時間には、そうするだけの価値がある。

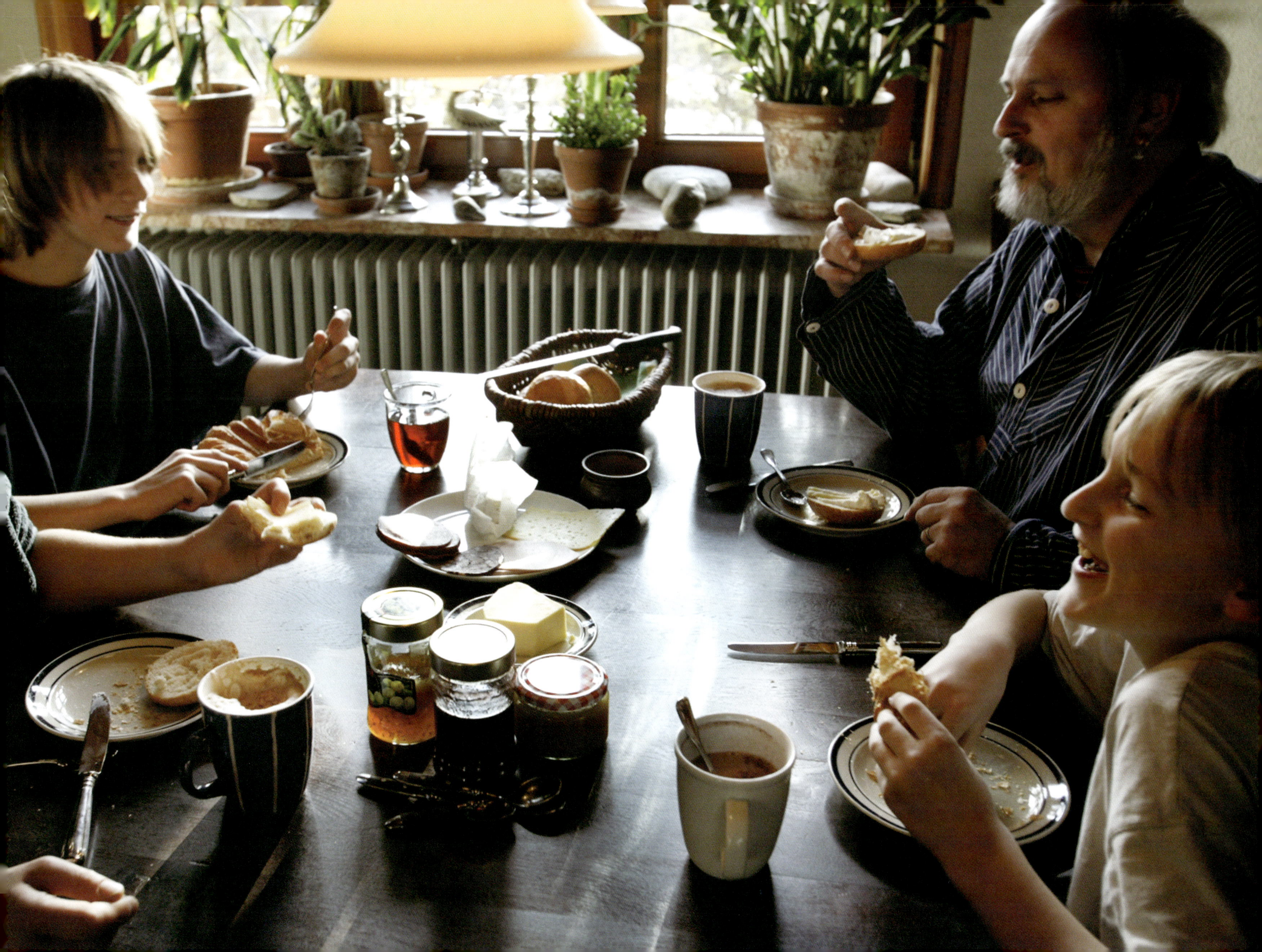

た。アウトバックの家にはずっと電気冷蔵庫がなく、調子の悪い古ぼけた石油冷蔵庫があるだけだった。オーストラリア先住民のマージは、恩給の一部で新しい冷蔵庫を買った。こうして、ブリスベン近郊にあるブラウンさんの家に冷蔵庫がやって来た。「卒中で倒れたから、大したことはできないわ」とマージは言う。「でも、こうして座って本を読みながら、私の冷蔵庫を眺めていられる！」（p.22参照）。

● チャド、アベシェ近くの村。ムスリムの男たちが、そこだけポツンとできた木陰に腰を下ろして、休んでいる。私たちは、グリーンランドに行ったときの話をする。1年のある時期、日がまったく沈まない、と話すと、男たちはしばし頭を抱え込んだりしているが、やがて、ムスタファ・アブドッラー・イサクが切り出す。「そこには、ムスリムはいるの？」。「いいえ、たくさんはいないでしょう」と私は答える。「ムスリムは、絶対住めないよ。だって、礼拝の時間がわからないもの」とムスタファが言う。ムスリムは1日5回礼拝をし、その時間は、太陽の傾き具合によって決まるのだ（p.68参照）。

● エクアドル、ティンゴ村。家の中にクイがいる。エルメリンダとオルランドは、食用として十分な大きさに育つまで、クイを勝手に台所の床を走り回らせておく。そのクイは、たれをつけて串刺しにしカリカリのきつね色に焼き上げてエクアドルの町で売るには、まだ小さかった。飼育業者が育てる都会のクイは、ビタミンサプリメントやアルファルファによって肥育される。一方、田舎のクイは、草だけを食べて育つ。クイ（cuy）とは、スペイン語で「モルモット（実験台）」を意味する（p.106参照）。

● ポーランド、コンスタンチン・イェジョルナ。マルツェナ・ソブツィンスカは、雌鶏のブロス（煮出しスープ）の思い出を語る。「はっきり憶えてるわ。祖母が雌鶏をつかまえて、斧で頭を切り落とすの。くびなしになった雌鶏はそれでもしばらく走り回っていて、ゾッとしたものよ。自分の子どもには、とても見せられないわ。でも、祖母は容赦なく雌鶏に熱湯をかけて、羽根をむしってさばいた。すると、中から未消化の種が出てきたりして、ウーッ。あの悪臭ときたら！いまでもブロスはあまり好きじゃないわ」（p.246参照）。

● グリーンランドのキャップホープ。エミール・マドセンとエリカ夫妻の家の正面の窓からは、わずか9km先に氷に覆われた北極のスコアズビー湾の先端が見える。その絶景を唯一台無しにしているのが、家中に充満するタールのような匂いだ。ノーファル油は巨大な牙をもつイッカクの油で、エリカの好物だ。取引はいっさい行われておらず、イッカクを仕留めた人から分けてもらうしかない。エリカは粉ミルクの空き缶に、これを常備している。エミールは小魚の干物を、その黒っぽい油に浸して食べている。ピーターもせっせと食べている。私はエミールの好物だというジャコウウシのシチューをひたすら食べる（p.144参照）。

● 米国ノースカロライナ州、ローリー。本書に登場する多くの家族は、いわゆる先進諸国を象徴している。リーバイスさん一家も、家族4人が1週間で胃袋に収めた食べ物の量を見て、愕然としていた。ローズマリー・リーバイスは言う。「撮影用にテーブルに並べられた食べ物の量と種類を見て、気持ちがざわざわしたわ」。その後、ポートレイトを「生活を変えるきっかけ」として役立てているという（p.266参照）。

肌寒い砂漠の夜明け、チャドに隣接した難民キャンプに暮らす、未亡人のスーダン人女性ディミア・イシャク・スレイマンは、身支度をととのえながら、鍋の湯の沸き加減を見ている。この湯でアイシュ（粥）を作る。ムスリムが断食をするラマダン月の明ける新月を待って、5人の子どもたちにお祝いの食事を作ってやる。

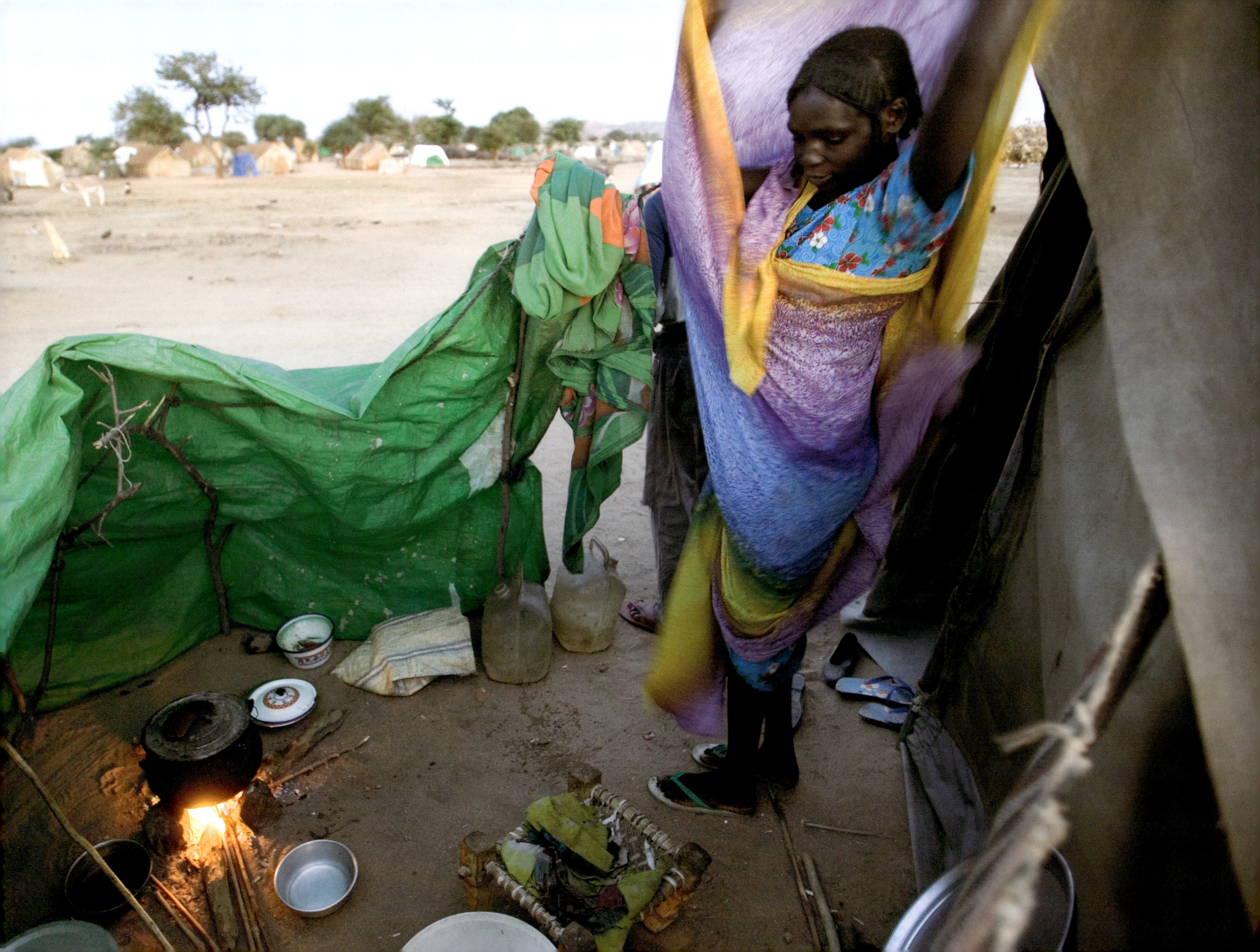

オーストラリア、リバービュー在住のブラウンさん一家。1週間分の食料とともに。左から、リー（ヴァネッサの次男、12歳）、ケイファ（ヴァネッサの長女、15歳）、ダグ・ブラウン（夫、54歳）、マージ・ブラウン（妻、52歳）、ジョン（ヴァネッサの長男、13歳）、ヴァネッサ（娘、32歳）、シニード（ヴァネッサの次女、5歳）。食料品のアイテム数や量は、ヴァネッサと子どもたちが滞在している時期かどうかによって増減する。調理手段：電気コンロ、電子レンジ、バーベキュー。食品保存方法：冷蔵庫、冷凍庫。好きな食べ物――ダグ：「ほかの人が作ってくれたものなら何でも」、マージ：ヨーグルト、シニード：マッカス（マクドナルド）。

AUSTRALIA ●オーストラリアー1

ブラウンさん一家　リバービュー在住

●1月の1週間分の食料

穀物、でんぷん食物：3,396円

Colibanのバラエティポテト4.4kg、Home brand（ストアブランド）のスライス白パン4斤、Home Brandのグラハム粉スライスパン2斤、Weet-Bixの朝食シリアル1.4kg、White Wingsのベーキングパウダーと塩入り薄力粉1.4kg、バスマティ米1.1kg、Kellogg'sのスルタナ・ブラン・シリアル950g、Nandaのスパゲティ550g、Nandaのスパイラル・フジッリ550g、ホワイトポケット・ブレッド（ピタパン）390g、Kellogg'sのコーンフレーク327g。

乳製品：2,897円

Sunshineの全乳9.6ℓ、Home Brandのバニラアイスクリーム4.4ℓ、Home Brandの濃縮クリーム1.3ℓ、マーガリン1.1kg、Yoplaitの無脂肪ヨーグルト750g、Yoplaitの飲むヨーグルト600g、Kraftのチーズ・シングルス550g。

肉、魚、卵：13,923円

Woolworthsのスモークハム5.5kg、コンビーフ5kg、挽き肉3.3kg、豚の切り身3.3kg、ソーセージ3.3kg、ステーキット3.3kg、鶏肉2.2kg、リッソウル（パイ皮に肉や魚を詰めて揚げたり焼いたりしたもの）2.2kg、Home Brandの卵24個、Home Brandの冷凍ビーフパテ1.1kg、Home Brandの冷凍フィッシュ・フィンガー1.1kg。

果物、野菜、ナッツ類：3,604円

バナナ1.4kg、ホワイトネクタリン1.2kg、Jarrahdaleのバラエティパンプキン1.2kg、にんじん1.1kg、イエローオニオン1.1kg、トマト1kg、アボカド3個、きゅうり700g、Master Foodsのトマトソース500ml、オーガニックのズッキーニ550g、冷凍ミックスベジタブル550g、赤ピーマン336g、セロリ264g、青ピーマン240g、エシャロット192g。

調味料、香辛料：4,182円

Cornwell'sのビネガー1.6ℓ、Bundabergのグラニュー糖1.1kg、Holbrook'sのウスターソース750ml、Kraftのチーズスプレッド550g、Cornwellsのランカシャー・レリッシュ（ピクルスのみじん切り）550g、Master Foodsのバーベキューソース500ml、IXLのプラムのジャム318g、Kraftのチリ&ライムドレッシング300ml、Kraftのマヨネーズ200g、Kraftのスムース・ピーナッツバター198g、ベーキングパウダー（コーンケーキ用）132g、Mitaniのチキンソルト105g、Keen'sのカレー粉63g、マスタード48g、スプレンダ（人工甘味料）30g、塩66g。

スナック、デザート：542円

Smithsのバラエティパック・チップス423g、リッチティー・ビスケット（伝統的なイギリスのクッキー）213g。

総菜、加工食品：505円

Maggiのインスタント・ビーフヌードル550g、Gravoxのグレービーソース126g。

ファストフード：3,337円

McDonald'sのハッピーミール6つ、マックオズバーガー3つ、コカコーラ・Sサイズ6つ、Lサイズ1つ。

飲料：4,475円

Frantelleの天然水31.6ℓ、ダイエット・コカコーラ6.4ℓ、Milduraのフルーツドリンク4.4ℓ、Jusut Juiceのオレンジドリンク2.5ℓ、ダイエット・スプライト2ℓ、Golden Circleのアップルジュース2ℓ、Golden Circleのライムコーディアル2ℓ、Golden Circleのオレンジ&マンゴー・クラッシュ2ℓ、Kirksのクラブレモンソーダ・スカッシュ1.3ℓ、Kirksのクリーミングソーダ1.3ℓ、kirksのレモネード1.3ℓ、Kirksのパシット（パッションフルーツ味の飲み物）1.3ℓ、Soloのレモネード1.3ℓ、Sunkistのオレンジドリンク1.3ℓ、コカコーラ600ml、Tetleyのティーバッグ175個（この数字は誤植ではない）、Bushell'sのコーヒー54g。

嗜好品：7,560円

Longbeachのたばこ10箱、Winfieldの刻みたばこ50g、Lionの巻きたばこ用薄紙4箱。

1週間分の食費：44,421円（481.14オーストラリアドル）

※食料リストおよび各データに記載された金額は、USドルで算出したものを、日本円［$1=118円］に換算している（以下すべて）。

アウトバックの思い出

5歳になるシニードは、お母さんが羊を処理するのを初めて見て怖かった。「娘が言うの、『ママなんか、もう嫌い』って」とヴァネッサ・スタントンが言う。「それで、私言ったわ。『でもね、シニード、ママがこうしなければ、みんなごはんを食べていけないのよ』」。

こ の国にはもともと羊はいなかった。18世紀にヨーロッパからの移住者が持ち込み、大規模な飼育が始まって、オーストラリア先住民も盛んに牧羊生活を営むようになった。アウトバック（オーストラリア奥地の広大な荒涼とした土地）では、羊の処理が暮らしの中で当たり前のように行われている。ヴァネッサ・スタントンは、その方法を両親から教わった。ヴァネッサの祖母、つまりシニードの曾おばあさんは、オーストラリア、ニュー・サウス・ウェールズ州にあるアウトバックの町、ガドゥーガの大牧羊場で羊毛刈りの賄い婦をしていた。ヴァネッサの母のマージ・ブラウンは、アウトバックでの暮らしを、「息をするのと同じくらい大切な、私の一部」と言う。マージは、アウトバックの少女がみなそうするように、13歳から大牧羊場に働きに出た。「牛の乳を搾ったり、騎手のために馬を調整したり、羊を従えたり集めたり、自分たちの食用に加工をしたりしたの」とマージは言う。この作業に従事する若い女性は「ジラルー」、少年は「ジャッカルー」と呼ばれた。きつい仕事だったが、彼女はそんな風に思ったことはなかった。周囲のだれもがそうしていたからだ。

16歳のとき、マージは看護の勉強をする決心をし、学校を出ると、さっそくアウトバックで仕事を始めた。自分たちの子ども時代と、孫たちの子ども時代とでは、比べるべくもない。「あの子たちは、のんきなものよ」と彼女は言う。そうこぼしながらも、顔は笑っている。病気上がりの気配を濃くにじませながらも、孫たちを笑わせている。

ダグ・ブラウンは、共通の友人の紹介でマージと出会った。マージが、毎日自分を仕事場まで送り迎えしてくれている羊飼いの賄い婦の娘だとは知らなかった。そのことに気づいたのは、羊毛刈り小屋の壁に貼ってあったマージの写真を見て、友だち（ダグは「マイト」と呼ぶ）が教えてくれたからだった。2人は間もなく結婚した。マージはアウトバックの診療所で看護師として働き、ダグは羊毛刈りの仕事を続けながら、週末になるとバンドで演奏した。ひと世代前の両親と同じく、ブラウンさん夫妻は自分たちの子どもを育てながら、たくさんの子の里親も引き受けた。もう1つ、別の大牧羊場の子どもたちまで面倒をみていたが、そちら——ガドゥーガの上流地域にあたるウェ

イルモリングル——の大牧羊場には、水道も電気もなかった。「表で火をおこして食事のしたくをして、200ℓのドラム缶で洗濯したのよ」とマージが言う。ケロシン冷蔵庫（灯油を動力源とする冷蔵庫）があったが、たまにしか動かなかった。

アウトバックでの暮らしは、マージの言葉を借りれば、喜劇と悲劇の繰り返しだったという。「いつも何かが起こったわ」とマージが言う。「ダグがマイトとふいっといなくなる日は、必ずおかしなことが起こるの」。たとえば、鶏舎事件。「その夜も、ダグはマイトとパブへお出かけだったの」とマージ。「パブから放り出されたオレを、飲み友だちが家まで送ってくれたところまではよかった」とダグが言う。「ところが、いつの間にかドアを間違えたらしい。眠っているうちにすき間風が吹いてきて、クソッ、窓を閉め忘れちまった、と思いながら手を伸ばしてみたら、柵に触れた。それから、何かほかのものにも触れたら、そいつがガーガー鳴くじゃないか！ クソったれのニワトリだ！ オレは飛び起きたね、ここはどこ？ って。ニワトリ小屋にいたのさ」。

ダグ・ブラウンは1995年、クイーンズランド州の沿岸都市、ブリスベンへ引っ越した。「そこを見て、気に入ったから」とダグが言う。「変わるときが来てたんだ」。マージはアウトバックに残った。看護師の仕事が好きだったし、何よりアウトバックを愛していたから。ところが、卒中の発作で、マージの運動技能が損なわれた。そしてダグは、いきなりマージを介護しなければならなくなった。現在、2人はブリスベン郊外の小さな町、リバービューに暮らしている。いまや、一家の食料品の買い出しから、家事、食事いっさいが彼の肩にかかっていて、マージが手取り足取り教えている。「彼は私より料理上手よ」と、マージがダグをいたわる。ダグが料理にくたびれると、ヴァネッサがピンチヒッターを務める。

ブラウンさん一家にかかると、何でもないエピソードが家族の豊かな物語に変わる。マージの90歳になる父親がアウトバックから訪ねてきて、地元のショッピングモール・ツアーに出かけた、ただそれだけの話でも。「マージの親父さんは、ショッピングモールに行ったことがなかったから、みんなで連れて行ったんだ」とダグが言う。「お父さんは、歩行器を使ってるの」とマージがつけ加える。「エスカレーターのところまで来たとき」とダグ。「親父さんが上を見上げて、乗りたくないって言うんだ。すぐ後ろについてるから大丈夫だって説得して、ようやく乗ってくれた。そうしたら、降りる段になってまた同じ問答の繰り返しだ。結局、乗って降りていくうちに、どんどんどんどん反り返って、とうとうひっくり返っちまったのさ！ 親父さんを支えようにも、2人の坊主はそれぞれカートを押してるし、女の子は赤ん坊を抱いてるし、みんなぐちゃぐちゃにもつれちゃって。この次はエレベーターにしよう、と親父さんに言うと、お前さんとはもうこりごりだと。何を怖がってるんだ、と訊くと、『わしを殺す気か！』。そんなわけで、親父さんは2度とショッピングモールには行きたがらなかった」。以後、一家はエスカレーター恐怖症になり、マージがエスカレーターに乗る気になるまで何年もかかった。ダグはこうも言う。人里離れたアウトバックで長年過ごした者にとって、近代的な社会と折り合いをつけるのはひと苦労だと。「周囲であまり大勢の人がしゃべっていると、耳鳴りがするんだ。オレも弱腰になったもんだよ」。

娘のヴァネッサは、母の発作を心配して、しょっちゅうここを訪ねてきて、泊まっていくこともある。彼女は両親よりも、田舎と都会の2つの世界をもっとうまく行き来しているようだ。ヴァネッサとその子どもたちは、この家にすっと溶け込み、またいつの間にかいなくなる。ここでは多くの子どもたちが、幼い頃から祖父母の家を行ったり来たりして暮らす。ジョンは祖父母といちばん長く一緒に暮らしており、祖母とのあいだで口げんかが絶えない。「ジョンと私は、しょっちゅうぶつかり合ってるの」とマージが言う。「たいていはヨーグルトのことでね」とヴァネッサ。「冷蔵庫のヨーグルトは、私のものよ」とマージが異を唱える。「勝手に人のヨーグルトを食べちゃダメ。食べたい人は、自分の分を冷蔵庫に入れておかなきゃ！」。

朝食のメインは、ダグお手製のフレッシュフルーツ・サラダだ。ただし、ダイエッターにおなじみのものとはちがう。「フレッシュフルーツをさいの目に切って、クリームと砂糖をかけるんだ」とダグ。「たっぷりのクリームと砂糖をね」とヴァネッサがつけ加える。「前はおじいちゃん、ウィートビックス（バー状のシリアル）を、マンゴージュースとクリームに浸けて食べてたんだ」とジョンが言う。「それで血糖値が急上昇」とヴァネッサがクールに言い放つ。「いまは、マンゴージュースは、ドクターストップよ」。

大人は3人とも糖尿の気があり、マージは薬を飲んでいる。3人とも太りすぎで、以前より体重が少ないのはマージ1人だけ。これは食生活を変えたことと病気のためだ。「クイーンズランドは太った人が多い州なの」とヴァネッサが言う。「南オーストラリアの人はもっとスリムよ。ここは暑さが厳しいから、みんなエアコンをつけて、テレビの前で寝転んでるから」。「マッカス（マクドナルド）や、シズラーや、KCF（ケンタッキー・フライド・チキン）をパクつきながらな」とダグ。

食のエピソードもさることながら、その語り口によって、ブラウンさん一家の物語はいっそう魅力的を増す。ジョンは、一家がまだアウトバックで暮らしていた頃、夕食のためにヤマアラシを獲りに行かされたときのことが忘れられない。それは、土砂降りのあとだった。「僕ら、道に迷っちゃったんだ」とジョンが回想する。「曇った日には、ぜったい砂丘に入っちゃ

オーストラリア

- 人口：19,913,144人
- ブリスベン都市圏人口：1,508,161人
- リバービューの人口：4,332人
- 面積：7,417,810㎢（米国48州を合わせたよりもやや狭い）
- 人口密度：2.8人／㎢
- 都市人口：92%
- 国土に占める砂漠の割合：44%
- 羊と人間の比率：5：2
- 平均寿命：男性77.9歳、女性83.0歳
- 先住民の人口：2.4%
- 1777年の先住民の人口：100%
- 先住民と非先住民との平均寿命の差：−20%
- 1人当たりの年間アルコール消費量：10.87ℓ
- PPP*における1人当たりのGDP**（米国の数値に換算して算出）：$28,260
- 1人当たりの年間医療費とそのGDPに占める割合：205,438円／9.2%
- 1日1人当たりのカロリー摂取量：3,054kcal
- 肥満人口：男性69.7%、女性60.2%
- 肥満症人口：男性21.2%、女性22.5%
- 1人当たりの年間たばこ消費量：1,907本
- 1人当たりの年間肉消費量：103.5kg
- マクドナルドの店舗数：726軒
- ビッグマックの価格：290円
- 羊肉を使用したマクドナルドのメニュー：なし
- 2003年に食用および毛皮目的で商業捕獲されたカンガルー：3,474,483頭

* PPP：購買力平価。2国間の適切な為替レートを説明する理論。
** GDP：国内総生産。

乾燥したアウトバックで生まれ育ったブラウンさん一家は、いまではブリスベン郊外に暮らす。この熱帯都市では、毎日午後になると、激しい雷雨に見舞われるのが夏の風物詩だ。ブラウンさんの家は、市内から車でわずか20分のところにあるが、心はいまもはるか彼方のアウトバックにある。

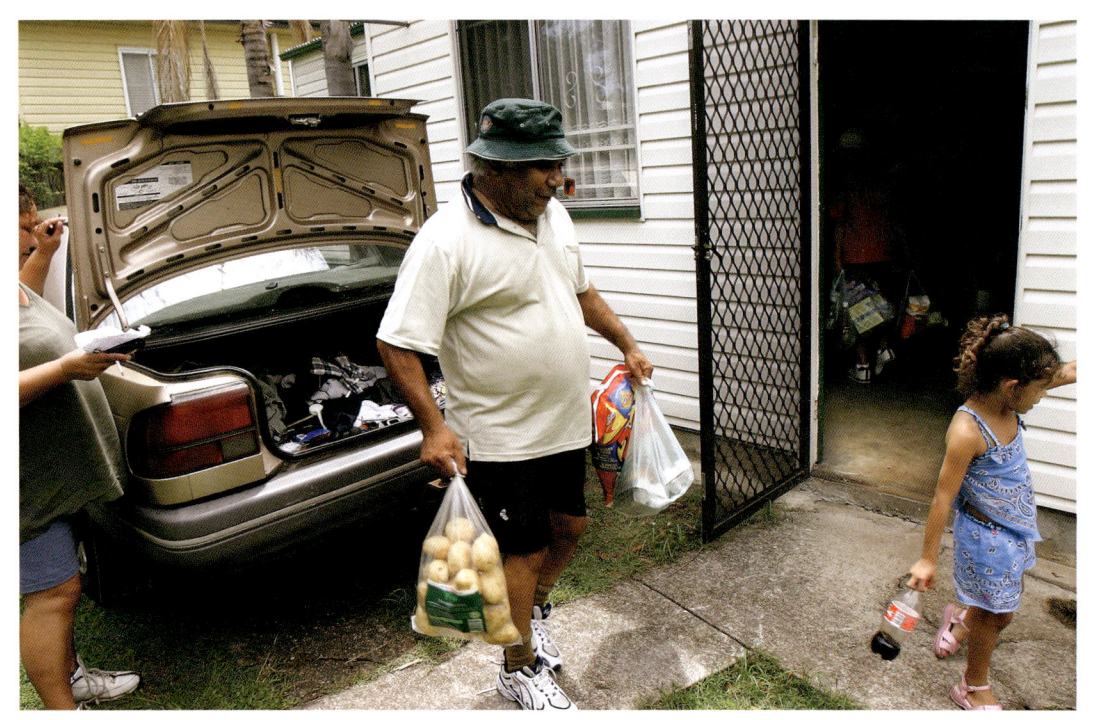

取材メモ

前回のオーストラリアでは、アウトバックに1週間滞在した。おばあちゃんのような3人の先住民アーティストとともに、キャンプを張って、オオボクトウの幼虫や、蜜アリの掘り出し方、食べ方を教わった。2本脚のオオトカゲも食べた。トカゲは、3人の先住民のうちの1人、ベッシー・リドルが鋤で仕留めたものだった。カンガルーのしっぽは、アリススプリングスからの帰り道、彼女らがクイックストップで買ったものだ。私は彼女たちから多くを学び、この女性たちが不毛な赤い砂漠に分け入って、毎食、毎食、きちんと食事を調達してくる能力に感服した。

この前、スチュワート・ハイウェイをぶっ飛ばして往復したときには、故障車と動物の死骸の多さが印象に残った。この、人のあまり通らないアスファルト道は、1,600kmに及ぶアウトバックを両断するように横切っている。未明にクーパーペディーを走っているときだった。1頭のカンガルーが、側溝からヘッドライトめがけて飛び込んできた。私のランドクルーザーには、鋼製のルーガード(カンガルーよけ)が取りつけてあったためラジエーターは無事だったが、体重50kgほどのカンガルーの命はあっけなく終わった。放し飼いの牛の膨れ上がった死骸はハゲタカがきれいに処理し、げっ歯類やヘビなどの小動物も、そのおこぼれに預かっていた。路上の死骸はかんたんに説明がつくが、故障車の方はどういうことなのだろう。ドライバーが大型動物を避けて、急ハンドルを切ったのだろうか。それとも、食用にする小動物を車で轢いたのか、あるいは、単調な道で居眠りをしたか、エスキー(オーストラリア製の小型携帯用冷蔵庫)からフォスターズ(ビール)でも取り出そうとしたのだろうか。

ヤマアラシを追いかけて車から飛び降りた、というダグの話を聞いて、私は、先の先住民の女性が、しきりにウインドーを下ろしては、疾走するトヨタのランドクルーザーから、使い慣れた22口径のライフルで跳ね回るウサギを射止めていたのを思い出した。先住民がこれらの「無料ランチ」を好むのを嫌がる人もいるかもしれないが、私はそう思わない。20世紀の狩猟採集民とのシェアリング・ゲームを、私自身は大いに楽しませてもらった。ダグのヤマアラシの話を聞いて、その味と舌触りをじかにレポートできなかったのが残念だった。

——ピーター

右:ジョンが妹のシニードを抱いて、ほとんど空っぽになった冷蔵庫を見つめている。でも、明日になれば、冷蔵庫は満杯になる。左上:2週間ごとに新しい小切手が届くと、みんなでスーパーマーケットへ出かける。左下:こぢんまりした界隈にある自宅へ戻ったブラウンさん一家が、車から荷物を降ろす。

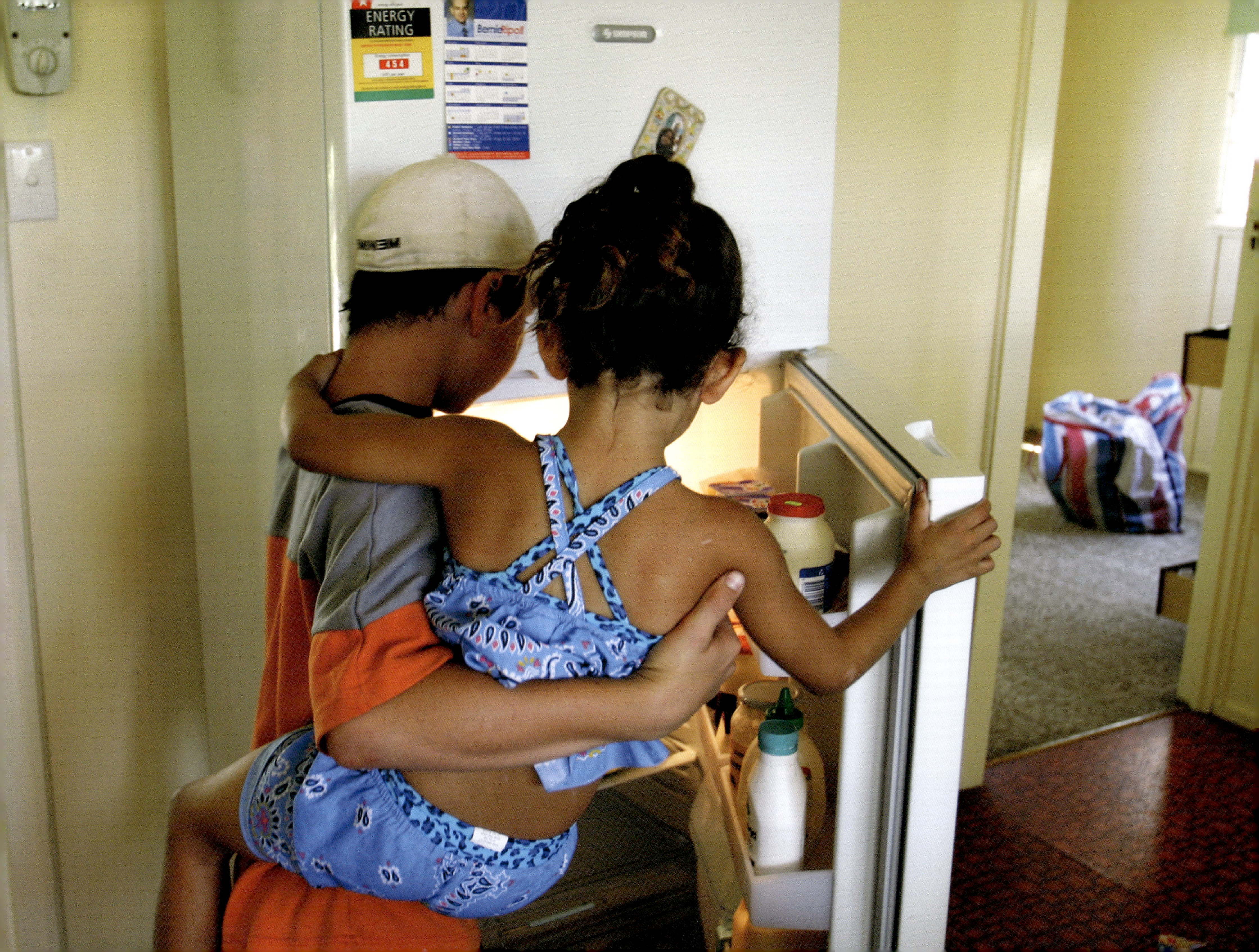
ENERGY
RATING
454
BernieRipoll

けない。どこもかも同じに見えるんだから。とにかくひたすら歩いて、川もいくつか渡った。リーをおぶってやってたら、マジで溺れそうになった。ようやく大きな木のところまで来たんで、疲れて眠っていたら、何か音がする。ビビったよ。そうしたら口笛が聴こえてきて、おじさんだってわかった。僕ら、家のすぐ近くにいたんだ」。「ほっとしてひと晩中泣いたわ」とヴァネッサ。「あの子たちがいなくなったかと思ったら、すぐそこにいたんだもの」。「でも、ヤマアラシの獲物はゼロだった」とジョンがしょげる。「ヤマアラシ狩りは大仕事さ」とダグ。「穴を掘って、追い回して、きれいにして、くびをはねて、料理して、何時間もかかる。そうして、さあ、食べようというときになると、ヴァネッサが子連れで現れて、みんな１本ずつ脚を欲しがる。『でも、脚は４本しかないしなあ』なんて言ってるうちに、やつらは食べ始めて、またたく間に平らげてしまうんだ」。みんな、うんうん、とうなずく。「ヤマアラシのある日は、ちょっとしたごちそうだから、２、３家族が集まって、ジョニーケーキとヤマアラシをみんなで分け合うの」とヴァネッサが教えてくれる。

オーストラリアのブッシュでは、ヤマアラシやカンガルー、ラムを常食にしていたが、ブリスベン郊外での一家の食生活においては、脇役である。政府からの障害者年金が、２週間ごとに夫婦の銀行口座に直接振り込まれる。このお金で、家賃、食費、そのほかの生活費いっさいを賄う。「食料を２週間もたせようと思うと、結構な量を買わなきゃならないのよ」とマージが言う。「ブッシュでは、肉が足りなければ、パドック（飼育区画）へ行って、ルー（カンガルー）を捕まえればいい。でも、ここではお金がないと、肉は買えない。ブッシュでなら、羊丸々１頭が10ドル（923円）くらいで買えたよ」。「このあたりの肉屋では、羊を１頭分買おうと思うと80ドル（7,386円）以上するわ。しかも切り身になってるやつね」とヴァネッサが言う。「僕は、チキンが好きだ」とジョンが横やりを入れる。「あんたのは、KFCでしょ」とヴァネッサ。「この子は、以前は毎日フライドチキンを食べさせてもらってたの」とマージがつけ加える。「でも、食べられるだけ食べてたらそのうち鶏胸になるよって言ってきかせて、やめさせたの」とヴァネッサが笑う。

ダグはファストフード店へ行くのを我慢して、月１、２回、それも、孫たちがいるときに限っている。でも、シニードがもっと行こうとおじいちゃんを誘惑する。「『ねえ、マッカスのこと、考えてくれたぁ？』って」と、ダグがお腹を抱えて大笑いする。キッチンにいるみんなにも笑いが広がる。「うちでマックマフィンを作る方が安上がりだよ」とマージが言う。「ダグがステーケット（成形済みの牛肉パテ）でおいしいハンバーガーを作ってくれるんだから」。みんながうなずく。ただし、ダグのハンバーガーは、同じ味になった試しがない。「でもどうせすぐに平らげちゃうんだから、味のちがいなんてわからないだろ」とダグが言う。「それに、バーベキューソースをかければいいんだから」。ダグは、いろんな種類のバーベキューソースを買ってきて、究極のスペシャルブレンドを試している。正直なところ、ファストフードの値段におののいているのだ。マッカスで食べると、１人当たり６ドル（554円）はかかる、とジョンが言う。「同じ金額で、10人分の食料品が買えるよ」。

ヴァネッサは、シニードがまがいものを見破ることを知っている。どんなにうまく作ってもだめだ。「私がナイフを持って、じゃがいもをマッカスフライに見えるように、あれこれ工夫しながらカットしてるでしょ」とヴァネッサ。「すると、シニードが言うの。『ママ、ちゃんとした油はあるの？油がちゃんとしてないと本物みたいにならないよ』って。だから、ちゃんとできた試しがない」。それでも、失敗するとわかっていながら、娘を喜ばせるためにヴァネッサは試行錯誤している。

今日、食品の選択の幅はどんどん広がり、ブラウンさん一家は圧倒されている。「昔は、迷うことなんてなかったよ。それほど品数が多くなかったからね」とマージが言う。「でも、いまは店に行くと、弱っちゃうわね」。「それでも、からだにいいものを選ぼうと努力はしてるわ」とヴァネッサ。「20年前なら、どんなものでも１つの棚には１種類か、せいぜい２種類しかなかったわ。それがいまは、チーズ１箱買うのでも30種類も40種類もある。コレステロール・ゼロだとか、無塩だとか、あれやこれや迷っているうちに、何を買いに来たんだかわからなくなってしまうことがしょっちゅうよ。それで、結局、何を買うのでも"オリジナル"って表示のあるものを選ぶようにしてるの」。「私は、無塩バターって好きよ」とマージが言う。「ああ、本物みたいによくできてるよ」とダグ。「見かけは、バターにそっくりさ。でも、ちょっと指に取って味見をしてみると、うへえっ、なんでわざわざこんなものを作るんだ、って代物だね」。

ヴァネッサは、自分が子ども時代に経験したごく基本的な事柄を体験するチャンスを、４人の子どもたちが逃してしまっているのではないか、と感じている。「このあいだ、ティーバッグを切らしちゃったの。ふつうの茶葉ならあったから、お湯を沸かしていたら、子どもたちがじっとそれを見てるのよ。私がお湯の中に茶葉を入れると、うっそーって感じで、『袋はどうしたの？』ですって。私の方が不安になって、『あんたたち、何にも知らないの？』って訊き返しちゃった。子どもたちはあらゆるブランドのソフトドリンク、スナック、ファストフードの類いのことなら何でもよく知っていて、そういうものばっかり欲しがるのよ」。

わが家のレシピ

マージ・ブラウンのカンドンパイ

【材料】
セルフライジングフラワー　１カップ
中力粉　３カップ
バター　170g
塩　小さじ１/２
牛乳　１カップ
カンドン（皮をむいて種を抜き切る）　450g
砂糖　１カップ
レモンの搾り汁　大さじ１
水　適量
※１カップは250cc

【作り方】
- オーブンをあらかじめ180℃に温めておく。
- 生地を作る。小麦粉２種類、バター、塩をボウルに入れ、手でこねる（もしくはパイ皮練り器を使ってもよい）。
- 牛乳を加え、ギュッギュッと丸める。
- パイ生地を２つに分けて、20cmのパイ用深皿をすっかり覆う大きさに延ばす。
- 生地を１枚、パイ用深皿の縁にかかるように敷く。
- カンドン、砂糖、レモンの搾り汁をソースパンに入れ、水を加えてふたをする。弱火でコトコト30分ほど煮る。この頃には煮汁が赤くなっている。火から下ろして、こし器で水切りする。煮汁は別のボウルに取り、冷蔵庫で冷やしておく。
- 煮詰めたカンドンをパイ皿に敷き詰め、取り置いたカンドンの煮汁を大さじ３〜４杯かけて、湿らせる。
- もう１枚のパイ生地を上からかぶせて、両端をつまみ合わせる。ナイフで表面に小さな通気孔を開ける。残りの生地で、デコレーションしてもよい。
- 予熱しておいたオーブンにパイを入れ、すぐに温度を150℃に下げる。30分ほど焼く。汁が泡立ってくるのが目安。縁だけが早く焼けてしまったら、アルミホイルで覆う。
- 10分ほど置いて、焼きたてにカスタード、生クリーム、アイスクリームなどを添え、残りのカンドンの煮汁をかけて出す。

夏休中は子どもたちの朝食も控えめになり、規則正しくなくなる。全員、気が向いたときに食べている。ヴァネッサはシニードと自分用に、手早くスクランブルエッグを作る。男の子たちは自分で、シリアルとサンドイッチをこしらえる。一方ダグは、肉と玉ねぎのソテーにグレービーソースを添えたものとバタートースト、という心づくしの朝食をととのえ、妻の食事に目を光らせる。妻のマージは、卒中を患って以来ヘルシーな食生活を心がけており、朝食はシリアルとジュースだ。

オーストラリア—1　29

オーストラリア東岸のブリスベンに住むモリーさん一家。裏庭にあるプールサイドのテラスにて、1月のとある1週間分の食料とともに。左から、エミリー（娘、愛称エム、15歳）、ショーン（息子、5歳）、ナタリー・モリー（妻、41歳）、ジョン・モリー（夫、43歳）。調理手段：コンロ、電子レンジ、屋外のバーベキュー・グリル。食品保存方法：冷凍冷蔵庫。好きな食べ物──ジョン：車エビ、チョコレート、ナタリー：新鮮な果物、チーズ、エミリー：メキシコ料理、自家製ディップ、ショーン：ボローニャ風スパゲティ（スパゲティ・ミートソース）、キャンディ。

AUSTRALIA ●オーストラリア—2

モリーさん一家　ブリスベン在住

楽園のうたげ

●1月の1週間分の食料

穀物、でんぷん食物：2,922円
White Russetのバラエティポテト2.2kg、スライス白パン2斤、ロールパン10個、Dick Smith Bush Foodsの朝食シリアル1.1kg、San Remoのスパゲティ850g、San Remoのペンネ550g、白米550g、スイートチリ・ツイスト（ピリ辛味のパン）372g。

乳製品：2,243円
Puraのライトスタート・ミルク6.4ℓ、Paulsの全乳2.1ℓ、チーズ550g、Paulsのギリシャヨーグルト・ナチュラルセット（容器内で醗酵した状態で売られているもの）550g、Paulsの濃縮クリーム300mℓ、Woolworths（ストアブランド）のサワークリーム300mℓ、バター81g。

肉、魚、卵：9,949円
丸鶏2.2kg、缶入りツナ2.2kg、Woolworthsの牛肉1.1kg、Woolworthsの鶏胸肉1.1kg、Woolworthsのラム肉1.1kg、ウミタナゴ1.1kg、Woolworthsの豚肉550g、卵6個、ハム318g、サラミ105g。

果物、野菜、ナッツ類：7,880円
種なしスイカ18.5kg、リンゴ（サンダウナー種）1.4kg、オレンジ1.3kg、バナナ900g、プラム850g、グリーングレープ（ミニトマト）700g、レモン600g、ネクタリン‡720g、Heinzのベイクドビーンズ1.1kg、アボカド4個、レタス2個、きゅうり950g、Val Verdeの缶入りむきトマト900g、トマト800g、ホワイトオニオン800g、にんじん750g、とうもろこし4本、アスパラガス500g、シルバービート（ほうれん草のような葉野菜）500g、セロリ264g、Master Foodsのトマトソース255g、マッシュルーム252g、ブロッコリー240g、缶入りビーツ237g、イタリアン・フラットビーンズ（コーヒー豆）237g、トマトペースト213g、スノーピー（絹さや）204g、赤ピーマン192g、にんにく66g。

調味料、香辛料：2,773円
ココナッツミルク405mℓ、ピーナッツバター264g、Kikkomanの減塩しょうゆ250mℓ、Lea&Perrinsのウスターソース250mℓ、Master Foodsのバーベキューソース250mℓ、Nutellaのチョコレートスプレッド213g、Master Foodsの粒なしマスタードソース186g、Vivaオリーブオイル132g、赤唐辛子108g、バジル*90g、しょうが87g、Capilanoのハチミツ60g、パセリ*小さいもの1束、バルサミコ酢50mℓ、コリアンダー*小さいもの1束、Master Foodsのホースラディッシュ‡30g、ジャム30g、マヨネーズ*30g、Master Foodsのトマト&チリピクルス（サルサ）30g、ミント*小さいもの1束、オレガノ*30g、とんかつソース30g、ベジマイト（野菜をベースにした塩味のペースト）30g、クミン9g、マスタードシード9g、ローズマリー*4本、ターメリック9g、黒コショウ6g、カレーパック20個、塩6g、タイム*小さいもの1束、ローリエ5枚。

スナック、デザート：2,085円
アイスキャンディ（ポプシクル）24パック、サルタナレーズン396g、Cadburyのデイリーミルクチョコレート・バー264g、Uncle Tobysのストロベリーミューズリー・バー264g、Uncle Tobysのフルーツツイスト237g、SAKATAのクラッカー213g、Arnott'sのショートブレッド・クリームビスケット132g、Smith'sのチキン味のポテトチップス54g。

総菜、加工食品：388円
Heinzの缶入りスパゲティ750g、ビーフストロガノフ・ミックス42g。

飲料：7,545円
水10.4ℓ、フルーツジュース3.2ℓ、瓶入り赤ワイン9.75ℓ、Just Juiceのポッパーズ（箱入りジュース）2.6ℓ、Mateusのロゼワイン750mℓ、Cascadeの瓶入りライトビール18ℓ、Nescafeのゴールドブレンド・コーヒー54g、Nestléのミロ（インスタントのチョコレートドリンク）24g、Twinings of Londonのブレックファースト・ティーのティーバッグ10個。

嗜好品：58円
ナタリー用にCenovisのマルチビタミン7錠。

*自家栽培のもの　‡写真にないもの

1週間分の食費：
35,843円（388.22オーストラリアドル）

15歳のエミリーと母親のナタリーは、蒸し暑さにげんなりしている。2〜3か月前の風が恋しい。まだ1月初旬だというのに、オーストラリア中東部の沿岸地域は夏真っ盛りだ。エミリーもナタリーも大きなグラスでフィルター水を飲みながら、小さなショーンのお守りをしている。5歳のショーンは家中を走り回って、この日2本目のアイスキャンディ（果汁のフローズン・バー）を頬ばっている。ナタリーはクイーンズランド・カレッジ大学の財務担当官。今日は、ショーンに新学期のしたくをさせるため休暇をとっている。夫のジョンも勤め先の銀行から帰ってきた。この季節になると、家の中はむっと息苦しいので、食事は庭でとる。今夜はニブルス（スナック）・ナイトだ。「週に1度は、軽食で済ますの」とナタリーは言いながら、スーパーマーケットの出来合いのチキン、アーティチョーク、ピスタチオ、オリーブ、ピクルス、ポテトチップス、クラッカー、ベジマイト（濃縮酵母エキスのペーストの1つ）、スノーピー（絹さや）などの小皿を、エム（エミリーの愛称）とプールサイドの屋根のあるテラスに運んでいく。夏のあいだは、ほとんどここで食事をしている。ジョンがグリルに火を入れてラムや野菜を焼いたり、ナタリーとエムとでミートソースのパスタや凝ったサラダを作ることもある。エムは最近料理に目覚め、家族や友人を実験台にいろんなレシピにトライしている。料理の楽しさもあるけれど、そんなに熱心なのにはもっと別の理由があるようだ。「だって一緒に食事をすれば、みんな自然に仲よくなれるでしょ」。ショーンは毎週金曜日の夜、野球の試合の前に、マクドナルドかサブウェイに連れて行ってもらう。

モリー家は、オーストラリアの家庭では定番の肉のグリルやニブルスも大好きだが、近隣のアジアから食や文化に関するエスニックな情報が日々ふんだんに届くので、それらを試すこともある。ジョンは自宅でもよく好物のエスニック料理を楽しんでいる。昼間ショーンを預かってくれているベビーシッターはスリランカ人で、この女性の家にはモダンな台所のほかにもう1つ、屋外にも厨房がある。「教会の賄い係をしててさ」とジョン。「彼女の家に行くと必ず、サモサだとか何かしらカレーの味見をさせてもらうんだ。朝、ショーンを送っていくと、通りまでいい匂いがしてきて、『ああ、今朝のお茶うけはうまそうだなあ』って、思うときがあるよ」。

モリー家のニブルス・ナイトが始まる。エミリーが、白パンのトーストにベジマイトを薄く塗る。「本当においしいんだから」。初めて口にする人は舌が曲がりそうになる、このイースト味の麦芽ペーストにはまっているらしい。「次は、アボカドものせて食べるのよ。ああ、よだれが出そう！」。

モリー夫妻はアジアを旅行すると、地元の料理をあれこれ試してみる。マレーシアのクアラルンプールでは、こんなことがあった。2人が小さな屋台が並ぶ路地に行きあたると、どの店も女子禁制。仕方なく、男女が隔てられたムスリム居住区から女性にも食事をさせてくれるエリアに移ったのだという。「バナナの葉っぱで包んだ、ドーサ（米とレンズ豆のパンケーキ）とカレーを食べたの。指がカレー色に染まっちゃって、何週間もとれなかったのよ。でも、おいしかったわ！」。

メルボルン近郊のオットウェー岬で水揚げされた伊勢エビ。オーストラリアの人口は沿岸部に集中しており、食事の中でシーフードの占める割合が大きい。エビと伊勢エビは特に豊富だ。ただし、モリー家では、ジョンとショーンはシーフードが好物だが、エムはいぶかしげに見ているだけだし、ナタリーも子どもの頃に無理強いされたせいで食べられない。買い物はナタリーがするので、結果的に一家の食卓にはあまりシーフードが上らない。

ビーチの細かい砂に由来するとも、お金が流れ着くからともいわれるブリスベンの名所、ゴールド・コーストは、オーストラリア観光の目玉だ。毎年夏になると、サーファーズ・パラダイスには高校を卒業したばかりの若者たちが大勢押しよせる。市の南東50kmにあるこのビーチに若者たちがやって来ると、皮肉を込めて「スクーリーズ・ウィーク（ビーチが校庭になる期間）」と呼ばれる季節が幕を開ける。

取材メモ

ブリスベンを訪れたのは12年ぶりだった。そのあいだに市の再開発が進み、ダウンタウンやリバーフロントが見事に生まれ変わっている。そのことにすっかり目を見張ってしまった。植物園やサイクリングロードが整備され、リバーサイドにはレストランが立ち並んでいる。郊外でも同様だった。こぎれいなランチハウス（屋根の勾配が緩い平屋）、よく刈り込まれた芝生、椰子の木、小規模ショッピング・センター、ファストフード店など、その様子は奇妙にもロサンゼルス郊外を思わせた。私たちが取材に訪れた1月、夏の暑さは最高潮に達し、猛暑であった。毎日、午後5時頃になると夕立になり、雷が鳴り風が吹いた。この夕立がなかったら、暑さで気が狂っていたことだろう。

モリー家のポートレイトをテラスで撮影した午後もそうだった。セッティングがととのい、さあ撮影だ、というときになって土砂降りの雨と強風に見舞われ、あわてて照明機材をばらしたり食料にカバーをかけたりしているうちに、付近一帯が停電した。1時間後、風雨が去ってみると、プールの照明や植物は無事だったが、相変わらず停電していた。バッテリー電源式のストロボを持ってきていて助かった。

午後8時頃には、食料も機材もすっかり片付け終わり、テラスのディスコ・ボールの下、ランタンを灯してみんなでビールを飲んでいた。まだ停電が続いていたのだ。娘のエミリーが室内から出てきて、冷たい飲み物をいろいろ運んできてくれた。私は、ずらりと並べられた器や皿の食べ物を片っ端から試食していった。酵母エキスのペースト、ベジマイトを味見したときには、悪いがゴキブリの餌かと思った。もしかしたら、だんだん病みつきになる味かもしれないが。

——ピーター

上：オーストラリアの食べ物は、ヨーロッパやアメリカとよく似たものが多い（写真はオーストラリア製シリアルで、アメリカでは「ライス・クリスピーズ」の名で知られる）。下：一方、オーストラリア独特の食べ物もある。酵母エキスのペーストもその1つ。中でも有名なのが、モリー家の好物でもあるベジマイトだ。オーストラリアのメーカー、クラフト社の製品である。そのほかのブランドとしては、地元メーカーのマイティマイト、プロマイト（甘みがある）などがある。イギリス原産のマーマイトにこだわるオーストラリア人もいる。

わが家のレシピ

モリー家特製、車エビのバーベキュー、チリ、コリアンダー、ライムバター添え

【材料】
大きめのグリーン・キング・プローン（車エビ）　16匹
バター　120g
タイチリ（種を取り除き、みじん切り）　2個
搾りたてのライム果汁　大さじ2
コリアンダーの生葉（みじん切り）　大さじ2

【作り方】
- 車エビの殻をむき、洗う。しっぽは残し、背に沿って身の半分の深さまでナイフを入れ開き、平たく延ばす。
- 薄く油を引き、高温に熱したバーベキュー・グリルで車エビを1分ほど焼く（焼きすぎないよう注意）。
- バターを溶かし、チリ、ライムの搾り汁、コリアンダーの葉と混ぜる。
- 車エビにソースをふりかけ食卓へ。

ナタリー・モリーのアボカドとマンゴーのサラダ

【サラダの材料】
サラダ用野菜（ルッコラ、クレソン、ロメインレタス、メヌエット（ミニにんじん）などを、洗って、水切りする）　適量
熟したアボカド（薄くスライス）　2個
熟したマンゴー（薄くスライス）　2個
スライスベーコン（カリカリに焼いて、粗みじん切り）　3枚
ピーカンナッツ（丸ごと）　1カップ

【ドレッシングの材料】
エキストラ・バージン・オリーブオイル　1/3カップ
搾りたてのレモン果汁　大さじ2
濃縮クリーム　大さじ1
粒入りマスタード　小さじ1
※1カップは250cc

【作り方】
- サラダ用野菜を平皿に取り、アボカド、マンゴー、ベーコン、ピーカンをトッピングする。
- ドレッシングの材料を混ぜ合わせ、サラダの上にふりかける。

ナタリーが夕食に作るサラダには、アイデアと具がたっぷり。でもドレッシングは控えめ。夕食の買い物は、ほうれん草、トマト、にんじん、きゅうり、アボカド、グリーンビーンズ、カプシカム（ピーマン）、スナップエンドウ、とうもろこし。手に取ったレタスは、結局、買わないことにした。

オーストラリア-2

シンカ村に暮らす、ナリム、ナムガイ夫妻一家。人里離れた丘の中腹にあるこの村には、12世帯が暮らしている。練り土でできた３階建ての家の祈りの部屋にて、一家13人の１週間分の食料とともに。調理手段：まきでたく土製の炉。食品保存方法：自然乾燥（一家のプロフィールは、右ページ参照）。

BHUTAN ●ブータン

ナムガイさん一家　シンカ村在住

●2月の1週間分の食料

穀物、でんぷん食物：30円
赤米*33.1kg（食事時に立ち寄るたくさんの客にもふるまわれる）、小麦粉*1.5kg、レッドポテト*1.1kg、大麦‡（焼いて食べる）1kg。

乳製品：0円
牛から搾る牛乳*11.2ℓ（バターは、この牛乳を撹拌して作り、副産物のホエーもとれる。さらに900gのチーズも、同じ牛乳から作る）。

肉、魚、卵：10円
卵*11個、魚の干物132g（一家は、魚の干物や乾燥肉を、月に1、2回食べる。写真に写っているのは、3か月分相当の魚と肉）、魚の干物よりも干し肉をよく食べる。

果物、野菜、ナッツ類：172円
オレンジ1.75kg、バナナ700g（フルーツは、たまに購入する）、ラディッシュ3.3kg、ほうれん草*大きいもの5束、カラシ菜*大きいもの4束、なす1kg、レッドオニオン1kg、トマト550g、にんじん‡550g、生の青唐辛子132g（写真中の分量が3か月分）、乾燥赤唐辛子132g（写真中の分量が4か月分）、野菜はふつう自家栽培か近所の人からのもらいもの。買うのはまれ。

調味料、香辛料：149円
カラシ油*2.1ℓ、塩（料理に使ったり、乳の量を増やすために牛に与える）1.65kg、しょうが550g、重曹（お茶に酸味をつける）小さめ1箱、チリパウダーひとつかみ。

飲料：90円
丸いお茶（バター茶用）2個、Red Labelのお茶（来客用にのみ使う）21g、料理や飲料用に沸かす水は、プラスチックのホースを通して、家の上の方にある湧き水を引いている。

嗜好品：143円
ビンロウの実80個、ビンロウ用の葉2包み、ライムペースト1箱。

*自家栽培のもの　‡写真にないもの

1週間分の食費：
594円（224.93ヌルタム）
**自家栽培している食料の市場価格は、現地で購入した場合3,429円。

ナムガイさん一家＜立っている人、左から＞：サンガイム・クハンドゥ（サンガイムの婿、39歳）、タンディン・ワンチュク（サンガイム・クハンドゥとサンガイムの四男、7か月）を抱くサンガイム（ナリムとナムガイの長女、35歳）、サンガイム・ザム（サンガイム・クハンドゥとサンガイムの次女、12歳）、チャト・ナムガイ（サンガイム・クハンドゥとサンガイムの長男、14歳、僧侶）、チャト・ジェルトシェン（サンガイム・クハンドゥとサンガイムの次男、12歳）、＜座っている人、左から＞：ゼコム（ナリムとナムガイの三女、9歳）、バングム（ナリムとナムガイの次女、愛称キンレイ、21歳）、ドゥップ・チュ（ナリムの兄、56歳）、チョエダ（サンガイム・クハンドゥとサンガイムの長女、16歳）、ナリム（ナムガイの妻、53歳、女家長）、ナムガイ（57歳、家長）、ジェルトシェン（サンガイム・クハンドゥとサンガイムの三男、9歳）。

みんなの笑顔を照らす光

ブータンでは唐辛子を毎食のように食べる。唐辛子は、ここでは香辛料ではなく立派な野菜なのだ。「今年は赤唐辛子が不作だ」と、ナムガイがぼやく。「害虫にやられて、しなびて枯れてしまったよ」。お隣のインドなら、足りない分は市場で買えばいい。でもナムガイのような自給自足農には、畑で栽培できる主要作物を買う余裕がない。

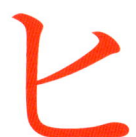

ヒマラヤのシンカ村に、初冬の朝が訪れる。ナムガイ家の台所では、土間にじかに置かれた土製の炉の上で、赤米の鍋がコトコト煮えている。いまにも笑顔がほころびそうないい顔立ちをした長女のサンガイムが、焚き口にまきを追加して火加減を調節する。彼女の5人の子どもと2人の妹は、まだ隣の部屋の寝床の中だ。末っ子のタンディン・ワンチュクだけが、母親の背中で朝食のしたくをじっと見ている。サンガイムは、唐辛子、チーズ、玉ねぎ、チリパウダー、塩をこねて、ペースト状にすりつぶす。これをご飯に添えるのだ。そのあいだに女家長のナリムは、搾りたての乳を撹拌して作ったバターでバター茶を入れる。このお茶は、牛乳を加えたお湯に少量の茶葉を入れバターを溶かしたものだ。家長のナムガイは、自分の体からまどろむ子どもや孫らの手足をほどいて、足を引きずりながら台所の火のそばに行く。ナリムが夫に、湯気の立つ熱々のしょっぱいバター茶を差し出す。ナムガイはガラスのない窓辺に腰かけ、お茶を深くすすりながら、まだ寝静まっている小さな村を窓越しに眺める。子どもたちが起き出してくると、この静けさも即座に途切れてしまうのだろう。

ナリムは（この国の多くの人と同様に、彼女には名字がない）、インドのすぐ北東に位置する小さなブータン王国中部で、自給自足農業を営んでいる。夫のナムガイは、村の予言者だ。病人や運気の下がっている人、願いごとのある人などを相手に、日がな1日、仏教の聖典を読み聞かせて暮らしている。そのかたわら、村人のために穀物の製粉も請け負っている。この作業には、政府の融資制度で手に入れた小さな燃料式製粉機を使う。ナムガイはからだが不自由で農家のふつうの男のような重労働はできないので、その仕事はもっぱらナムガイの娘婿であるサンガイム・クハンドゥと、ナリムの実兄のドゥップ・チュの肩にかかっている。2人は、強情な雄牛と木製の鋤で田畑を耕し、人手がいると村人の手を借りる。頼まれれば、サンガイム・クハンドゥが手伝いに行ってお返しをする。貧困地域で生き抜くには、こうした助け合いが非常に重要だ。

サンガイムとナリムは、2人分の子育てや家事と畑仕事とを分担して、交代でこなしている。1

人が一家13人分の牛を放牧したりするかたわらで、もう1人は種をまいたり鍬で畑を耕したり収穫をしたりと、1日分の畑仕事をする。ただ、この頃はサンガイムがタンディン・ワンチュクにお乳をやる関係で、もっぱらナリムが畑仕事を担当している。前回訪問したときは、いまは9歳になるナリムの末娘ゼコムと、サンガイムの息子ジェルトシェンが、同い年の末っ子だったはずだ。あの頃は、2人の母親のどちらかが家にいて子守りをし、もう1人が畑仕事をしていた。

ヒマラヤの村らしく、シンカ村にも細い段々畑が広がり、畑の間に土壁の家へと続く小道が延びている。どの家も3階建てで、手彫りの窓がある。窓ガラスはあったりなかったりだが、ないことの方が多い。祈りの部屋には精巧な装飾が施されている。僧侶の手で伝統的な文様が描かれ、祭壇には凝った彫り物がある。この部屋は、年に1度の祭式（一家の祈りの儀式）や、日課である供物の折に使われる。人々は2階で生活し、最上階の広い屋根裏には、干し肉や、穀物、わらなどが貯蔵されている。そして1階では、家畜を囲いに入れて飼育している。政府は長年、虫の繁殖や病気の蔓延を促すとして、動物を生活空間の間近で飼わないよう指導してきたが、いまでも広く行われているようだ。

バター茶のカップを手に、ナムガイが穏やかなひとときを過ごしていると、やがて子どもたちが、がやがやと起きだしてくる。サンガイムの息子、ジェルトシェンが、煙の立ち込める台所をのぞき、前の日チーズを作ったときにできたホエー（乳清）のカップをもらう。ナムガイとナリムの孫息子、チャト・ナムガイは14歳。ラマ教の僧侶で、ふだんはこの地方の中心都市、ワンディ・フォダンで勉強している。いまは帰省中だ。洋風のアンダーシャツの上からえび茶色の衣を羽織って、台所の火で祈りの部屋の祭壇にバターランプを灯す。「仏教の教えを勉強しているんだ。針仕事（曼荼羅の刺しゅう）も習ってるよ」。少年は目下、仏教の教えのよりどころである、三宝──仏：仏陀（ブッダ）、法：達磨（ダルマ）、僧：僧伽（サンガ）──の翻訳に取り組んでいるらしい。学校が大好きだと言い、村の暮らしが恋しくないの、と訊ねると、笑ってこう答える。「畑仕事や牛の世話より、勉強の方がずっといいよ」。とはいえ、帰ってくればここでの生活にすっとなじみ、家を離れていたとは思えない。

子どもたちは言われなくても寝床を片づけ、ナムガイの末娘ゼコムが木の床に、器を車座に配膳する。この床は、赤米と唐辛子とチーズの食事が済むたびみんなが手をこすりつけるので、ワックスで仕上げたように美しい光沢がある。1人ずつの器に少量のカレーがよそわれ、ご飯を小さなボール状に丸めてカレーに浸して食べる。会話は食事中それこそひっきりなしで、最後のひと口がなくなるまで活発に交わされる。サンガイムが作るのにかけた時間より早く、あっという間に平らげてしまう。これとバター茶が朝食なのだが、昼食や夕食も似たようなものだ。たいがい、チーズと野菜と赤米をひたすら食べている（そのほとんどが米で、1週間に35kg。同じブータンでも、東部地方では、米ではなくとうもろこしが主要な穀物である）。仏教徒なので、食べるための殺生はしない。ただし、牛がたまたま死んだ場合には食べる。「肉が手に入ると、朝、昼、晩と、もう肉ばっかり」とナリムが笑う。それ以外で肉を食べるのは、プジャ（法事）の時期だけだ。僧侶の一団がやって来て家に巣くう悪霊を清めるこの行事を、村の家々では年に1度行い、食用に処理した豚肉を村中で分け合って食べる。ナリムの村には12の家族が暮らしているので、1年に12回、この豚肉のごちそうにありつける計算になる。

唐辛子が足りない

今年は唐辛子を買わなければならない。そのせいで、ナリムは気分が浮かない。ふだんは、ほとんど何でも自分の手で栽培したり飼育したりして、足りないものがあれば近所の人から分けてもらう。ところが今年は、唐辛子が軒並み不作らしい。昔は、ナリムのような自給自足農のやりくりにお金が影響することなどめったになかった。しかし、最近では現金支出をともなう。そのためナリムは、村から1時間ほど歩いて、チーズやアラと呼ばれる自家製の強い穀物酒を、子どもたちの学校があるガセロまで売りに行く。そうして蓄えた制服や学用品のためのお金を、今年は食料に充てなければならない。

子どもたちは、掃除もてきぱきとこなす。そのかたわらでナムガイは、ブータンの男たちが手織りしたゴーと呼ばれる民族衣装の隠しポケットに手を入れ、ビンロウの実に少量の石灰を混ぜたベテル・チューイングと呼ばれる噛みたばこの一種を取り出して、朝一番の一服。マイルドな依存性と麻薬作用のあるこの実を噛んでいる人がいると、すぐにわかる。唾液が赤く染まって、まるで口から血を吐いているように見えるからだ。家族のうち4人の大人は、全員ベテル・チューイングをたしなむ。シンカ村では、ほとんどの人がそうだ。

女たちが支える一家

ナリムとサンガイム、母娘2人のリレーによる働きは、稲が未熟な初夏のうちは、まるでトレーニングさながらにハードだ。「いったん家に下りて、また畑まで戻る暇なんてないよ」とナリムが言う。「雨の日には、濡れたままお昼を食べるのよ」。ナリム家の畑は、多くが村人からの借地で、地代として収穫の半分を地主に納めている。小作地はあちこちに散らばっているう

ブータン

- 人口：2,185,569人
- シンカ村人口：96人（推計）
- 面積：45,355㎢（米国インディアナ州の半分）
- 人口密度：48.4人／㎢
- 都市人口：9％
- 自給自足農の割合：85％
- 標高3,000m以上の土地：44.5％
- 電力使用可能人口：30％
- 平均寿命：男性60.2歳、女性62.4歳
- 出産率（出産可能女性1人当たり）：5.0人
- 15歳以上の識字率：男性56.2％、女性28.1％
- 1人当たりの年間アルコール消費量：0.60ℓ
- PPPにおける1人当たりのGDP（米国の数値に換算して算出）：$1,969
- 1人当たりの年間医療費とそのGDPに占める割合：1,062円／3.9％
- 肥満人口：男性34.0％、女性44.7％
- 肥満症人口：男性5.3％、女性13.1％
- 1人当たりの年間肉消費量：3.3kg
- マクドナルド、バーガーキング、KFC、ピザハットの店舗数：0軒
- テレビ局の数：1998年0、2005年1
- 外国人の個人観光客にかかる政府の関税：1日24,190円〜28,320円

ナムガイ（炉のそば、左）と妻のナリム（炉のそば、右）が、赤米と加熱した野菜の昼食をとっている。土壁の家の台所にあたるエリアで、家族や友人たちと一緒に食べる。台所と隣の部屋には、よく煙が充満する。炉が室内にあり、煙がうまく外に放出されないのだ。ナリムは、台所を別棟に建てたいけれど、そんな余裕はないという。

わが家のレシピ

ブータン風シェァム・ダツィ
（豚肉入り、きのこのチーズ煮込み）

【 材料 】
細かくきざんだ乾燥豚肉　2 kg（なければ生肉ではなくベーコンを使う）
薄切りした生、もしくは干ししいたけ1.4〜1.8kg（ブータンでは6、7、8月は森で採集する）
薄切りした赤唐辛子　12個（できれば乾燥させたもの）
つぶした牛のチーズ　テニス・ボール大2個
カラシ油、もしくは大豆油など植物油　大さじ1
塩　適量
細かくきざんだねぎ　4本

【 作り方 】
- きざんだ豚肉を鍋にとり、やわらかくなるまで加熱する。
- しいたけと赤唐辛子を加え、さらにチーズを加える。
- 油を注ぎ入れ、塩をふりかけて、ふたをして加熱する。
- 具が煮立って、チーズがとろけてきたら、よくかき混ぜる。
- ねぎを散らし、赤米とともに食卓へ。

ブータン風赤米

【 材料 】
赤米（1人前）　170 g

【 作り方 】
- 洗った米を大鍋に入れ、米より8㎝上まで水を入れる。
- 強火にかけて、沸騰させる。
- 時々かき混ぜながら、適度なやわらかさになるまで加熱する。
- ふたをして鍋を傾け、水切りをする。
- 鍋をコンロに戻して、煮えた米をまんべんなく鍋に広げる。
- 弱火で5分間加熱し、1度かき混ぜてから食卓へ。

左上：ワンディ・フォダンに立つ日曜市の店番をする、幼い露天商。家の畑で採れたキャベツ、トマト、玉ねぎなどを商っている。左下：村では保存のため、肉を日干しする。右：シンカ村からは、徒歩2時間。公設市場の頭上では、店のあるじのパラボラアンテナが、赤唐辛子の乾燥用ラックとしても活用されている。

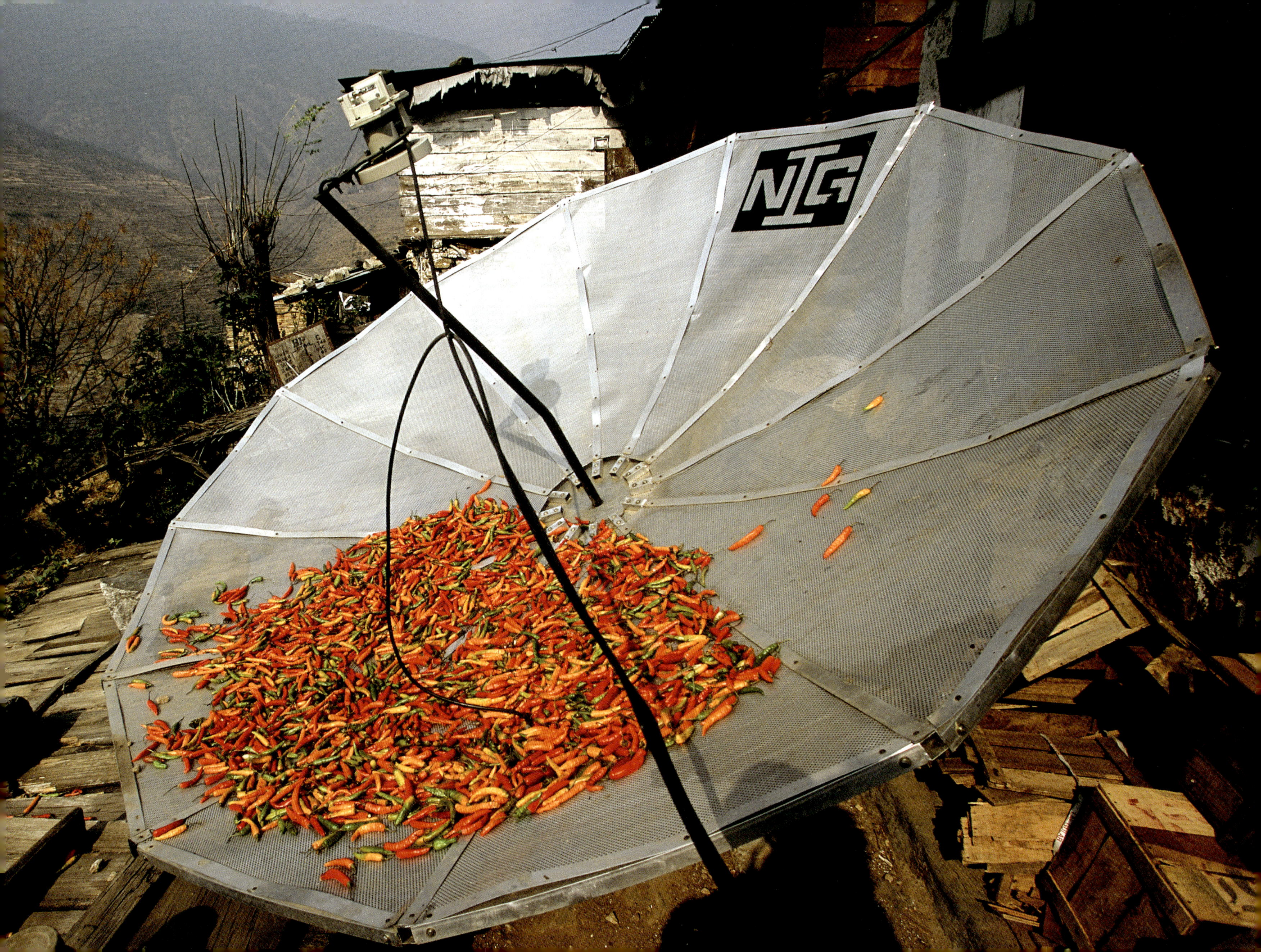
NIG

左：タンディン・ワンチュクを抱いたサンガイムが家の張り出し部分に上って、政府の電気技師による配線作業を見守っている。新たに隣村にできた小さな水力発電ダムから電気を引いている。右：翌日の電化祝賀会には政府の高官たちも駆けつけ、ナムガイ（テーブルいちばん向こう側）ら村人の祝宴に加わる。ごちそうは赤米、じゃがいも、トマト、きゅうり、牛肉、鶏肉、スパイシーなチーズと赤唐辛子のスープ。村人たちはこうした行事のために、食料を備蓄している。

電化祝賀会で、ラマ僧が政府の役人たちとともにテント内の来賓席に腰かけ、ペプシをラッパ飲みしている。チャト・ナムガイ（赤い法衣）は、電信柱の変圧器の下にある祭壇にバターランプを灯したところ。国王の肖像の上にある看板には、「ワンディ・フォダン地区一般家庭電力供給開始　国王陛下ジグメ・シンゲ・ワンチュク戴冠25周年記念祝賀」とある。

え、急勾配の畑を耕すのはきつい仕事だ。収穫前には段々畑に泊まり込むこともある。実りの季節を迎えた穀物を、うっかり放された牛や馬が喜んで食んでしまうからだ。お腹を空かせた牛が1、2頭もいれば、収穫はすっかり台無しになる。しかし、家畜が食い荒らしたり被害をもたらしたりした分は、飼い主が弁償しなければならない。見張りがいなければ、犯人がわかるまで大ごとになる。「うちの牛が、よその畑を踏み荒らしたら、こちらが弁償しなくちゃならないからね」とナリム。一家は米以外にも、小麦や大麦、カラシを作っている。そして、暇を見つけては、屋上のような家の張り出し部分で収穫したカラシの種を選り分け、搾って、料理用のカラシ油を作る。家の隣の畑では、トマト、にんじん、ほうれん草、唐辛子、ねぎ、豆、かぼちゃ、かぶを育てている。家畜が庭の野菜を荒らさないよう見張りをするのは、学校に行かない子どもの仕事だ。

16歳になるサンガイムの娘、チョエダは、1人だけ学校に通っていない。生き物の世話係をメインで引き受け、畑の強力なアシスタントでもある。この娘はやがて婿をとって、一家のやりくりと農業を継ぐことになっている。本来、ナリムの真ん中の娘、バングムが継ぐはずだったが、2人の少女が相談してそうすると決めた。チョエダは学校に行きたくなく、バングムは行きたかったから役割を交換することにしたのだ。こうなってよかった、とナリムは言う。バングムは、父親と同じくからだが不自由で、チョエダのようにたくましくはないから。村の共同工事に人手を出さなければならないようなときも、決まってチョエダが行く。昨日だって、朝から晩まで牛の世話をしたあと夜は友だちと歌って過ごし、翌朝、住宅建設チームの一員として、土壁を木製タンパで塗る仕事に出かけた。「チョエダがよく働いてくれて、本当に助かっているわ」とナリムが言う。「バングムが学校を休んで、家で小さい子の面倒をみなければならないこともあるわね。みんな畑に出払って、チョエダもよそに手伝いに行ってしまうとね。でも、チョエダの肩には重い責任がかかっているから仕方ないわね」。

私がバングムの英語をほめると、ナリムはうれしそうな顔をする。ブータンの学校では英語が必修科目で、バングムはかなりうまくなっている。でもナリムは、すぐこうも言う。教育だけでは食べていけない、と。実際、制服や学用品にもお金がかかる。「まあ、でも、少なくとも1つ、役に立つことがあるわね。市場にバングムを連れて行くと、看板を読んで何て書いてあるか教えてくれるから、それは助かっているね」。母親の悩みは、どこも同じらしい。「家の手伝いをしないと、バングムを叱ることもあるよ。お前は、学校にやってもらって新しい服も買ってもらったのだから、家にいるときくらい掃除をしろってね」。ナリムは、娘が勉強を生かした仕事に就き、家計を支えてくれるよう期待している。「食べさせなきゃいけない人間が何人もいるのに、働き手が少ないの。子どもたちが大きくなって、こんな暮らしが変わってくれたら、と思うよ」。

光あれ！

明日の午後、電気が通る。そうすればナムガイの土の家の暗がりにも、そして近所の家々にも、この村始まって以来の明かりが灯る。このようなへんぴな村に電気が通るのは、政府がブータン国内の河川を利用して、水力による地方の近代化に取り組んでいる活力の証である。とはいえ、電球やランプを買う余裕はないし、それを灯すための電気代を払う余裕など、なおさらあるはずもない。政府は、農村の電力と照明設備については助成金を出すというが、それでもナムガイは、電球を自前で買わなければならない。

昨日、サンガイムは、母と自分が十年一日のごとくカラシの種を選り分けてきた家の出っ張り部分に上って、政府の電気技師が電信柱の最後の1本を吊り上げるのを見ていた。ナリムと子どもたちは、家の裏にある菜園の脇に集まって、もう1人の作業員が扉の表側にあるメーターに電線を接続するのを見守っていた。それは、ナムガイ家の人々が代々、顔を洗ったり、歯を磨いたり、赤ん坊をお風呂に入れたりしてきた、踊り場の上に取りつけられた。

夕方、赤米と唐辛子とほうれん草カレーの夕食をとる前に、台所の明かりだけが灯った。一家が煙った部屋に立っていると、天井の真ん中からぶら下がった裸電球に——家の中でいちばん初めに——命が吹き込まれた。昼間の続きのような人工光を浴びてにっこりしたみんなの笑顔は、素晴らしかった。電気のスイッチをずっと入れられるようになるのは、明日、政府の役人やラマ教の高僧や修行僧たちがやって来て、公式の祝典が行われてからになる。でも、ナリムはこれまで長年、この日を待ち望んできたのだ。あと少し待つくらい何でもない。薄暗がりでの晩ごはんは、もう昔の話になるのだろう。1階にいる牛たちさえ、照明つきで餌を食べるようになる。

取材メモ

友人、近所の人たち、親戚、私のようなさすらいの写真家——ナムガイとナリムの、土壁の家を訪れる人たちは、だれもが心のこもったもてなしを受ける。

戸口に客が現れると、煎り米とミルクティーや、バター茶（薄い塩味のついたお湯と、おそらく少量の紅茶に、溶かしバターを加えたもの）がふるまわれる。訪問客はたいてい食事時にふらりと現れ、そのまま大鍋から湯気の立ち昇る赤米のお相伴にあずかっていく。ナリムと娘のサンガイムが作ったご飯の上に、赤唐辛子、チーズ、野菜（トマト、かぶ、玉ねぎ）、ときには干し牛肉や魚などの具を、お客たちがめいめい、お玉で盛りつける。私は、スパイシーなブータン料理が好きで、あごの筋肉が鍛えられる干し肉は大好物だ。炉を囲んであぐらをかいて座り、みんなで雑談したり、いろんな話を披露し合ったりしながら、噛みきれない肉の切れ端や骨を、床に放り投げたり吐き出したりする。猫や鶏が、それを待ちかまえている。

最初にここを訪れたのは5月だった。ブータンは春真っ盛りで、何もかもが冬から目覚めていくところだった。虫たちも例外ではなく、昼間はハエが、夜にはノミがすごかった。食事は、ブータンの風習に倣って手づかみでとったが（フォークや箸は使わない）、左手でハエを追い払いながら、右手で食べるのだ。フェイスによると、ある年の6月に訪れたときには、ハエは1匹もいなかったそうだ。

今回私たちが訪れたのは2月で、ハエが糞の中で繁殖するには寒すぎた。糞は生活空間の下に集められている（建物の2階部分が住居で、1階が家畜小屋になっている）。冬の間、室内で食事をするたった1つの難点は煙だろう。ナムガイとナリムの炉は煙道がまったく役立たずで、床から150cm余りより上は煙が充満して息もできない。おおかたのブータン人のように、身長が150cm以下ならいい。でも、私のように180cmもある男は、冗談ではなく呼吸困難に陥ってしまう。それでも腰かけていれば、煙はなんとかしのげる。

——ピーター

感動的な祝賀会の翌日、村はふだん通りの生活に戻る。チョエダ(右から3番目)も、鼻歌を歌いながら、村の少女たちとともに働く。階下の家畜小屋から糞を掃き出し、休耕田にまくのだ。これは女の仕事とされ、男たちが耕す。少女は全員、ブータンの女性が織った伝統的なキラ織りの巻きスカートを着ている。非常に複雑な毛織りの民族衣装だ。男性用の民族衣装は、ゴーと呼ばれるラップドレス。

ボスニア・ヘルツェゴビナ、サラエボ在住のデュドさん一家。自宅のキッチン兼ダイニング・ルームにて、1週間分の食料とともに。左から、エンサダ・デュド（妻、32歳）、イブラヒム（長男、8歳）、エミナ（次女、3歳）、アミラ（長女、6歳）、ラシム・デュド（夫、36歳）。調理手段：電気コンロ、まきストーブ。食品保存方法：冷凍冷蔵庫。

BOSNIA AND HERZEGOVINA ●ボスニア・ヘルツェゴビナ

デュドさん一家　サラエボ在住

●1月の1週間分の食料

穀物、でんぷん食物：2,053円
パン7.75kg、小麦粉2.2kg、じゃがいも2.2kg、白米1.1kg、ユフカ（薄いパイシート）550g、Fiamma Vesuvianaのペンネ550g、Fiamma Vesuvianaのリゾ（パスタ）550g、パイシート550g、Embiのコーンフレーク396g。

乳製品：2,097円
牛乳7.6ℓ、飲むヨーグルト4.4ℓ、クリーム（パンに塗ったり卵に添えたりする）1.6ℓ、Zvijezdaのギー（バターを沸騰させるとできる上澄み油）1.1kg、ゴーダチーズ650g、トラヴニチーズ（白いボスニア産チーズ）650g、バター550g、Iparlatのレモンヨーグルト423g、Paschalのパイナップルヨーグルト423g。

肉、魚、卵：6,399円
牛挽き肉2.2kg、卵30個、ホットドッグ2kg、ベイクドチキン1.1kg、牛肉ソーセージ1.1kg、羊肉1.1kg、ステーキ1.1kg、仔牛の肉1.1kg、Argetaの缶入りチキンパテ550g、ハードソーセージ550g、Sarajevoの長期保存乾燥ソーセージ550g、缶入りサーディン264g。

果物、野菜、ナッツ類：3,325円
タンジェリン4.4kg、リンゴ3.3kg、オレンジ3.3kg、バナナ1.6kg、レモン550g、乾燥イチジク210g、キャベツ2個、にんじん1.1kg、にんにく1.1kg、赤いんげん豆1.1kg、リーキ1.1kg、レンズ豆1.1kg、バナナ1.1kg、ほうれん草1.1kg、トマト1.1kg、マッシュルーム550g、ピクルス550g、赤唐辛子‡550g、ピーナッツ1.1kg。

調味料、香辛料：1,033円
砂糖2.2kg、ひまわり油1.1ℓ、フルーツコンポート‡550g、コーヒー用クリーム255㎖、Hellmann'sのマヨネーズ249g、ピーチマーマレード234g、マスタード213g、粗塩213g、角砂糖105g、塩33g。

スナック、デザート：2,565円
レーズン2.2kg、キャンディ1.1kg、Dominosのミルクチョコレート・キャンディ500g、Topsのオレンジ＆チョコレートクッキー500g、Nusseniaのナッツクリーム（スプレッド）423g、Marsのキャンディバー177g、Gold Flipsのスナック菓子126g。

総菜、加工食品：291円
チキンスープ・ミックス165g、チキンブイヨン141g。

自家製食品：0円
既出の材料で作ったホールケーキ。

飲料：1,994円
Fantaオレンジソーダ2.1ℓ入りの瓶2本、コカコーラ2.1ℓ、Dijamantのミネラルウォーター2.1ℓ、Fruttiの濃縮ブルーベリージュース2.1ℓ、Power of Natureの濃縮ブルーベリー＆グレープジュース1.1ℓ入り紙パック2個、Sunsetのオレンジジュース2.1ℓ、Mijevenaのコーヒー豆550g、ココア264g、Donaの濃縮パイナップルジュース255㎖、オレンジジュース粉末飲料159g、Nescafeのインスタントコーヒー105g、紅茶105g。

‡写真にないもの

1週間分の食費：
19,757円（334.82コンベルティビルナ・マルカ）

過酷な内戦をくぐりぬけたサラエボでは、大規模な区画が墓地に充てられている。そうした場所は人目を引き、なかなか美しい墓地もある。サラエボ在住の弁護士、ネドザド・エミナジックによると、墓地はサラエボの人々の生活に自然に溶け込んでいる気がするという。「墓地を不吉なものとは思っていないね。むしろ、そこに眠っている人たちは、隣人であり息子であり家族さ。僕たちムスリムは、彼らを死者とはみなさない。子どもの頃、僕はオスマン帝国時代の古い墓地を遊び場にしていたんだ。家はそのすぐそばにあって、たぶんお墓の上に建ててたんだろう。でも家族も近所の人たちも、だれ1人嫌がる人はいなかったよ」。

紛争後の暮らし

　エンサダ・デュドが、小さなコーヒーカップをトレイにセットすると、コーヒー豆を挽いていた夫のラシムが、仕上げにもう1度、小さな銅製のコーヒーミルを勢いよく回す。2人は私たちゲストのために、濃くて甘ったるいトルコ風コーヒーを入れてくれている。雪の降る土曜日の午後。コーヒーには、トルコ風のお菓子が2種類添えられている。ラハト・ロクムはナッツの入ったゼリー状のソフト・キャンディ（トルコ人の大好物）、ハルヴァはハチミツとすりごまで作った伝統的なお菓子だ。こんな風にトルコの影響が色濃いのは、15世紀から19世紀後半まで、オスマン帝国が南ヨーロッパを支配していたからだ。2人の娘——3歳のエミナと6歳のアミラはおやつに色めき立つが、チョコレートじゃないとわかるとまた窓辺に駆け寄って、8歳になるお兄ちゃんのイブラヒムが、積もったばかりの雪で友だちとそり遊びをするのを見ている。「子どもたちは、デザートが大好きよ」とエンサダが言う。「だから週末ごとにお菓子を焼くの」。外で働く女性たちはふだん留守がちな分、週末にごちそうを作って埋め合わせをするようだ。ところが子どもたちは、プラスチックのおもちゃが中に仕込まれた市販のチョコレート・キンダー・エッグでも、「同じくらいうれしそうか、それ以上喜ぶ」。

　サラエボのコーヒー・ブレイクは、延々1時間以上も続くことがある。エンサダもラシムも、そうやっておしゃべりするのが大好きだが、あまりゆっくりもしていられない。妻はイスラーム系人道団体メルハメットで長時間働き、夫は個人タクシーの運転手をしているが、市内には流しのタクシーが溢れていて、なかなか客がつかまらない。昼食は家でとる。たいていこれが1日のメインの食事になる。2人が帰ってくると、ラシムの母親のファティマは昼食をとるため、上の階にある自分のアパートに引き上げる。2人が留守の間、この母が子どもたちの面倒をみている。エンサダは忙しい合間を縫って、チキンシチューや、ボサンスキー・ロナックというマトンと野菜の煮込みを作る。どんなに忙しくても、出来合いのものやテイクアウトには頼らない。また、デュド家はムスリムなので、豚肉は食べない。夕食は残り物と、皮の硬いパンの薄切りに作り置きしてあるなすと唐辛子のペーストを塗ったもので簡単に済ます。

　エンサダとラシムも、保存食品などは、新しくできたぴかぴかのスーパーマーケットで買うことが多いが、卵とか旬の果物や野菜は、露天のグリーン・マーケット（直売店）で買う方がいいと言う。市場の付近には内戦の爪痕が生々しく残り、1984年の冬季オリンピックで数々の名演技や名勝負が繰り広げられたこの地のあちこちが、いまでは戦没者墓地になっている。

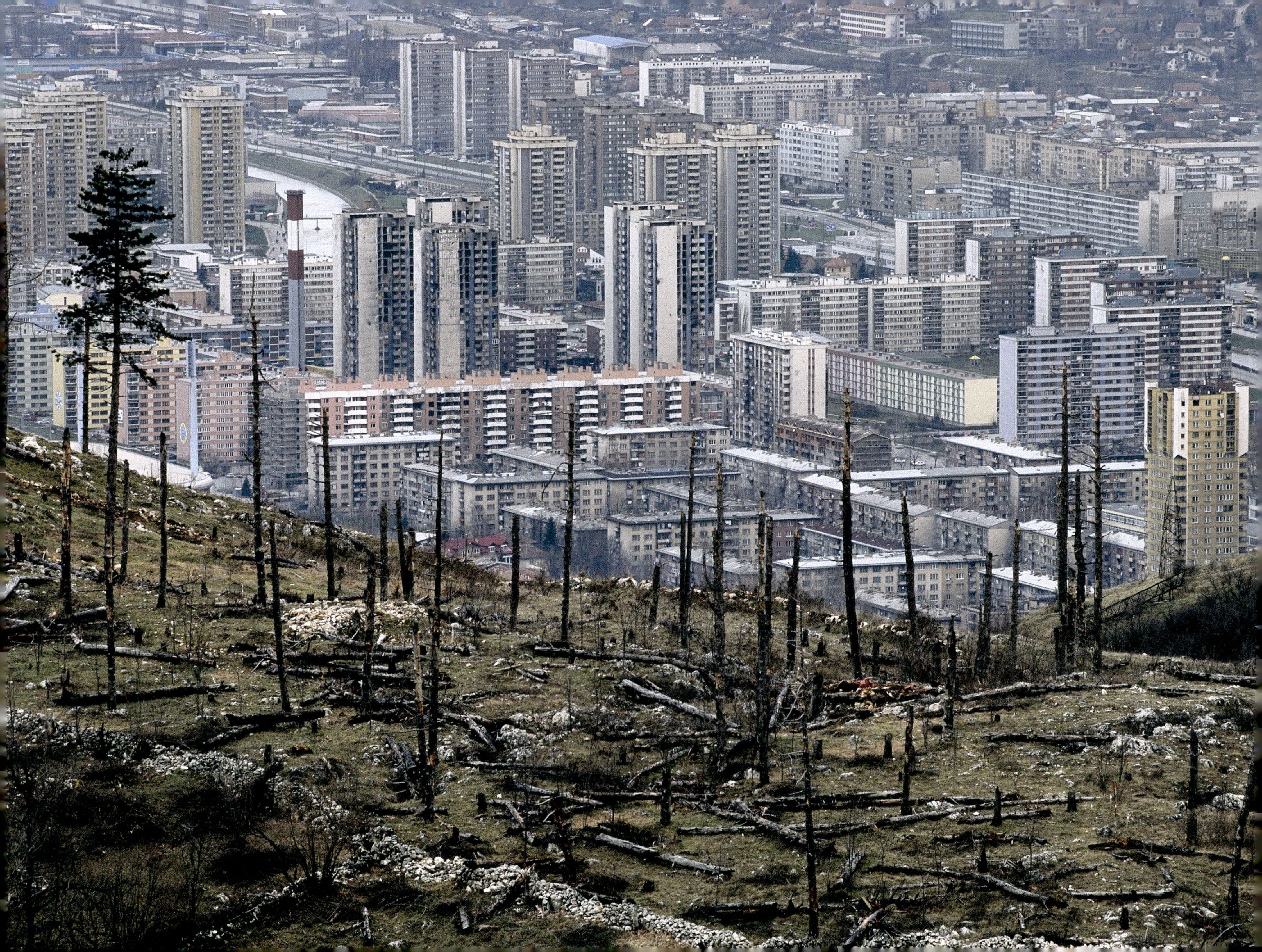

市民の心を引き裂いた紛争

激しいボスニア紛争のさなかにあった1990年代の初め、エンサダとラシムのデュド家は、食べ物を食卓に上らせるのに苦労した。それでも、ほかのサラエボ市民に比べたら恵まれた方だったろう。街を見下ろす丘のふもとに住んでいたので、井戸があり（そのため、自ら給水を確保できた）、果樹園や野菜畑を作ったり、乳牛を飼ったりしていた。水や余分な食べ物は、近所の人と分け合った。

内戦が起こる前、旧市街で暮らすサラエボ市民は、ミリャツカ川に沿った谷底に立ち並ぶ自宅やアパートで、何の心配もなくおおむね快適な生活を送っていた。そんなサラエボの人々は、包囲下で丘の上から彼らを見下ろす自警武装集団の格好の標的にされた。人々は来る日も来る日も、生き延びるために、過酷な労働に日々を費やすようになった。女や子ども、老人たちは、勇敢に狙撃兵の銃弾に立ち向かい、列を作って給水リレーをしたり食料を調達したりした。一方、屈強な男たちは、前線に赴いて戦った。寄せ集め部隊のみすぼらしい兵士たちは、家族のためにまきを家に持ち帰った。電気もガスもなく、最新式のストーブを焚くことができなかったのだ。

サラエボ市内では何千人もがこの紛争で死亡し、ラシムの父親も前線で攻撃を受けて、息子たちのかたわらで亡くなった。デュドの一族は、ほとんどが戦火を逃れて、難民として世界中に散らばっていった。しかし、ラシムとエンサダ夫妻は、ラシムの母親のファティマ、妹のセンナダとともにサラエボに留まった。いまでもみんな、戦前にラシムの父親が建てた二世帯住宅で変わりなく暮らしている。物質面からいえば、サラエボの街は他国からの援助と商業の回復とによって再生しつつあるようだ。けれど、人々の心の傷はなかなか癒えそうにない。多民族からなるわりには結束の強かったサラエボ市民は、相反するナショナリストのイデオロギーによって、引き裂かれてしまったのだから。

※ボスニア紛争（1992～1995年）：ボスニア・ヘルツェゴビナは、ユーゴスラビア（現セルビア・モンテネグロ）から独立したものの、国内のセルビア人とクロアチア人、ボスニャック人が対立し、セルビア人側が分離独立を求めて紛争となった。国連やNATOの介入によって停戦となった。

左：4年間にわたるサラエボ包囲の爪痕（市内を監視するかつてのセルビア軍火砲陣地）が、いまも目につく。右下：果物市場には露天の活気が戻った。右上：市場の背後に見えるオリンピック公園の一画は、包囲の犠牲者を埋葬した共同墓地になっている。

ボスニア・ヘルツェゴビナ

上：忙しく、いっぱいいっぱいの毎日でも、2人はできるだけ食事をおろそかにせず、食べる楽しみを大切にしている。サラエボの街が飢餓に苦しんだ時代の記憶がいまも脳裏に焼きついているので、ラシムのタクシーのトランクいっぱい、1週間分の食料を買い出しできることに感謝している。右ページ：エンサダは、トルコ風のお菓子とコーヒーで、ゲストを手厚くもてなす。おもてなしを載せたトレイは、1つひとつ手作りの金属細工で、サラエボの特産品。

ボスニア・ヘルツェゴビナ

- 人口：4,007,608人
- サラエボ人口：380,000人（推計）
- 面積：49,340km²（米国ウエストバージニア州よりやや狭い）
- 人口密度：81.2人／km²
- 都市人口：45％
- 平均寿命：男性69.3歳、女性76.4歳
- 出産率（出産可能女性1人当たり）：1.3人
- 1日1人当たりのカロリー摂取量：2,894kcal
- 栄養不良人口：8％
- 1人当たりの年間アルコール消費量：6.70ℓ
- PPPにおける1人当たりのGDP（米国の数値に換算して算出）：$5,970
- 1人当たりの年間医療費とそのGDPに占める割合：10,030円／7.5％
- 肥満人口：男性56.6％、女性51.0％
- 肥満症人口：男性13.8％、女性21.5％
- 1人当たりの年間肉消費量：23.5kg
- 1人当たりの砂糖および甘味料の年間可能補給量：36.5kg
- マクドナルドの店舗数：0軒
- 18歳以上の喫煙率：男性54.6％、女性31.5％
- サラエボ包囲（1992〜1996年）での死者数：15,000人
- 失業率：40％（2002年）
- 100,000人当たりの自殺率：戦前（1992年）11人、戦後（2003年）20人

わが家のレシピ

エンサダ・デュドのシトゥニ・ケバブ（ミニ・ケバブ）

【材料】
バター　200g
玉ねぎ（みじん切り）　小1個
にんにく（みじん切り）　2片
仔牛肉（ベビービーフ、食べやすい大きさに切る）600g
パセリの葉（みじん切り）　適量
セロリの葉（みじん切り）　適量
塩　適量
コショウ　適量
トマト・ピューレ　大さじ1〜2
カイエンヌ・ペッパー　適量

【作り方】
- フライパンを中火にかけて、バターを溶かす。そこへ玉ねぎとにんにくを入れ、玉ねぎが透き通るまで炒める。
- 肉を加える。肉がくっついてしまわないよう、重ねないこと。
- 1分ほどしたら、薬味のパセリとセロリを加え、塩、コショウで味つけする。肉汁がすっかりなくなるまで炒めたら、火加減を弱めて、トマト・ピューレとカイエンヌ・ペッパーを加え、かき混ぜる。
- 肉ができ上がったら、水を加え、ふたをして沸騰させる。油をすくい取って、食卓へ。

エッセイ-1　アルフレッド・W・クロスビー

ベイクド、ボイルド、ロースト、アンド・フライド

　本書のメイン・ディッシュともいえる、世界中から集められた家族のポートレイト。ふだんと変わらない1週間分の食料とともに写されたこれらの家族写真を見ていると、だれもが自分の家族写真を見ているような気になってしまう。国や民族の違いなど、あまり関係ないようだ。家族の前面にずらりと並んだ食料品は、私たちに大事なことをすべて教えてくれる。食物が生命を維持するのに不可欠である一方で、風習、技術、宗教、しきたりなど、文化や文明を継承するのは家族である。家族の食事は、エネルギー補給の時間であると同時に、社会の土台作りをする時間でもあるのだ。

　類人猿という、チンパンジーと私たちに共通の祖先がいる。彼らは、あらかじめ決められた時間、決められた場所で食事をしていたわけではないだろう。チンパンジーがそうするように、ほとんどの時間、群れで行動しながら、食べ物にありつくとすぐさまその場で食べていたにちがいない。つまり、たまたま一緒に食べていたにすぎない。それによって、多少は群れの絆が深まったかもしれないが、共同体意識は働いていなかっただろう。その姿からは決して、家族や友人とともに七面鳥を囲んで祝う、感謝祭のテーブルをイメージすることはできないはずだ。

　それからいく時代かを経て、途方もなく大きな変化が訪れた。食物を採集して、みんなに共通の決まった場所に持ち帰るようになったのだ。そこには親族が集い、収穫のあった者も、その日はツキに見放された者も、みんなで食べ物を分け合っていた。こうして家族は、DNAによって定められた血縁関係以上の意味をもつようになった。今日、コミュニティ（地域社会、共同体）と呼ばれているものの生殖細胞が、ゆっくりと歴史の中に増殖し始めたのだ。

　この現象に拍車をかけたのが、料理の発明である。私たちの祖先は料理することによって、消化できる有機物の分け前を増やす方法を覚えた。料理という行為は、「人類」という種の共通項である。言葉よりもいっそう人間らしさを物語っている。動物は、吠えたり、唸り声を上げたり、さえずったりと、音によってメッセージを発する。でも人間は、ベイク（オーブンで焼くこと）したり、ボイル（茹でること）したり、ロースト（あぶること）したり、フライ（油で揚げたり炒めたりすること）したりする、唯一の動物なのだ。

　野菜でも肉でも魚でも、食物は高温調理すると変化し、歯や内臓にやさしくなる。生のままでは気色悪くて食べられないものや消化できないもの、あるいはからだによくないとか中毒を起こす恐れがあるものも、栄養のある口当たりのよい食べ物に変えてしまう。チンパンジーは咀嚼に、1日平均6時間を費やしている。一方、料理をする種である人間は、わずか1時間だという。

　料理は、コミュニティへの流れをあと押しした。料理をするには、あらかじめ焚きつけを集め、採集に出かけた人が帰ってくる決まった場所に運んでおかなければならない。このため、ごく目先のことから先々のことを考えて行動する必要が出てきた。料理によって、人はますます利口になり、栄養源となり得る有機物を増やしていった。それとともに、居住可能な地域も広がっていった。ハーバード大学のリチャード・ランガム博士によると、ある類人猿の仲間は、料理の仕方を覚えたために、初めて人間性というものが生まれたという。ヒトは、草食動物でも肉食動物でもなく、「料理したものを食する動物」なのだという。

　人口が増大したアフリカの大地から逃れて移住した人々は、5万年前にはすでにオーストラリア大陸に辿り着いていた。アメリカ大陸に散らばったのが1万2,000年前頃。こうして人類は、農業や製錬技術や文字やスーパーマーケットができるずっと以前にまず、この地上に最も広く分布する陸生動物となったのだ。そんなふうに着々と、人として進化してきた姿を写したのが、本書のポートレイトである。

　以来、料理ほど重要な進歩を私たちは遂げていない。人間にとって大事

なのは常に、質より量を確保することである。そのために、ただ、身近にあるものを収穫するだけでなく、次第に動植物を探し求めて意図的に採り入れるようになった。3,000〜4,000年前には、大麦、小麦、米、とうもろこし、じゃがいも、羊、ヤギ、牛、馬など、今日、食卓の中心を占めている食物を環境に適応させていた。これらはいずれも、本書の食品リストの大半にも登場している。イチゴやトナカイを原産地とは異なった環境に適応させたのは、本当に素晴らしいことなのだ。

新種の動植物を絶えず家畜化してきたこともさることながら、同じ種をグローバルに飼育栽培するようになったのは、特筆すべき出来事である。イネ科の植物を例にとってみよう。米は南アジア原産だが、アメリカ大陸では長年主要穀物とされ、ヨーロッパでもアメリカでも生産量が増大している。ニューギニア産のさとうきびは熱帯地方全土に広まっているし、中東産の小麦は南北半球の温帯で広く栽培され、世界的に重要な取引作物となっている。

環境に適応させた家畜を、耐性のある地域へくまなく移植していくことも行われてきた。たとえば、馬。馬力やスピードだけでなく、食肉にも価値があるこの動物は、たいていの気候に順応する。アメリカでは数千年前にいったん死に絶えたが、500年前に再びヨーロッパの船によって西半球にもたらされ、いまでは世界中で数百万頭が生息している。

人々は、化学肥料や薬剤を駆使したり、丹念な品種改良を重ねたりして（最近では、遺伝子組み換えも行われている）、食物の産出量を増やしてきた。とはいえ、かつての主要作物は、もはや3,000〜4,000年前に比べれば、人々の食生活の中心的存在ではなくなっている。

この200年の間に遂げられた、最も重要な進歩、すなわち人々の次の食事を約束してくれるものは、食品保存法だろう。穀物なら乾燥させてあれば、何年、何十年ともつ。しかし、多くの食物はすぐに腐ってしまう。昔は、乾燥と塩漬けによって、ローマにいても、毎週金曜日の夕食に大西洋産のタラを食すことができた。とはいえ、保存技術や保存可能な食品は限られていた。ところが、技術革命によって、冷蔵、化学保存、缶詰、瓶詰、段ボールやビニールのパッケージなどが誕生し、多くの制約が取り払われた。同時に、輸送手段が発達したために、保存食品を余剰地域からその余剰分を必要とする地域へと、たやすく送り届けられるようになった。おかげで、ノルウェー人がニュージーランド産のリンゴを食べ、ニュージーランド人がバルト海のニシンを食べている。

こうして、特定の作物がない季節や干ばつ地帯や胴枯れ地帯でも食料の心配がなくなると、人口が爆発的に増加し、かつての飢餓問題が再び何百万人もの人々を襲った。同時にその一方で、過剰消費の問題にも直面しているのは皮肉なことである。私たちにはチンパンジーの祖先の遺伝子が組み込まれており、食べ物があるうちに食べろ、明日あるとは限らない、という遺伝子のささやきに従っているのかもしれない。あるいは、甘いものを食べろ、というささやきは、祖先たちが熟した果物を手っ取り早いカロリー源と考えていた名残かもしれない。その結果私たちは、腰痛、肥満症、コレステロールによる動脈硬化や心臓病などを引き起こしている。

過食が原因でこうした病気にかかった人たちの数は、ひょっとしたら歴史上初めて、食べられない人の数に追いつけ追い越せ、といった状況に迫ってきているのかもしれない。こうして食べ物は、昔も今も、そしてこれからも、ホモ・サピエンスの物語の主役であり続けるのだろう。

アルフレッド・W・クロスビー博士はテキサス大学名誉教授。著書に『The Columbian Exchange』など。『Ecological Imperialism』で、メディカル・ライター協会賞受賞。米国芸術科学アカデミー会員。

**動物は、吠えたり、唸り声を上げたり、さえずったりと、
音によってメッセージを発する。
でも、人間は、ベイクしたり、ボイルしたり、ローストしたり、
フライしたりする、唯一の動物なのだ。**

アラブ首長国連邦、ドバイ

ドイツ、バルグテハイデ

ブアメラ（赤い果実）を焼き石で調理する／バリエム渓谷、パプア

チャド、ブレイジング難民キャンプ

フランス、モントルイユ

エクアドル、ディンゴ

マリ、クアクル

デンマーク、コペンハーゲン

フィリピン、マニラ

●フォト・ギャラリー
世界の台所

　動植物の細胞組織を火にかざして食べやすくしたのは、人類文化の中でも最古の、そして最も人間らしい営みだろう。アルフレッド・W・クロスビーも、エッセイの中で述べている通り、ホモ・サピエンスは料理をする唯一の種である。ここに掲載した写真の台所は、場所も見かけもずいぶん異なるが、どこの家でも台所が中心的な存在である点で共通している。難民キャンプのような仮住まいであってさえもそうだ。台所は、家族が互いを思いやる場所である。料理はその要だ。そんな仕事を、遠い昔から女たちが受けもってきた。

スーダン、ダルフール地方出身のアブバカルさん一家。チャド東部のブレイジング難民キャンプにて、1週間分の食料とともに。左から、末娘のハワ（2歳）を抱いたディミア・イシャク・スレイマン（40歳）、アチャ（長女、12歳）、マリアム（次女、5歳）、ユウスフ（次男、8歳）、アブデル・ケリム（長男、16歳）。調理手段：まきの火。食品保存方法：天日干し。ディミアの好きな食べ物──新鮮な羊肉入りスープ。

CHAD ●チャドー1

アブバカルさん一家　ブレイジング・スーダン難民キャンプ在住

●11月の1週間分の食料

穀物、でんぷん食物：0円**
配給ソルガム（サトウモロコシ、未製粉）19.7kg、配給CSB（とうもろこしと大豆の混合食品：Corn Soy Blendの略）2.3kg。

乳製品：0円
アブバカル家には入手不可能。

肉、魚、卵：68円**
ヤギ乾燥肉（骨つき）270g、魚の干物210g。
注：ラマダンが明けたときなど、定期的に、何家族かで生きたままの食用動物を共同購入し、解体して分け合う。新鮮な肉はスープに入れ、残りは乾燥肉にする。

果物、野菜、ナッツ類：60円**
ライム小5個、配給豆（えんどう豆、いんげん豆、レンズ豆、ひよこ豆、そら豆など）2.3kg、レッドオニオン500g、にんにく240g、乾燥オクラ150g、乾燥赤唐辛子150g、乾燥トマト150g。

調味料、香辛料：15円**
配給ひまわり油1ℓ、配給白砂糖635g、乾燥コショウ360g、配給塩222g、しょうが120g。

飲料：0円
オックスファムからの供給水310ℓ（飲料水以外の用途にも使う）。配給は、UNHCR（国連高等難民弁務官事務所）が、WFP（世界食糧計画）とともに行っている。

1週間分の食費：143円（685CFAフラン）
**食糧配給を地元の市場価格に換算すると：2,876円

故郷を逃れて

11月の暑い朝、ディミア・イシャク・スレイマンは夜明け前に起き出す。イスラームの風習に従って、頭から肩にかけてすっぽり覆う鮮やかなパープルの布を巻きつけて、この日最初の食事のしたくをするため、「キッチン」をととのえる。3個の石を小さなまきの火に三角に並べて、その上に大鍋をかけるのだ。ぐらぐらする低いスツールに前かがみに腰かけて、ディミアは小さな袋から粉に挽いたソルガム（イネ科の穀類。中国ではコウリャンという）をひとつかみすくうと、お湯がぐらぐら沸いている鍋にかき混ぜながら入れる。そうして加熱した穀物がどろどろのお粥のようになったら、油を引いたボウルに移して表面を平らにならす。それから、ひとつかみの乾燥トマト、塩少々、水でスープを作る。そうこうするうちにお粥が固まったら、お皿にひっくり返す。これがアイシュと呼ばれる主食だ。そしてスープの鍋を火から下ろせば、6人分の朝食の出来上がり。ほこりっぽく、だだっ広いブレイジング難民キャンプのテントの前が、アブバカル家の食卓だ。

このキャンプをはじめとして、チャドとスーダンに数多く設営された難民キャンプでは、何万人ものスーダン難民女性がディミアとそっくりの格好をして自分のテントの前に据えた鍋の前にかがみ込み、家族のために毎度お決まりのメニューをこしらえている。朝も昼も晩も、だいたい薄いスープとアイシュだ。でも暮らしぶりはみな同じ。一生そこで生きていくと思っていた故郷を遠く離れて、よその国で暮らす人々の、これが現実だ。

アフリカ最大の国であるスーダンの内戦は、いまに始まったことではない。政府にあと押しされた北部のイスラーム系住民と、南部の精霊信仰者やキリスト教徒との争いは、1956年に英国から独立を勝ち取って以来、ずっと続いてきた。ところが、この内戦が終息に向かう兆しを見せた2003年、新たな火種が勃発した。今度はアラブ系イスラーム住民、および政府が、西スーダンのダルフール地方に暮らす非アラブ人のアフリカ系イスラーム住民（土着の数ある少数民族の中でも、とりわけマサリット族、フル族、ザクハワ族）と衝突したのだ。

政治的にも経済的にも取り残されたこの地方の、非アラブ系住民によって組織された反乱軍は、ダルフール地方への経済開発資源の割り当てを求めて政府の軍事施設を攻撃。これに対して政府軍が反撃し、親政府派アラブ系民兵組織、ジャンジャウィード（アラビア語で「武器を持ち馬に乗る人」の意）も攻撃を仕掛けた。ダルフールの村々では、何か月間にもわたって略奪と放火が繰り返され、何千人もの人々が殺害された。難を逃れた人たちは、南へ、あるいは西へと、隣国チャドに逃げ込

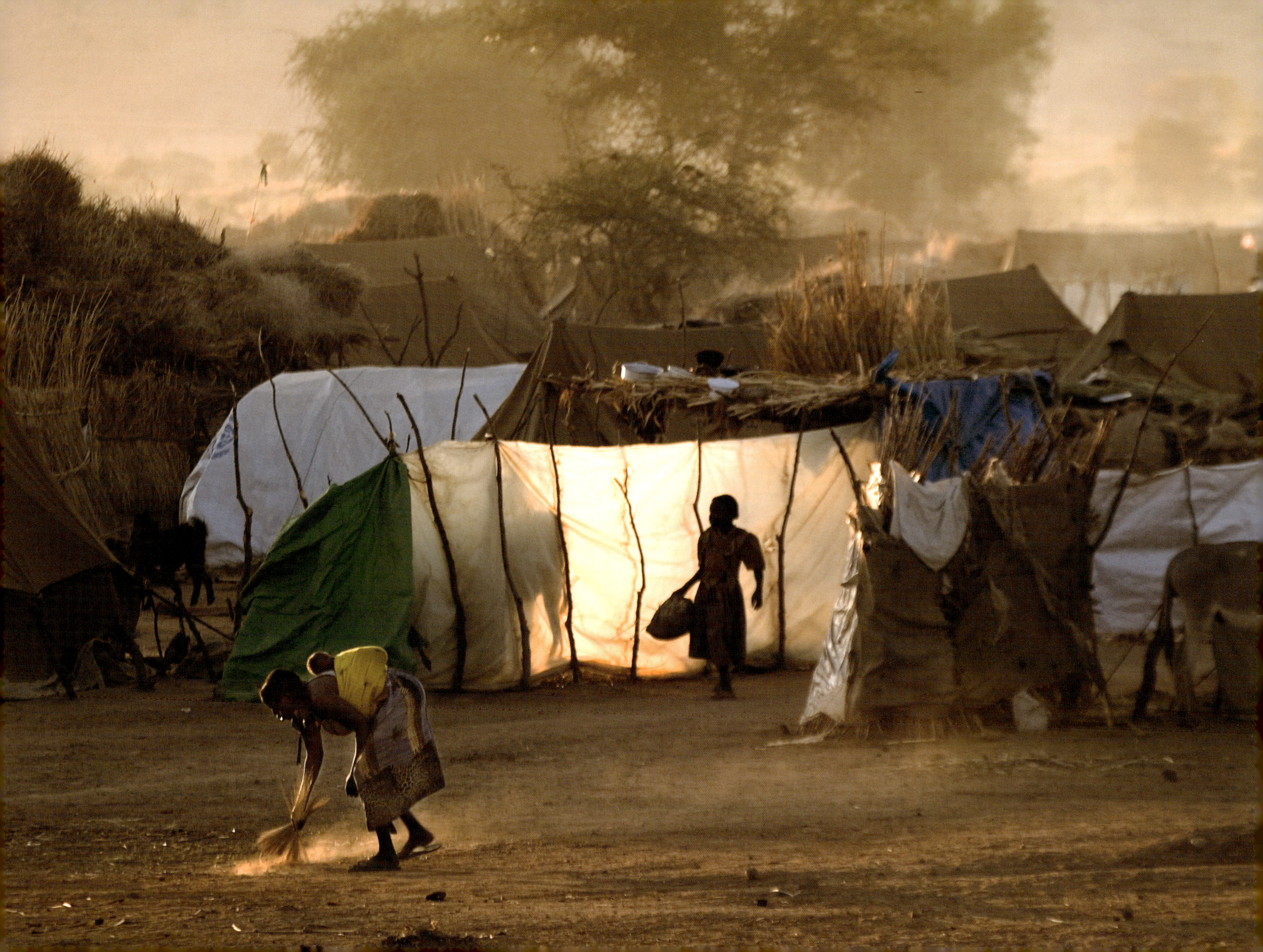

むよりほか、生き延びる道はなかった。こうして、にわかに人道危機が訪れた。

「もともとは、よその出来事だったのよ」とディミアが言う。「他人事だったわ。うちの村（アドリーン村）は大丈夫だって、みんな思っていたの」。ディミアは2003年に夫を事故で亡くしたが、その後も大きい子どもや親戚の助けを借りて、家族の食べるものは自分で栽培していたし、羊も飼っていた。ところが、2004年の中頃、ジャンジャウィードが隣接する村を次々と襲撃、ディミアの村のダヒア・イドリス・ハミス村長は村人たちに避難を命じた。こうして、村人全員がチャドに逃れることになった。持ち物は、手で持てるものと近所の人のロバ荷車1台に積み込める分だけ。ディミアは困惑し、怖くなった。これまで、近所の人たちが大勢そばにいてくれると思えたから、安心していられたのに——。

急場しのぎの町

難民キャンプは、にわかに犠牲者となった人たちが差し迫った状況を切り抜けるための、いわば急場しのぎの町だ。そんな混乱状態の中では、膨大な協調的努力が求められる。しかし、チャドのキャンプでは、事あるごとに努力は頓挫する。天候、物流計画、援助資金供与者や受入国の疲弊、伝染病、衛生問題、水不足、さらには人間というもののややこしさも影響する。行き場をなくした大勢の人たちに食糧と屋根を与え世話を施すため、ここでの生活は、難民救援組織が細かな点まで厳しく取り仕切っている。難民登録をすると、テント、毛布、バケツ、石けんが配られ、食糧配給を受けられる。それからブロック分けされ、リーダーが選出される。このリーダーがブロックの代表として委員会に所属し、委員会が主要救援組織との窓口になる。文化的な風習や宗教的なしきたりが、救援組織の指示と対立することもある。たとえば、ムスリムの男性が第二夫人のテントを隣に設営したい、と希望するなど。とはいえ、システムはおおむねうまくいっている。何があっても、機能してもらわなければ困る。

3km四方以上にわたって広がるブレイジング難民キャンプは、急ごしらえのため過密度が最も高く、難民野営地としての敷地計画がなっていない。隣接地に別のキャンプができていくらか負担は減ったものの、難民登録をしていないダルフールの人はまだ何百人もいる。そうした人々は自然難民と呼ばれ、キャンプ周辺で生活を立てながら、UNHCR（国連高等難民弁務官事務所）から正式な難民認定を受けられる日を待ち望んでいる。認定を受けるまでは、恩恵をまったく受けられないか、受けられたとしても、登録している人に比べればごくわずかなものだ。需要は果てしなくあるが、援助物資には限りがあるのだ。

食糧はロバ荷車に乗って

ディミアのテントがあるブロックに、ロバ荷車に積まれた配給食糧が届く。ロバを引いているブロック長のアシスタント、イサク・マハマット・ユスフは、スーダンではディミアの隣村の村長さんだった。今朝は、キャンプの配給センターで供給物を受け取るのに酷暑の中を待たされ、その後3kmも歩いて自分のテントのブロックまで戻ってきた。それから息子とともに、ほこりっぽい砂色のテントのすき間を数え切れないほど縫って進み、小さな日陰に向かった。この日陰には、このブロックの難民たちがそれぞれ自分の容器を持って、配給を受け取りに来ていた。

1日1人当たりの配給は、穀物（ソルガムや雑穀など）400g、砂糖大さじ1、塩小さじ1、豆類（レンズ豆など）各4分の1カップ未満、CSB（とうもろこしと大豆の混合、甘味もしくは塩味）、植物油。これで2,100kcal相当になる。健康な16歳に推奨される1日当たりの最低カロリーには満たないけれど、母乳を飲んでいるよちよち歩きの子には十分すぎるほどだ。配給量は年齢にかかわらずみな同じなので、家族のうちだれがたくさん食べるか、といった配分は、家族の中で決めていいことになっている。でも、あるブロックのリーダーは、「みんな、毎日腹ペコだよ」と話していたし、多くの人からも同じような声を聞いた。新鮮な野菜や果物、ミルク、肉も恋しいだろうし、家だって恋しいだろう。

真昼の熱気が最高潮に達する頃、ディミアの息子、アブデル・ケリムが、一家6人の15日分の配給をまとめて、テントに引きずって帰る。ムスリムにとって神聖なラマダンの月なので、アブデル・ケリムもディミアも断食をしている。キャンプ居住者の多くもそうだ。ただし、小さな子どもは断食しなくてもかまわないので、ディミアはその子らの昼食を作る。今日も変わり映えしない、アイシュとオクラのスープ。それから、容赦なく照りつける太陽を避けて近くの木陰へと移動する。そこでは80〜90人が風習に従って、男女に分かれて座っている。断食中は日没後まで、のどの渇きを癒すことができない。水さえダメだという。

日が暮れると、ディミアは再び料理を作る。アブデル・ケリムは、スープとアイシュをブロックの副リーダーのテントまで運んで、彼とその息子

難民キャンプの夜明け。今日もまた、順番待ちの1日が始まる。いまは11月。雨期が明けて2か月になるが、暑さはまだ厳しくない。料理用のまきから、煙が空に立ち上る。女たちはテントの前のごみや動物のフンを掃き、子どもたちは空っぽのプラスチック容器をぶらさげて給水場へ行く。雄鶏が時を告げ、ロバがいななく。生き物の声が響き渡る砂漠の夜気は、徐々にゆるみ始めている。

左：給水トラックが到着すると、まるでそれが合図のように容器を持った人々が現れる。トラックが土台の上に置かれた黄色いウォーターベッドのような空気袋を満たす。水は、地中に埋め込まれたパイプを通じて各給水センターに流し込まれている。貴重な水を無駄にしないよう、同時に6人が水を汲めるようになっている。右：食糧配給も、国連の食糧援助機関である世界食糧計画が仕切って、システマチックに行われている。きっちり決められたスケジュールに基づいて、職員たちがとうもろこしと大豆の混合やソルガムの袋を各ブロックのリーダーに配る。そのリーダーたちから、各家庭に配給される。

日の出直後、1人の難民女性が食糧配給センターのすぐそばに座り込んで、砂の中から根気よく穀物粒を拾い集めている。ひょっとしたら、前日の配給の際こぼれた分があるかもしれないからだ。地面に置かれた器は、穀物を計量する標準サイズ1コロ（約2ℓ）のかご。

取材メモ

いちばん近い舗装道路から何百kmも離れた、あり得ないほど過酷な土地に、3万人が住まい、食べていくのは、並たいていのことではない。1991年、ソマリアで難民危機が高まっているのを目の当たりにしたことがあるが、2004年の終わり頃チャドを訪れてみると、隣国スーダンで起こった身の毛もよだつ民族浄化のあおりで、本当に悲惨な状況になっていた。国際援助組織がこれほどフル稼働するのを、私はいまだかつて見たことがない。スーダンとの国境地帯、約500km以上にわたって、急ごしらえされた小さな町がいくつもいくつも連なっている。そこで、さまざまな機関が、テント、水、食糧、輸送、通信、医療、治安の調整を行っている。その姿は、何といっても感動的だった。

難民たちは、グランドホッグ・デイのマーモットよろしく、ここの生活から抜け出せないでいた(マーモットの日は2月2日。米国ペンシルヴァニア州の祝日。冬眠していたウッドチャックが2月2日に穴から出てきて、自分の影が見えるかどうかで春の訪れを調べるという伝説がある。影が見えると春はまだ遠く、あと6週間ばかり冬が続くといわれる)。生き方を選ぶことも、生活を変える余地もなかった。故郷に帰ることも、その場を立ち去ることもできず、本来そこに留まるはずでもなかった。畑を耕すことも、牛を飼うことも、終の棲家を建てることもかなわない。毎日がその日暮らしで、来る日も来る日も変わり映えしない日々が繰り返されていた。物質的にみれば、かつての暮らしと比べてとんでもなくひどくなったとはいえないが、将来の展望はついえたままだ。

何人もの女性が、判で押したように同じ料理を作っているのを見かけた。途切れることなく送り届けられる国際援助物資で作る、アイシュというお粥とスープだ。栄養失調の人はいなかったが、栄養が行き届いて丸々太った人もいなかった。私は何百人もの少年や若者と握手したが、骨張ってきゃしゃな人が多かった。6か月間、倦怠したキャンプ生活を送り、ひたすら同じものばかり食べている影響がすでに出始めていた。
　　　　　　　　　　　　　　　　　──ピーター

左上:ムスリムが断食をするラマダン月の終わり、ディミアのブロックでは、イード・アル・フィトル(ラマダン明けの祭り)が行われていた。何家族かが共同でヤギを買い、解体する。右:肉をスープで煮ている間に、たくさんの難民が、簡易モスクへお祈りに行く。その後、イマーム(指導者)がキャンプ周辺の行列を先導して、歌を歌ったり、説教を繰り返したりする。左下:それから難民の家族同士、男女それぞれのグループに分かれて、アイシュとヤギ肉入りスープのごちそうを楽しんでいた。

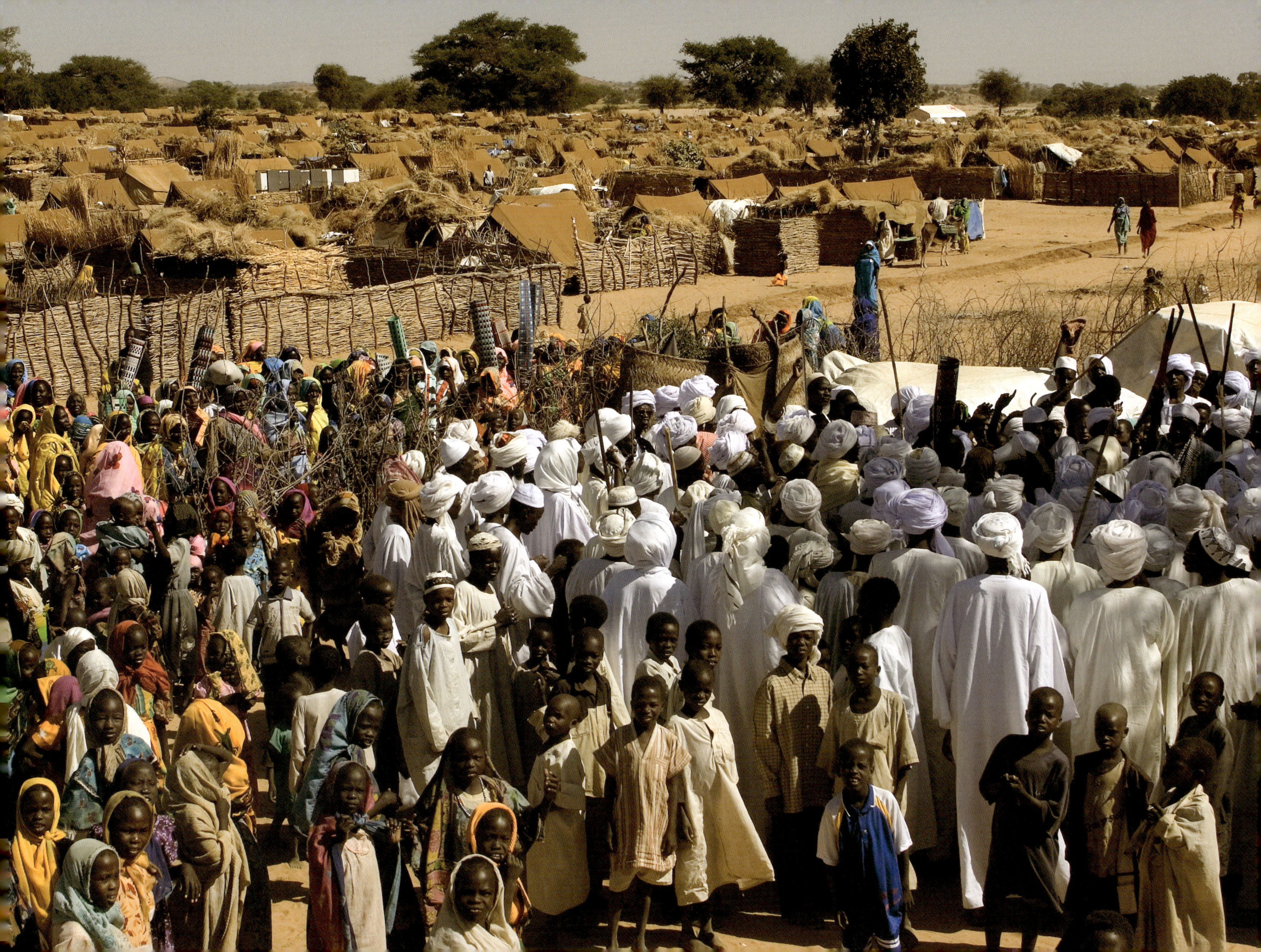

火の前にしゃがみ込んで、ディミア（右ページも）が、アイシュの鍋をかき混ぜている。その様子を子どもたちが見守る。難民の家庭では1日3回アイシュを食べている。アブバカル家は、スーダン民兵による襲撃でほとんどの家財道具をなくしたが、ディミアはにわか所帯でもできるだけきちんとした生活をするよう心がけている。テント内には、干上がった川床から運び込んだ清潔な砂を敷き詰めている。母子は2枚の毛布で眠っているが、ディミアは常に日に干したり、きれいに洗濯したりしている。

わが家のレシピ

**ディミア・イシャク・スレイマンの
乾燥ヤギ肉のスープ**
【材料】
水　2コロ（約2ℓ）
乾燥ヤギ肉（石の上で砕く）　ひとつかみ（約100g）
乾燥トマト　少なめのひとつかみ（約150g）
乾燥オクラ（石の上で砕く）　ひとつかみ（約150g）
植物油　ティーカップ1（約150cc）
塩　小さじ1くらい
※1コロは約2ℓに等しい容積単位。

【作り方】
- 火をおこして、水を入れた鍋をかける。沸騰したら、ヤギ肉、トマト、オクラ、油、塩を加えて、20分間コトコト煮る。

アイシュ
【材料】
雑穀粉　450g
水　2コロ（約2ℓ）
植物油（アイシュを固めるボウルに塗る）　適量

【作り方】
- 雑穀を挽き臼で挽く。
- 雑穀粉ができたら、火をおこし、鍋で湯を沸かす。
- 雑穀粉を少しずつ加え、どろどろして泡立ってくるまで加熱する。よくかき混ぜて、手前に寄せ集め、ねばりのある塊にする。
- 油を引いたボウルに詰めて、半球形にする。お皿かトレイにひっくり返して出来上がり。

スーダン（ダルフール地方）

- ダルフール地方（スーダン西部、チャドに隣接）の人口：6,000,000人
- ダルフールに留まる難民の人口比率：30％
- ダルフールの面積：425,000㎢（米国カリフォルニア州よりやや広い）
- チャドに流れ込んだスーダン難民の人口：193,000人
- チャド、ブレイジング難民キャンプの人口：30,000人以上
- 難民キャンプでインタビューしたうち、家族が殺害されるところを目撃した人の割合：61％
- 2004年のインド洋津波による死者数：295,000人
- 2003年以降のダルフール虐殺による死亡者数：380,000人
- 米国政府による2003年以降のダルフール地方への援助額：726億40,628,664円
- 米国政府によるインド洋津波被災地域への援助額：1,121億円
- チャド東部の難民キャンプ数：11か所
- ダルフール地方の難民キャンプ数：160か所以上
- スーダンからエジプトへの食用ラクダ年間輸出量：160,000頭以上

とともに食べる。マサリット族の風習に従えば、16歳の少年は立派な男子なので、母親や小さな子どもたちと食事をするのはおかしいとされる。ディミアは、残りの4人の子どもたちがアイシュをちぎってオクラのスープに浸すのを見ながら、故郷の思い出にふける。「争いも心配事もなく穏やかで、食べ物もふんだんにあったわ。村には足りないものなんて、何もなかった。ここは大違いよね。家畜を飼って、畑を耕して、毎日、新鮮なお肉を食べていたわ」。乳牛も飼っていたし、大きなマンゴーの木が10本もあったという。食べ切れない果物や根菜は、村の市場で売って、ディミアは子どもたちに衣類や、キャンディ、学用品を買ってやれたという。忙しくしていることで生きる喜びを感じられた。難民キャンプの「お客様」となっては、もはやそんな喜びを味わうことはできない。

1日160円

隣のテントに住むミリアムは、ダルフールの別の村からここに逃れてきた。いまではディミアの親友だ。2人は助け合って子どもの面倒をみている。ディミアが地元の村に植えつけや収穫の出稼ぎに行くときは特に助かっている。「1週間に3、4回、働かせてもらいに行くの」とディミア。「でも、仕事が欲しい人が溢れているときは引き返してくるわ」。仕事が見つかった場合、ディミアの稼ぎは1日当たりおよそ750CFA（157円）になる。大きい子どもたちが、手伝いに来てくれることもある。余分なお金はもらえないが、仕事は早く終わる。故郷でも同じ仕事をしていたというが、スーダンでは自分の作物を収穫していた。「いまはよその畑でお百姓さんの手伝いをしているの。雑穀を刈ったりピーナッツを採取したり。そのお金で食べ物を買い足すの。新鮮なトマトやオクラや、干し魚なんかね」。キャンプ周辺にまばらに立ち並ぶ小屋で難民が営む、小さな「コンビニ」で買い物をする余裕はあまりない。「粉末のオレンジジュースがあるの。子どもたちは、甘いものが大好きだからね」。そう言いながら、彼女は生活必需品の方を優先させる。

ディミアの好物は、アイシュと新鮮な羊肉。でも、生肉なんて新鮮なものはもちろん、乾燥肉でさえ配給食には含まれていない。羊を飼っていたことや、自分でオクラや唐辛子を育てていたことを思い出すのは辛い、と言う。「ちょっとの量じゃない、畑いっぱいで栽培してたのよ」。ラマダンが明けたら、同じブロックの複数の家族で解体された動物を分け合うことにしている。割り勘分のお金さえなくても、ブロックのリーダーは手ぶらで帰したりはしないという。

ディミアがここでこしらえる料理は、故郷で作っていたのと同じものだ。それを、同じ方法でこしらえている。ただ、量が少ないだけ。娘のアチャは物静かでいつも微笑みを絶やさない12歳の女の子だが、この伝統料理の作り方を知っている。「私がこしらえるのを見て、覚えたのよ。私が母さんから作り方を習ったみたいにね」とディミア。ただし、この娘のおもな仕事は、小さな弟妹の面倒をみること。特に2歳のハワは手がかかる。まき拾いと水汲みも大事な仕事だ。一家の配給穀物を挽く列に並ぶ仕事もある。近隣の村からやってくるチャド人の製粉業者は、簡易な燃料式製粉機をキャンプに持ち込んで、手で処理できない難民の穀物を処理する。その仕事と引き換えに、難民たちは配給の一部を差し出している。

長居して愛想を尽かされる客

チャドの人々は、難民に対して実によく心配りしている。こんなにたくさんの招かざる客を抱えるのは困難であるにもかかわらず、そうしている理由の1つは、両者が文化遺産を共有しているからだ。それでも、天然資源の割り当てはホストとゲスト、両者の重荷になっている。とりわけ、まきはこの不毛な平原で手に入れるのは困難なのだが、何千人もの難民が地元の生活必需品をたちまち使い切ってしまう。

どちらの生活をとっても、たやすいことではない。救援活動家たちの話によると、ホスト国（受入国）の村人の中には、難民よりも食料事情の悪い人もいるという。そのため救援組織は、補足的な食糧供給プログラムを実施しなければならない。つまり、追加の救済予算が流出することになる。それで、ようやく公平になる。混乱と騒々しさの中、ディミアにとって唯一の明るい話題は、援助団体が運営するキャンプ内の学校だ。子どもたちは、故郷の村でそうしていたように、ここでも学校に通っている。「教育があれば、将来子どもたちの就職に役立つし、安心でしょう？」。ディミアは明確な方法はわからないまま、そう言う。この日、彼女のテントに1人の男が巡回して来ていた。子どもたちの学用品代として、1人当たり200CFA（42円）を徴収するためだ。ディミアは、なけなしのお金を男に渡す。これで、次の日雇い仕事が見つかるまで無一文だ。でも、将来への投資だから、とディミアは思っている。

難民キャンプでは、水は常に最大の関心事だ。女性と子どもたちは毎日、水瓶や飲料水の容器や料理用の器に水を汲んで、給水ポイントからテントへと運ぶ。洗濯用の余分な水は、近くのワジ（雨期以外は水のない川）で穴を掘って浅い水たまりを作り、そこからすくう。11月、キャンプ内のワジでは、地表から1mの深さのところを水が流れていた。乾期が進むと、もっと深い穴を掘らなければならない。

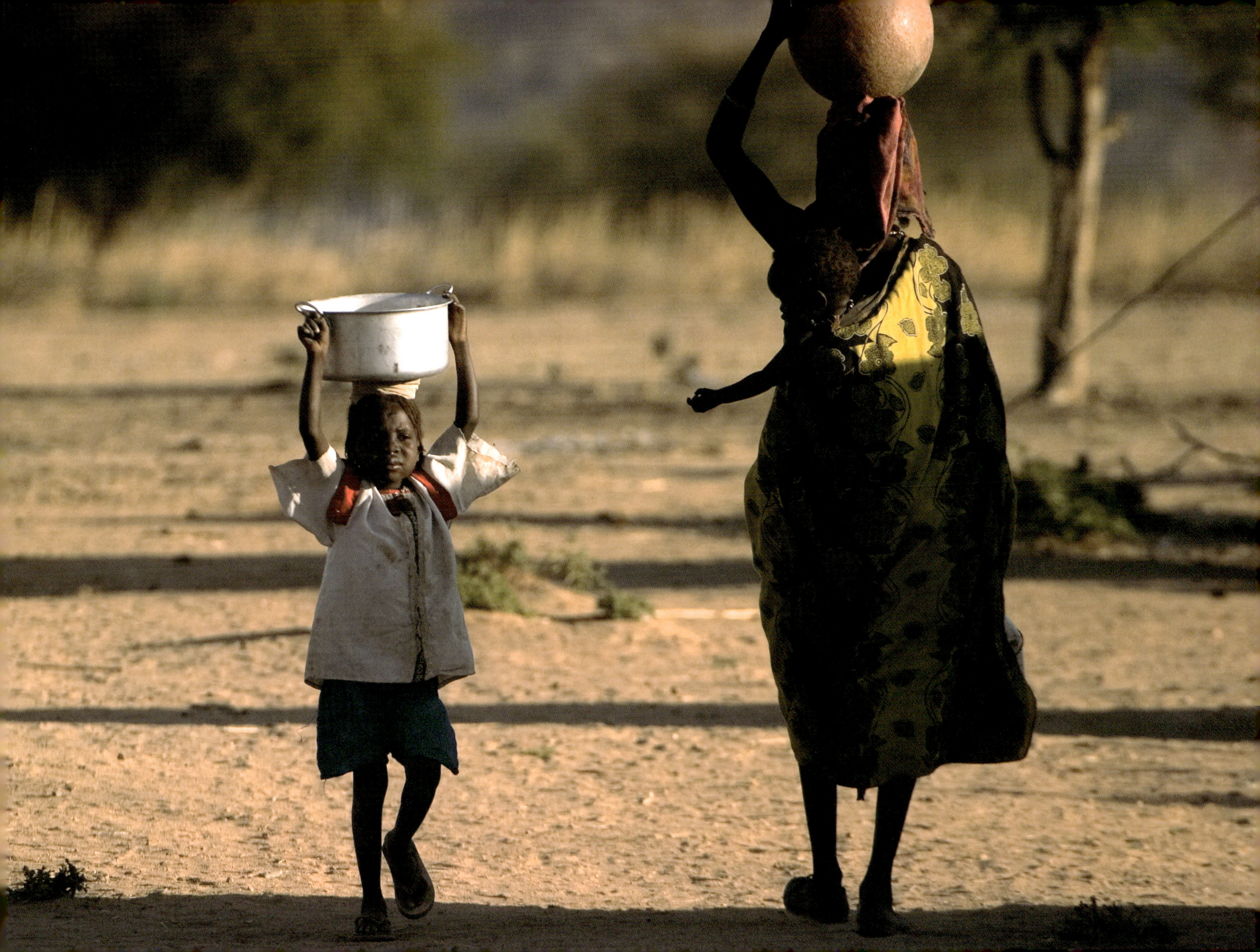

ムスタファさん一家。ダル・エス・サラーム村にある自宅の中庭にて、1週間分の食料とともに。ムスタファ・アブドッラー・イサク（ターバン、46歳）と、カディージャ・バラディン（オレンジ色のスカーフ、42歳）のまわりに、アブデル・ケリム（14歳）、アムナ（立っている、12歳）、ナフィサ（6歳）、ハリマ（1歳6か月）が集まっている。絨毯に寝転んでいるのは左から、ファトナ（3歳）、ラウダ（5歳）、アムナ・イサク（9歳）。調理手段：まきの火。食品保存方法：自然乾燥。

CHAD ●チャド-2

ムスタファさん一家　ダル・エス・サラーム村在住

●11月の1週間分の食料

穀物、でんぷん食物：0円**
キビ*4コロ（約8ℓ）、キビ粉*3コロ（約6ℓ）、ソルガム*3コロ（約6ℓ）。

乳製品：0円**
飼っている牛から搾った牛乳*7コロ（約14ℓ）。

肉、魚、卵：255円**
下ごしらえしてある鶏肉*4.4kg、骨つきヤギの乾燥肉3.3kg。

果物、野菜、ナッツ類：848円**
スイカ1.1kg、ハラル（スカッシュ）8.8kg、ナツメヤシ1コロ（約2ℓ）、乾燥オクラ*1コロ（約2ℓ）、レッドオニオン*1コロ（約2ℓ）、にんにく*0.5コロ（約1ℓ）、乾燥させて砕いたトマト*0.5コロ（約1ℓ）、乾燥させて砕いた赤唐辛子0.3コロ（約0.6ℓ）、ピーナッツ*3コロ（約6ℓ）。

調味料、香辛料：1,008円
ピーナッツオイル4.4ℓ、砂糖0.5コロ（約1ℓ）、塩0.5コロ（約1ℓ）。

飲料：52円
紅茶105g、800m先のワジから家畜を使って、または自分で運んだ、飲料用・調理用の水。

*自家栽培のもの
※1コロは、約2ℓに等しい容積単位。

1週間分の食費：
2,163円（10,200CFAフラン）
**自家栽培品を地元の市場価格に換算すると3,002円

アムナの父親のムスタファ・アブドッラー・イサクは、牛やヤギを大勢の親戚の人と共同で所有している。とはいえ牧夫ではない。実際に世話をしているのは、たくさんいる子どもたちだ。長女マリアム（25歳）の6人の子どもらも手伝っている。「牛やヤギの世話をするには、子だくさんでなくちゃ」。マリアムの夫、イサクが馬のしたくをしながら教えてくれる。彼はこれから、アベシェの町の市場まで2頭の牛を売りに行くところだ。60km先の町まで、低木地を馬に引かせて行く。イサクやアブドッラーのような人を牧夫と呼ばないそのもう1つの理由は、彼らが野菜や穀物を栽培しているからだ。自給自足であれば、飢饉の折、政府のセーフティ・ネットに頼らなくてもしのぐことができる。最良の自衛策なのだ。自分たちで食べないものは、人に分けてあげたり物々交換したり、売ったりしている。

ワジの水場で

12歳になるアムナ・ムスタファといとこのアムナ・イサクは、ひょうたんやプラスチックの水瓶をロバの木製の鞍に結わえつける。どちらのロバも2人の父親のものだ。それから、自分たちもロバにまたがると、チャド東部に広がる朝の平原を渡ってその日1日分の水汲みに出かける。だれが水汲みに行く番だの、昨日はだれが牛の番をしただの、先週は2度やっただの、そんな言い争いが家の中で起こることはない。ここで暮らす子どもたちは、幼いうちから自分の役割をしっかりたたき込まれる。食べていくためには、議論の余地などないのだ。

ロバの背中に乗った子どもが20〜30人、おしゃべりしながら20分ほど先のワジへ向かう。ワジとは雨期になると水を張る川床のことで、いまの季節は干上がっている。子どもは、ほとんどが女の子だ。アムナとアムナ・イサクもそのおしゃべりに加わると、あとはオート・パイロット状態でロバが進路を取っていく。馬やラクダにまたがった男の子たちが、ギャロップし、土ぼこりを上げながら馬やラクダを止めて女の子たちをからかっても、行く手を阻むことはできない。ワジに到着してもぺちゃくちゃは続くが、おふざけはおしまい。男の子は退散し、女の子は土でできた飼い葉桶のような浅い水飲み場の修理に取りかかる。毎日、家畜の群れがやって来る前に作り直さなければならない。スカーフで覆った頭の上に太陽が照りつける。でも、乾期のワジのサウナ状態には慣れっこだ。アムナとアムナ・イサクは、ワジに掘った幅の狭い井戸からバケツで水を汲み上げて、泥で作った「飼い葉桶」を満たす。もうすぐここに牛とヤギの小さな群れが、水を飲みに連れてこられる。2人は仕事を終えると、持ってきた水瓶を満たし、その日1日分の飲料水と料理に使う水を確保する。あと何分かしたら、家から牛とヤギを追ってきたアムナのお兄さんといとこたちが到着するはずだ。少女たちは、ほてった顔と頭にパシャッと水をかけると、水瓶を携えて家路につく。

アムナの父親をはじめとして、ムスタファ家は、家畜に囲まれて暮らしていてもめったに赤身の肉は食べない。食べるとしても、家畜を処理することはめったにない。そんなことをしたら、財産が減ってしまうではないか。ラマダン明けの祝宴などの折には、何家族かで割り勘にして1頭をさばく。肉が手に入ると、ムスタファの妻のカディージャは、少し乾燥肉も作って、日に3度みんながポリッジ（粥）を食べるときに添えるスープの実にする。ミルクも乏しい。このあたりは、牛の食べる草が少ないので、あまりお乳の出がよくないのだ。この牛からの採れる乳は、1日わずかコップ1杯。彼女はそれをスープに入れて、効率よく9人で分けている。

アムナ・ムスタファ（左）といとこのアムナ・イサクは、家畜に水を飲ませるのに、まず2mの井戸（2人の後ろにある）にプラスチック容器を沈め、それから汲み上げた水を泥の「飼い葉桶」に空ける。家畜はここを水飲み場にしている。何家族もが交代で使っているので、しょっちゅう補修が必要なうえ、雨期になるとすっかり流されてしまう。

チャドの中でも、このあたりのワジは1年のうち9か月は干上がっている。そのあいだ、村人たちは井戸を掘らなければならない。井戸はつぶれてしまわないよう、粟などの茎で補強される。朝のワジは猛烈に活気づく。2人組、3人組の少女が、次々とやって来ては「飼い葉桶」に水を流し込み、あとからあとから家畜が水を飲みに来る。水はすぐに蒸発したり砂に染み込んでしまったりするうえ、またたく間に家畜が飲み干してしまうので、何度も水を満たさなければならない。少女たちには重労働だ。

取材メモ

　1度でも、このダートトラック（未舗装の道路）を走る四輪駆動車の中でからだを揺すられてみれば、これが人間の住むところかと、思うにちがいない。これがチャド東部を走るハイウェイだというのだから。時々ぽつりと木があり、とげのある茂みや乾いた砂の川床のある風景は、オーストラリア中部に似ている。そこでは、原住民であるアボリジニが数千年間、狩猟をして暮らしている。一方、ここアフリカでは、さまざまな場所に散らばった村で、人々は農業を糧に生活している。ヤギ、牛、ロバ、ラクダなどを飼育し、雨期には砂地でだましだまし穀物や野菜を栽培する。要は水だ。

　この砂漠地帯の多くの地域には、地表のかなり近くに水脈がある。アベシェから40km離れたダル・エス・サラーム村では、ワジで家畜の飲み水用の泥の飼い葉桶を作り直すのに、子どもたちは毎朝大忙しだ（この飼い葉桶は、牛が前脚をかけるので毎日修理が必要になる）。別の子どもたちは、家畜を集めてワジへ連れて行き、1日1回の水を飲ませる（ダル・エス・サラーム付近には学校がないので、親は子どもを学校にやるべきか家で働かせるべきか、悩まなくて済んでいる）。少女たちが、ほとんど何もかも仕事をこなし、少年たちは、馬や、ラクダや、ロバの周囲に陣取って、わざと大儀そうにしているのが嫌でも目についた。プラスチックの水入れを、深さ2mの井戸からロープで引っ張り上げ、飼い葉桶に運んで水を満たす。井戸で動物の交通整理をするのも少女たちだ。動物にさっさと水を飲ませないと、せっかく汲み上げた水が、蒸発したり砂に染み込んでしまったりする。大きな労働力を必要とする日常の様子を見ていたら、アフリカのこの地域が子だくさんな理由がわかった。生き残るために、どうしても子どもが要るのだ。

——ピーター

チャド

- 人口：9,538,544人
- ダル・エス・サラーム人口：210人
- 面積：1,239,060km²（米国カリフォルニア州の3倍強）
- 人口密度：7.6人／km²
- 都市人口：25%
- 自給自足農および畜牛者人口：80%以上
- 植樹園作物が植えられた土地：0.02%
- 安全な水の入手可能人口：27%
- 1960年にフランスから独立するまでの民族紛争の年数：35年
- PPPにおける1人当たりのGDP（米国の数値に換算して算出）：$1,020
- 1人当たりの年間医療費とそのGDPに占める割合：590円／2.6%
- 100,000人当たりの医師の人数：3人
- 平均寿命：男性46.1歳、女性49.3歳
- 出産率（出産可能女性1人当たり）：6.7人
- 15歳以上の識字率：男性56.0%、女性39.3%
- 1日1人当たりのカロリー摂取量：2,114kcal
- 栄養不良人口：34%
- 南チャドの石油埋蔵量：10億バレル
- チャドへの石油供給年数（埋蔵量を現在のペースで使用、輸出しないものとして算出）：4,110年
- 石油輸出量：100%
- 電力使用可能世帯：2%
- 舗装された公道：0.8%
- 1人当たりの年間アルコール消費量：0.21ℓ
- 肥満人口：男性10.4%、女性17.1%
- 肥満症人口：男性0.3%、女性1.3%
- 1人当たりの年間肉消費量：15.5kg
- マクドナルド、バーガーキング、KFC、ピザハットの店舗数：0軒

上：日の出とともに、2人の男たちが木の下で朝のお祈りをする。チャド中心部にある、ダル・エス・サラーム村の風景。左ページ：同じ頃、粟の茎を干して積み上げた塀のこちら側では、カディージャ・バラディンが、朝の日課に取りかかる。昨夜のまきの中から燃えさしをすくい出し、ひとつかみのわらにのせる。わらがくすぶりだしたら、ふうっと息を吹きかけて料理用の火をおこす。

中国、北京在住のドンさん一家。1ベッドルームの自宅アパートのリビングにて、1週間分の食料とともに。左から、ツァン・リーイン（ドン・リーの母親、58歳）、グォ・ヨンメイ（妻、38歳）、ドン・ヤン（息子、13歳）、ドン・リー（夫、39歳）。母のツァン・リーインは週に2、3回、息子の家で食事をする。調理手段：ガスコンロ。食品保存方法：冷凍冷蔵庫。好きな食べ物——ドン・ヤン：ユーシャン・ロージ（豚肉の細切り甘酢炒め）。

CHINA ●中国ー1

ドンさん一家　北京在住

●7月の1週間分の食料

穀物、でんぷん食物：769円
シャオジャン米（中国で栽培されている米の一種）5.5kg、白パン2斤、フランスパン2本。

乳製品：3,102円
Brightのプレーンヨーグルト2ℓ、Brightの全乳1ℓ、Haagen Dazsのアイスクリーム詰め合わせ342g、無塩バター213g、Haagen-Dazsのバニラ・アイスクリーム165g、Haagen Dazsのバニラ・アーモンドアイスクリーム90g。

肉、魚、卵：3,182円
ヒラメ1.5kg、牛バラ肉1.2kg、豚足900g、牛すね肉650g、鶏手羽肉650g、卵9個、牛肉しょうゆ漬け500g、生サケ294g、豚の関節258g、連結ソーセージ210g、サーロインステーキ160g。

果物、野菜、ナッツ類：1,941円
カンタループメロン3kg、オレンジ2.1kg、ファイヤードレイクフルーツ（甘味のあるサボランの実）1.1kg、レモン750g、プラム550g、トマト1.2kg、きゅうり1.2kg、カリフラワー1個、セロリ700g、にんじん500g、タロイモ414g、チェリートマト402g、長ささげ318g、ホワイトオニオン318g、干ししいたけ264g、生しいたけ168g、ブラックファンガス（ひらたけ）105g。

調味料、香辛料：2,037円
Luhuaのピーナッツオイル1.1ℓ、Hijoblancaのオリーブオイル507mℓ、大豆ジュース507mℓ、オレンジジャム360g、唐辛子ソース290g、ドレッシング213g、グラニュー糖213g、Maxwell Houseのコーヒー用クリーム201g、ゴマ油204mℓ、BBのスイート・ホットソース168g、ヒメカンゾウの乾燥つぼみ（風味づけに使う）159g、ハチミツ159g、酢159mℓ（茹でたギョウザにつける）、唐辛子ペースト105g、ささげ（酢漬の瓶詰め）105g、シーフードソース102mℓ、Knorrのチキン風味化学調味料54g、化学調味料54g、塩54g、カレー粉12g。

スナック、デザート：2,089円
スナックチップス7袋、Ferrero Rocherのチョコレート423g、Xylitolのガム1瓶、Doveのチョコレート255g、Xylitolのブルーベリーガム3パック、Xylitolのガム3パック。

総菜、加工食品：722円
パック入り巻寿司550g、うなぎ246g（細長く切って焼いたもの）、Knorrのチキンブイヨン24g。

ファストフード：1,082円
ケンタッキー・フライド・チキンで、チキンバーガー2個、チキンブリート2個、コカコーラ4つ、フライドポテト2パック。

飲料：3,298円
グレープフルーツジュース8.4ℓ、アサヒビール360mℓ入り缶6本、Brightのオレンジジュース2ℓ、Tongyiのオレンジジュース・ドリンク2ℓ、コカコーラ360mℓ入り缶3本、Great Wallの辛口赤ワイン760mℓ、ダイエット・コカコーラ360mℓ、Jinliufuの紹興酒255mℓ、Nescafeのインスタントコーヒー105g、飲料水、調理用に沸かした水道水。

嗜好品：75円
Zhongnanhaiのたばこ1箱。

1週間分の食費：18,297円（1,233.76元）

食の最前線で

最近、北京で流行している繁華街の屋台では、ティーンエイジャーがヒトデを丸ごと揚げたものを食べるという。「ええっ、丸ごと？ 中身だけじゃないの？ そりゃおかしいよ」。海辺で暮らしていたことのあるドン・リーは、この話を聞いて、信じられない、といった声を上げる。中国の首都は変わった。1990年代後半以前のこの街を知る旅行者には、懐かしい北京の面影を見出すことはもはやできないだろう。

こ れといった特徴もない、政府支給の低層アパート。殺風景なコンクリートの階段の吹き抜けからドン家の部屋に一歩足を踏み入れると、そこが新旧の文化の連結部であるかのような感じがする。中国の習慣に倣って玄関で靴を脱ぐ。でも、伝統的な中国はそこでおしまい。妻のグォ・ヨンメイは、手狭な1ベッドルームの自宅アパートを、雑誌のグラビアを参考にしながら、安い労働力と美的センスを駆使してすっかりリフォームしてしまった。昔人間のひいおばあちゃんがこのインテリアを見たら、伝統の中国椅子から転げ落ちただろう。クリームがかった薄紫色の壁、作りつけのクローゼットや戸棚、寄せ木張りのフローリング、モダンな家具――そして、あれこれと飾り立てたキッチンでは、天津産のシャオジャン米と、フランスパンのバゲットやインスタントコーヒーが、のどかに共存している。

山東省の港町、煙台にほど近い渤海で子ども時代を過ごしたドン・リーが、ヒトデの話をしてくれる。「よく海辺で食ったよ。おばさんが身をかき出して、魚と一緒に焼いてくれたもんだ」。「じゃあ、屋台で丸ごとフライにしたのを売っていたら、食べたかしら？」と私が訊ねると、「冗談じゃないよ」と笑う。ティーンエイジャーの女の子たちがサソリの串揚げを食べているのを、西東四通りで見かけた話もする。サソリを食べるなんて、と思ったけれど、顔の色つやがよくなると、ファッション誌に書いてあったらしい。中国人は、「脚のあるものはテーブル以外なら何でも、空飛ぶものなら飛行機以外なら何でも」食べる、ということわざがある。それは南の人たちの話だよ、と北の中国人は言うだろうが、南の人ならユーモアを込めて、その通り、とおどけるだろう。そして外国人なら、中国人はみんなそうじゃないの、と口を揃えるに違いない。

ドン・リーとグォ・ヨンメイは、新しいタイプの北京っ子だ。上昇志向が強く野心に燃える、中国の中流階級予備軍に仲間入りしつつある。個人の手取り所得の増加がそうした上昇志向をあと押ししていることは間違いないが、そのほかにも個性を表したいというありありとした願望や、何世

紀にもわたる文化や伝統の型にはめられた人生を送るのではなく、自分自身の手で自分の人生設計をしたい、という願望があるのだ（もちろん一定の縛りはある。中央政府は、人民の日常生活に対する手綱を緩めてはいるが、いまなお、注意深く人民を監視している）。

ドン家のかつてのアパートの方がもっと端的に、こんな部屋、と言い表すことができたような気がする。一家は以前、胡同（フートン）に住んでいた。迷路のように入り組んだ狭い路地で結ばれた四角い区画に集合住宅が立ち並ぶ、何百年前からある密集した裏町だ。たくさんあったそんな集落が、いまでは整然と跡形もなく取り壊され、日の当たるオフィスビルや、増え続ける北京の居住人口、通勤人口を収容するための超高層ビルに生まれ変わってゆく。「暮らしが変わるって、期待していたの」。グォ・ヨンメイが新居の感想をもらす。彼女も夫のドン・リーも、狭い胡同暮らしでは実現できなかった、広々とした生活環境をつくることを夢見ていたのだ。ドン・リーは、北京市の職員で、北京一高い超高層ビル、京広中心の地下で働いている。一方、グォ・ヨンメイは簿記係だ。夫妻は北京市の朝陽区に一人息子のドン・ヤンと暮らす。ドン・ヤンは、おとなしく勉強好きの13歳。中国の一人っ子政策施行後に生まれた子どものご多分にもれず、両親と祖父母の関心を一身に浴びている。北京市郊外の田舎に暮らす、6歳のツゥイ・ユーチとそっくりだ（p.90参照）。

シノワ的超空間
ドン家は都会で暮らす中国人らしく、伝統的な中華料理とともにファストフードや世界各地の料理も楽しんでいる。「よくカルフールで買い物をするわ」。グォ・ヨンメイが、フランスの大型スーパー・チェーンの名前を口にする。「うちの近所なの。でも、週末はすごい混雑でダメ」。だから今日は日本の大型チェーンストア、イトーヨーカドーへ行くという。「同じような店よ。でも、たいていカルフールみたいには混んでいないわ」。最近、あまり小さな市場では買い物をしなくなった。種類が少ないこともあるけれど、中国に流れ込んできている世界各地のブランドをチェックするのが楽しみなのだという。まだまだ地元の市場が国の大部分の食を賄っているとはいえ、カルフールやウォルマートのような多国籍企業（さらには、ウーマート（北京物美）のような中国系コングロマリット）が、徐々に都市の小さな市場に取って代わっている。これらの都市は個人の購買力が最も強く、つまりこれが中国の大都市の顧客の選択なのだろう。

ドン家についてイトーヨーカドーへ行くと、買い物客でいっぱいだ。「これで混んでないの？」。通訳のアンジェラ・ユーを介してグォ・ヨンメイに訊ねてもらうと、「それほどでもないのよ」と肩をすくめて笑う。騒音レベルは、延長戦に入ったサッカースタジアム並だ。カートを押して人混みを縫いながら、海産物コーナーを目指すドン・リーのあとをついていく。外国人の目から見ると、この多国籍巨大マーケットが中国人の嗜好に合わせた店作りになっているのが、ひと目でわかる。たとえば、海産物コーナーは、中国のほかの都市でも見かける青空市場のようだ。生簀で泳ぐ魚、貝、ヌルヌルしたウナギ、氷の上に並んだ魚、生きたカニのケース、冷凍魚の切り身など、水族館さながらの巨大な魚屋さんである。グォ・ヨンメイとドン・リーは2人で品物を選び、息子のドン・ヤンに指図して取りに行かせる。ピータン、ずらりと並んだチップス、エビと野菜のシューマイ、冷凍ギョウザ、生ギョウザ、野菜、果物。売り場ごとに試食コーナーもある。膨大な数の人々が店で働いており、それと同じくらい、膨大な数の人々が買い物をしている。

移り変わる伝統
「30年前は」と、ドン・リーが食べ物の乏しかった時代を振り返る。「いまは、何でも豊富にあるし、おいしくなっているよね」。夫妻は週に1度くらい外食をする。ただし、中華レストランへ行くことが多い。息子のドン・ヤンは、欧米のファストフードを食べたがる。「学校の近くにマクドナルドがあるんだ。週に2回は友だちと食べに行くよ」。できることならもっと行きたいと言う。彼と両親とでは、食生活がちがってきているのだろうか？「僕は甘いものが好きだよ。2人はそんなに好きじゃないみたいだけど」。「親の世代とは比べものにならないくらい、恵まれた育ち方をしているよ」。父親のドン・リーが、満足気な声でそう言う。息子には、言語学者になって欲しいと思っている。いろんな国を旅したり、いろんな場所で勉強したりできるからだ。でも、13歳のドン・ヤン本人は自分の将来をまだ決めてしまいたくはないようだ。

たまたま立ち寄ったドン・リーの母親ツァン・リーインに、息子の新しいアパートをどう思うか訊ねてみた。「あまり私好みじゃないわね。見慣れたものが何1つないもの」。そう言いつつ、微笑んでいる。彼女は10年前にエレクトロニクス工場を退職して、たった1人の孫の面倒を赤ん坊の頃からみている。一緒に家族写真に収まってくれることになり、昔ながらのもので何か写真に写したいものはある？と訊ねると、火鍋を持ってきた。ツァン・リーインは、これで薄切り肉や魚肉団子や野菜の鍋料理を作るが、モダンな嫁はこの鍋をもっていない。

中国

- 人口：1,298,847,624人
- 北京都市圏人口：14,230,000人
- 面積：9,261,068㎢（米国よりやや狭い）
- 人口密度：140.4人／㎢
- 都市人口：38％
- 平均寿命：男性69.6歳、女性72.7歳
- 出産率（出産可能女性1人当たり）：1.8人
- 15歳以上の識字率：男性95.1％、女性86.5％
- 1日1人当たりのカロリー摂取量：2,951kcal
- 1人当たりの年間アルコール消費量：5.45ℓ
- PPPにおける1人当たりのGDP（米国の数値に換算して算出）：$4,580
- 1人当たりの年間医療費とそのGDPに占める割合：5,782円／5.5％
- 肥満人口：男性27.5％、女性22.7％
- 肥満症人口：男性1.0％、女性1.5％
- 20歳以上の糖尿病人口：2.4％
- 1人当たりの砂糖および甘味料の年間可能補給量：8 kg
- 1人当たりの年間肉消費量：57.5kg
- ファストフードの店舗数（2004年）：マクドナルド600軒以上、KFC1,200軒
- ビッグマックの価格：149円
- 1人当たりの年間たばこ消費量：1,791本
- 18歳以上の喫煙率：男性58.9％、女性3.6％
- 1日250円未満で暮らす人口：47％
- ピータンが最もおいしくなるのにかかる日数：100日

中国の都市は、世界有数の屋台の街。スタンドでは、実にさまざまなうまいものが売られている。北京中心部にある恩榮焼肉店では、巴西焼肉（ブラジル風焼き肉、左手前、薄切り肉を何層にも重ねた回転焼き肉）、新煮玉米（茹でたてとうもろこし）、蜜焼玉米（ハニーローストにしたとうもろこし）、蒙古大草原焼肉（モンゴル風串焼き肉）、タイヤのように真っ黒な水気の抜けた「臭豆腐」、サソリの串揚げ（中央の売り子が伸ばした腕の下）などが売られている。

右：靄にかすむ北京の紫禁城を背にした中山公園で、中年女性のグループがこの国に昔から伝わる、朝の気功をしている。上：最近、街でよく見かける風景は、若者や新興の都市富裕層が、中国最大の欧米系ファストフード・チェーンのレジに長蛇の列を作る風景。左のセットメニューは、「手羽のフライドチキンのセット」。KFC（ケンタッキー・フライド・チキン）のチェーンは、北京だけでも100店舗以上が展開されている。

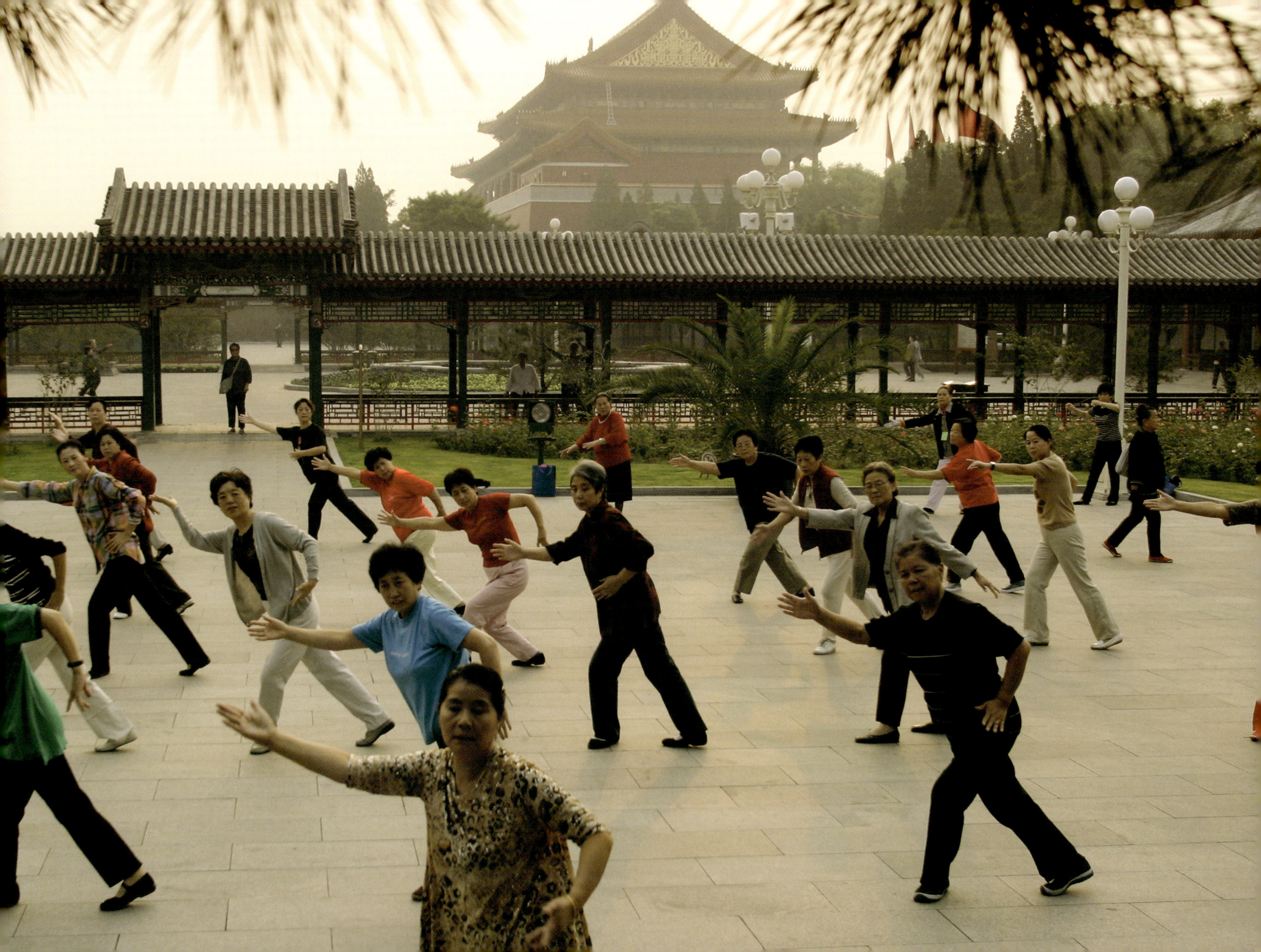

取材メモ

ある日、天安門広場の東にある屋台街巡りをすることになり、息子のジョンも同行した。彼は、マンダリン（北京語）がぺらぺらだ。王府井通りのけたたましい屋台は避けて、私たちは落ち着いた通りを目指した。そこには実にさまざまな屋台がある。タツノオトシゴ、ヘビ、生きたままのサソリなどを串刺しにしたもの、蚕のサナギ、コオロギやサソリの揚げ物、うずらの雛、ハツ（鶏の心臓）、ヤギの腎臓や陰部。さらには、貝柱、蛙の足、数種類のイカ。魚肉団子に肉団子、しいたけのうま煮、麻婆豆腐、ヤギの頭とモツのスープ……。私たちは、麻婆豆腐（ねっとりしてくすんだ色をしている）、ラムチョップのサンドイッチ（こたえられないうまさだ）、四川風のゼラチン寄せデザート（米粉で作ったさいの目ゼリーのようなものに、甘いシロップがかかっている）を試してみることにした。もちろん、串揚げにしたヒトデにも、興味津々でトライした。

私は、ヒトデの食べ方について屋台の店員に矢継ぎ早に質問した。丸ごと食べるものなの、それとも中身だけ？ピリ辛ソースで食べるの？店員たちは、だんまりを決め込んでいる──何とも信じがたいことだが、料理人たちは、自分の店で売っているものの食べ方を知らないのだ。よその地方の食材だから仕方がないのだろうか。それで、私たちも仕方なく、ほかの人のまねをしてこの15cmほどの生き物を食べることにした。丸ごとをピリ辛ソースにつけて、星形のとがった部分から真ん中の方へと食べていく。じゃりじゃりして、まずくて──私は足を2本と胴の部分をほんの少し飲み込むのがやっとだった。ほかのお客たちはみんな、手にしたその棘皮（きょくひ）動物の串揚げをおいしそうに食べていたが、私たちのは、ほとんどゴミ箱行きになった。評価：3つ星で☆半分以下（p.287参照）。

最後の夜、ドン家と一緒に食事をした。ドンさんは、子どもの頃夏になると、よく海辺の町に出かけては浜で遊んだ話をしてくれた。「ヒトデを食べた？」と訊ねると、「もちろん」と答えが返ってきた。「でも、食べられるのは、真ん中の裏面だけだよ。そこから身をかき出して食べるんだ。あとの部分は、食べられたもんじゃないからね」。

──ピーター

わが家のレシピ

ドン家特製豚皮ゼリー

【材料】
生の豚皮（毛をこそげ落とす）　500g
万能ねぎ（ざく切り）　1本
しょうが（3〜4片に切る）　30g
にんにく（小片のまま）　3〜4片
山椒の実（粒のまま）　15g
八角（4〜5片に砕く）　1個
紹興酒（料理用）　小さじ2
酢　小さじ1
塩　適量
しょうゆ　適量

【作り方】
- 豚皮が隠れるくらい水を入れ、沸騰させて、やわらかくなるまで、さっと下茹でする。
- 豚皮を取り出し、扱いやすい大きさに切る。豚皮、万能ねぎ、しょうが、にんにく2片、山椒の実、八角、紹興酒を合わせる。これにひたひたの水を加えて、ぐつぐつ煮る。
- 沸騰してきたら、塩としょうゆで味つけし、豚皮がとろとろにやわらかくなるまで、さらに煮る。
- 煮汁の中に豚皮だけを残し、薬味を取り出す。火から下ろし、粗熱を取って、冷蔵庫に入れておく。
- 食べる直前に、煮汁から取り出し、ひと口大に切る。酢、つぶしたにんにく2片、塩、しょうゆと和えて、味つけする。

上：食料品の袋を下げたドン家が、アパートの薄汚い階段の吹き抜けを上がっていく。リフォームをしたばかりのドンさんの部屋は4階にある。左ページ上：日本のスーパー・チェーン、イトーヨーカドーを物色中の一家が、生きたカニのケースを吟味している。左ページ下：モンゴル人に扮装した店員。中国のレストランやスーパーマーケットでは、海産物の多くが生きたまま売られている。それが新鮮さの証とされるからだ。それ以外は、細部に至るまで欧米のスーパーマーケットとよく似たつくりで、試食品のデモンストレーションまでそっくりだ。

北京行政区ウェイタイウ村在住のツゥイさん一家。リビングルームにて、1週間分の食料とともに。左から、ツゥイ・リェンユー（夫、59歳）、ウー・シャンリェン（妻、61歳）、ツゥイ・ハイワン（息子、33歳）、リー・ジンシャン（嫁、31歳）、ツゥイ・ウー（リェンユーの母、79歳）、ツゥイ・ユーチ（孫、6歳）。調理手段：ガスコンロ、石炭ストーブ。食品保存方法：冷凍冷蔵庫。好きな食べ物──ツゥイ・ユーチ：魚、リー・ジンシャン：野菜、ウー・シャンリェン：「何でも好きよ」、ツゥイ・ウー：「何もかも好きだね」。

CHINA ●中国-2

ツゥイさん一家　ウェイタイウ村在住

●7月の1週間分の食料

穀物、でんぷん食物：470円**
小麦粉11.6kg、白米3kg、挽き割りとうもろこし1.1kg、キビ1.1kg、じゃがいも1.1kg。

乳製品：149円
全乳2ℓ。

肉、魚、卵：2,745円
ラム肉5.5kg、卵44個、豚肉3.3kg、鶏肉2.2kg。

果物、野菜、ナッツ類：1,397円**
スイカ9.2kg、カンタルーブメロン6kg、白桃3.3kg、黒ぶどう1.7kg、青リンゴ1.7kg、プラム1.7kg、洋なし550g、きゅうり*7.8kg、グリーンビーンズ2.8kg、なす2.2kg、豆腐2.2kg、キャベツ2個、カリフラワー1個、にら*1.7kg、トマト1.7kg、ズッキーニ*1.7kg、セロリ1.1kg、にんにく1.1kg、ピーマン1.1kg、とうもろこし*5本、Weiweiの粉末豆乳600g、にんじん550g、ブラックファンガス(ひらたけ)264g、グリーンオニオン*264g。

調味料、香辛料：657円
ピーナッツオイル1.4kg、しょうゆ630㎖、ごま油354㎖、しょうが550g、Longfeiの酢550g、塩550g、グラニュー糖264g、香菜1束、白コショウ54g、イースト42g、五香粉12g、MSG(化学調味料)12g、Sichuanのペッパーコーン12g、八角6g。

総菜、加工食品：11円
チキンブイヨン54g。

飲料：794円
Yanjingのビール640㎖入り瓶12本、コカコーラ2ℓ、スプライト2ℓ、紹興酒550g、ジャスミンティー160g、飲料水・調理用として、家の井戸からポンプで汲み上げた水。

嗜好品：535円
Hongmeiのたばこ10箱。

*自家栽培のもの

1週間分の食費：
6,758円（455.25元）
**自家栽培品を地元の市場価格に換算すると231円

変化の風が吹くとき

「チー・ファン・ラ・マ（飯は食ったか）？」。人々は道端ですれちがうと、こう訊ね合う。訊ねられた方は、「チー・バオ・ラ（満腹だよ）」と答える。こんな風に、食は古くから日々のあいさつのきっかけになるほど、中国人の生活の中で重要な位置を占めている。

　自宅から1km弱のとうもろこし畑へ歩いていく道すがら、ツゥイ・リェンユーも、近所の人たちにこんなあいさつをする。仕事をしている人、ぶらぶらくつろいでいる人、食事をしている人、唯一のコンクリート道路を辿って、北京市の東100kmにある農村、ウェイタイウ村にやって来る人みんなとあいさつを交わす。細道を下り、新しい化学肥料プラントを通り過ぎ、家ごとに畑を区切った幅の狭い盛り土にひょいと飛び乗ると、目と鼻の先にある、ツゥイさんの密集したとうもろこし畑に足を踏み入れる。とうもろこしはすっかり背が高くなり、黄金色の穂が丸々と膨らんでいる。もう間もなく収穫だ。ツゥイ・リェンユーは、隣の畑のとうもろこしも同じくらいの背丈まで成長しているのを見て、「うちより6日も7日も遅く植えたのに」と、驚きの声を上げる。ほかにも、大麦、小麦、大豆、ピーナッツなどを、季節に応じて育てている。土地の割り当ては地方政府が管轄していて流動的だ。ごく最近の割り当てでは、6人家族のツゥイ家に1人当たり半畝（ムー）(50㎡)、6人で3畝（ムー）(300㎡)が与えられた。地方政府も、人民がわずかな土地にしがみつかなくてよくなれば土地改良にいま以上の投資ができる、とわかってはいても、中国人民による土地の個人所有という概念には、まだまだなじめないようだ。ツゥイ家や村人たちは、もっと多くの土地を割り当てられていた時期もあったが、かつてツゥイ・リェンユーと近所の人たちが共同で耕していた土地は、いまでは大きな桃畑になっている。地方政府はそこから利潤を上げ、そのお金の一部は公務員に流れている。わずか5年前、ツゥイ家のあたりの道路はすべて泥道だったが、もはやそんなことはない。

　妻ウー・シャンリェンと、嫁のリー・ジンシャンは、中庭の家庭菜園でトマト、キャベツ、かぼちゃ、きゅうりを育てている。ぶどう棚も作っている。それでも、畑からの収穫だけでは、一家6人が1年間食べるのに必要な量のわずか10％にしかならない。残りの食料は、息子のツゥイ・ハイワンが、北京へ出稼ぎに行って稼いでくるお金で賄っている。印刷機の修理工をしているツゥイ・ハイワンは、本当は家族と一緒に村で暮らしたいけれど、村には家族を養うのに十分なお金を稼げるだけの仕事がなく、週末だけ家に帰ってくる。

リー・ジンシャンは時々、近所にある日本やアメリカ向けの縫製工場へアルバイトに行く。1日10時間働いて20元（297円）の賃金をもらえるが、彼女はこの仕事が嫌いだ。

ツゥイさんは、村の人たちと比べて、自分たちは貧しいという。それでも家には、テレビ、ステレオ、電話などの設備があるし、この2年で家もリフォームした。どれも、収入の中から自由に使えるお金でととのえたものだ。

中国では、無駄にしていいものなどない。ツゥイ家も、とうもろこしの皮は捨てずに納屋で飼っている3匹の羊の飼料にするし、収穫したとうもろこしも分けてやる。3匹は仔羊のうちに買ってきたもので、すっかり成長したら、地元の肉屋に売ることになっている。そうやって副収入を得るのだ。ウー・シャンリェンは、とうもろこしの葉でクッションのようにやわらかいシートを織る。戸外で地面に敷くもので、1枚織り上げるのに2時間かかる。この内職は、雨期の2か月間余り続けられる。中庭で飼っている鶏は、旧正月のお祝いに食べることになっている。でも、卵を産まなくなったら、もっと早く食べられてしまう。ただ、豚は飼っていない。「豚は飼育に金がかかるんだよ。菜園ものだけじゃダメで、残飯や穀物もやらなきゃならないから」。ツゥイ・リェンユーが言う。残飯は、リトルホワイトにやる分以外はないのだそうだ。リトルホワイトというのは、6歳になる孫のツゥイ・ユーチと両親の寝室で昼寝している猫。「こいつは本物の猫だよ。たくさんのネズミを捕まえるんだ。北京あたりの猫は、ネズミの捕まえ方なんか知らないだろう」。

都会では、ますます多くの中国人が現金経済を歓迎し受け入れているが、中国農村部では、今も昔ながらの物々交換や労働力を提供し合うスタイルが主流だ。ツゥイ家では、収穫したピーナッツをピーナッツオイルと交換し、乾燥させたとうもろこしは、村の製粉場で挽き割りとうもろこしに加工してもらい、その一部を代金に充てる。小麦粉は村の製麺所に持って行って、麺と交換する。50kgの小麦と現金5元（74円）で、40kgの麺が手に入る。家には5本の柿の木があるが、木に登って熟れた柿の実をもぐのは村の男たちの仕事だ。その代わり、報酬として柿の実を持って帰ってもらう。

ツゥイ・リェンユーの好物は？　と訊ねると、「豚肉」と答えてから、「いや、豚肉とラム肉だ。それに牛肉も」とつけ足す。そうして結局、「肉だ！　好物は肉だよ！」ということになる。ばたばたと家事をこなしながら、その場を通りがかった妻が、夫を見て笑う。そして、きっぱりこう言う。「私たちは、何だって食べるよ」。夫もこれにうなずく。「文化大革命の頃は、あるものは何でも食べたよ。あらゆるものをかき集めたね」。ツゥイ・リェンユーが続ける。「野草だって食べた。食べ物が地面に落ちたって、だれが気にするもんか。拾って、ふうっと息を吹きかけて、パクリだ。無駄にしていいものなんて、何ひとつなかったよ！」

ツゥイ・リェンユーは、中国の若い世代がものを粗末にしているようで、気がかりだと言う。「子どもらは、外食をすると溢れるほど注文するくせに、残すんだ。本当に腹が立つね。通学途中の小さな子は、朝飯に油条（ユーテ、油で揚げたツイスト・ドーナツ）を買って、2口か3口かじるとポイと捨てちまう。困ったもんだ。うちの孫はそんなことはしないよ」。ツゥイ・リェンユーは、そうした悪習慣の原因をこう考えている。「たくさんのお金を自由に使えるようになったことと、躾ができてないのさ。あの子らにしてみたら、ちょっとの無駄なんて何でもないんだろう」。

農村部に暮らす典型的な中国人が食べたがるのは、伝統料理だけだ。でも、ツゥイ・ユーチの世代からは、そんな願望も変化してきている。「孫の誕生日には、あの子の欲しがるバターケーキみたいなものを買ってやるよ。でも私らは食べないね」。ツゥイ・リェンユーが言う。彼は、母親と妻が中国式の調理法で作ったもの以外、食べない。家族のだれも、チーズを食べたことがない。ツゥイ・ユーチは、袋入りの菓子やキャンディが好きだ。ファストフードはまだ食べたことがないけれど、そのうち食べてみたいと思っている。ツゥイ・ユーチの母親のリー・ジンシャンが、私も食べてみたい、とためらいがちに言う。ツゥイ・ユーチの祖父母は、たとえ買うお金があってもファストフードにはまったく興味がない。ツゥイ家は、外食も一切しない。「だって、すごく高くつくでしょう。うちは、そんなご身分じゃないもの」とリー・ジンシャン。

彼女の夫は北京へ出稼ぎに行っているのに、家族であの巨大な都市を訪れたのは、たった1度きりだ。地理的には近くても、ツゥイ家の経済状態からすると手が届かないのだ。老人たちは大都会に圧倒されたようだが、「あの子は、興味津々だったみたい」とリー・ジンシャンが言う。ツゥイ・ユーチは、きっとまたあの街へ出かけて行くだろう。でも、祖父のツゥイ・リェンユーは、2度と行きたいとは思わない。

ウー・シャンリェンは今朝、最後のトマトを摘んだ。それを細かく刻んで、昼食に使う。烙餅（ラオビン）と、しんなりしたチンゲン菜の炒め物を作るのだ。烙餅は、小麦粉の生地を、熱したピーナツオイルに落として、膨らませたものだ。義母が離れと2戸建ての部屋（これがツゥイ家の屋敷で、中国の村の伝統的な住まいの造り）を行ったり来たりしているあいだに、嫁のリー・ジンシャンは、白米と包子（バォツ）のしたくに取りかかる。

包子は、豚肉と野菜を詰めたこぶし大の蒸しパンだ。小さな孫は、寝室にこもって宿題の基本漢字の書き取りをしたり、絵を描いたりしている。時々その絵を、ツゥイ・リェンユーに見せに行く。ほかの家族のところに

中国農村部

- 農村人口（人数／世帯数）：800,000,000人／245,000,000世帯
- ウェイタイウ村人口：450人（推計）
- 中国の農業従事労働人口：50%
- 安全な水の入手可能人口：農村部68%、都市部92%
- 安全な衛生状態の生活人口：農村部29%、都市部69%
- 肥満人口比率：農村部1：都市部2.3
- 1人当たりの電力消費量比率：農村部1：都市部3.3
- 家計消費比率：農村部1：都市部3.5
- 自殺比率：農村部4：都市部1
- 1998年前半に中国農村部で、激高した農民たちが地方政府庁舎を包囲した、420件の抗議行動による死傷者数：7,400人
- 1人当たりの平均所得：農村部51,212円、都市部121,422円
- 100家族当たりの冷蔵庫数：農村部12台、都市部80台
- 農村部の住宅エネルギー消費のうち、わら、紙、糞など、家庭から排出されるもので賄う割合：57%
- インターネット使用者比率：農村部1：都市部100
- 農村部で殺人の手段として殺鼠剤が選ばれる順位：1位

リー・ジンシャンは果物を、いつも決まった店で買うことにしている。長いつき合いで、気心の知れた女性露天商だ。ふだんは北京へ出稼ぎに行っていない夫のツゥイ・ハイワンも、今週は、珍しく買い物についてきた。2人とも果物や野菜を見る目は確かで、1つひとつ匂いを確かめたり指でつまんだりして品定めするのが習慣になっている。

わが家のレシピ

リー・ジンシャンのラム・ミートボールの蒸し煮
【材料】
玉ねぎ（みじん切り）　約30g
しょうが（粗みじん切り）　約30g
五香粉（ウーシャンフェン）　2つまみ
塩（調味用）　適量
ラム肉（ミンチにする）　約900g
卵　1個
水　6カップ
コリアンダー（別名・中国パセリ、1～1.5cmに切る）
55g
粉末チキンブイヨン　2つまみ
白コショウ　小さじ1/2
ごま油、および酢（調味用）　適量

【作り方】
- みじん切りにした玉ねぎ、しょうが、五香粉、塩を、箸でラム肉にまぶす。卵を加えて、全体がよくなじむまでこねる。
- お湯を沸かす。ラム肉の生地を、直径2.5cmほどのボール状に丸め、ぐらぐら沸いたお湯に放り込む。ボールがくっつかないよう、注意すること。再びお湯を煮立たせて、15分間茹でる。
- コリアンダー、ブイヨン、白コショウ、ごま油、酢を加えて、混ぜれば出来上がり。

本書の1週間分の食料を撮影するため、買い物をするリー・ジンシャンとツゥイ・ハイワン。上：一家が暮らす小さな村から、いちばん近い市場町のラッキーバード肉店 No.E0001では、鶏肉、ラム肉、豚肉を購入。下：近くにある別の市場町の果物屋ではプラムの匂いを確かめながらよく熟して甘そうなものを探す。

取材メモ

北京の中心部に暮らすドン家（p.74参照）は、食料品をすべて、巨大なスーパーマーケットで買っていた。一方、北京市から東へ2時間余り、万里の長城にほど近い市の周辺部に暮らすツゥイ家は、食料品を昔ながらの露店市場で買っている。たった1つの例外は巨大な肉屋さんで、そこでは店主が、ツゥイさんたちの買い物の値段をすり切れた木のカウンターの上で計算していた。

ツゥイさん夫妻と市場へ向かう途中に、にわか作りの屋台の前を通りがかった。このあたりの人が、朝早くから働く労働者向けに豆乳や油餅（練り粉を油で揚げたぶっくり膨らんだドーナツ）など、何種類かのチープな揚げ物や蒸し物を売っているのだ。ツゥイさん夫妻は、その前を素通りした。2人には高価すぎる、ということらしい。その代わり、なじみの露店でメロンとぶどうとバナナをたっぷり買い込んだ。1つひとつ匂いを確かめじっくり吟味しながら、いくつかの店で、リンゴ、プラム、トマト、青ねぎ、黒きくらげなどの生鮮食料品を購入。3時間後、仕入れたすべての食料品を抱えて来た道を引き返していくと、あたりの人たちがベンチを屋内に運び込んでいた。にわか屋台の朝食スタンドは、今日はもう閉店らしい。

ツゥイ家は、真っさらにリフォームした家に住み、暮らし向きは悪くないが、苦しかった時代を忘れたわけではない。そのあと、豚まん、蒸し鶏、トマト、牛肉とピーマン、牛肉とカリフラワーの一品、ご飯といった、豪勢な手作りの昼食を囲みながら、私たちは、文化大革命当時の暮らしや、食事の話を聞かせてもらった。多くの家庭がそうだったように、ツゥイ家も長年ひもじい思いをした経験があるので、現在のますます豊かな暮らしには感謝しているという。

——ピーター

リー・ジンシャンとツゥイ・ハイワンが両手にいっぱいに、ポートレイト撮影用の食料を抱えて帰ってくると、自宅に続く狭い路地の入り口で、三輪車を引いたツゥイ・リェンユーとばったり出くわす。中国の深い農村部で生活するツゥイ家は、1度にこんな量の食料を買うことはなく、ふだんはもっと少量ずつ毎日買っている。

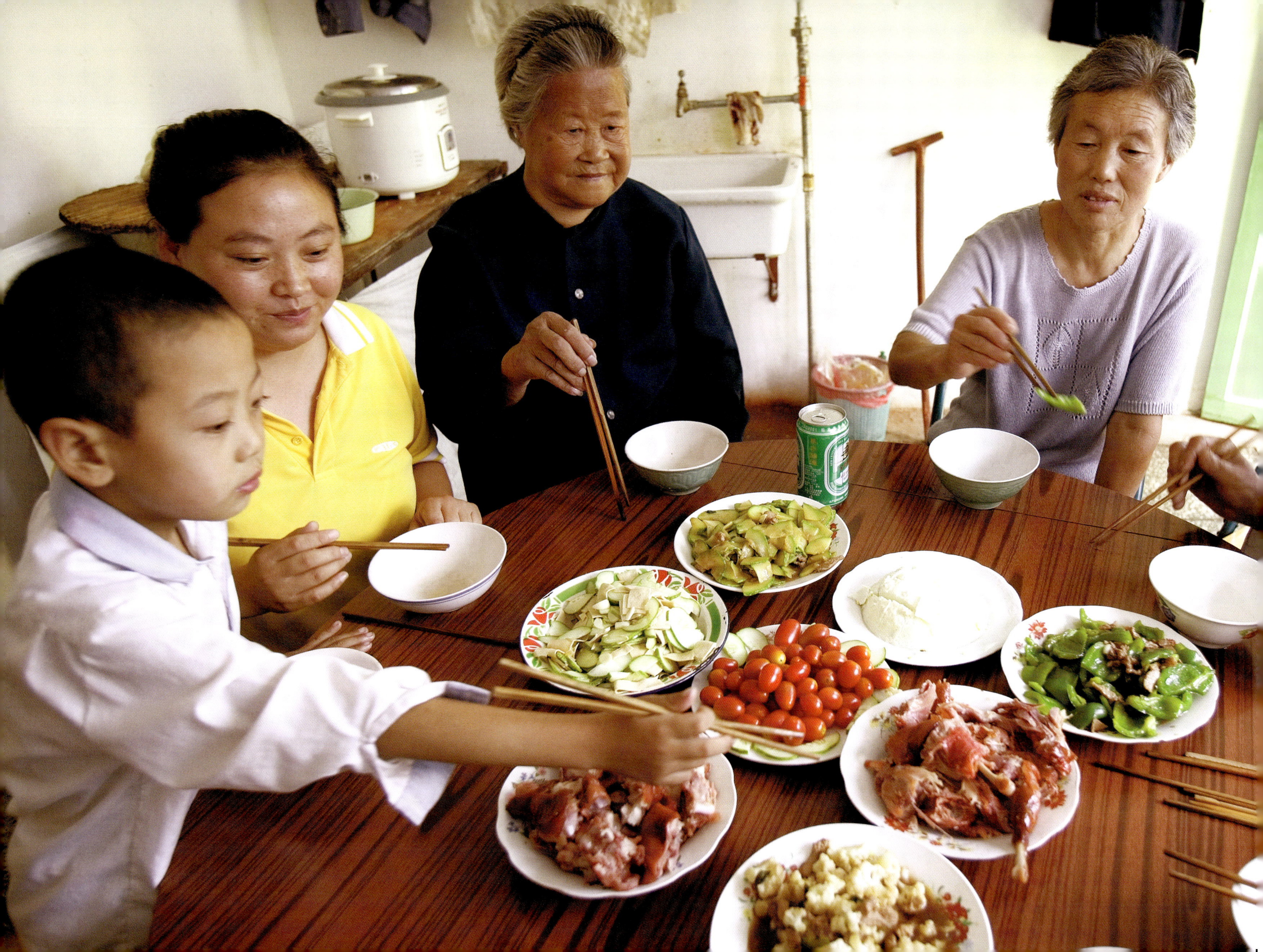

チャイナ・スタディ
──中国の食に関する研究報告──

最近まで、田舎に暮らす中国人の食生活は、低脂肪の多種多様な植物性食品を中心に構成されていた。いずれも、抗酸化作用のある微量栄養素、複合糖質、食物繊維が豊富な食品だ。陸生動物の肉（といっても、ほとんどが豚肉か鶏肉）を食べるのは、おもに祝祭日に限られていた。1980年代の初め、研究者が典型的な130の農村で食生活と病気に関する調査を行ったところ、植物性食品の消費と欧米型の病（心臓病、糖尿病、特定のガン）の少なさとの関連がはっきりした。

一方、動物性食品の消費量は比較的少ないとはいえ増加しており、その結果、欧米型の病の特徴を示す病態が緩やかながら多く見られるようになっていた。他の研究とあわせて考えると、中国農村部におけるこの食生活と健康との関係は、次のようなことを強く裏づけている。つまり、からだの奥深くに作用する食物の総合的な健康効果は、野菜、果物、穀物の消費によって得られるということだ。
──米コーネル大学教授、T・コリン・キャンベル博士。著書に『チャイナ・スタディ』。

右下：ツゥイ家の朝食は、飼っている鶏の産みたて卵と、MSG（化学調味料）入り麺。麺の具には、茹でたほうれん草が少々。丸いまな板台は木の幹から作ったもので、中国ではよく見かける。右上：朝の中庭では、リー・ジンシャンが、畑で採れたとうもろこしの皮むきをしている。ひいおばあちゃんのツゥイ・ウーが、その様子に目を光らせる。とうもろこしは、家族で食べる分以外は売り、皮は羊に食べさせる。左：2時間後、昼食の用意ができる。離れの食堂で、6歳のツゥイ・ユーチがスモークチキンに手を伸ばす。テーブルにはほかに、（手前から時計回りに）カリフラワーと牛肉の一品、豚足、乾豆腐ときゅうり、きゅうりと牛肉、白身の卵豆腐、牛肉とピーマンの炒め物などのごちそうが並ぶ。トマトは今朝、家庭菜園で摘んだもの。

も持って行って、ツゥイ・ユーチは、自分の「傑作」に描かれた動物や、もう1枚の絵の、遠くの山の上に広がる空の色について説明をする。みんなは足を止めて、作品を見る。

ツゥイ・ユーチの世代は、25年前、中国政府の一人っ子政策によって誕生した単子家庭に属する。この世代の子どもは、少なくとも両親という2人の人間の関心を、一身に集めることを約束されている。さらにあと4人、2組の祖父母という、やはり子どもに興味津々の人たちがいる。いちばん最近、孫をもった世代は、一人っ子政策によって自分たちも子どもを1人しかもたなかった世代で、こんどは唯一の孫をもったことになる。このような家庭では、たった1人の子や孫を大いにかまい、資産のすべてをその子の健康と幸福と繁栄のために注ぎ込む。子どもたちの中には、政府の命令により自分たちの置かれている特権的状況を活用するよう教え込まれている子もいるらしいが、ツゥイ・ユーチは、そんなうらやむべき地位にあることでいい思いをしようとはしていないようだ。とはいえ、次の世代、あるいはその次の世代になって、このかつての集産主義国家が「小さな皇帝」たちで溢れ返るとき、どうなるかは見物だろう。

ひいおばあちゃんのツゥイ・ウーは、杖にしっかり寄りかかって、屋敷の奥にある自室から離れの食堂まで、降りだした霧雨の中をゆっくりゆっくり歩いていく。ひいおばあちゃんの夫は何年も前に亡くなっており、ずっと息子一家とともに暮らしている。これも中国農村部の風習だ。少し耳が遠く、4年前に軽い脳梗塞を患ったというが、ユーモアのセンスが冴えている。若い頃の話をしていると、そんなひょうきんさが顔を覗かせる。当時の伝統的な民族衣装は、「縫うのも大変だったけど、着るのはもっと大変だったんだよ」とか、結婚してからファーストネームがなくなったとか。ファーストネームがなくなった話はこうだ。当時、少女がファーストネームで呼ばれるのは、家の中だけで（だから「内室名」ともいう）、しかも結婚するまでだった。ひいおばあちゃんも、結婚と同時に、グイミンというファーストネームは使わなくなった。それでいまでは、夫の姓であるツゥイと旧姓のウーでしか通っていない。少女の何何と呼ばれていたかも、もう憶えていないという。

ウーひいおばあちゃんがテーブルに箸を並べると、家族4世代が食卓につくはずなのに、ツゥイ・ユーチはお腹が減っていないと言って、食べに来ない。「豆乳を飲みすぎるからだ」とおじいちゃんが言う。中国は菜食文化の国と言われているが、ウー・シャンリェンには、孫息子が野菜を食べたがらないことが、中国文化へのちょっとした警告射撃のように思える。母親のリー・ジンシャンが、息子をなだめすかしてテーブルにつかせる。ツゥイ・ユーチは、やっぱりお腹が空いたと言って、スモークチキンに手を伸ばす。おばあちゃんは、チンゲン菜を食べさせようとする。

大米の値段

「こんなに食べ物が豊かになるなんて、夢にも思わなかったよ」。ツゥイ・リェンユーが、この村で過ごした子ども時代を振り返る。「あの頃は挽き割りとうもろこしと雑穀ばっかり食べていたけど、今は純粋穀物が手に入るし、買う余裕もあるからね」。「私の子どもの頃は」と、彼の母親で、ひいおばあちゃんのツゥイ・ウーが口を挟む。「じゃがいも、またじゃがいも」。「うちが食べていかれるのは、完全に畑のおかげだから」とツゥイ・リェンユー。「雨が降らないと、どうにもならない。畑には水がないから、必要なところには、水を運ばなければならないんだ」。

中国農村部に暮らす人々の昔話には、必ずと言っていいほど挽き割りとうもろこしが重要な作物として登場する。とうもろこしがアジアに伝わったのはアメリカ大陸で発見されたあとのことだが、この穀物は日照りに強い小米（アワやキビなどの雑穀）と並んで、ツゥイ家にとっても重要な穀物だった。白米——いわゆる大米を必需食料品として、中国の大半の家庭が手に入れられるようになったのは、文化大革命以後。今日では、中国中央部の長江中流および下流域で、国内生産量の半分の白米が栽培されている。

ツゥイさんのところでは、いつ頃から大米を食べているの？「1960年代には高価だったよ。うちにはほとんどなかったね」とウーひいおばあちゃん。「当時でも一部には大米を買える人もいただろうけど、あの厳しい時代に、たとえお金があっても、買おうなんて人はいなかったよ」と、ツゥイ・リェンユー。文化大革命当時、民間企業は廃止され農業は集産体制となって、中国人民は労働のために地域ごとにグループ分けされて、政府の統制下に置かれていた。ツゥイ・リェンユーの食べ物にまつわる当時の思い出は、母親の世代の思い出とほぼ共通している。「文化大革命の前と最中とで、食べ物の善し悪しに大差はなかったよ。どっちもひどかったってことさ。いまはずっとよくなっているよ」。

※この章の文章に関して、ツゥイ家に文責はなく、すべて、筆者の観察に基づく。
　また、政府に関する情報源は、ツゥイ家ではない。

中国グルメ街道ひた歩き

僕は、この壮大な国を何年もかけて旅した。その旅は、まるで1kmごとが、グルメの夢のような旅だった。中でも、屋台とチープな食べ物が僕のお気に入りだった。新疆ウイグル自治区のラムの串焼き、陝西（せんせい）省で食べた、蒸しパンの中に味つけ豚肉が入ったもの（1個食べたらあんまりおいしかったので、2個目を買いに3kmも歩いて引き返した）、四川省の赤いタレにつけて食べるスパイシーな雲呑、山西省の香酢（老酢）をちょっとたらして、ナイフでカットした麺……。O.K.、ここらへんにしておこう。もうだれが出てきそうだ。これらのごちそうはどれも、国中にかなり知れ渡っている一方、大都市からごく小さな町に至るまで、あらゆるところに郷土料理がある。それらを見つけるには、無数にあるレストラン、屋台、露店をとにかく根気よく巡り、中国にはどんなものがあるか、ひたすら食べ歩くことだ。

ルール、その1．清潔という概念を頭から追い払うこと。値の張らない飲食店の衛生状態は、ほとんどが水準以下だ。10億人の民が毎日こんなところで食事をしている、と思えば、慰めにはなっても人口過剰問題の解決にはならない。その2．無駄遣いをしないこと。食べて無上の喜びを味わうのに、1日350円を超えることはまずない。その3．ここにおいしいもの（この場合はおいしい中華）がある、という万国共通の印を探そう。おいしい店では、食事時になると、大勢の人がむさぼるように食べているはずだ。もしくは、地元をよく知っている人を見つけること。幸いにも「ハロー」以外の英語をしゃべれる知人がいるか、そんな人と知り合いになったら、おいしいものを教えてもらおう。

正直に言えば、アレ（注：犬の肉）だけは、どうしてもなじめないが、好奇心とねばり強さがあれば、臭豆腐や豚の血のスープだってきっと食べたいと思うようになると思う。何と言っても……美味なのだから。そんなわけで、中国には虚心坦懐（偏見のない心）と、空っぽの胃袋で出かけよう。そして、もう1つおまけに、その4．中国の街角にどんどん出没しているマクドナルドにおののかないこと。
——北京にて、ジョシュ・ダルージオ・グエルリエーリ

「こんなに食べ物が豊かになるなんて、夢にも思わなかったよ」。とうもろこし畑でたばこを吸いながら、ツゥイ・リェンユーおじいちゃんが、この村で過ごした子ども時代を振り返る。

エッセイ-2 | コービー・クマー

マックにする？ スローにする？

あとでイタズラだとわかったのだが、あるとき、カリフォルニアのウェンディーズで1人の女性が、彼女が食べたチリの中に指がまぎれ込んでいた、とクレームをつけた。その指は、物事のあるべき方向を示していたのかもしれない。というのも、ファストフードの原材料や安全性への疑問は、露骨な嫌悪感と隣り合わせなのだから。

ファストフードには、数え切れないほどの敵がいる。その数は、何百億食と出されるハンバーガーの数と、ほとんど変わらないほどだ。しかし、ファストフードを罵る人々は、これほど多くの人間をファストフードが惹きつける理由や、この油ぎった加工食品がお腹を満たす以上の社会的な有用性について、真面目に考えようとはしない（ファストフードに大なり小なり関連する多くのゴシップ同様、チリの中に指が入っていたという話も、人々の怒りをかき立て、ニュースのヘッドラインを飾ったかと思うと、すぐさま消えていった）。汝の敵を知るべしという使命を、人々は忘れまいとするのかもしれない。そして、ずる賢く振る舞うべしという使命も、同じぐらい重要なことなのかもしれない。

ファストフードのレストランは、確かにアメリカの家庭料理の見直しを迫ったけれど、決して台無しにしたわけではない。これらのレストランが提供しているものは、安全性、あるいは安全だと勘違いされているもの、快適さ、気軽さである。また、「何かに帰属している」という感覚も提供しているが、それは、ファストフードの批評家たちが必要だとしている、コミュニティへの帰属意識ではないだろう。ファストフードの「全コミュニティ的一致」は、地域性とは正反対のものである。コミュニティや、その場所とは何の関連もない、まったく同じ均一の食べ物を食べる世界中の人々との一致のことである。大多数のまっとうな人々が食に対する冒涜であると考えるようなものを、世界中の家族が分かち合うことで、喜ばしい連帯感をもっている。そして、ふと我に返っては、指があるだのないだの文句を言っている。

依然として人気の高いファストフードだが、地球に——消費者ばかりか生産者にも——かかる負担については広く知られるようになってきた。エリック・シュロッサーの『Fast Food Nation』（邦題『ファストフードが世界を食いつくす』、草思社）は、2001年に登場して以来、ファストフード・チェーン店の料理人、店のスタッフ、清掃員、そこで提供される工場飼育の動物を加工する食肉処理業者の生活に興味をもつ人々にとって、バイブルとなっている。その一方で、自尊心に欠け、無慈悲で、何かが欠落しているという反応もしばしば返ってくる。

シュロッサーの冷徹な描写をもってしても、ファストフード業界を屈服させることはなかったが、そのイメージに深刻な打撃を与えることはできた。本の出版直後に、数多くの巨大産業が企業ポリシーのようなものを作り、アメリカでの動物の成育や生産のあり方を変更する決定をしている。マクドナルド社は、食肉処理場の設計と生産工程に、動物愛護の権威であるテンプル・グランディンの意見を採り入れ、鶏と卵の仕入業者に要請して抗生物質の使用を減らし、檻の飼育場を増やすようにしている。フレンチフライに使うじゃがいもは遺伝子組み換え作物を避け、遺伝子操作を行う企業の建物の入り口にバリケードを立てかけたりしている。最近では、タコ・ベル社が工場労働者の要求を受け入れ、移民労働者の賃金アップに合意している。

こうした決定は消費者の要求に促されたものだが、そのおかげで、地球規模の農業に実際に変化が起きている。環境、労働者の安全、動物や人間の権利を改善しようとする力は政府や組合にはなく、マクドナルド社をはじめとするファストフード・チェーンが握っている。

ファストフードと戦う最良の方法は、この世からなくすことだ。地域主義、まっとうな農法、より安全な環境を取り戻したいと願うのなら、ファストフードに対してただ宣戦布告を決め込むより、もっと知恵を働かせなければならない。たとえば、スローフード運動。似たような（まったく同じ

ではない）目的をもつ数多くの小グループが寄り集まって、20年間にわたって成果をあげてきた、この運動に参加するのもいいだろう。スローフード運動は現在50の国々で行われており、運動の中心を開発途上国に移行しつつある。家畜、果物、野菜類が危機的状況にあることや、チーズ、ソーセージ、ジャムなどの食品を手作りする伝統がなくなりつつあることに、どんなグループよりも厳しく警鐘を鳴らしている。スローフード運動の秘密兵器はいったい何だろう。それは、食の楽しみを広めることである。

しかし、スローフードとまではいかなくても、もっと責任のもてる、それでいて必ずしも味覚を追求しなくともよいファストフードを作れば、毎日の食事を速く、安上がりに作らなければならない何十億人もの人々に信頼されることになる。そう、「健康的なファストフード」を作ろうとする動きもあるのだ。有機ヨーグルトの大手であるストーニー・フィールド・ファームが運営するオー・ナチュラルズは、小さいながらも成長株のニューイングランドのチェーン店で、新鮮で魅力的な有機食品を家族的なレストランで出している。しかし、そこの食べ物は質がよすぎて、さらに困ったことに見栄えもよすぎる。アジア、メキシコ、地中海の各国料理のさまざまな炒め物や、オシャレなグルメ製品もどきなど、有機食品専門の高級スーパーマーケット・チェーンで販売されている加工食品を思わせるものだ。チェーン店で使う食肉となる動物や、野菜の生産者を写したポスターも店内には貼ってある。穀類や新鮮な野菜を基本とした食生活をして、ハンバーガーを食べたければ草食で育った有機ビーフ製品にするべきだ、という知識をすでにもっている、限られた人々のための店である。

ファストフードを打倒するためには、理想と徹底的に妥協をすること、それに、地域に根ざした料理を愛する人なら顔をしかめるような、何でもありのメニューを作ることも必要である。真っ向から勝負してくる新しいライバルは、メキシコや大西部風を謳い文句にした、簡素で素朴なレシピを出さなければならなくなる。個性は出さず均一を目指して、若者が楽しめるようなイメージを演出する。照明の明るい、チェーン店独特のカジュアルなレストランを設計する。親しみやすさ、清潔なトイレ、子どもの遊び場、携帯の接続設備も忘れないように。さらに、まわりの環境や、働く人々への責任を全うし、そこで使用する一定割合の食物が、地元の産物であることを公言し、それを実行する……。

しかしそこで出される食事の大部分は、脂肪が多く繊維質不足で、とても健康的とはいえない。実際のところ、その地域の特性や目印となるものは何もない。これでよいはずがない。どこかで見慣れたもの――マクドナルド、バーガーキングやウェンディーズが出している商品が、かたちを変えただけのものだ。それでは何がちがうかといえば、その新しいレストランは、従業員、顧客、食肉用の動物、環境に思いやりを示すことができるということ。そして、大きなチェーン店が、地球のいたるところで噴出する人々の怒りを抑えるときのみ行っていることを、日常的に実践することなのだ。

価格はいつでも万人に平等だ。健康的なファストフードを作ろうとする企業家は、これまでのところ、品質の妥協をしてまで低価格を実現させようとはしていない。また、良質の食品を作ることよりも、皮肉っぽい、半ばインチキな販売手段を、大枚を投じて優先させているわけでもない。

楽観的な人の中には、ファストフードのチェーン店でそこそこ混じり気のない食事をすれば、食について何も知らない人でもよりよい食品を探し求めるようになるのではないか、と言う人もいる。しかし、マクドナルドで100％天然のニューマンズ・オウン・ドレッシングをかけたサラダを食べた人でも、その後、オー・ナチュラルズに出かけてみれば、有機肥料で育ったチキンや有機野菜の味のよさを発見するだろう。この発見を喜んで自然派に転向した人は、オー・ナチュラルズの掲示板に貼られたコミュニティ主宰の農業プログラムのチラシに気づいて、生産者直送のファーマーズ・マーケットを訪れては、おそらくは政府支給のフード・スタンプで支払いをするだろう（たとえば、マサチューセッツ州の農業従事者はこのシステムを実践している）。ランチタイムにマーケットで開かれる料理教室に参加し、スローフード提供のイベントでトマトや地元産のチーズを試食し、運動に加わり家庭で料理を始めるだろう。いつか、ファストフードが遠い思い出になる、そんな輝かしい日が……。

そんなことは、もちろん、ありそうにないシナリオだ。最良の解決法は2つ。1つは、純粋なスローフードを選択し、地元の産物と生産者を頑固なまでに守る方法。もう1つ、近道は、ファストフードのやり方と魅力をもかすませてしまうような、率直で創意に富んだ折衷案、すなわちヘルシーなファストフードをつくることである。

コービー・クマーは『アトランティック・マンスリー』誌編集主幹。著書に『スローフードのよろこび（The Pleasures of Slow Food: Celebrating Authentic Traditions, Flavors, and Recipes）』がある。雑誌『グルメ』、『ニューヨーク・タイムズ』紙などに寄稿。

いつか、ファストフードが遠い思い出になる、そんな輝かしい日が……。
そんなことは、もちろん、ありそうにないシナリオだ。

中国、北京

米国、テキサス州、サンアントニオ

ポーランド、ワルシャワ

日本、東京

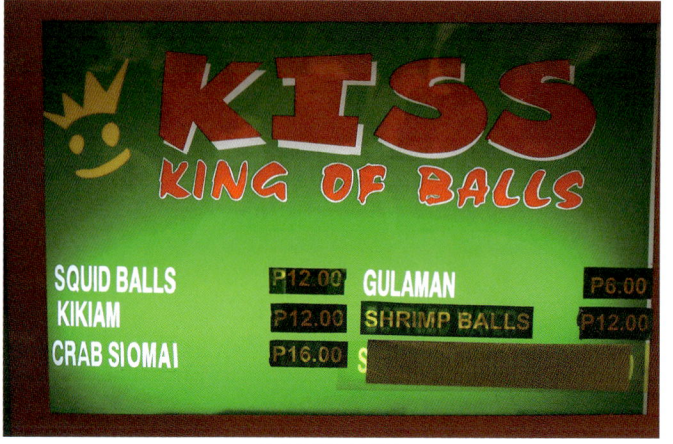

フィリピン、マニラ

中国、北京

米国、ノースカロライナ州、ローリー

ロシア、モスクワ

中国、上海

●フォト・ギャラリー
ファストフード

人類の発明史上、ファストフードほど愛され、これほど嫌われているものもないだろう。その愛憎の感情は、アメリカの巨大ファストフード・チェーン、中でもマクドナルドとKFC（ケンタッキー・フライド・チキン）に根深く向けられている。アメリカナイゼーションとグローバリゼーションのシンボル、そしてハードスケジュールのシンボルである、これらのファストフード・チェーンは、便利さ、信頼、（一般に）清潔のシンボルでもある。フランスでもプレトリアでも、食のアクティビストたちはファストフードを糾弾したがるが、コービー・クマーは、エッセイの中でこう指摘する。そうしたプレッシャーの高まりによって、マニフェスト倒れにならず、おそらくはその反動として、便利さはそのままで、もっとヘルシーな、代わりのものが登場するのだろうと。

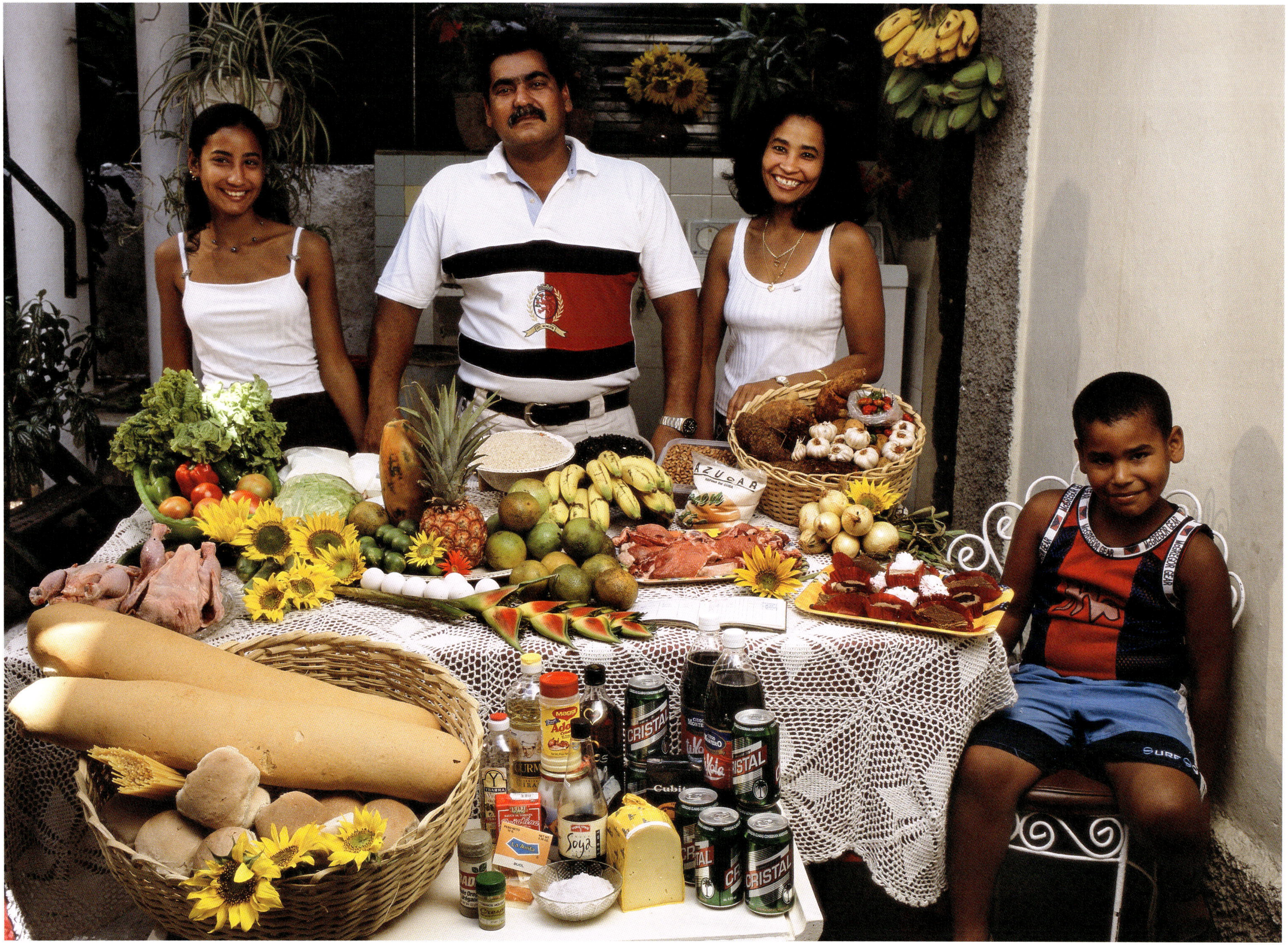
AZUCAR
CRISTAL
Soya

CUBA ●キューバ

コスタさん一家　ハバナ在住

●4月の1週間分の食料

穀物、でんぷん食物：127円**
マランガ（じゃがいものような根菜）5kg、配給パン4.4kg、配給じゃがいも3.3kg、配給白米3.3kg、配給スパゲティ1.1kg、挽き割りとうもろこし500g。

乳製品：714円**
配給ヨーグルト♯7.6ℓ、チーズ1.1kg。

肉、魚、卵：1,855円**
鶏肉1.7kg、豚の切り身1.1kg、配給卵12個、ラモンが釣った魚♯550g、冷凍豚足500g。

果物、野菜、ナッツ類：494円
スイカ♯13.3kg、バナナ3.4kg、オレンジ2.2kg、パイナップル1.3kg、ライム（飲み物と魚の下ごしらえに使う）1.1kg、パパイヤ1.1kg、グアバ550g、ホワイトオニオン2.1kg、キャベツ1個、ブラックビーンズ850g、レッドビーンズ850g、レタス700g、きゅうり550g、にんにく550g、トマト550g、Doña Tinaのトマトソース1箱、赤唐辛子240g、ピーマン240g。

調味料、香辛料：481円**
配給食用油1.1ℓ、グラニュー糖1.1kg、サルサ360g、唐辛子（赤と青）264g、塩264g、Ybarraのビネガー120mℓ、マヨネーズ75mℓ、コショウ60g、Maggiのオールスパイス60g、オレガノ60g、Wong Wingのしょうゆ27mℓ、La Anitaのビジョル（ベニノキの種子を原料とする調味料）9g。

スナック、デザート：590円
小さいケーキ10個。

総菜、加工食品：360円
スパゲティソース♯1.1ℓ。

レストラン：1,180円
サンドラは週に1度、家族全員で中華料理を食べに行くことにしている。彼女の好物はチャーハン。

飲料：897円
Ciegao Montero TuKolaのコーラ1.5ℓ入り瓶2本、Christalのビール360mℓ入り缶7本、配給コーヒー550g、Amorのアルコール飲料260mℓ、飲料用と料理用の水道水。

その他：0円**
配給セレラック（犬の餌にする）♯。

♯写真にないもの

平日の昼食として、リサンドラは学校給食、もしくは叔母のアパートで、米、豆、卵、魚などを食べる。ラモンとサンドラは職場で同じものを食べる。

**1週間分の食費：
6,698円（1,475.88キューバ・ペソ）**
**食糧配給品を地元の市場価格に換算すると1,553円

ハバナ在住のコスタさん一家。親族で暮らす、コロニアル様式の家の中庭で、1週間分の食料とともに。左から、リサンドラ（娘、16歳）、ラモン・コスタ・アルイス（夫、39歳）、サンドラ・レイモン・ムンディ（妻、38歳）、ファビオ（息子、6歳）。同居している義理の肉親やいとこは、珍しくあたりにいない。調理手段：屋内のガスコンロ、屋外の手製バーベキュー・グリル。食品保存方法：冷蔵庫、中庭にあるおじいちゃんのチェスト型ミニフリーザー。

なんとかなるさ

初めてキューバを訪れる人は、口を揃えたように、まるで1960年代で時が止まっているようだと言う。旧式の車、崩れかけた歴史的建造物、びっくりするほどお行儀がよくて礼儀正しい子どもたち。ハバナは、マイアミビーチのような魅力に溢れ、企業経営のホテルとファストフードの国になる前のアメリカにも似ている。でも、街は止まったままだとしても、人々の時間は止まっていない。誕生、死、結婚、離婚、学校、就職、引退……。人生は続いていく。

ラモンとサンドラのコスタ一家は、ラモンの両親であるエウリピデス、アンジェリーナ・コスタ夫妻がハバナに所有する家の一角に住んでいる。両親の住む母屋は、一家と友人たちの、たまり場兼抜け道になっている。入り江に行くティーンエイジャーの少年が、シュノーケルとスピアフィッシングのギアを持って、古びたスパニッシュ・コロニアル様式の家の中をうろうろしている。1時間後、同じ少年たちが砂だらけの足で、釣れた魚を1匹か2匹、得意気に持って帰ってくる。「今日の収穫じゃあ、みんなの口に入るのはほんのひと口ね」と、エウリピデスの娘エウリーナが微笑んで、きついセリフをオブラートにくるむ。6歳の男の子の一団が、ラモンとサンドラの末っ子ファビオを探しに駆け込んでくる。ファビオはみんなとはぐれてしまったらしい。政府の配給所からたったいま戻ったエウリピデスは、配給カードで買った一家の1か月分の食料を載せたおんぼろのカートを引いて、家を横切っていく。敷地の奥にある中庭で、パンを冷凍し（こうして先々のために備えておく）、米を陶器の米びつに注ぎ足す。コスタ家の家長であるエウリピデスは、リビングルームのロッキングチェアでくつろいでいるときもある。素足でチェアを揺すりながらテレビを見ているが、片目は窓の方にやって、ちょくちょく遊びに来る友だちが、ふらりと現れないか見張っている。隠居する前は、キューバの国営葉巻工場で働いていた。

エウリピデスとアンジェリーナの住まいは、ハバナのマリアナオ地区にある。夫妻はその小さな2階建ての家を、子どもたちの結婚を機に仕切った。ラモンの姉のエウリーナには、15歳のイリスと16歳のハビエル、2人の子どもがいるが、いまは離婚してその子たちとここに住んでいる。兄のオルランドも以前は同居していたが、家族と通りの先に引っ越していった。コスタ夫妻は、末息子のラモンの家族にも独立した生活空間をこしらえてやろうと、中庭にコンクリートブロックの離れを建てた。無理矢理建てたので、驚くほどひょろ長い建物だ。ラモンとサンドラが通りの表からそ

の離れへ行くには、母屋に住む両親か姉一家か、どちらかの生活空間を通り抜けなければならない。でも、そんなことを気にする人はだれもいない。

帰宅したサンドラが、義理の父親に短くただいまと声をかけて、足早に母屋を通り抜けていく。これから急いで、夕食のしたくに取りかかる。彼女はこの中庭の家を執り仕切る秘書官だが、スケジュールはいつも遅れ気味だ。16歳になる娘のリサンドラは、アパートの外にあるシンクで野菜を洗っている。サンドラは、素早く短パンとストライプのトップスに着替える。まだ4月初旬なのに、この蒸し暑さはどうだろう。それから、じゃがいもに似たマランガの皮をむき、くし形に切って屋外の小さな専用キッチンでフレンチフライを作る。これには、ライム・ジュースとにんにくを効かせたスパイシーなモホソースをかける。それからコングリ（豆ご飯）を作れば、キューバ料理ならではのコンビ・プレートの出来上がりだ。

6歳になるサンドラの息子のファビオは、帰ってくるなり夕飯の品定めをする。スパゲティだといいのに、と思いながら、母親のキッチンと祖母のキッチンをチェックするのだ。ファビオが戻ってきて、「アロスコンポジョ（鶏肉の炊き込みご飯）だった」と報告する。そして、「うちで食べる」と言う。ファビオの好物はチーズと砂糖をかけたスパゲティだと、マランガフライを作りながらサンドラが教えてくれる。「毎晩でも食べたいくらいなのよ」。それ以外では？「ひたすらホットドッグでしょうね」。

一方、仕事から帰ったラモンは、キッチンの小さなテーブルに不揃いのお皿とナイフやフォークをセッティングすると、ビールの栓を抜き、食事ができるまで父親のところで過ごす。エウリーナの部屋のステレオから、クリスティーナ・アギレラの歌声が漏れてくる。屋上にいる子どもたちに聞こえるように、大音量でかけているのだ。アギレラの歌声は、別のステレオから聞こえるスパニッシュ・ラッパーの熱狂や、エウリピデスがリビングルームでテレビのサッカー中継に盛り上がる大声にも引けを取らない。

リサンドラは、屋上に続く急な階段に腰かけている。屋上は、屋根のある「ウェイト・ルーム」になっていて、鳩の小屋がありバーベルが置いてある。とても風通しがいい。いとこの少年が2人、ウェイト・トレーニングをしたり、小さな手鏡で自分の筋肉をチェックしたりしている。以前はこの屋上でエウリーナが美容室を営業していたが、民間企業に対する規制が緩和されて、1階の通りに面した部屋に店を移したのだ。

サンドラとラモンは、港にある国営輸入会社のキューバルズに勤めている。多くのキューバ人がそこで働いており、サンドラとラモンの月給はほぼ同額で、15ドル（1,770円）ほどだ。コスタ家をはじめとして、キューバ国民の半数以上が、海外で暮らす親戚から何らかの仕送りを受けている。政府はその仕送り金に対して、10％の税をかけている。公共料金、輸送や住居には手厚い補助があり、教育と医療は無料だ。また、キューバではすべての人が食料の配給制度を受けており、配給カードによって毎月支給される。食料品の合計に応じて引換券で支払う仕組みだ。ただ、配給カードでは1か月はとてももたないので、農家の直売店や国営の店で高価な食料品を買わなくてはならない。そのために、海外へ移住した親戚からの仕送りを充てることもしょっちゅうだ。

1990年代の初め、ハバナでは多くの人が中庭で豚を飼っていて、1匹飼育しては食用に処理していた。コスタ家でも飼っていたのだが、今ではだれも飼わなくなった。街中に豚小屋があると不潔なうえ、臭いがひどいからだ。「いろいろ面倒が多くてね」とエウリピデス。豚肉が手に入りやすくなったこともある。

食料配給は一定ではなく、政府がその月に何を確保できたかによる。タンパク質は必ず500g～1kg含まれている。少量の鶏肉のときもあれば、大豆と肉類が混じっているときもある。魚のときもある。それ以外では、コーヒー、砂糖、塩、パン、豆類、米、油など。小さな子どもにはヨーグルト、老人にはセレラックというインスタント・シリアルが支給される。石けんや歯磨き粉、洗剤、たばこなど、食料以外の品物が加わるときもある。無駄にできるものは何1つない。コスタ家では、セレラックをだれも食べたがらないので番犬の餌にする。この犬は一日中屋根に寝そべって、人が通りがかると吠える。

経済封鎖

超大国アメリカが、瀬戸際外交のような危険なゲームを繰り広げる中でこの国に課したエル・ブロケオ（経済封鎖）は、今も続いている。これによって、民衆は苦難を強いられているとともに、フィデル・カストロを生きた偶像に祭り上げる要因になった、と言われている。キューバの人々には、アメリカと闘うカストロの姿が、ゴリアテに挑みかかるダビデのように映ったのだ（ゴリアテは、旧約聖書エルサレム記で青年ダビデに殺されたペリシテ人の巨人。転じて、周辺国家を圧迫する巨大な存在）。この経済措置は、健在だった頃のソビエト連邦がこの島国を経済的に支援し、軍事的保護を施しているうちは、あまり効果がなかった。しかし、ソビエト連邦の消滅にともなってキューバの財政難は100倍にも膨らみ、カストロは渋々市場経済の台頭を容認したのだった。

※この章の文章に関してコスタ家に文責はなく、すべて筆者の観察に基づく。
　また、政府に関する情報源はコスタ家ではない。

キューバ

- 人口：11,308,764人
- ハバナ人口：2,411,100人（推計）
- 面積：106,980㎢（米国ペンシルベニア州よりやや狭い）
- 人口密度：105.6人／㎢
- 都市人口：76％
- カストロが国家元首になったあとに生まれた人口：70％
- 平均寿命：男性75.0歳、女性79.3歳
- 出産率（出産可能女性1人当たり）：1.6人
- 15歳以上の識字率：男性97.2％、女性96.9％
- 1日1人当たりのカロリー摂取量：3,152kcal
- 栄養不良人口：11％
- 1人当たりの年間アルコール消費量：3.61ℓ
- PPPにおける1人当たりのGDP（米国の数値に換算して算出）：$5,259
- 1人当たりの年間医療費とそのGDPに占める割合：21,830円／7.2％
- 100,000人当たりの医師の人数：596人
- 肥満人口：男性55.2％、女性57.0％
- 肥満症人口：男性12.3％、女性20.7％
- 20歳以上の糖尿病人口：6.0％
- 1人当たりの砂糖および甘味料の年間可能補給量：68.5kg
- 1人当たりの年間肉消費量：35.5kg
- マクドナルドの店舗数：1軒（グアンタナモ米軍基地内）
- 1人当たりの年間たばこ消費量：1,343本

古い港湾都市、オールド・ハバナ。この写真を見てもわかるように、キューバではビンテージ・カーが日常の交通手段に使われている。1962年以降、アメリカの貿易封鎖によって、事実上新車は入ってこなくなった。封鎖や、それにともなうアメリカの制裁をものともしないヨーロッパ、ロシアのオートディーラーも中にはあるが、新車を買うお金のあるキューバ人はあまり多くない。

わが家のレシピ

サンドラのコングリ（キューバ風豆ご飯）

【 材料 】

- レッドビーンズ　250ｇ
- アヒ（イエロー・ホットペッパー）　2個
- 水　1,250cc
- クミン（粗挽き）　小さじ1/4
- オレガノ（粗挽き）　小さじ1/4
- 豚肉（細かく切る）　250ｇ
- ラード　大さじ2〜4
- 玉ねぎ（小さい角切り）　250ｇ
- にんにく　3片
- 塩　大さじ4、もしくは適量
- 米　450ｇ
- ベーコン　50ｇ

【 作り方 】

- 豆を水洗いし、アヒを1つ入れて、数時間からひと晩、水に浸けておく。
- 浸した水ごと中火にかけて、豆を茹でる。豆がやわらかくなったら、水切りをして、茹で汁を750ccだけ取っておく。
- クミンとオレガノを、フライパンで軽く煎る。かき混ぜながら、香りが立つまで煎る。
- 下準備ができたら、まず、ラード大さじ2を使って、豚肉を中火で炒める。肉汁が出てきたら、玉ねぎ、にんにく、もう1つのアヒを加え、玉ねぎが透明になるまで炒める。水気が足りなくなったら、ラード大さじ1〜2を足す。
- 豆、取っておいた茹で汁、オレガノ、クミン、塩を加えて煮立てる。
- その間に米を洗って、生米とベーコン半分を、中火で炒める。
- 豆が煮立ってきたら、米とベーコンを加え、ふたをして、中火で米がやわらかくなるまで加熱する。
- 残りのベーコンを炒めて、粗くみじん切りし、トッピングする。
- バリエーション：同じ作り方で、レッドビーンズの代わりにブラックビーンズを、ベーコンの代わりに、ポークラインズ（豚の皮を油で揚げたもの）を砕いたものを使ってもよい。

左：サンドラが、米から塵くずを取り除いている。今夜のパーティのために、コングリを作るのだ。右：日暮れ後、姪のイリスのキンセアネーラ（女の子の成人を祝う、キューバの伝統的なパーティ）を祝う。

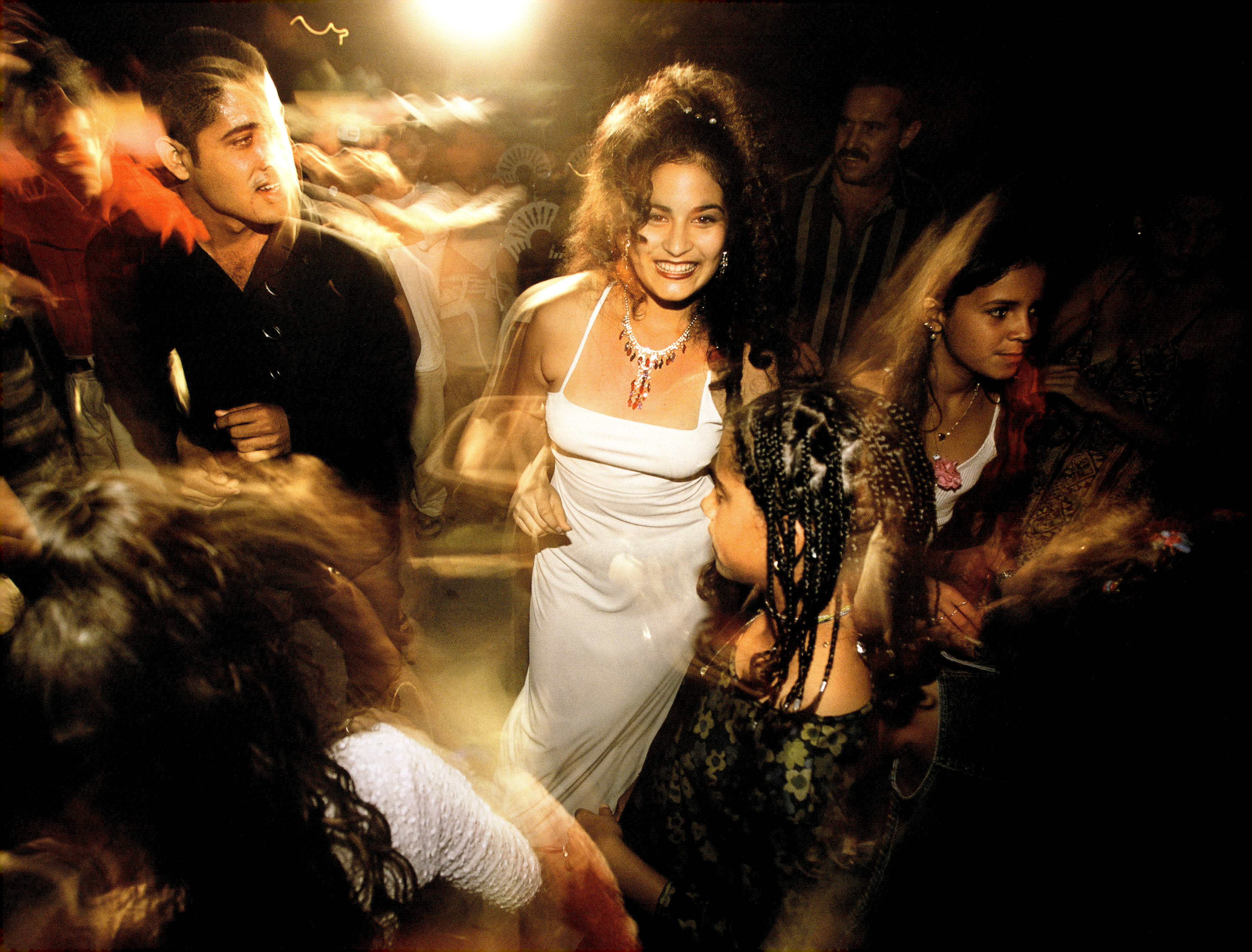

配給の正当性

キューバ政府は1962年以降、一家に1冊ずつリベレータという配給手帳を発行している。これがあれば、国内に何千か所もある国営のボデガ（食料品店）やプラシータ（青果スタンド）で、一定量の食料品をタダ同然の値段で手に入れることができる。たとえば2005年初めで、米0.5kg当たりキューバドルでたった18セント（0.7円）だった。リベレータで食料品を入手できるほか、子どもの学校給食も無料だ。また、多くの職場では昼食が支給され、老人は特別補助によるレストランで食事をする。

ボデガとプラシータに行けば、米、乾燥豆、食用油、卵、肉、石けん、牛乳、パン、砂糖、葉巻、コーヒーなど、あらゆるものが手に入るが、量は必ずしも十分とはいえない。連邦崩壊まではソビエト政府から低価格の燃料や食料が豊富に送り込まれ、キューバの体制をサポートしていたが、崩壊後は品物が不足している。キューバの人々は街中で畑を作ってしのぎ、いまではそれが国内の野菜生産の3分の1を占めている。それでも食料は十分といえないことが多い。牛肉を例にとると、月1人当たりの配給量がビッグマック2個分、ということもよくある。現在、リベレータの配給で手に入る食料は、標準的な家族に必要な量の3分の1から半分。足りない分は、農産物の自由市場で確保するしかない。この自由市場は1994年、カストロが、世界的に広がる共産主義の挫折に対応する手だての1つとして認可したものだが、平均月収200〜300ペソ（908円〜1,362円）のキューバ人にとっては、べらぼうに高い市場だ。自由市場では2005年現在、米0.5kgが4ペソ（18円）で、配給価格の25倍もする。

しかし、制度に不備があってもお腹を空かせている人はほとんどいない、とキューバの役人は口癖のように言う。南アメリカのほかの国々を見てみろと。それでも、フィデル・カストロの評判はあまりぱっとしない。食料が配給制になったのは、共産主義体制によって私営農場の数が規制されたため、農産物の生産が落ち込んでしまったからだそうだ。その証拠に、配給品の砂糖、コーヒー、鶏肉、葉巻などは、革命前のキューバには豊富にあったという。

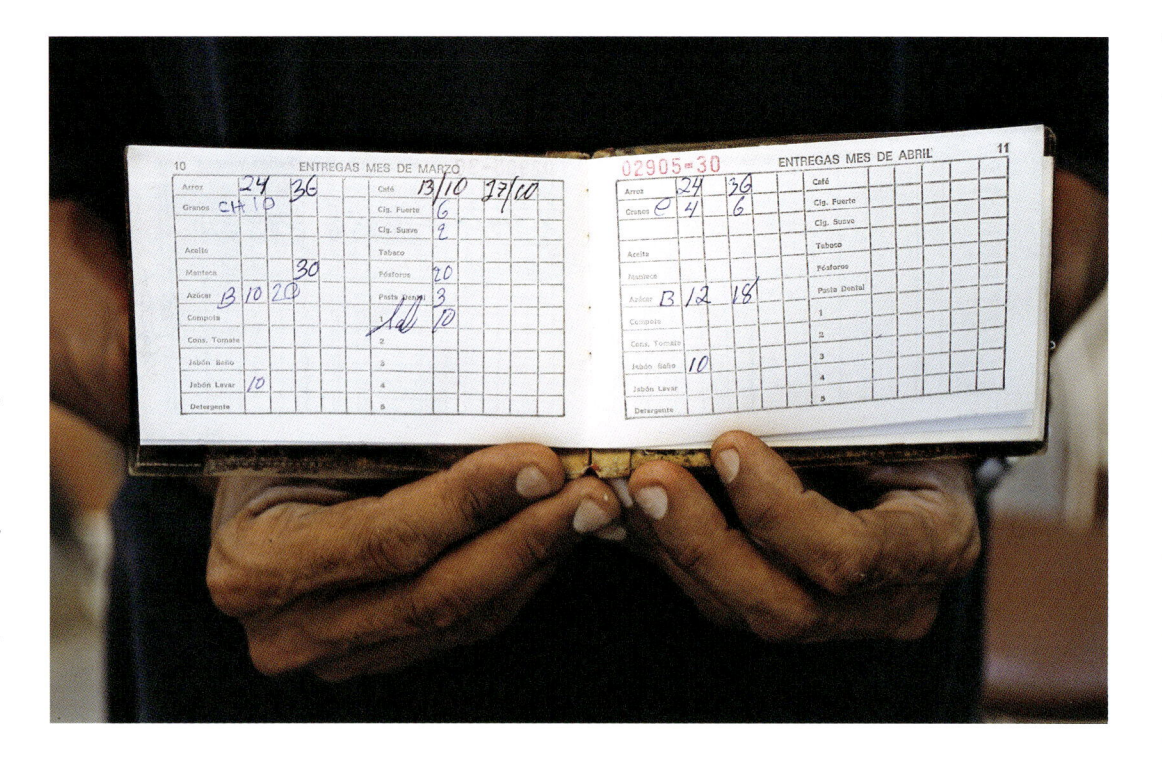

取材メモ

親友のアルベルトによると、キューバでおいしいものを食べたいならパラダールに限るという。パラダールは、政府の認可を受けた個人経営の小さなレストランだ。キューバならではのコングリ（ライスとブラックビーンズを混ぜたもの）とフライドバナナ、マランガと呼ばれるじゃがいものような味の根菜をフレンチフライ風に調理したものの盛り合わせ料理が大好きだ、と話すと、友人は近くの路地をするすると入っていった。案内してくれた先は、崩れかけのコロニアル様式の家と古いガレージに挟まれた、大きな木のあるパラダールの中庭だった。質素な家で、調度品はテーブルと椅子と、バーの天蓋から吊り下げられたテレビだけだった。エプロンをした大柄な中年女性が私たちを迎えてくれた。かたわらには彼女の夫でパラダールの誇り高きオーナー、リカルド・アルフォンゾ・ロドリゲスが立っている。彼は週末になるとバンド活動もしているそうで、タクソンズというロックバンドのドラマーだという。

温かい歓迎の言葉を受け、冷たいビールを飲んだあとに、バンドのことを訊ねたのは失敗だった。天蓋からぶら下がったテレビで、延々、ビデオを見せられる羽目になったのだ。しかも大音量で。リカルドのバンドは、映画で見たブエナビスタソシアルクラブのような、抒情的なキューバ音楽とは違っていた。30分ほどして、豚肉やら豆ご飯やら湯気の立つ料理の皿とともに、ビールのお代わりが運ばれてきた。この1杯は、大音量であびせられたヘビーメタルの毒を洗い流してくれる、素晴らしい解毒剤となった。そうそう、言い忘れていたけれど、このオーナー兼ドラマーは、実に手際のいいコックなのだ。身長は控えめで150㎝だった。

——ピーター

上：キューバでは、家族ごとに配給カードをもらって、必要な主食を入手する。政府の補助で驚くほど格安だ。ただ、このカードだけではすべてを賄えないのが実情だ。そのため、キューバの人々は配給よりずっと値段の高い自由市場、アグロメルカードへ行かざるを得ない。そこでは、政府の認可を受けた数少ない私営農場の品々や、共同農場の政府割り当ての残りが売られている。下：サンドラ・コスタは、店の人がコーンミール・マッシュを量るのをじっと見ている。ハバナのマリアナオ地区に立つ、アグロメルカード、19 y 78公共市場の光景。

アグロメルカードと呼ばれる農産物の自由市場で、肉屋の前に並ぶ人々。1990年代にはわずかながら、自由企業体制への手綱を緩めようとする政府の気運が感じられた。しかし、2004年と2005年にカストロが、私営農場の数の規制、さまざまな自営業の免許発行停止、商取引における米ドル流通の禁止といった政策を打ち出したため、いまもこのような市場が存在するかどうかわからない。

上：エウリピデスとアンジェリーナ夫妻の孫息子、ハビエル（シュノーケルを持っている）とアリエル（寝転んでいる）が、家からバイクで10分ほどのハバナの海岸へ、友人と釣りに来ている。釣りにはシュノーケルと水中銃を使うのだ。アリエルは獲物を洗っているところで、いとこのハビエルと友人は、フィッシングギアを岩の上に下ろしている。右：旧市街の護岸、マレコン通りをはじめとして、この街のビーチにはずらりと釣り人がいる。キューバの男性は、暇ができると釣りをする。趣味と、乏しい食料配給を補う実益を兼ねている。

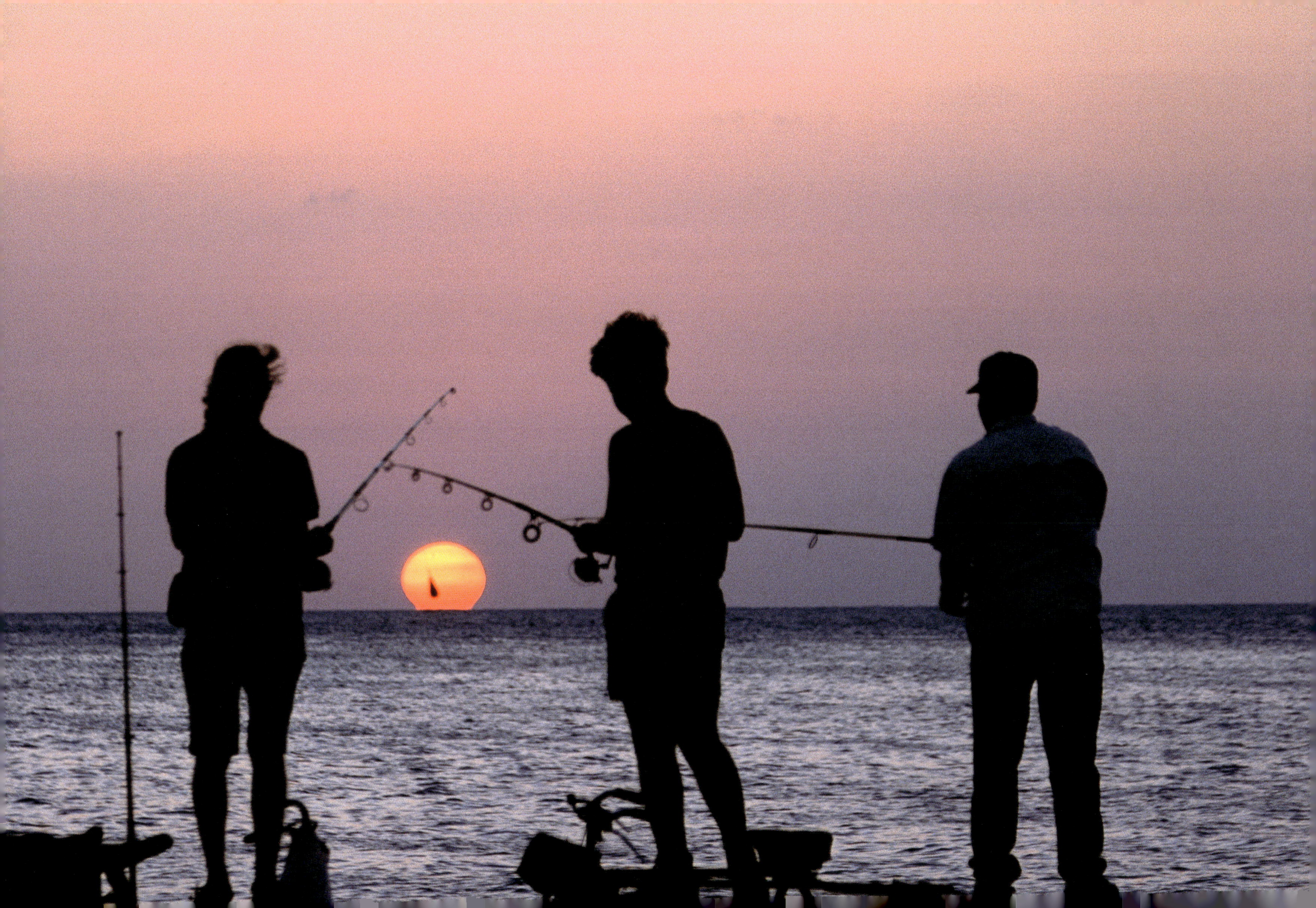

エクアドル、中央アンデスの村ティンゴに暮らすエイメさん一家。離れの台所で、1週間分の食料とともに。左から、リビア（長女、15歳）、ナタリー（三女、8歳）、モイセス（長男、11歳）、アルバリート（次男、4歳）、ヘシカ（次女、10歳）、オルランド・エイメ（夫、35歳）、エルメリンダ・エイメ・シチガロ（妻、37歳）、オルランド・イホ（イホはジュニア、息子の意。四男、9か月）、マウリシオ（三男、2歳半）。写真に写っていないルシア（四女、5歳）は、祖父母の家に住み込んで手伝いをしている。調理手段：まき。食品保存方法：自然乾燥。

ECUADOR ●エクアドル

エイメさん一家　ティンゴ在住

●9月の1週間分の食料

穀物、でんぷん食物：2,053円
じゃがいも50kg、砕け白米（胚芽米より安い）25kg、挽き小麦*7.5kg、とうもろこし粉5kg、きめの細かい白小麦粉5kg、グリーンピース粉4kg、粗い白小麦粉3kg。
エイメさん一家は、食用のじゃがいもやとうもろこしを育てているが、1年のうちこの時期は収穫がなく、自家栽培の残りの大麦を食べていた。

乳製品：0円**
家畜の牛から搾った牛乳7.2ℓ（写真はそのごく一部）。

肉、魚、卵：0円
なし。

果物、野菜、ナッツ類：1,328円
プランティン（料理用バナナ）6.7kg、熟しすぎたバナナ（通常のものより安い）3.1kg、オレンジ2.3kg、レモン1.3kg、アンデス・ブラックベリー500g、レンズ豆5kg、にんじん1.8kg、レッドオニオン1.5kg、リーキ1kg、レタス1個。

調味料、香辛料：342円
ブラウンシュガー5.5kg（固まりで購入し、コーヒーの甘味料にしたりキャンディとしてなめる）、塩750g、食用油507㎖、シラントロ（コリアンダー）1束。

飲料：0円**
イラクサ1束（お茶用に摘んだ野草）、とうもろこしの毛1つかみ（煎じてお茶や薬用に）、飲料用と料理用に手で運んでくるすぐ近くの泉の水。

＊自家栽培のもの

1週間分の食費：
3,723円（31.55USドル）
**自家栽培品を地元の市場価格に換算すると378円

貧乏だけど元気

エルメリンダ・エイメ・シチガロは、毎週、中央アンデス高地の小さなティンゴ村から、山のふもとにある大きなシミアトゥグの町の週市に出かける。子どもたちはたいてい家に置いていく。小さい子どもたちは特に、市場で見るものを何でも欲しがるけれど、余分なものを買うお金はほとんどないから仕方がない。4歳のアルバリートは、「いちばん厄介者よ。だけど、お留守番となると絶対ごねるの」とエルメリンダ。一家の最高権力者であるエルメリンダに口答えをするなんて信じられないと、アルバリートに会うまでは思っていた。

エルメリンダは、8人の子育てをしながら、赤ん坊をおんぶしたまま畑を耕し、羊の群れの番をし、料理や洗濯から市場への買い出しまでをこなし、そのうえ村の助産師と薬草療法を施す治療師の顔までもっている。このスーパーウーマンに、子どもたちをかまってやる暇はほとんどない。市場への買い出しは、夫のオルランド・エイメも一緒に行く。そうして結局は、オルランドが気前のいい父親ぶりを発揮して、アルバリートはたいてい買い物に連れて行ってもらえることになるのだった。ヨチヨチ歩きの子どもの脚でなくても、エイメ家の買い出しはかなりの強行軍だ。ティンゴには商店も市場もなく、食料は近所の人たちと貸し借りするか、分け合うしかない。ティンゴからシミアトゥグまでは、5kmの距離を歩いて下る。それからまた、山の上まで歩いて引き返さなければならない。

エクアドルは赤道直下にあり、作物の生育期は長いものの、エイメ家が住むあたりは豊かな熱帯低地から遠く離れている。「ここらの土地は乾燥しているし、からっ風が吹くからね。作物を育てるのにはあまり向いていないんだ。もっと低地の方に行けば肥沃だけど、土地がうんと高いよ」とオルランド。それでもこの厳しい気候の中、じゃがいも、オカ（アンデスカタバミの塊茎）、とうもろこし、小麦、そら豆、玉ねぎといった畑の収穫で、1年の大半をなんとか食いつないでいる。動物性のタンパク源はクイ（モルモット）と鶏肉だけで、それも年に数回。それ以外には乳牛を飼っていて、1日に1ℓの乳が搾れるという。

食料の安定的な確保を約束してくれているのは、実は牧羊業だ。エイメ家は、親戚の人たちと共同で50頭の羊を飼育している。この羊は自分たちが食べるためではなく、家畜市場で換金するためのものだ。そのお金で、畑からの収穫が乏しくなったり、まったくなくなってしまう乾期を乗り切る。さらに、オルランドはパチャクティク党という、伝説のインカ皇帝にちなんだ名前をもつ政党

のティンゴ代表も務めている。この仕事は、月に50ドル（5,900円）の収入になる。そのうち15ドル（1,770円）は、シミアトゥグに借りている小さなオフィスの家賃に充てられる。地域の仕事をするときに、そこに滞在しているのだ。残りは家計の助けになるが、10人家族の世帯にとってたいした足しにはならない。エクアドル政府がインフレ拡大を阻止しようと、米ドルを国の通貨として導入した2000年以降は、特に家計は苦しい。政策によってインフレは緩和されたものの、物価は高騰した。通貨切り替えとその後の混乱に便乗した売り手が、品物の値段を近似のドルに切り上げたのだ。突如として、ちょっとしたものでも最低1ドル（118円）はするものが増えた。10人に4人が1日250円以下で生活しているエクアドルでは、ばかにならない金額だ。

エイメさん夫妻は、大半の時間をティンゴで、農業と子育てに費やしている。肉体的にきつい生活だ。エルメリンダは夫よりもっとタフな生活をしていると、オルランド自身も認めている。妻は農業を営むほかに、村の治療師の顔ももつ。イラクサ、とうもろこしの毛、スギナ、ミント、カモミール、オオバコの種子、パイコ（アカザ科の植物）などを採集して、治療効果のあるお茶を作るのだ。「子どもたち全員の健康を守るのは大変よ」とエルメリンダ。「お医者様に看てもらうお金や、薬を買うお金はないの」。でも、オルランドに言わせれば、妻の努力はちゃんと報われているという。「うちは、ポブレ・ペロ・サナサ」──貧乏だけど元気。

私たちが訪れた9月は、エイメ家が主食にしているじゃがいもがそろそろ底をつく時期。ほかに作物はないので、今週は羊を2頭売って、今週分と保存用の食料品を買うことにしている。オルランドの見込みでは、もしシミアトゥグの市場に大きなアンバトの町から仲買人が軽トラックで仕入れに来ていれば、2頭で40ドル（4,720円）にはなるはずだ。

稼ぎ頭の牛や羊
村から谷間の町シミアトゥグへは、曲がりくねった長い泥道と丘の中腹の小道を辿って行くしかない。村人にとってはこの町が、半径50km以内で食料の仕入れができる唯一の場所だ。山肌にぽつぽつとポンチョの鮮やかな赤が見えてくると、市場へ買い出しに行く人々がやって来たのがわかる。エイメ夫妻もその中にいる。アルバリートも一緒だ。先住民の商人たちは先に来て、玉ねぎ、唐辛子、にんじん、トマトなどの作物を台の上に並べている。じゃがいもや米の商人は、50kg入りの袋をトラックの荷台で売っている。熱帯低地からやって来た業者は、アボカド、オレンジやパパイヤ、青々とした葉っぱつきのバナナなどを並べている。売り物の帽子をひと揃え持ってきている女性もいる。

家畜市場は──といってもただの空き地だが──町はずれの校舎の下手にある。エイメさん夫妻はまずそこに立ち寄って、羊を売る。一緒にやって来た大勢の村人たちも同じようにする。ただし、羊以外にもアルパカやラマ、乳牛、雄牛、仔豚なども売る。大きくなった豚は売りに出されていない。「仔豚を買って、食べ頃になるまで育てるんだ。大きい豚を売る人はいないよ」とオルランドが教えてくれる。家畜市場は男たちの社交場で、家畜が売れるかどうか気にしながら、1週間の出来事やうわさ話を仕入れる。アイスクリーム売りがコーンを呼び売りしながら通る。地方自治体に治める売上税を徴収しようと、突っ立って待っている人もいる。

アンバトから来ている卸売業者たちは、売り手の掌にドルを押しつけて商談をまとめようとするが、提示額はどれも売り手の希望より低い。とうとう1人が申し出を受け入れたところで、朝は一気に活気づく。オルランドは羊2頭で35ドル（4,130円）という申し出を受け入れる。希望値よりも安かったが、買い物をするには十分な額だ。卸売業者は羊を投げ倒すと、脚を縛り上げて、「トラックを突き破らないようにする」のだとオルランドが言う。元手もできたところで、いよいよ買い物だ。アルバリートがおねだりのチャンスをうかがっているのが、ありありとわかる。

オルランドとエルメリンダはまず最も大事な主食を買ったあと、お金がなくなるまで買い物を続ける。夫妻は最初に、じゃがいも50kgを3ドル（354円）で、レンズ豆5kgを4ドル（472円）で購入。次に、とうもろこし粉、白小麦粉、グリーンピース粉、粗い白小麦粉、挽き小麦など、粉類を合わせて約20kg。先住民族の食品協同組合で、エルメリンダによると「ここは値段が手頃」らしい。「砕け米」とやらも買う。全粒白米より品質は劣るけれど、安いのだ。20kg 6ドル（708円）で、全粒米の半値以下。アルバリートが、協同組合のガラス張りのショーケースに入ったケーキを見つける。ダメと言われると大騒ぎになって、通りがかりの人々が足を止めて、束の間、アルバリートの騒ぎっぷりを見物していく。

通りに戻って、お次はプランティン（料理用バナナ）6kg、1.8ドル（212円）也。サトウキビの葉っぱでくるまれた、円盤型のパネラ（ブラウンシュガー）も5kg、1.8ドル（212円）也。家では1週間、このパネラを小さくカットしてキャンディのようになめたり、温かい飲み物に溶かして甘味料にしたりする。この砂糖の塊は、次の週市の日までもたない。新鮮な果物と野菜はショッピング・リストの最後で、お金が余っているときにしか買えない。今日は羊を売ったから、にんじん、リーキ、玉ねぎ、果物少々も買う。これでお財布は空っぽになり、本日の買い物はおしまい。オルランドは義理の父親から借りてきた馬の背に食料を積めるだけ積んで、残りは自分たちで山道を持って帰る。アルバリートは手ぶらで、がっかりしている。

エクアドル

- 人口：13,212,742人
- ティンゴ村人口：80人（推計）
- 面積：273,635㎢（米国ネバダ州よりやや狭い）
- 人口密度：48.4人／㎢
- 都市人口：62%
- 平均寿命：男性67.9歳、女性73.5歳
- 先住民の人口：38%
- 出産率（出産可能女性1人当たり）：2.8人
- 15歳以上の識字率：男性94.0%、女性91.0%
- 1日1人当たりのカロリー摂取量：2,754kcal
- 栄養不良人口：4%
- 1人当たりの年間アルコール消費量：1.73ℓ
- PPPにおける1人当たりのGDP（米国の数値に換算して算出）：$3,580
- エクアドルが米国ドルを法定通貨として正式に導入した年：2000年
- 1人当たりの年間医療費とそのGDPに占める割合：8,968円／4.5%
- 肥満人口：男性40.2%、女性50.9%
- 肥満症人口：男性6.1%、女性15.4%
- 1人当たりの年間肉消費量：49.5kg
- マクドナルドの店舗数：10軒
- 火山の数：17
- 1人当たりの年間たばこ消費量：232本
- 1人当たりの砂糖および甘味料の年間可能補給量：53kg
- 1日250円未満で暮らす人口：41%

谷間の町まで週市に出かけて、再び長い道のりを引き返す。オルランド・エイメは義理の父親から借りた馬を引き、エルメリンダ（中央）は赤ん坊をおんぶして、食料品を手に持っている。リビアは教科書を抱えて、重い足どりで歩いている。アルバリートは、坂道を駆け上がって行ってしまった。どこにでもいる4歳の男の子らしく、まさに小さなエネルギーの塊だ。

エクアドル　109

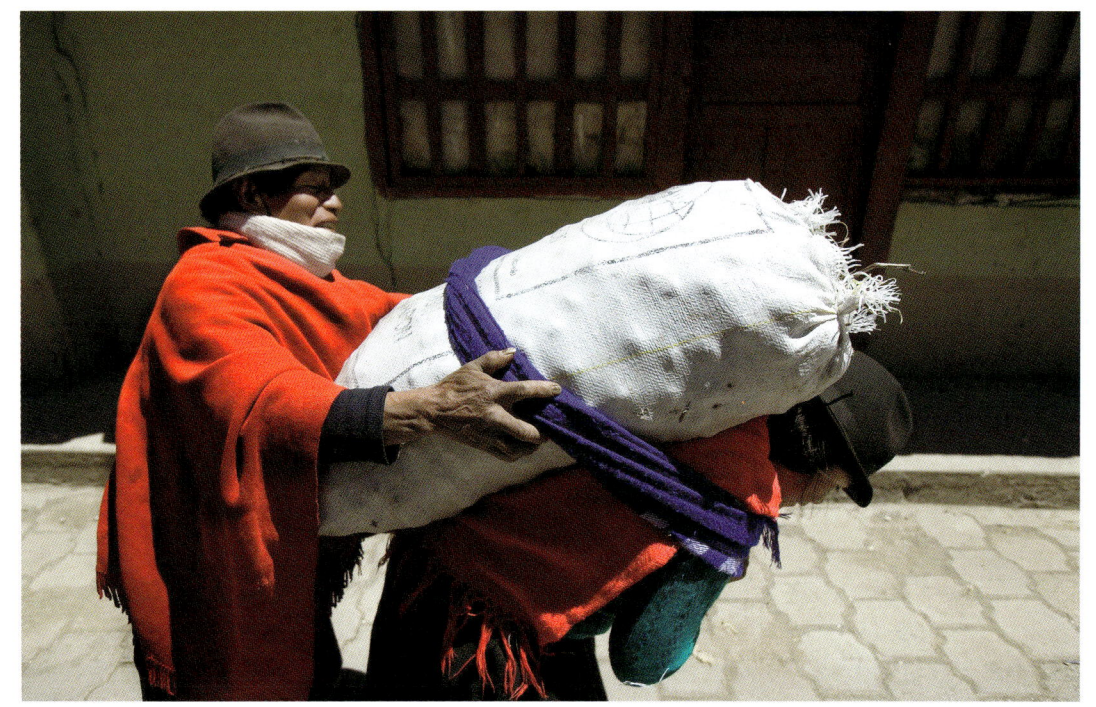

わが家のレシピ

**エルメリンダ・エイメ・シチガロの
ロクロ・デ・パパス（ポテトスープ）**
【材料】
小さめのじゃがいも（皮をむいて、大きい場合は半分に切る）　バケツ1/2杯（約2.5kg）
キャベツの葉（丸ごと）　6枚
春玉ねぎ（丸ごと）　1個
レモンジュース　小さじ1
にんじん（薄切り）　中2本
牛乳（乳搾りができたときのみ）　1/2カップ
塩　小さじ4
さやいんげん　1カップ
食用油　小さじ2
ラム肉（手に入れば）　ひと口サイズを1人1切れ
※1カップは250cc

【作り方】
- じゃがいもに水を入れて火にかけ、ふたをして煮立てる。
- 沸騰してきたら、キャベツと春玉ねぎを加える。強火で5分間煮立て、残りの材料も加える。肉がある場合は、1人ひと塊ずつ、風味づけに加える。
- 強火で30分間加熱する。
- みじん切りの玉ねぎ入りライス、もしくはフライドポテトとフライドオニオンをつけ合わせにする。

大麦のポリッジ（粥）
【材料】
水　バケツ1/2杯　（約2.8ℓ）
大麦（煎る）　ひとつかみ（約100g）
固形ブラウンシュガー　30g
ナランヒリャ（柑橘系果物、半分に切ってジュースを搾る）　1個分

【作り方】
- すべての材料を合わせて、30分間加熱する。

左上：エルメリンダが、シミアトゥグの協同組合で買い物をする。ここは「先住民にとって最良価格」の店だという。左下：市の立つ日は、峠の向こうからやって来て、食料を買いだめする家族たちで町はにぎわう。男性が50kg入りのじゃがいもの袋を、妻の背中にくくりつけている。右：町へ下りてくる男たちの楽しみは、居酒屋でアンデスビールを飲むこと。女性が交じっていることもある。

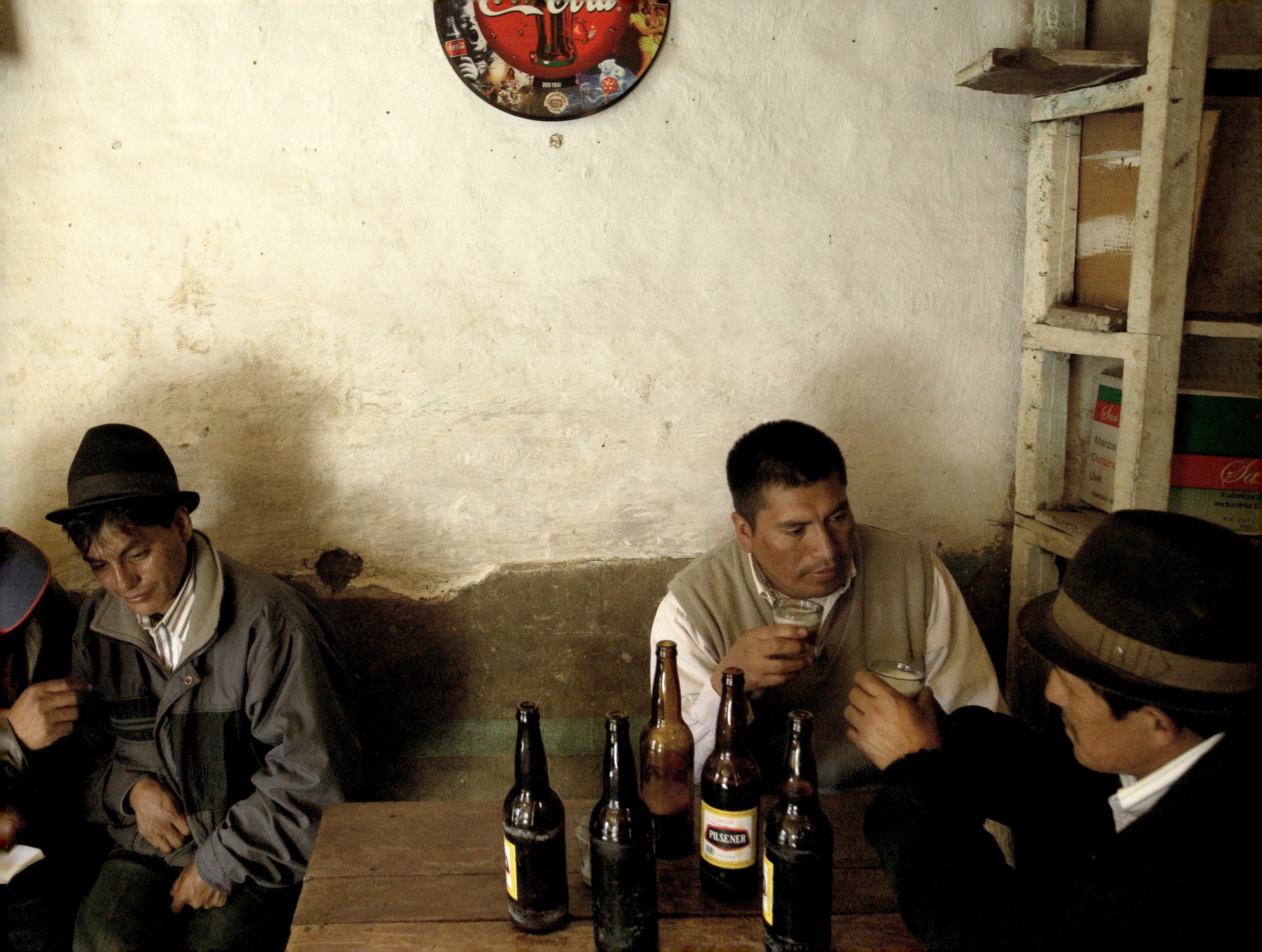
PILSENER

ティンゴのエイメさん宅から泥道を車で3時間、ズンバグアの青物市場は、観光客もちらほら見かけるほど規模が大きい。町には小さなホテルも1、2軒ある。ズンバグアは、アンデス高地と沿岸の低地との中間にあり、市場には、高地と低地の両方から作物が持ち込まれて、いわゆる「環境の衝突」が起こっている。そのため、山で採れる紫色のじゃがいもや、いびつな赤いオカのような塊茎作物、熱帯のパイナップルや粗目のブラウンシュガーの塊などが、場所を競い合うように並んでいる。

ズンバグア市場に隣接する食肉処理場には、羊の死骸が吊るされ、間もなく自分の番が回ってくる5頭の羊が、辛抱強く待っている。400mほど離れたところにある家畜市場で買い物客が好きな家畜を選ぶと、業者がそれを殺し、皮をはいで洗浄する。羊を市場から食肉処理場へ連れて行く時間も含めて、全工程に1時間とかからない。

エクアドル

上：アンデスの伝統的なフェルト帽をかぶったエルメリンダが、窓のない調理小屋で入り口からの明かりを頼りに、大麦のほこりやわらを取り除いている。これも彼女の朝の日課だ。大麦がきれいになったら挽いて、朝食のポリッジ（粥）を作る。右：午後になると、畑仕事を終えた女たちはうわさ話をしたり、赤ん坊にお乳を飲ませたり、軽食に小さなじゃがいもや、乾燥させて煎ったとうもろこしを食べたりする。エルメリンダの姉妹もよく遊びに来る。

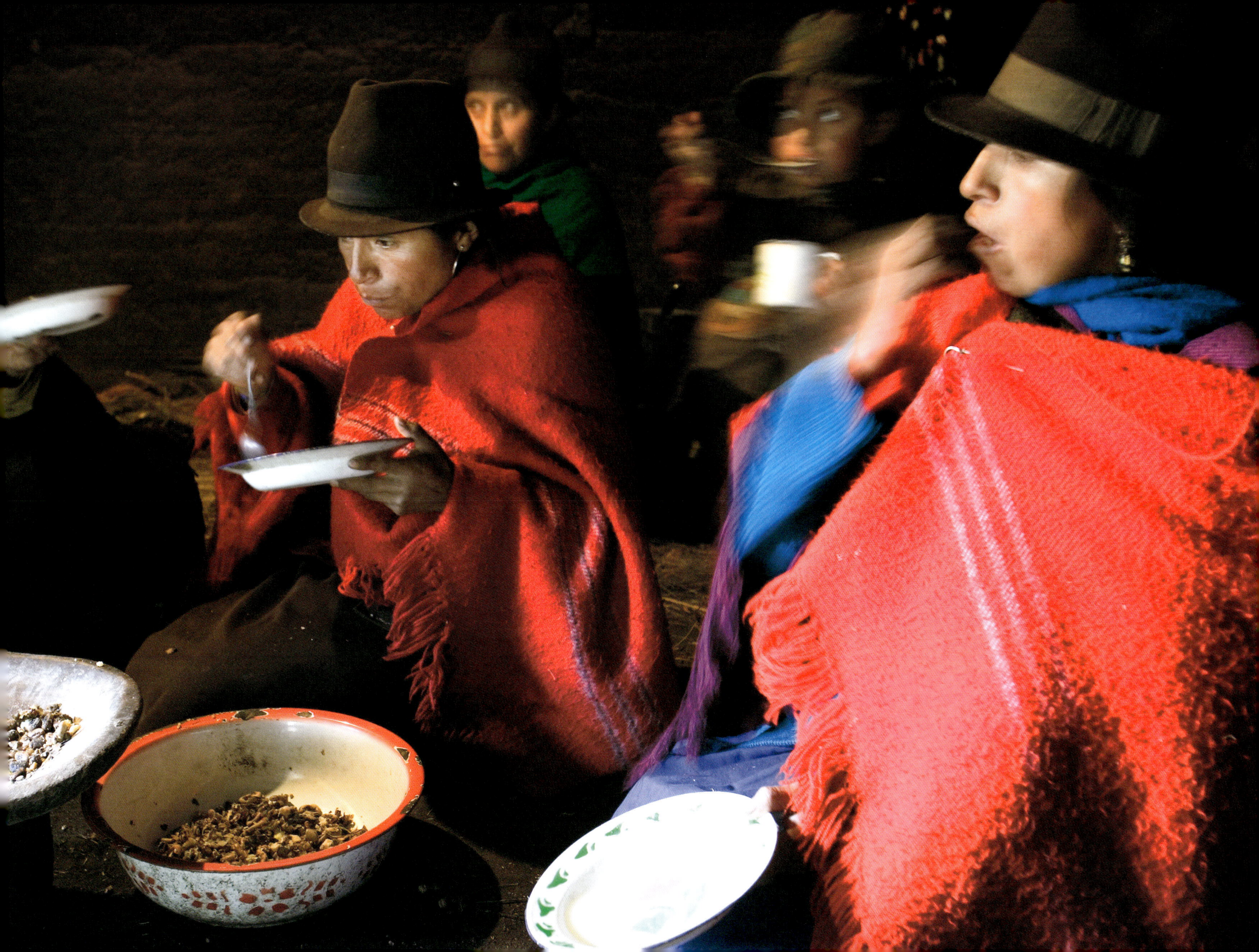

本当は、お兄さんやお姉さんとお揃いの、赤いウールのポンチョが欲しかったのに、お金が足りなかったのだ。アルバリートは、山の小道をずんずん歩いていく。家に帰り着く頃には、風がごうごう鳴り、日も暮れかかっている。一日中、1人で羊の番をしていた10歳のヘシカは、夜のあいだ、羊たちを囲っておく間に合わせの囲いに羊を入れて、野獣よけに番犬を置いておく。離れの台所では（アドービれんが造りの小屋が2棟あり、1棟は台所、もう1棟は羊小屋になっている）、エルメリンダが残り火を燃やして火をおこす。鶏が戸口を駆け回り、あちこちひっかき回している。エルメリンダがアルバリートに外へ追い払うよう言いつけると、アルバリートと2歳半になるマウリシオは、大はしゃぎでそうする。鶏はだれかがドアを開けるたびに、またばたばたと中に入り込んでくるので、夕食の準備のあいだ、男の子たちはこの仕事に大忙しだ。8歳のナタリーは、文句も言わずに母親から赤ん坊を受け取る。足が床に触れると嫌がり泣き出すので、結局ナタリーがひざの上であやしていると、すやすや眠り始める。

エルメリンダは料理の火が一定温度になるよう、まきの加減を見る。まるで、調節ノブのない近代的なレンジのようだ。この離れの台所には換気設備がないので、天井は黒光りし、壁はすすだらけで真っ黒。室内は暖かいものの、煙が立ちこめている。オルランドは、私たちが発展途上国で出会った男性の中では珍しく、台所仕事を手伝う数少ない夫だった。まきの上でコトコト煮えているエルメリンダのポテトスープのために、玉ねぎの皮をむいている。その手つきは、初めて手伝っているようには見えない。

クイ（モルモット）が部屋を駆け回っている。ふだんは鶏を避けて、火のそばで暖をとっている。この小さなげっ歯類は大きくなったら――たぶんイースター（復活祭）の頃には――食用にされる。エイメさんの家に住み着いているネズミほどの大きさのクイは、肉づきが悪く、もっと大きな町で売られているクイとは似ても似つかない。都会のクイは、アルファルファやビタミンサプリメントを与えられ、小型犬ほどの大きさにまで育つのだ。

夕飯ができましたよ、と声をかけなくても、みんな集まってくる。寝室のある母屋で学校の勉強をしていた長女のリビアも、いつの間にか食堂に姿を現す。そして全員、地面がむき出しになった土間の小さなベンチに腰かけて、でんぷん質のポテトスープをたらふく食べる。これがいつもの夕飯だ。訪問客の分まで十分にあって、みんなで分かち合おうという心が込もっている味がする。そんな文化がいまも、アンデスの山間には息づいている。

好物を訊ねると、エイメ夫妻は少し困ったような顔をする。それからしばらく考えたあと、オルランドは、じゃがいもの入ったグリーンピース粉のポリッジ（粥）をあげる。「あれは、大好きだなあ」。「本当はロリポップよ」と、ちょっと立ち寄っていたエルメリンダの妹ズレマがからかう。彼女をはじめとしてエルメリンダの姉妹たちは、ちょくちょく食事に立ち寄ったり、おしゃべりしたりしていく。そんなおしゃべりの間も、女たちはせっせと手を動かして、シミアトゥグ・サマイという、町に本拠のある職人協同組合に卸すための、色鮮やかな手工芸品作りに励んでいる。エルメリンダは、どんな食べ物でも好きで、何が好物かは決められないと言う。

エイメ家では、袋詰めされた食品や加工食品なら何でも、「スイス」と呼んでいる。スイスの巨大多国籍企業ネスレが、こんな発展途上国の粗末な食品棚にまで見事に影響力を浸透させている証だろう。本当は好きなのに、高価だから食べられないものはあるかと訊ねると、「あるある」とオルランドが言う。「サーディンの缶詰と箱入りチーズかな」。じゃあ、だれかファストフードを食べたことのある人？「1度だけ、アンバトの学校に行っていたときにあるよ」とオルランドが応える。「パンに肉がのっかったやつ（ハンバーガーのこと）。まずくはなかったけど、何か変な味がしたよ。いったいどうやって作ってるんだか、わからなくてさ」。

電気製品も、置き時計も、家具も、水道も、近代的な台所用品も、ここにはない。最初の頃、ピーターがケースを開けて撮影に必要な機材を取り出すのをじっと見ていたエルメリンダに、「こんな高価なものをここで目にするなんて、思ってもみなかった」と言われて、どう応えたらいいのかわからなかった。風が強まってきて、一家は数m離れた寝室のある棟にぼちぼち引き上げ始める。夜10時だが、まだ寝る時間ではない。ラジオから、エクアドルの音楽が流れてくる。子どもたちはベッドを飛び移って遊び、リビアは土壁の部屋の簡易机で勉強の続きをする。高校はシミアトゥグにあって遠いので、週に2、3日しか通っていない。ティンゴには初等中学校があって、小さい子たちは、羊の番をしないときはそこに通う。エルメリンダは2年間高校に通ったが、そのうちに子どもができて仕方なしに退学した。子どもたちには、ちゃんと学校を卒業して欲しいと願っている。

ようやくベッドタイムになると、子どもたちは1つのベッドで5、6人が頭を寄せ合っている。私たちは床の上で、みんなとからだを寄せ合いながら、やわらかいわらの上で温かい寝袋にくるまって寝る。激しい風にあおられて、一晩中トタン屋根に砂や砂利が吹き上げられている。

朝食の時間が、またたく間にやって来る。エルメリンダは赤ん坊と一緒に早起きして、お乳をやりながら、大きな手動グラインダーで大麦を挽く。その大麦と小麦を床の上のかごで混ぜて、火にかけた熱湯に混ぜ入れ、朝食のポリッジを作る。これにブラウンシュガーを加えて、子どもたちが起き出してくるのを待つ。

取材メモ

過去5回、南米のアンデス山脈の国々を旅しながら、ずっと食べそびれていたものがある。この土地の人々が誇る最大の珍味、クイ――モルモットだ。この生き物が、高地の農村の台所に住み着いているのは目撃していた。ヤツらはまるで、家や庭のあるじのようだ。何度かクイを注文しようとしたが、多くのレストランでは、あらかじめ予約しておかないと食べさせてもらえないとのことだった。結婚式に先立つ求愛の儀式や結婚式、洗礼式、幼い男の子の成長を祝う初めての断髪式など、クイは特別な日のためのごちそうとして、とっておくらしい。

今回の取材旅行では、絶対クイを食べようと心に決めていた。それで、私とフェイスは旅先に着くなり、首都のキトを車で飛ばしながら、オスワルド・ムニョスに訊ねてみた。すると、「うれしいことを訊いてくれるね。いい店を知っているんだ」と言って、2時間後、小さなアンバトの町にあるレストランに案内してくれた。オスワルドがエクアドルでいちばんと太鼓判を押すレストランは、サロン・ロス・クイス（モルモット・ホール）という店だった。ずっと興味津々だったのに、いざクイが出てくると、その図体の大きさにびっくり仰天した。これまで見た中でいちばん大きく、小型犬ほどもあったのだ。回転串つきロースターで丸焼きにしたクイは、大きなダックスフントのようで、それに出っ歯とげっ歯類特有のとがった耳のある、太ったネズミの顔をくっつけたようだった。

淡いピンク色のクイの肉には、お決まりのじゃがいもと玉ねぎのつけ合わせが添えられ、お決まりのピーナッツソースがかかっていて、実にうまかった。仔豚のようなウサギのような味がして、同じようなコクがあった。私たちとオスワルドの3人で、クイ半頭をシェアしたが、それ以上は食べきれなかった（フェイスはあまり積極的ではなかった）。クイ3人前でわずか20ドル（2,360円）、それでチップもソフトドリンク代も込みだった。

――ピーター

風の強い午後、2枚のショールを互いちがいに合わせて赤ん坊をくるみ、エルメリンダがじゃがいも畑を耕す。家から歩いて10分の畑に着くと、エルメリンダとオルランドはまず、大地の神パチャ・ママに短い祈りを捧げてから、畑仕事に取りかかる。エルメリンダは時々、赤ん坊をおんぶし直すが、おんぶしていること自体は足手まといではない。

アフマドさん一家。アフマド夫妻のカイロにあるアパートにて、1週間分の食料とともに。左から、ドニャ（長女、14歳）、ナンシー（次女、8か月）、カリム（長男、9歳）、イスラーム（ナディアの甥、8歳）、マムドゥ・アフマド（夫、35歳）、ラビー（ナディアの弟、34歳）、アバデール（ラビーの妻、25歳）、フセイン（ラビーの長男、4歳）、ナディア・モハメド・アフマド（妻、36歳）、ナディアの父、アフマド夫妻の友人、イスラー（ラビーの長女、1歳6か月）。

EGYPT ●エジプト

アフマドさん一家　カイロ在住

●5月の1週間分の食料

穀物、でんぷん食物：322円
じゃがいも4.4kg、白米3.3kg、バスブーサパウダー（セモリナ粉とナッツの粉末。シロップを染み込ませた濃厚なエジプトのケーキを作るのに使う）1.1kg、マカロニ1.1kg、ピタパン1.1kg、グラーシュ（紙のように薄い生パン）550g。

乳製品：1,311円
粉ミルク3.3kg、バター2.2kg、有塩白チーズ1.1kg、無塩白チーズ1.1kg、スライス・イタリアンチーズ550g（1週間分ではない）、Presidentのチーズ500g、ヨーグルト264g。

肉、魚、卵：3,920円
養鶏場の鶏肉8.3kg、ラム肉4.4kg、卵25個、ツナ缶1.5kg、ビーフハンバーガー・パテ550g、冷凍牛肉550g、Bordonの缶入りコンビーフ420g、酢漬けの肉264g。

果物、野菜、ナッツ類：1,243円
スイカ15kg、バナナ2.8kg、桃42.2kg、白なす4kg、レッドオニオン3.3kg、トマト3.3kg、レモンと和えたグリーンオリーブ2.2kg、青唐辛子2.2kg、スカッシュ2.2kg、ブラックオリーブ1.1kg、きゅうり1.1kg、にんにく1.1kg、ぶどうの葉1.1kg、ジューズマロー（スープに使う、エジプトの伝統野菜）1.1kg、オクラ1.1kg、豆550g、野菜のピクルス1ℓ。

調味料、香辛料：832円
Yasmeenaのヒマワリ油4.4ℓ、砂糖1.1kg、Vigitarの特製スパイス900g、ハチミツ550g、香菜3束、パセリ3束、黒コショウ237g、チリパウダー237g、コリアンダーの種237g、クミン237g、粉末ミックススパイス237g、塩210g（調味料として使ったり、ピクルスに塩味をつけたり、肉を洗浄するのに使う）。

スナック、デザート：157円
ハラワ（甘いごまのお菓子）1.1kg。

総菜、加工食品：11円
茹でた豆1皿。

飲料：291円
コカコーラ1ℓ、Mirindaのオレンジソーダ1ℓ、スプライト1ℓ、Al-Arousaの紅茶550g、飲料用と料理用の水道水。

肉や出来上がったごちそうは、ナディアの弟、その妻と2人の幼い子どもと分け合うことが多い。エジプトの大家族は一緒に住むか、近所に住んでいることが多く、頻繁に食事をともにする。特に休日はそうすることが多い。

1週間分の食費：
8,087円（387.85エジプト・ポンド）

カイロ料理

エジプト料理は、スロー・フードだ。この蒸し暑いカイロの春の日が、何もかもスローなように。ナディア・モハメド・アフマドと義妹のアバデールは、ナディアのアパートの床に素足であぐらをかいて、仲よさそうに小なすの芯をくり抜いてはスパイシーな細切れのラムの詰め物をしている。生後8か月のナンシーは母親の肩にまたがり、片腕をナディアのスカーフをかぶった頭に巻きつけている。ナディアはナンシーがむずがるたびに滑り降ろしてお乳をやるのだが、そのあいだも詰め物を作る手は決して休めない。じきにすやすや眠りだしたナンシーは、キッチンのすぐ横にあるベッドに転がされる。両腕を伸ばし、鍋釜や食べ物に囲まれて。ほかの子たちは、洗濯物でいっぱいの細い路地を見下ろす小さなバルコニーで遊んでいる。2人の母親は、その子らが騒がしくしてもおかまいなしだ。金のブレスレットをチリンチリンと鳴らしながらなすの下ごしらえを終えると、こんどは蒸し物のしたくにかかる。にんにくとラムを混ぜたレモン風味のご飯を、蒸したぶどうの葉で包む。その小さな包みをお皿に積み上げながら、そのあいだもずっとおしゃべりしている。今日のごちそうはマッシ。アラビア語で「詰め物をした」という意味だ。

ナディアの娘で14歳のドニャも座って、食事のしたくに加わる。ドニャはまだ髪をスカーフで覆っていないが、ナディアとアバデールは大勢の女性たちと同じく社会から隔離されてムスリムの伝統文化の中で生きており、訪問者の前では髪を覆う。夫が、外の世界との橋渡し役を務めている。2家族は、イスラーム色に彩られたカイロにそびえる、崩れかけの古い建物の1階ちがいに住んでいる。バスとロバ荷車、真新しい車に荷物を引きずる少年、スカーフをしたりしていなかったりする女たち……。中世と現代の暮らしが入り混じったこの都市は、1日に5回、モスクから町中に響き渡るアザーン（礼拝開始の呼びかけの声）に包まれ、1つに溶け合う。

アバデールの夫のラビーが部屋に入ってきて、椅子にどっかりと腰を下ろし、「ああ、腰が痛い。膝も痛いよ」と、これみよがしに言う。彼はカイロの旧市街で観光ガイドをしており、長時間通りに立って雇ってくれる観光客を待つ。しゃべりながら妻に手招きすると、アバデールはぱっと立ち上がって、グラス1杯の水を持ってくる。ラビーは妻が食事のしたくに戻ると、その水をちびちび飲む。ナディアの夫で配管工のマムドゥも帰ってくる。くたくたにくたびれて、無口になっている。少しガタゴトする頭上のファンが、不規則に蛍光灯を遮る。日が沈み始め、みんなが元気を取り戻す頃を見計らったように、マッシができ上がる。

エジプト

- 人口：76,117,421人
- カイロ人口：7,629,900人
- 面積：966,400㎢（米国ニューメキシコ州の3倍強）
- 人口密度：78.8人／㎢
- 都市人口：42％
- 電力使用可能人口：96％
- 平均寿命：男性65.3歳、女性69.0歳
- 出産率（出産可能女性1人当たり）：3.3人
- 15歳以上の識字率：男性68.3％、女性46.9％
- 1日1人当たりのカロリー摂取量：3,338kcal
- 栄養不良人口：3％
- 1人当たりの年間アルコール消費量：0.47ℓ
- PPPにおける1人当たりのGDP（米国の数値に換算して算出）：$3,810
- 1人当たりの年間医療費とそのGDPに占める割合：5,428円／3.9％
- 肥満人口：男性64.5％、女性69.7％
- 肥満症人口：男性22.0％、女性39.3％
- 20歳以上の糖尿病人口：7.2％
- 1人当たりの砂糖および甘味料の年間可能補給量：33kg
- 1人当たりの年間肉消費量：24.8kg
- マクドナルドの店舗数：40軒
- ビッグマックの価格：197円
- 1人当たりの年間たばこ消費量：1,275本
- 1日250円未満で暮らす人口：44％
- エジプトへの輸入ラクダが食用になる割合：90％

左：カイロ中心部にあるアルファトフ・モスクに人々が集い祈る。右：別のモスクのミナレットから見下ろすと、ティーンエイジャーの少年がパンを運んでいる。

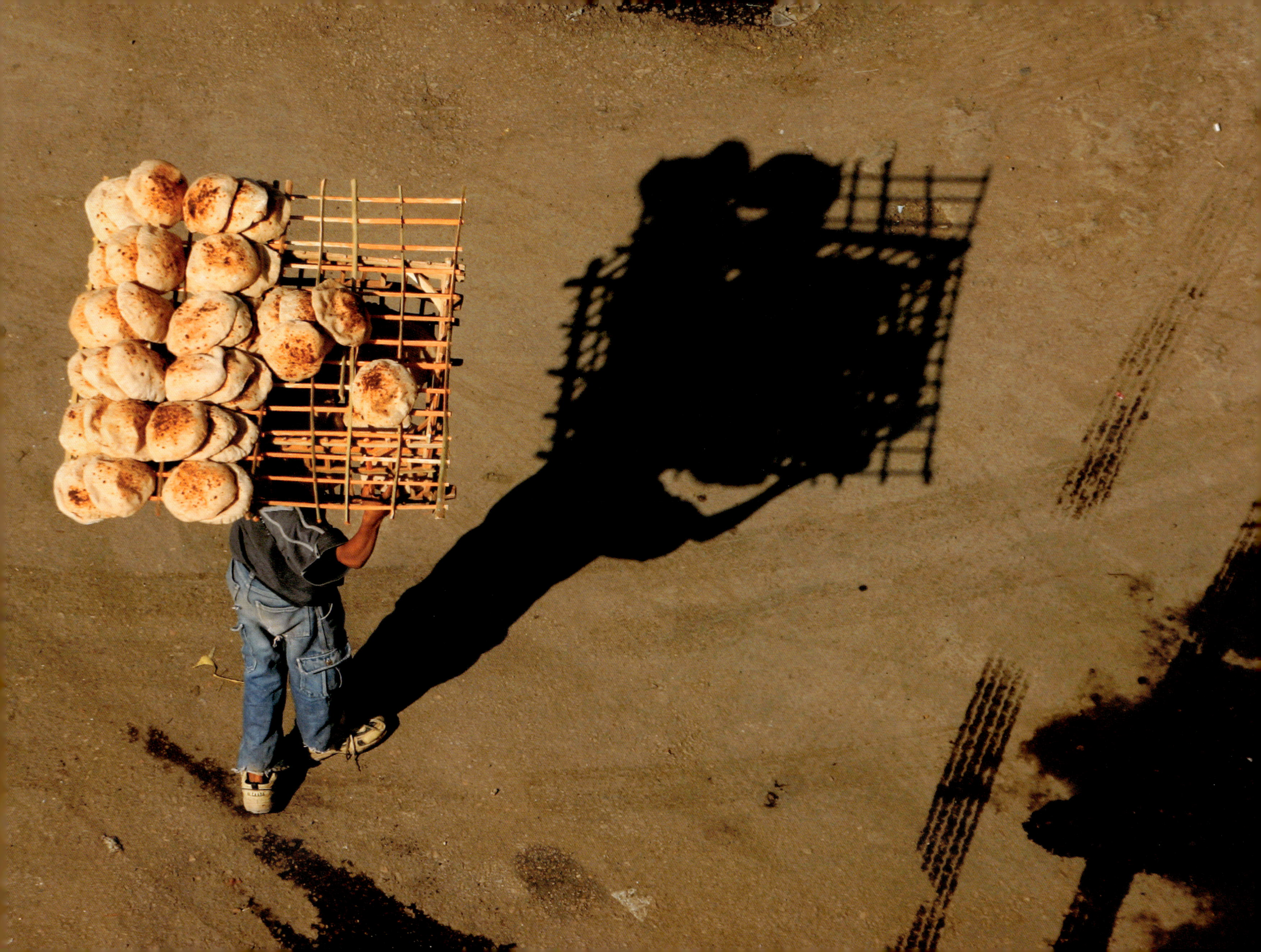

上：ナディア（左）が義妹のアバデールと、4階にある自宅アパートの床に座ってマッシ（詰め物料理）を作っている（今日は小なすを使っている）。ひざの上では赤ん坊のナンシーが、ナディアの動きにはおかまいなくすやすや眠っている。アバデールの娘のイスラーは、その間をひっきりなしに行ったり来たりしている。右ページ：アバデールの後ろにある小さなキッチンでは、皿に盛られたチキンが冷めている。これだけあれば、2家族と友人2、3人には十分。

わが家のレシピ

**ナディア・モハメド・アフマドのオクラと
マトンのタジン**

【材料】
- にんにく（きざむ）　30片
- コーン油　大さじ5
- マトン（きざむ）　500〜700g
- ローリエの葉　12枚
- カルダモン（挽く）　小さじ7
- 黒コショウ　大さじ2
- 玉ねぎ（みじん）　450g
- 生のトマト・ピューレ　1kg
- オクラ（小さく青いもの）　1kg
- ミートストック　4ℓ
- 塩　大さじ2

【作り方】
- オーブンをあらかじめ180℃に温めておく。
- 大さじ1の油を中火にかけ、にんにくを炒める。きつね色になったら、火から下ろす。
- 肉をひたひたの水で、ローリエ、カルダモン、黒コショウとともに45分間、ことこと煮る。
- 残りの油を大きめのフライパンに取って、中火にかけ、透明になるまで熱する。トマト・ピューレを加えて煮立て、さらにオクラを加えて、ときどきかき混ぜながら、やわらかくなるまで煮る。

取材メモ

カイロは地球上で最も人口密度の高い都市の1つだが、町の騒音となるときっとNo.1に違いない。カコフォニー（不協和音を多く用いることによって起こる、耳障りな響き）が国歌なら（四六時中演奏されている）、車のクラクションは、この国独特の楽器だ。そして、熱気とほこりが、この演奏の重要なパートを担っている。カイロでは、屋上に上るのが好きだ。地元の人たちもみなそうするから、運がよくないと上がれないのだけれど。

カイロにはたくさんのモスクがあるので、高いところから景色を眺めようと思ったら、そこの門番に（心づけを渡して）話しかけるのがいちばんだ。ミナレット（モスクに設けられたバルコニーのある尖塔）からは、周囲の建物の屋上が見下ろせる。壊れた家具、建築資材、ゴミなどが散らかったものすごい数の屋上は、住民たちの廃棄の歴史を物語っているようだ。洗濯物を干す人、プラスチックとガラス瓶を分類する人、豚や鶏や鳩に餌をやる人、サッカーをする人、凧あげをする人、昼寝をする人、ものを食べる人、お祈りする人——すべて屋上で見かけた。日が暮れると、無数のエジプト人が屋上に通じる階段を上がり、鳥かごから鳩を放す。鳩たちは空の散歩に出かける。昼間の火照りを冷ますそよ風、色とりどりの凧、旋回する鳩——何といっても、この時間帯が1日のうちで最も美しい。

この町を最初に訪れた10年前、私は夕食にやたらと平べったい鳩を出された。うまいことはうまいが、トラックのタイヤで挽いて肉をやわらかくしたのではないか、と疑ったほどだ。そのぺちゃんこの鳩のことを思い出しながら、屋上で出会った校長先生に、ここで飼っている鳩を食べたことがあるかどうか訊ねた。すると、「あるわけないだろ。自分のかわいい鳩を食べるなんて」と、横目でじろっとにらまれた。「鳩は趣味だよ。毎日、鳩が飛ぶのを眺めるのが楽しみなんだ。自分の鳩を食うヤツがいるか」。彼は、きっぱりと言った。それでも、鳩のグリルはカイロの定番料理だ。催淫効果があるからだという。

——ピーター

エジプト　123

ルモワンヌさん一家。パリ郊外、モントルイユにある自宅アパートのリビングにて、1週間分の食料とともに。左から、レティシア（次女、16歳）、デルフィーヌ（長女、20歳）、イブ・ルモワンヌ（妻、50歳）、ミシェル・ルモワンヌ（夫、50歳）。調理手段：電気コンロ、電子レンジ。食品保存方法：冷凍冷蔵庫。好きな食べ物――イブ：生野菜、デルフィーヌ：タイ料理、レティシア：パスタ・カルボナーラ。

FRANCE ●フランス

ルモワンヌさん一家　モントルイユ在住

●11月の1週間分の食料

穀物、でんぷん食物：2,762円
パン2kg、イギリス白パン900g、Brillaのスパゲティ550g、田舎パン550g、じゃがいも550g、チョコレートクロワッサン264g、Kellogg'sのコーンフレーク237g、クロワッサン105g。

乳製品：2,885円
Auchan（ストアブランド）のミルク2.1ℓ、Danoneのフルーツヨーグルト1.1kg、Yoplait Perle de Laitのプレーンヨーグルト1.1kg、チョコレートヨーグルト650g、Yoplait Perle de Laitのココナッツヨーグルト550g、バター264g、Saint Nectaireのチーズ255g、ヤギのチーズ2.5kg、Auchanの粉スイスチーズ75g。

肉、魚、卵：10,890円
冷凍牛肉1.1kg、ソコダラ850g、サケ650g、卵8個、ビーフカルパッチョ600g、エビ435g、鶏肉435g、Auchanのソーセージ423g、Auchanのハム381g、ラム肉369g、アヒル肉318g、リブアイ・ステーキ222g、Auchanのスライスハム213g、マグロ2.3kg。

果物、野菜、ナッツ類：6,485円
パイナップル1.5kg、バナナ1.1kg、柿1kg、リンゴ（ロイヤルガラ種）900g、洋なし550g、キウイ423g、オレンジ288g、プルーン264g、グリーングレープ210g、タンジェリン492g、生野菜ミックス2.7kg、冷凍ミックスベジタブル2.2kg、トマト1.8kg、カボチャ1kg、ヤシの新芽900g、グリーンビーンズ465g、ビーツ282g、キャベツ250g、アボカド1個、アーティチョーク207g、もやし192g、春玉ねぎ96g、Auchanのチャイブ1束、にんにく12g、くるみ550g。

調味料、香辛料：3,802円
Mailleのビネガー1.3ℓ、ブラックカラント・ジャム318g、オリーブオイル‡306mℓ、ヒマワリ油306mℓ、ハチミツ213g、Nutellaのチョコレートスプレッド213g、ケチャップ186g、砂糖159g、コルニション（小さなぴりっとした風味のピクルス）105g、マヨネーズ54g、マスタード54g、パセリ小さいもの1束、バジル*1束、塩21g、セロリソルト15g、乾燥ブラックバジル12g、黒コショウ3g。

スナック、デザート：2,018円
リンゴのコンポート850g、Nestléのチョコレートムース381g、Gerbléのオレンジ豆乳ビスケット297g、Nestléのレーズン・ヘーゼルナッツ・アーモンド入りブラックチョコレート264g、Balistoのシリアルバー213g、ビスケット159g、Lindtのブラックチョコレート105g、Nestléのキャラメル・ブラックチョコレート105g。

総菜、加工食品：10,108円
トマトのタブーラ（エスニック風サラダ）600g、ハムとモッツァレラのピザ477g、挽き肉のぶどうの葉包み423g、Auchanのサラダ345g、魚の練り物（日本製の冷凍）213g、学校のカフェテリアの食事10食：肉、野菜、果物、パン。
親たちは、カフェテリアのこのコース料理を、栄養と味の両方の点から見て10点満点中8点か9点と評価している。

ファストフード：3,836円
Shanghai Expressで寿司1皿、中華料理1品、McDonald'sでマック・チキンサンドイッチ、フライドポテト、Evianのミネラルウォーター1本ずつ。

飲料：5,282円
Wattwillerのミネラルウォーター8ℓ、Vernièreのミネラルウォーター8ℓ、Volvicのミネラルウォーター3.2ℓ、オレンジジュース1ℓ紙パック2個、Sojasunの豆乳1ℓ紙パック2個、Auchanのトマトジュース1ℓ、Jokerのにんじんジュース1ℓ、Tropicanaのフルーツジュース1ℓ、シードル760mℓ、赤ワイン760mℓ、William Grant'sのウィスキー150mℓ、Auchanのコーヒー70g、Twinings of Londonのアールグレイのティーバッグ25個。

その他：1,486円
Auchanのキャットフード詰め合わせ1.8kg、Friskiesのキャットフード477g。

＊自家栽培のもの　‡写真にないもの

1週間分の食費：49,554円（315.17ユーロ）

パリのダンス・アカデミーに通うデルフィーヌも、リセエンヌ（高校生）のレティシアも、学期中のランチは、もっぱらヨーグルトや中華のテイクアウト、ファストフードで済ます。ミシェルはソフト・エンジニア、イブは図書館司書で、それぞれ職場のカフェテリアで昼食をとる。カフェテリアの食事はフレンチ・レストラン並みのフルコースで、ミシェルもイブもなかなかおいしいと言う。

ハイパーマーケット・フィーバー

20歳のデルフィーヌ・ルモワンヌは、週末に友人を招いてディナー・パーティを開くと、グラタンと手の込んだ肉料理など、フランスの伝統料理のひと皿をメインに、チーズ、サラダ、こってりしたデザートのフルコースを用意し、それにフランスワインのボトルを添える。でも、ふだん家族でとる平日の夕食はもっとずっとインターナショナルだし、手っ取り早い料理が中心だ。デルフィーヌの両親のミシェルとイブは、近所の食料品店が大型チェーンに太刀打ちできず閉店を余儀なくされている、と嘆く。でも、日頃は自分たちも安さと便利さにつられて、フランスの巨大マーケット、オーシャンで買い物をしている。「パティスリーやパン屋、肉屋、八百屋、チーズ屋なんかは、いい品質のものを売っている伝統的なフランスのお店もまだまだあるけど、高いね」。ソフト・エンジニアで、グルメを自認するミシェルが言う。パリのごく近郊に暮らす、このルモワンヌ家に限らず、スーパーマーケットを好むのは時代の流れで、かつてのいかにもフランスらしい専門店は姿を消しつつある。

移民によって、フランスには多種多様な食べ物がもたらされている。実際、パリっ子の4人に1人は外国生まれだ。ミシェルは、こうしたフランス人の味覚の広がりを好ましく思っている。ただ、食卓が集いの場でなくなっていくのは気に入らない。「若い人たちが食べることにかける時間が、どんどん少なくなっているよね。あれじゃあ餌を食べているようなもんさ。会話とか食事時間そのものを、あまり味わっていないんじゃないかな」。ますますしっちゃかめっちゃかになっていく毎日に手いっぱいの2人の娘も、おそらく同じ意見だろう。デルフィーヌは別の懸念ももらす。「いろいろな国の料理を味わうのはすごく楽しいけど、アメリカの食べ物を好む若者が多すぎると思うの。何年かしたらフランス料理なんて、なくなっちゃうんじゃないかしら」。そういう彼女も、時間がないとつい近くのマクドナルドに駆け込んでしまう。

ミシェルの母親は、近所の八百屋さんの恵まれた食材で食事をこしらえていた。息子は、新たな数ある選択肢の中からいいものを選ぶことが何より大事だと言う。「いま食べているものが、昔に勝るとも劣らないくらいヘルシーなのは確かだよ。出来合いのサラダを買って、パックを開けて、さあ食事ができました、ってこともあるけどね」。イブは田舎育ちで、実家には冷蔵庫がなかった。母親は毎日食料の買い出しをし、菜園であり余るほどの野菜を育てていた。それも、もはやスウィート・メモリーだ。いまや、イブの家の冷蔵庫はぎっしり詰まっているが、スケジュールの方もぎっしりで、手の込んだフランス料理はついつい、また今度、となってしまう。

125

わが家のレシピ

**デルフィーヌ・ルモワンヌの
クラフティ・オ・アブリコ（アプリコット・タルト）**

【材料】
無塩バター（タルト皿に塗る）　適量
プレーン小麦粉　170g
砂糖　1カップ
塩　ひとつまみ
卵　4個
ミルク　1/2カップ
ライトクリーム（コーヒークリーム）　1/2カップ
ラム酒（もしくはリキュール）　大さじ5
熟したアプリコット（洗って種を取り除き、半分に切る）　500g
※1カップは250cc

【作り方】
- オーブンをあらかじめ200℃に温めておく。
- タルト皿を6～8個用意し、バターを塗る。
- ブレンダー、もしくはフード・プロセッサーで（鉄の刃を使い）、小麦粉、砂糖、塩を混ぜる。電源を入れたまま、卵を1個ずつ加え、さらにミルク、クリーム、ラム酒の順に加える。
- 半分に切ったアプリコットを、タルト皿にまんべんなく並べる。上から生地を流し込み、アプリコットをすっかり覆う。
- オーブンで30分間焼き、竹串を刺して、中まで焼けているかどうか確かめる。串に生地がつかなければ、すっかり焼き上がっているので、温かいうちにテーブルへ。

デルフィーヌ（右下の写真、奥）は1年間のオーストラリア留学中、フランスパンやチーズ、繊細な味がする故郷のペストリーが恋しくてたまらなかったと言う。「オーストラリアの食べ物は、アメリカとイギリスの中間ね」と、デルフィーヌ。「ソーセージやお肉、フィッシュ＆チップス、アイスクリーム、クリームたっぷりのケーキなんかを大量に食べるの。その代わり、おいしいフルーツもふんだんにあるわ」。一方、インドに留学していたレティシアは、その経験からコリアンダーの味が苦手だとわかった。この香菜はインド料理によく使われるが、それ以外は何でもおいしく食べていた。このように、海外へ出ることで視野が広がったのは確かだが、わざわざ飛行機に乗って遠くまで行かなくても世界中の料理を味わえる。「だって、毎日のように世界各地のものを食べているんですもの」と、母親のイブ。「フランス人は、中華やベトナム料理、タイ料理、和食にもなじんでいるし、市場ではトロピカル・フルーツも手に入る。ケチャップはアメリカのものよ！」。

フランス

- 人口：60,424,213人
- パリ都市圏人口：11,264,213人
- パリ人口のうち外国で生まれた人の割合：23%
- 面積：527,885km²（米国コロラド州の2倍よりやや狭い）
- 人口密度：114.4人／km²
- 都市人口：76%
- 平均寿命：男性75.9歳、女性83.5歳
- 出産率（出産可能女性1人当たり）：1.9人
- 原子力発電によりもたらされる電力の割合：77%
- 1日1人当たりのカロリー摂取量：3,654kcal
- 1人当たりの年間アルコール消費量：14.07ℓ
- 1人当たりの年間消費量：ワイン52.8ℓ、ソフトドリンク23.8ℓ
- PPPにおける1人当たりのGDP（米国の数値に換算して算出）：$26,920
- 1人当たりの年間医療費とそのGDPに占める割合：248,862円／9.6%
- 肥満人口：男性44.1%、女性33.4%
- 肥満症人口：男性7.2%、女性6.1%
- 1人当たりの年間チーズ消費量：26.2kg
- 1人当たりの年間肉消費量：111kg
- マクドナルドの店舗数：973軒
- ビッグマックの価格：443円
- 1人当たりの年間たばこ消費量：2,058本

上：デルフィーヌ（中央）は、ダンスを専攻するサントル・アンテルナショナル・ドゥ・ダンス・ジャズ・リック・オダムス（リック・オダムス・インターナショナル・ジャズダンス・センター）で、レッスン前のストレッチ中。左ページ上：1週間分の買い出しをする巨大なオーシャン・ハイパーマーケットでは、同じくデルフィーヌが選んだトマトを台秤に載せて、プライス・タグをプリント中。左ページ下：ポートレイト撮影後、ルモワンヌ家はその日の夕食で、腐りやすい生鮮食品をなんとか平らげてしまおうと奮闘中。

フランス　127

エッセイ-3 チャールズ・C・マン

世界の屋台事情

外国を訪れた人ならだれでも、こんな経験があるだろう。通りを歩いていて、思いがけなく、これまで見たことも食べたこともない料理を作る光景や匂いに出くわす——道ばたの屋台だ。お腹がグウとなって、お腹が空いていたことに気づく。屋台に近寄って、焼き網や中華鍋、ガラスケースを指さす。どんな食べ物かはわからないけれど、とりあえず1つ、いや2つ頼んでみる。売り子は、とまどい気味の客に微笑んで、包みを渡してくれる。ひと口かぶりつくと、もうその国の奥深くまで入り込んだ気分になる。数世紀、いや、千年をもさかのぼる料理の伝統にいま触れているのだ、としみじみしたりする。

カイロのコーシャリ(レンズ豆と玉ねぎと米にトマトソースをかけたもの)、リオ・デ・ジャネイロのビーチのポム・デ・クエイロ(チーズパン)、北京のサソリの串揚げ、サンクトペテルブルクの王宮広場のピロシキ(湯がいて揚げたパイ)、ごちゃごちゃした大阪の商店街のタコヤキ(タコ入りボール)、ニューヨーク、リトル・イタリーのサン・ジェンナロ通りのサシーザ・ント・カナリ(湾曲したグリルでソテーしたソーセージ)などなど、屋台の食べ物はその時、その場所を強烈に印象づけてくれる。とはいえ、古代からの伝統ではない。実際、屋台の食べ物は多くの国々で、電気や自動車と同じくらい最近、お目見えしたものなのだ。そのこと自体悪いことではない。実のところ、屋台の食べ物がごく現代のものであるからこそ、グローバリゼーションに歯止めをかける役割を果たせるのだ。

屋台の食べ物は、市場資本主義時代の産物である。産業革命が起こって世界貿易が始まるまで、広まることはなかったものだ。長距離間の貿易は何世紀も前から存在したが、王や将軍が取り立てる国家の貢ぎ物のかたちをとっていた。商人、貿易業者、投資家といった民間人が頭角を現し始めるのは、15世紀になってからである。

歴史家のエリック・R・ウルフが指摘するように、民間人は物々交換よりも現金での取引を好んだ。お金なら持ち運びが便利だし、両替が簡単だからだ。同様に、染物師、織工、炭坑夫、事務員、お針子、配達人といった当時の労働力となる人々も、現金で賃金を支払われていた。工場主、商人、労働者たちはみな、自宅のキッチンから離れたところで長時間仕事をしていた。冷蔵設備がないので、弁当の持参も難しかった。その結果、お腹を空かせた人々が、ポケットに小銭をジャラジャラさせて大勢あちこちを行き来したことから、新たにささやかな商売が始まった。それが、食べ物を売る屋台である。

1723年頃、17才のベンジャミン・フランクリンは、フィラデルフィアに初めてやって来た。彼の発行する辛辣な新聞が当局筋の気に障ったため、ボストンを追われてきたのだが、お腹の空いたベンジャミン少年は、たくさんある屋台の中から、当然のようにパンを売る屋台を探した。そして、なけなしの所持金をはたいて、「大きな、ぷっくりふくれたロールパンを3つ」(自伝にそう記されている)買った。ロールパンをほおばってモグモグやりながら市街の通りを歩く姿は、さながら子どもを連れてマクドナルドのドライブ・スルーにミニバンを乗り入れる、慌ただしいワーキング・マザーの18世紀版であった。

今日、屋台の食べ物はフランクリンの時代と同じく、社会経済に組み込まれているが、もっと広がりを見せている。たとえば、フィリピン。非常に活気のある店が並ぶ屋台の本拠地ともいえる国だが、本書で紹介しているカバーニャさん一家(p.234参照)は、屋台漬けになってしまうことがある。昼時になると、年少の子どもたちは学校から、湯気を上げてジュージュー音を立てている近くの通りの屋台や、スタンドに駆けつける。年長の子どもたちや両親も同じように、仕事場から屋台に直行する。毎日マニラで仕事をするカバーニャさん一家に同行したとき、ピーター・メンツェルとフェイス・ダルージオは、面白いネーミングの食べ物を売る屋台を通りがかった。「ヘルメット」(こんがり揚げた鶏の頭部)、「アディダス」(鶏の脚の揚

げ物)、「IUD」(鶏の臓物の揚げ物)、「ベータマックス」(動物の血の固まりを揚げたもの)である。この街のだれもが屋台に群がって、ご近所や親戚、同僚のうわさ話に花を咲かせ、油ぎった肉の串刺しに手を伸ばしているように見えた。屋台がなくなれば、数え切れないほど多くのフィリピン人が職を失い、人々は活気あるこの街の文化の一面を損なうことになるだろう。

マニラの屋台は、実業家を志望する人たちにビジネスチャンスを開いている。料理人は、めったに取り締まりの対象にならないのだ。驚くにはあたらないけれど、衛生基準は低い。これは世界中いたるところでも同じである。

数年前、インド北西部のラージャスタン州にある僻地の市場を訪れたことがある。とりわけ暑く思われたその日、炎天下で数時間過ごすと、何人かでヨーグルト・ドリンクのラッシーを売っている、大きな天蓋の下に駆け込んだ。石油のドラム缶のような金属製のふたつき鍋からすくって、大きな氷のかち割りを浮かべたラッシーは、おいしくて爽快感あふれる飲み物に見えた。実際にもおいしくて爽快だったので、お代わりを注文した。10分もしないうちに、ヨーグルトはバクテリアを培養するにはもってこいの媒体であることを思い出した。その日のうちに、熱が40℃まで上がった。幸い、現代の医薬品に触れたことがない地域のウイルスだったため、抗生物質で完全に退治することができた(しかし、屋台が抱える深刻な保健問題は、衛生状態だけではない。日本人の友人をニューヨークのストリート・フェアに連れて行き、自慢気にアイスクリームをかけたアップルパイを食べさせたところ、友人の消化器系統はカロリーたっぷりの食べ物に慣れていなくて、ひどく体調を崩してしまった)。

このような問題は、世界が豊かになれば、屋台の食べ物が重要性を失うことを意味している。マニラの非衛生的なすすけた屋台は、マクドナルド、ケンタッキー・フライド・チキン、スターバックス、吉野家といった、グローバルに認識できるロゴマークの、清潔で色鮮やかな企業にとって変わられるだろう。このような場所は、何とか貧困から抜け出そうとする人々に強力にアピールする、近代のシンボルとなっている。イスタンブール在住のチェリクさん一家(p.252参照)を見てみよう。この家の子どもたちは、欧米からの観光客を引きつけてやまない屋台の、おいしいケバブ、ボレク(ミート・パイ)やココレク(羊の尾を包み込んだ仔羊の内臓)、ごま入りの菓子パンよりも、ビッグマックを欲しがる。インターナショナル・チェーンの大資本力が導入されてしまったら、今世紀で屋台も見納めかな、と思えるときがある。しかしながら、フード・ライターの中には、逆のことを考えている人もいる。屋台の食べ物は、特定の時と場所をイメージさせる強い力をもっている。その反面、批評家がファストフードを非難するときに引き合いに出す、綿密な均一性にはまったくと言ってよいほど欠ける。そのスタイルや中味からすると、「ヘルメット」や「アディダス」を売る屋台は、マクドナルドのフランチャイズ店の対極にある存在なのである。これが、屋台の食べ物の目下の弱みである。しかし、強みにもなり得る。

確かに、インターナショナルなファストフードの大企業店は、世界中に広がっている。しかし、この広がりの後ろ盾となる豊かさは、屋台の食べ物との競争をも促しているのだ。たとえば、スターバックスはブラジルで急速に店舗を増やしているが、エスプレッソにブラジル人の好きな小さくて軽いチーズパンを添えて出す、カーサ・ド・パオ・デ・クエイホのような店との厳しい競争に直面している。屋台自体をチェーン店としている経営者たちの組合であるカーサ・ド・パオ・デ・クエイホは、いわば、食の「第三の道」を代表するものかもしれない。つまり、世界的なチェーン店が提供するような清潔で安全な、しかし地域の特徴もあわせもつ食べ物を供給するという方法である。

どちらのビジョンが正しいのだろう。ほとんどがアメリカ生まれの、超効率的な2、3の大企業チェーン店が支配する世界と、それぞれが自国の文化を重視したいく千もの多種多様な軽食堂が集まる世界と。通りに出てみると、その時、その場所、その記憶をすぐさま思い出せる、そのことを人々がどれほど大切だと考えているか、最終的な回答はそこにある。

チャールズ・C・マンは、『アトランティック・マンスリー』、『サイエンス』の通信記者。『ニューヨーク・タイムズ』や『ワシントン・ポスト』にも寄稿しているほか、近年コロンブス以前の新大陸について新たな真実を解き明かした『1491』を出版した。

**屋台の食べ物は、特定の時と場所をイメージさせる強い力をもっている。
その反面、批評家がファストフードを非難するときに引き合いに出す、
綿密な均一性には、まったくと言ってよいほど欠ける。**

綿菓子／エジプト、カイロ

ホット・プレッツェル、青いモスク付近にて／トルコ、イスタンブール

クイ（モルモット）の丸焼き／エクアドル、アンバト

鶏肉の屋台／カンボジア、プノンペン

タツノオトシゴ、セミ、カイコの串焼き／中国、北京

パイナップルとマンゴーの切り身／スリランカ、コロンボ

豚と鶏の内臓、脂ののった豚肉／フィリピン、マニラ

赤い塩卵／フィリピン、マニラ

羊のスープ／エクアドル、ズンバグア

ビンロウの実の屋台／インド、バラナシ

●フォト・ギャラリー
屋台の食べ物

屋台の食べ物は、手軽なテイクアウト・フードだ。中国のティーンエイジャーは、串刺しにしたサソリの揚げ物を買う。中東では、スパイシーなケバブやシュワルマが売られ、近所の店からトレイに載せたお茶が運ばれてくる。売り子にとってストリートは、安上がりに飲食業を営める場所だ。マニラのような街では、特にそうだろう。チャールズ・C・マンがエッセイに書いているように、屋台はもともと、貧しい人たちに安い食べ物を提供する、1つの方法として生まれた。しかし、社会の移動性が高まり豊かさを増すにつれて、こうしたクイック＆コンビニエントな食べ物は、高級志向になっていく。

ドイツのメランダーさん一家。バルグテハイデにあるダイニング・ルームで、1週間分の食料とともに。左から、ケール（次男、10歳）、スザンネ・メランダー（妻、43歳）、ヨルグ・メランダー（夫、45歳）、フィン（長男、14歳）。調理手段：電気コンロ、電子レンジ、屋外のバーベキュー・グリル。食品保存方法：冷凍冷蔵庫、チェスト型フリーザー。好きな食べ物――ヨルグ：フライドポテトのオニオン添え、ベーコン、ニシン。フィン：ピザ、バニラプディング。スザンネ：「新鮮でおいしいものなら何でも」。

GERMANY. ●ドイツ

メランダーさん一家　バルグテハイデ在住

●11月の1週間分の食料

穀物、でんぷん食物：3,774円
Kölln ミューズリー（シリアル）1.7kg、Golden Toastの全粒粉パン1.7kg、じゃがいも1.4kg、黒パン1.1kg、イタリア風白パン1.1kg、パン屋の丸パン650g、Barillaのリングイネ550g、Brillaのロティーニ550g、Harryのライ麦パン550g、小麦粉318g、チョコレートクロワッサン270g。

乳製品：7,591円
低脂肪牛乳12.8ℓ、Onkenの低脂肪ヨーグルト5ℓ、Velfriskのデンマーク・フルーツヨーグルト2.1ℓ、Froopのフルーツヨーグルト1.8kg、Langneseのバナナスプリット・アイスクリーム1.1kg、ハードチーズ詰め合わせ900g、ギリシャヨーグルト・スプレッド詰め合わせ550g、ビオ（オーガニック）の生クリーム423g、サワークリーム318g、Milsaniのバター264g。

肉、魚、卵：6,055円
牛肉1.3kg、牛肉（煮こみ料理用）1.3kg、卵12個、ハム類700g、牛挽き肉650g、Igroの冷凍フィッシュスティック650g、薄切りの豚肉550g、Lloydの缶入りニシン切り身423g、ベーコン138g。

果物、野菜、ナッツ類：9,216円
オレンジ4.5kg、庭で採れたリンゴ*2kg、ビオのバナナ1.3kg、レッドグレープ318g、ホワイトキャベツ大きいもの1個5.5kg、チェリートマト1.7kg、冷凍グリーンピース1.1kg、イエローオニオン1.1kg、きゅうり1.1kg、コールラビ（キャベツの一種）1kg、サラダ菜6個、レタス2個、フェンネルの根900g、ピクルス732mℓ、ルッコラ600g、にんじん550g、リーキ550g、マッシュルーム318g、ラディッシュ294g、赤ピーマン258g、黄ピーマン258g、唐辛子のピクルス216g、グリーンオニオン192g、にんにく6g。

調味料、香辛料：3,756円
エキストラバージン・オリーブオイル507mℓ、Homannのサウザンドアイランド・サラダドレッシング318g、Kühneマスタード264g、砂糖264g、Heinzのトマトケチャップ255g、粗塩200g、フライに使うラード132g、LÄTTAの低脂肪マーガリン132g、パプリカ105g、粒コショウ54g、バルサミコ酢51mℓ、オレガノ6g、Bourbonのバニラビーン1本。

スナック、デザート：1,718円
チョコレート詰め合わせ550g、シュトーレン（バターが入ったドイツのケーキ）550g、ピスタチオ318g、シナモンロール2個。

総菜、加工食品：7,880円
Dr.Oetkerの冷凍ピザ1.3kg、Knorrの冷凍トルテッローニ1kg、冷凍野菜のバター煮1kg、Esbsen–Eintopfの缶入り豆スープ813mℓ、Bertolliのトマト、にんにく、ペコリーノチーズのパスタソース405mℓ、アーモンド入りオリーブ300g、ドライトマトのオリーブオイル漬け258g、インスタントスープ213g、ベジタブルブイヨン90mℓ。
平日の昼食：フィンは週5日、学校のカフェテリアでピザ、もしくはスパゲティを食べる。ケールは昼食を家でとり（上に挙げたもの）、ヨルグは職場でグリーンサラダ、ミートサラダ、じゃがいもと野菜のルラーデン、ほうれん草のじゃがいもとソーセージ添え、チリコンカルネを、スザンヌは職場でヨーグルトを食べる。

飲料：8,280円
Jakobusのソーダ水760mℓ入り瓶12本、Erdingerのノンアルコール・ビール510mℓ入り瓶10本、Frucht–Oaseのマルチビタミン・フルーツジュース1ℓ入り紙パック4個、Einbecker Ur–Bockのビール330mℓ入り瓶10本、Quinta Hinojalの赤ワイン760mℓ入り瓶4本、Flensburgerのモルトビール340mℓ入り瓶8本、Frucht–Oaseのマルチビタミン・オレンジジュース1ℓ入り紙パック2個、ココアパウダー423g、Lavazzaのエスプレッソ264g、フルーツティー213g、ティーバッグ25個、飲料用と料理用の水道水。

その他：10,738円
スザンヌが毎日飲むCentrumのビタミン8種（スザンヌと子どもたちが飲むビタミンとサプリメントはHerbalifeの製品で、Formula1粉末219g、AloeMAX60g、Formula2・45錠、ビタミンB45錠、Formula3・23錠、Formula4・23錠、Herba–Lifeline23錠、Coenzyme Q10Plus8錠）。

*自家栽培のもの

1週間分の食費：
59,008円（375.39ユーロ）

オーガニックな思考の法則

アフリカのチャドからドイツへ。太陽が照りつける酷暑の地から、骨まで凍りつくようなブリザードの真っただ中へいきなり移動してくると、心身にものすごい衝撃がある。でも、ハンブルク北部の町、バルグテハイデにあるヨルグとスザンネの家に駆け込むと、心もからだもにわかにほっこりする。「ゲミュートリッヒ（Gemutlich）」。言葉に厳格な人は、このドイツ語をぴったりほかの言葉に置き換えることはできないと言うけれど、メランダーさん夫妻の人を温かく迎え入れてくれるこの家のあらゆる空間から、「ゲミュートリッヒ（居心地のいい）」の雰囲気を肌で感じることができる。照明を落とし、ロウソクが灯る。外は吹きさらしでも、暖炉を囲む私たちのところまでは届かない。

メランダーさん夫妻の美しい家をほめると、長年、改築や改装を繰り返してきたという。ヨルグの日曜大工と、スザンネのクリエイティブなセンスの賜物だ。もとはヨルグの最愛のエミー大叔母さんの家で、夫妻は子どもが生まれる前、大叔母さんとともにこの家に越してきた。「フィンとケールには、おばあちゃんみたいなものだったのよ」と、スザンネがスパイスティーを入れてくれながら、ソフトなハスキーボイスで言う。ヨルグは、大工の名人の父親と力を合わせて家を複合世帯用に作り替え、1997年に大叔母さんが亡くなると、もう1度改築した。以来、手直しを続けている。

合理的なつくりのキッチンにはコンパクトな引き出しや棚がぴったり収まり、1920年代にマルガレーテ・シュッテ＝リホツキーが考案したフランクフルト・キッチンのデザインをほうふつさせるが、もっと親しみやすい。雪国でよく見かける高いとんがり屋根をもつ1920年代初頭様式の家は、その形状が室内にも反映されていて、上の階が寝室と書斎になっている。ヨルグはその書斎で、日曜大工以外の週末のプロジェクト──家族全員で共用するネットワーク・コンピューターの構築作業に取り組む。書斎には地図の入った箱もあるし、棚には本とクラシックのCDやレコードがぎっしり詰まっている。「うちの息子たちは、お友だちよりもよく本を読んでいる。でも、私たちが子どもの頃はもっと読んだけどね」とスザンネ。ヨルグは生物学者で、ハンブルグにある『GEO』誌のドイツ版編集部に勤めている。「家でゆっくりできるのは週末だけだから、いろいろやることがあるんだ」。看護師のスザンヌはますます仕事が忙しくなり、そちらでいっぱいいっぱいなので、最近はヨルグが台所仕事や食料品の買い物などに、週末の時間を充てることが増えている。そうして、ファミラという名の恐怖のスーパー・スーパーマーケット（SSM：郊外型の大規模店舗）へも定期的に出

133

かける羽目になったのだ。

不安な買い物

近代的なSSMにずらりと並べられた食料品の種類は、商店やドイツの村の広場で長年営まれてきた市場の、優に千倍はある。ヨルグのように用心深く几帳面な人間にしてみたら、何千もの選択肢があるということは、失敗する可能性も何千倍にも広がるということだ。だからヨルグは、ファミラに行くことを悲惨なほど怖がっている。スザンネは慣れた手つきで能率よく買い物をするけれど、自分にはとてもできそうにない、と打ち明ける。男の人がこんなことを白状するなんて、と思うと同時に、仕事をさぼりたいのかな、とかすかに疑ってもみる。でも、ヨルグの不安は正真正銘で、「すぐに間違ったものを選んじゃう」らしい。ヨルグが好きなのは、実用本位のディスカウントチェーン、アルディだ。ドイツにはこの店の熱狂的なファンがいる。ただし、アルディの品揃えはでたらめで、やたらとたくさんあるものもあれば、まったくないものもある。

ドイツ北西部に本部のあるファミラのチェーンは、巨大で騒々しいだけの、多国籍食品コングロマリット系列の標準仕様の箱型店舗とは異なる。「コングロマリット系の巨大なハイパーマーケットへ行ったら、きっと気絶するわよ」とヨルグに言うと、「あり得るね」との返事。ヨルグが途方に暮れるところを想像して、みんなが笑う。小さな商店や週に1度の青空市の方が、ヨルグは落ち着く。それなら、由緒あるルター派教会の墓地を抜けて歩いて行ける。「大きな店で買った方が経済的なものもあるけど、青空市の果物や野菜の方がいいわよね。輸送期間や産地、太陽の下での生育期間、熟してから収穫したものかどうかを知りたいもの」とスザンネ。市場では生産者直販の品物やその朝採れたての農場製品が売られていて、彼女の希望にまさにぴったり。家族がしっかり栄養摂取できるよう、魚油のカプセルやハーバライフ社のサプリメントにも彼女は気を配っている。本当ならオーガニック食品だけを買いたいところだが、栽培コストがかかる分、値段も高いので、食料品の買い物のうちその割合はわずかだ。ただし、見分けるのは簡単。ドイツのオーガニック認定プログラムによって規格化された、「Bio（ビオ）」の文字のある鮮やかな緑のロゴマークが目印だ。

町の市場

ドイツ人は青空市を大事にしていて、どんなに厳しい寒さの時期でも健康によい地元産のもの、調味料、お茶、チーズ、肉、魚などを求めてせっせと市場へ通う。スザンネとヨルグも買い物かごを手に、食品用のショッピングカートも用意して、毎週、同じ売り手のところに通っている。

「じゃがいもはエルベ川の対岸、ハンブルク南部が産地だよ」と商人の1人が声をかけてくる。「フィアランデンってところで温室栽培したものだ」。行商人は、小型トレーラーで商いをしている。雨風や雪をしのぐカーテンや赤外線灯をつけたトレーラーもある。肉や野菜は、人間よりこの気候に適しているようだ。厚手の冬物コートを着てキャップをかぶった男たちが、野菜を袋に放り込む。各種のお茶を揃えたトルコ人のお茶売りは、大繁盛している。スザンネは香りのいいハーブティーを買い、私も同じものを買う。

「うちは玉ねぎをたくさん使うのよ」。プットファルケンさんという露天商の品物をざっと見ながらスザンネが言う。このトレーラーでは、コールラビ、ブラックラディッシュ、にんにく、ほうれん草、マッシュルーム、さやいんげん、唐辛子を売っている。家族で市場向け野菜農園を営んでおり、ほかの農場の産物も扱っているという。プットファルケンさんはオーガニック野菜もそうでないものも扱っており、週2回、別々の市場で商売をして、それ以外の日は家族と畑仕事をしている。青空市場で商売をするのが好きだ、と彼は言う。ただ、トレーラーと燃料代を勘定に入れると、店を構えているのと同じぐらいコストがかかる。「でも、野菜のためにはこの方がいいよね」。どのスタンドでも野菜やチーズやヨーグルトスプレッドやパンを、ひと口味見させてくれる。おかげで市場をひと回りしたら、ピーターは夕食がいらないほどお腹がいっぱいになったそうだ。

ファミラの果てに

週末の朝、ヨルグはバイクで焼きたてのパンを買いに行く。これが朝いちばんの仕事だ。シナモンロールかチョコレート・クロワッサンを10歳のケールと14歳のフィンに、自分とスザンネ用にはプレーンなロールパンを買う。親たちはこれに、チーズとスライスミートを添えて食べる。うちに帰ると、2階の寝室に向かって大声で子どもたちを起こす。ケールがまず降りてきて、寝ぼけ眼で椅子に座る。いまにもココアのカップとシナモンロールにあごがくっつきそうだ。フィンはもう少し寝坊をするけれど、ヨルグと息子たちは、ほどなくヨルグの父親が作った美しい厚板テーブルにつく。スザンネは、今日は老人ホームで午後まで勤務で、ひょっとしたらもっと遅くなるかもしれない。「事務処理が山のようにあるのよ。人が相手の仕事は、鉛筆をぽろっと落としてあとから拾うようなわけにはいかないの」。ヨルグは大型箱型店舗での買い出しを昨日のうちに済ませたので、今日はリラックスしてほかのホーム・プロジェクトに取り組める。

「カルペ・ディエム（Carpe Diem）」——ラテン語で「いまを生きる（ろ）」と書かれた紙が、どの部屋にも貼られている。でも、ヨルグとスザンネはそんな貼り紙なんかなくても、ちゃんといまを楽しんでいる。

わが家のレシピ

**スザンネ＆ヨルグ・メランダーの
ビーフのルラーデン（ロール巻き）**

【材料】
サーロインビーフの薄切り（厚さ1cm、幅10cm、長さ20〜30cm）　6枚
ディジョン・マスタード　1/2瓶（約80g）
挽きたての黒コショウ　適量
ベーコン（ウェストファリアン、もしくはブラックフォレスト）　6枚
ピクルス（縦半分に切る）　1瓶（約3カップ）
玉ねぎ（皮をむいて半分、もしくは四等分に切る）　500g
ラード、もしくは澄ましバター　50〜100g
ベジタブルストック、もしくはビーフストック　500〜1,000cc
にんじん（ぶつ切り）　3〜4本
リーキ（ぶつ切り）　1本
セロリアック（根セロリ）　1/2本
※1カップは250cc

【作り方】
- ビーフの薄切りを水ですすいで、ペーパータオルで水気を拭き取る。
- 肉にディジョン・マスタードを厚く塗り、コショウをふりかける。
- マスタードを塗った上に、ベーコンを1、2枚ずつ重ねる。
- 次に半分に切ったピクルスと1/4に切った玉ねぎを、肉の上にのせる（肉の大きさに応じて、いずれかでもよい）。
- これをくるくる巻いてルラーデン（ロール巻き）にし、端を串で留める。
- フライパンかロースト用鉄板にラード、もしくは澄ましバターを入れて、中火にかけ、ルラーデン全体がきつね色になるまで、軽く炒める。
- ベジタブルストック、もしくはビーフストックを温め、ルラーデンが2/3ほどかぶるくらい流し込む。残りのピクルスをひと口サイズに、玉ねぎを1/4に切って、これに加える。にんじん、リーキ、セロリアック、ディジョン・マスタード大さじ2〜3も加える。
- 鍋にふたをして、1時間あまり煮込む。やわらかくなったら、ルラーデンを取り出し、温かいお皿に載せる。
- 煮汁をブレンダーかフード・プロセッサーにかけて、ピューレ状にし、ソースを作る。
- 茹でたじゃがいもと、緑色野菜をつけ合わせて、赤ワインとともにテーブルへ。
- グーテン・アペティット（召し上がれ）！

英王室護衛兵の制服の肩章を並べたような作りかけのルラーデン（牛肉のロール巻き）が、狭いキッチン・カウンターを占領している。今夜は大叔母さんから受け継いだ、この古いけれど居心地のいい家でのディナー・パーティで、4人のゲストを招く。ドイツの伝統的なアントレ（前菜）であるルラーデンは、メランダー家の大好物。

取材メモ

ドイツには、文化的にずっと親しみを感じてきた。祖父母が父方も母方もドイツ系で、第一次世界大戦前にアメリカに渡ってきたのだ。オットー叔父さんは、小さな食料品店とジャーマン・デリ（ドイツ料理のデリカテッセン）を営んでいた。

父の口癖は「料理を残すな」だった。缶詰のザワークラフトとキルバサ（くん製ソーセージ）、茹でたじゃがいもを食べる木曜日の夜には、そのモットーがとりわけ重くのしかかった。大人になってからは、ニシンの酢漬けにサワークリームとオニオンスライスを添えた甘いダークブレッドを食べるのも好きになったし、いまではドイツに行くと、焼きたてのブラートヴルスト（焼きソーセージ）やクナックヴルスト（パキッとした食感の細びきソーセージ）の屋台の前を絶対に素通りはできない。子どもの頃は嫌で、あまり食べられなかったのに。

嫌いな食べ物で思い出すのは、ママの「特製」料理だ。牛肉のロール巻きで、玉ねぎやら、ピクルスやら、子どもの嫌いな具がいろいろ巻き込まれているルラーデンという料理で、これらの具を爪楊枝で封じ込めて大きな鉄鍋で煮込む。すると、肉から茶色いドロドロのものがにじみ出てきて、とろりとしたグレービーソースになる。昔はそうやって、乾燥肉をやわらかくしていたのではないだろうか。しかし私にとってはこの料理は、嫌いなものランキングでザワークラフトやキルバサを上回っていた。

だから、ヨルグとスザンネから鳴り物入りで、その夜のディナー・パーティには特製ルラーデンを作る、と知らされたときは、興味津々だった。ただし、あくまでフォトグラファーとしてのビジュアル的な興味だった。ヨットか飛行機のように機能的なメランダーさんの家のコンパクトなキッチンで、根気よく何時間もかけて作られたビーフ爆弾には、ドロドロの茶色いソースがこってり盛られ、ディナー・パーティのお客さんや家族——私を除く全員から、おお、とか、ああ、とか歓声が上がった。肉が嫌いなフェイスですらすっかり料理を平らげ、ヨルグはお代わりまでした。私は自分の分は片づけたけれど、子どもの頃の記憶まで片づけてしまうのは、やはり難しかった。

——ピーター

ドイツ

- 人口：82,424,609人
- バルグテハイデ人口：13,680人
- 面積：344,525k㎡（米国モンタナ州よりやや狭い）
- 人口密度：239.2人／k㎡
- 都市人口：88%
- 平均寿命：男性75.6歳、女性81.6歳
- 出産率（出産可能女性1人当たり）：1.4人
- 1日1人当たりのカロリー摂取量：3,496kcal
- 1人当たりの年間アルコール消費量：13.17ℓ
- 1人当たりの年間消費量：ビール103ℓ、ソフトドリンク76ℓ
- PPPにおける1人当たりのGDP（米国の数値に換算して算出）：$27,100
- 1人当たりの年間医療費とそのGDPに占める割合：284,616円／10.8%
- 肥満人口：男性63.7%、女性53.6%
- 肥満症人口：男性19.7%、女性19.2%
- 20歳以上の糖尿病人口：4.1%
- 1人当たりの年間肉消費量：90.5kg
- 1人当たりの年間ソーセージ消費量：33.5kg
- マクドナルドの店舗数：1,211軒
- ビッグマックの価格：443円
- 1人当たりの年間たばこ消費量：1,702本

左ページ上：こぎれいなバルグテハイデの町に毎週金曜日に立つ青空市で、スザンネがヨルグの胸にショッピング・リストを押し当てて買い物をチェックしている。上：1時間後、野菜や果物の買い物を終え、19世紀の教会脇にある町の広場を横切って家路につく。左ページ下：翌日の土曜日は雪。スザンネは看護のシフトが入っているので、ヨルグが露店の肉屋の列に並ぶ。近くのアーレンスブルグの土曜市で。

上：寒い中を歩いて金曜市から戻ると、ヨルグが暖炉に火を入れ、スザンネはヨーグルトスプレッド、チーズ、スタッフドオリーブ、唐辛子のピクルス、焼きたてのパン、ドレスデンシュトーレンなどを運んできて、友人のベニータ・カレブスにお茶を入れる。右：翌朝、スザンネは朝早くに看護の仕事に出かけてしまい、ケールはホットチョコレートを前にして、父親が朝食のテーブルにつくのをじっと待っている。今朝のメニューは、焼きたてのロールパン、スライスミート、チーズ。

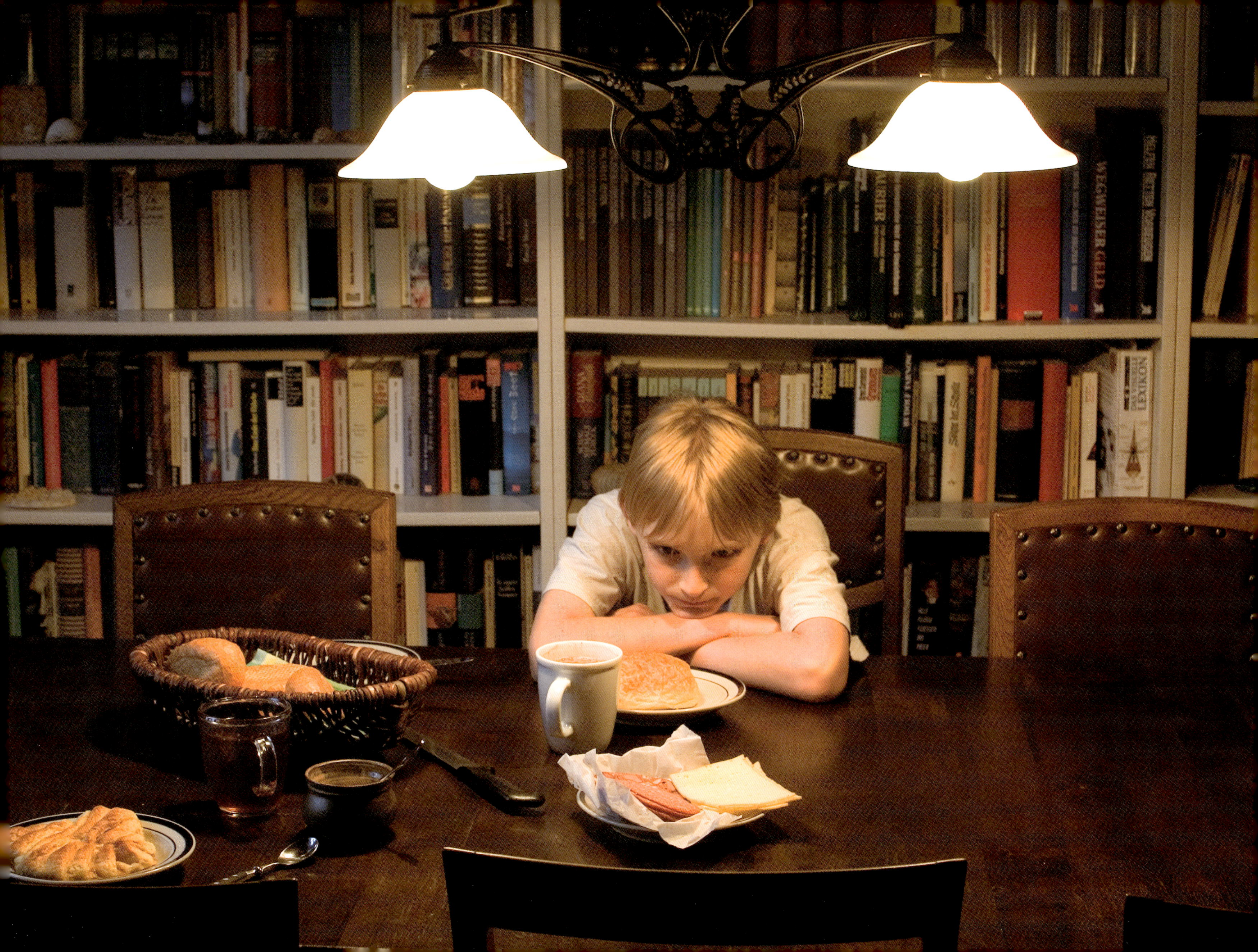
WEGWEISER GELD

ウィルトシャー州、コリングボーン・デュシス在住のベイントンさん一家。リビングルームのダイニング・エリアにて、1週間分の食料とともに。左から：マーク・ベイントン（夫、44歳）、デブ・ベイントン（妻、45歳）、ジョシュ（長男、14歳） と タッド（次男、12歳）。調理手段：電気コンロ、オーブンレンジ。食品保存方法：冷凍冷蔵庫、小型冷凍庫。好きな食べ物──マーク：アボカド、デブ：エビマヨネーズ・サンドイッチ、ジョシュ：エビのカクテル、タッド：クリームを添えたチョコレート・ファッジ・ケーキ。

GREAT BRITAIN ●イギリス

ベイントンさん一家　コリングボーン・デュシス在住

●11月の1週間分の食料

穀物、でんぷん食物：2,408円
じゃがいも1.95kg、Kingsmill Goldのソフトスライス白パン2斤、Hovisの堅い表皮の白パン900g、Weetabixのグラハムシリアル750g、新じゃがいも650g、McDougall'sのベーキングパウダー入り薄力粉550g、Saxbyのパイ生地550g、Seeds of Changeのタリアテッレ550g、Waitrose（ストアブランド）のポリッジ用麦550g、Kellogg'sのココポップス390g、Waitroseのコーンフレーク360g、Waitroseのオーガニックのガーリックバゲット180g、Jacob'sのクラッカー159g。

乳製品：3,296円
セミスキム・ミルク14ℓ、全乳2ℓ、Waitroseのストロベリーヨーグルト750g、Müller Cornerのストロベリーヨーグルト600g、Waitroseのカスタード550g、マイルド・イングリッシュチェダー345g、Philadelphiaのクリームチーズ240g、Waitroseのルバーブヨーグルト180g、Waitroseのタフィーヨーグルト180g、Country Lifeのバター132g、Cropwell Bshopのチーズ105g。

肉、魚、卵：3,344円
Waitroseのブリティッシュポーク1.1kg、Waitroseの卵12個、Waitroseのポークエスカロープ‡550g、Waitroseの塩水漬けツナ缶550g、ハニーロースト・ハム354g、Waitroseのブリティッシュ生ベーコン165g、Waitroseの大きめの冷凍車エビ159g。

果物、野菜、ナッツ類：4,162円
コックス種のリンゴ1.4kg、ブレイバーン種のリンゴ900g、バナナ750g、オレンジ700g、グラニースミス種のバラエティアップル650g、種無しグリーングレープ432g、Del Monteの缶入り厚切りパイナップル240g、Heinzの缶入りベークドビーンズ1.4kg、Waitroseの生芽キャベツ1.1kg、Birds Eyeの冷凍さやえんどう1kg、オーガニック・ホワイトキャベツ1個、ホワイトマッシュルーム800g、カリフラワー1個、にんじん750g、パースニップ700g、レタス1個、トマト500g、ブロッコリー417g、きゅうり336g、レッドオニオン318g、さやいんげん306g、マンジュトゥ（スノウピース）159g、スナップエンドウ159g。

調味料、香辛料：2,400円
I Can't Believe It's Not Butterのスプレッド450g、Heinzのケチャップ420g、Hartly's Bestのラズベリージャム360g、Hainzのサラダドレッシング300g、Hellmann'sのリアルマヨネーズ300g、Waitroseのオーガニック・スムースピーナッツバター240g、Waitroseのブレンド・オリーブオイル153㎖、Tate Lyleのグラニュー糖132g、Waitroseのダークブラウン・シュガー105g、ウォルドーフサラダ用トッピング54g、パプリカ51g、黒コショウ42g、Maldonの粗塩30g、Saxaの食卓塩30g、バジル*1束、パセリ*1束、Sweetexの甘味料タブレット80個（とても小さい）。

スナック、デザート：3,392円
McCainの冷凍フライドポテト1kg、Marsのマルチパック・キャンディバー850g、Waitroseの冷凍サボア‡850g、Waitroseのミルクチョコレート・ダイジェスティブビスケット423g、Waitroseのトリークルタルト402g、Cadburyのチョコバー267g、Treborのソフトミント237g、Haribloのソフトキャンディ213g、Waitroseのリッチ・ティービスケット213g、Golden Wonderのニックナックス198g、Walker'sのバーベキュー味ポテトチップス186g、Walker'sのブラウンカクテル味ポテトチップス186g、Waitroseのキャラメルサプライズ159g、Waitroseのチョコレートサプライズ159g、Onkenのチョコレートヘーゼルナッツ・ムース132g、ストロベリーレース105g、Waitroseのミニジェリー・ベービーズ105g、Dairylea Double Dunkerのナチョス（とうもろこしで作ったメキシコのスナック）54g、Flying Saucersのキャンディ54g。

総菜、加工食品：3,069円
New Covent Garden Food Coの野菜とレンズ豆のスープ650g、Waitroseの5種類のチーズとペパローニのピザ650g、Loyd Grossmanの4種類のチーズのパスタソース477g、Heinzの缶入りトマトクリームスープ423g、Waitroseのチーズと玉ねぎのフラン423g、Waitroseのチキンとマッシュルームのフラン423g、Dairyleaのハムランチャブル234g、Bistoの顆粒グレービーミックス焼き野菜風味213g、Waitroseのカルボナーラソース159g。

自家製の食品：0円
サボアパンケーキ、上記の小麦粉、牛乳、卵で作る。

飲料：4,544円
Capri Sunのフルーツジュース200㎖入りパック12個、Somerfieldのペニーバレー水1.6ℓ、Wadworthのビール510㎖入りの缶12本、Waitroseのパイナップルジュース1ℓ、Waitroseの圧搾リンゴジュース1ℓ、Waitroseのピュア・オレンジジュース1ℓ、Tescoのマウンテンスプリングウォーター500㎖、Cadburyの飲むチョコレート550g、James Herrickの赤ワイン380㎖、Douwe Egbertsのコンチネンタル・ゴールドコーヒー186g、PG Tipsのティーバッグ40個、飲料用と料理用の水道水。

その他：3,256円
Waitroseのバラエティ・キャットフード2.7kg、Bakersのドッグフード、ラビット＆ベジタブルのドライ1.65kg、Pedigreeのドッグフード、缶入りチキン＆ゲーム900g、Friskiesのゴーキャット・キャットフードのドライ396g、Golden Virginiaの手巻きたばこ100g、Rizlaの巻たばこ用の紙4箱。

＊自家栽培のもの　‡写真にないもの

1週間分の食費：29,871円（155.54英国ポンド）

ザ・ビーズの暮らし方

デブ・ベイントンによると、息子のジョシュは「ベジタリアン予備軍」らしい。もういつ完全にそうなってもおかしくなく、イギリスならではのサンデーローストの代わりに、栄養満点のレンズ豆のスープが食卓に上る日もそう遠くない、と冗談交じりに言う。「だけど、やっぱりローストが食べたいなあ」と夫のマークがおどけて、わざと悲しそうな顔をつくる。でも、本当はそんな心配はいらないのだ。「だって、よく1つのテーブルで別々のものを食べてるもの」とデブ。

ベイントン家──この家の人は、自分たちのことを「ザ・ビーズ（ビー家）」と呼ぶ──の会話はしょっちゅう、モンティ・パイソン風になってくる。「マークはブレックファスト・メーカーなの」とデブ。「コーヒー・メーカーみたいに言うなよ」とマーク。「だってあなたが朝食を作るじゃない？ そういう人のことをブレックファスト・メーカーって言うのよ」とデブ。14歳のジョシュと12歳のタッドは、"ブレックファスト・メーカー"が何かこしらえているあいだ、日曜の朝のアニメ番組に熱中している。「今朝は、純正のイングリッシュ・ブレックファストよ──卵にベーコン、マッシュルームにベイクドトマト」とデブ。ただし、どちらが作るかが問題のようだ。結局、フライパンを手にしたのはマークで、デブが助手を務める。卵といっしょに殻までパチパチはじける油の中に落ちたのを見ると、「まったく、がさつなんだから」とデブがやさしく言う。ジョシュは、母親が殻を拾うのを見て、冷たいシリアルにしておこう、と思う。

この週末は、地元のパブでジョシュの14歳のバースデー・パーティを開く予定だ。ザ・ビーズとジョシュの友だちが集まって、ディナーとホイップクリームをのせたケーキとビリヤードで祝うのだ。でもその前に、面倒な1週間分の食料の買い出しがある。一家は車に乗り込むと、牛や、時には戦車が横切る牧草地の脇道を、古風な草葺きのコテージを横目に走り抜けていく。この趣のある小さな村があるウィルトシャー州には、謎のストーンヘンジ、エーヴベリーがある。いくつか小さな村を抜けると、ようやく近代的な建物が目に入る。マルボロの町にあるイギリスの高級老舗スーパー、ウェイトローズだ。マークがショッピングカートをさっとつかんで店内へと入って行く。「ぼくはカートを押す係。でも買い物は禁止さ」とマーク。「だって、戸棚の中が訳のわからない食べ物でいっぱいになっちゃうんだもの」とデブ。「お菓子もね」と息子たち。一方、ジョシュがこっそりカートに入れる好物は、高価なエビだ。それから一家は、冷凍ピザやジュースのパック、インスタント食品を、その週いっぱいもつよう買いだめする。

取材メモ

ベイントンさんの家を訪ねるのを、私は心待ちにしていた。彼の家はイングランド南西部にあり、近くにまだ見たことのないストーンヘンジがあったからだ。ストーンヘンジは、朝9時半から午後4時までしか公開されていないうえフェンスに囲まれているので、夜明けや日暮れ時は撮影不可能。光が最も美しい時間帯なのに、近寄ることすらできないのだ。そこで朝4時に起き出し、暗く渦巻く霧を突っ切ってストーンヘンジへと車を飛ばした。牧草地に車を乗り入れ、相棒のフェイスを車の中に残して私は遺跡を目指し、草地を縫うように這っていった。100mも離れていないところから、警備隊がこちらを見ている。私はプレスカード（記者証）をかざして見せたが、9.11以後は、そんな特例を認めるほど悠長なムードではなさそうだ。それでも、私を逮捕しなかっただけまだ親切だったのだろう。ストーンヘンジ最大の謎は、最も美しい時間帯になぜ公開していないかだ、などと悪態をついたのだから。車に戻った私は、いい光を逃したことに気を悪くはしてはいなかった。イギリスの夜明けは、いつもどおり脳みそをミキサーで砕くように明けた。灰色の脳細胞では、色のない明け方の意味を理解することなど、できはしないのだ。

——ピーター

わが家のレシピ

マーク・ベイントンのチーズ&ポテト・パイ

【材料】

マッシュドポテト（1人当たり）　350g

バジルの葉（細かくちぎる）　9枚（1枚はトッピング用）

パセリの小枝（みじん切り）　3枝（1枝はトッピング用）

チェダーチーズ　200～350g

【作り方】
- オーブンをあらかじめ180℃に温めておく。
- マッシュドポテトと、バジル、パセリ（もしくはお好みのハーブ）をあえる。
- 耐熱キャセロールに、マッシュドポテトを厚さ2.5cmに敷きつめ、スライスしたチーズを重ねる。さらにポテトとチーズを重ね、マッシュドポテトをすっかり覆い隠すように、いちばん上にチーズを並べる。
- きつね色になるまで、20～25分焼く。ハーブをトッピングして、テーブルへ。

イギリス

- 人口：60,270,708人
- コリングボーン・デュシス人口：880人
- 面積：236,250km²（米国オレゴン州よりやや狭い）
- 人口密度：255.2人／km²
- 都市人口：89%
- 平均寿命：男性75.8歳、女性80.5歳
- 出産率（出産可能女性1人当たり）：1.6人
- 1日1人当たりのカロリー摂取量：3,412kcal
- 1人当たりの年間アルコール消費量：10.19ℓ
- PPPにおける1人当たりのGDP（米国の数値に換算して算出）：$26,150
- 1人当たりの年間医療費とそのGDPに占める割合：216,530円／7.6%
- 肥満人口：男性62.5%、女性58.8%
- 肥満症人口：男性18.7%、女性21.3%
- 20歳以上の糖尿病人口：3.9%
- 1人当たりの年間肉消費量：87.5kg
- マクドナルドの店舗数：1,110軒
- ビッグマックの価格：426円
- フィッシュ&チップスの店：8,600軒
- フィッシュ&チップスの店で出す魚の年間供給量：55,104,000kg
- 1人当たりの年間たばこ消費量：1,748本

週末は温かい朝食をとるが、ウィークデーは火を使わなくていいシリアルで済ませる。ビスケットの形をした、四角い焼き小麦のウィートビックスが定番。ただし、タッドはトマトスープの方がいいと言う。特別支援教育の授業助手を務めるデブの朝食は、たいてい紅茶とトーストをひと口。一方、溶接工のマークは、シフトが遅番のためウィークデーは家族とすれ違いになり、一緒に過ごせるのは週末だけ。

上：14歳になったジョシュ・ベイントン（指をさされている）のバースデー・パーティが、近所のパブ、クラウンで開かれ、友だちや家族が集まってお祝いしている。左ページ上：翌朝はマークが朝食を作る。奥さんを説き伏せない限り、朝食作りはマークの週末の朝の仕事となる。左ページ下：今日のメニューは、目玉焼きのせトースト、ハム、マッシュルーム。

グリーンランド、キャップホープ村在住のマドセンさん一家。リビングルームにて、1週間分の食料とともに。左から、エミール・マドセン（夫、40歳）、エリカ・マドセン（妻、26歳）、マルティン（次男、9歳）、ベリッサ（長女、6歳）、エイブラハム（長男、12歳）。調理手段：ガスコンロ。食品保存方法：冷凍冷蔵庫。好きな食べ物――エミール：北極グマ、エリカ：イッカクの皮、エイブラハムとベリッサ：グリーンランド料理、マルティン：デンマーク料理。

GREENLAND ●グリーンランド

マドセンさん一家　キャップホープ在住

●5月の1週間分の食料

穀物、でんぷん食物：4,020円
黒パン2斤、High Classの白米1.1kg、Otaのミューズリー（シリアル）1kg、Finaxのフルーツミューズリー850g、軽食用にポケットに入れているハードビスケット750g、ハードブレッド1斤、Bellaromaのファルファッレ550g、Bellaromaのフジッリ550g、Foodlineの米550g、Quakerのオーツ Guldkorn（コーンシリアル）550g、Foodlineのマッシュポテト・ミックス465g、Dagensの冷凍白ロールパン12個。

乳製品：575円
Arincoの粉末牛乳2.2kg（これで7.6ℓの牛乳になる）、Lurpakのバター396g。

肉、魚、卵：6,368円
ジャコウウシ*13kg、冷凍セイウチ*5kg、下処理済みの北極のガチョウ*4.4kg、北極グマ*1.65kg、Tulipのホットドッグ1.5kg、小さなウミガラス（ヒメウミスズメ）*5羽950g、冷凍挽き肉850g、冷凍デンマークソーセージ550g、ハム550g、Danish Primeの冷凍ミートボール423g、干しタラ372g、朝食用の肉と卵4切（卵の加工品はチューブ型の油をつけて食べる。卵の加工品はチューブ型で売られていて、「ロングエッグ」と呼ばれている）318g、Danish Primeの冷凍デンマークミートボール255g、カペリン（魚）234g、Tulipのベーコン159g。

果物、野菜、ナッツ類：1,023円
Nycolの缶入りオレンジ700g、Sunsiestaの缶入りフルーツポンチ330g、イエローオニオン650g、Bellaromaのチリペッパー風味のトマトソース423g、Frontlineの瓶詰めマッシュルーム297g。

調味料、香辛料：3,028円
Heinzのトマトケチャップ1.6kg、Jozoの塩1.1kg、Dan Sukkerの砂糖550g、イッカク油（近い時期に収穫があったかどうかによって分量が変化する）約480㎖、IHPのソース450g、マーマレード423g、Foodlineのチョコレートクリーム372g、コーヒー用粉末クリーム318g、Lea&Perrinsのウスターソース260㎖、Kのマヨネーズ213g、Kのレムラードソース213g、Foodlineのドライオニオン54g、黒コショウ33g。

スナック、デザート：6,402円
キャンディ詰め合わせ1.65kg、Haribo のマオアムミニ・フルーツキャンディ348g、Marabouのチョコレートバー306g、KiMs X-traのポテトチップス264g、Pringlesのオリジナル・ポテトチップス264g、レーズン264g、LUのリッツクラッカー213g、Goteborgsのバレリーナクッキー192g、LUのミニクラッカー159g、Milky Wayのキャンディバー123g、Biscaのチョコレートマリークッキー105g、バブルミックスチューインガム105g、Mambaのキャンディ81g、Bountyのキャンディバー60g、Stimorolのチューインガム1パック。

総菜、加工食品：4,208円
Knorrのチキンブイヨン1.25kg、Nissinのインスタント・カップヌードル1.15kg、Daloonの冷凍春巻き950g、Danish Primeの冷凍ソーセージミックス（ソーセージとポテト）650g、Knorrの固形メキシカンスープの素318g、Knorrの固形ミネストローネスープの素318g、レバーペースト213g。

飲料：4,295円
濃縮ミックスフルーツドリンク3.2ℓ、濃縮オレンジドリンク3.2ℓ、Rynkebyのアップルジュース2.1ℓ、Rynkebyのオレンジジュース1.1ℓ、コカコーラ360㎖、Faxeのコンディ（炭酸飲料）360㎖、Nikolineのレモン（炭酸飲料）360㎖、Nikolineのオレンジ（炭酸飲料）360㎖、セブンアップ360㎖、Nescafeのインスタントコーヒー318g、Pickwickのレモンティーのティーバッグ20個、Pickwickのトロピカルフルーツ・ティーバッグ20個、ミルク缶に入れた飲料用と料理用のわき水。

嗜好品：2,772円
Princeのたばこ3箱。

*狩猟品

1週間分の食費：
32,691円（1,928.80デンマーククローネ）
**狩猟品の肉を地元の市場価格に換算すると26,109円

在りし日を求めて

北極圏の北、約440kmに暮らすマドセンさん一家はみんな、冬のキャンプ旅行の準備に追われて大忙し。玄関先の海鳥と表で待つ26頭の犬たちだけが、のんびりしている。

グリーンランド中東部沿岸の人口は700人にも満たず、その大半がスコアズビー湾を臨むイトコルトールミトの町に住んでいる。イトコルトールミト──地元の人はイトクと呼ぶ──には道路がなく、近隣の集落のアマサリクまで800km。イトクへの食料供給は、夏のあいだはボートで、それ以外の季節は空の便か、凍ったスコアズビー湾を走るスノーモービルで行われる。私たちはこのイトクで、グリーンランド人のハンター、エミール・マドセンに出会った。彼は、5日間の狩りの旅から戻ったばかりで、イトクで買い物をしているところだ。エミールの住むキャップホープという小村にはマーケットはなく、小さな国営ショップが1軒あるだけだという。彼の妻のエリカが営むその店には、生鮮食品は置いていない。そのためイトクの国営マーケットまで、食料品の買い出しに来ているのだった。私たちは彼の犬ぞりで、自宅まで連れて行ってもらうことになった。

エミールは、14頭の犬にグリーンランド語を使って大声で命令し、スコアズビー湾に沿って西に向かって走る。そびえ立つ流氷や、霜に覆われた山々、果てしなく広がる雪の原。犬ぞりでの旅の初心者には、遠くの景色を見る余裕はないが、それでも目の前の出来事に釘づけになる。犬ぞりで氷の上を滑走する経験について書かれた本はこれまでにも読んだことがあるが、目の前で犬の群れが息を合わせて疾走する美しい姿を、何と表現したらいいのだろう。それに、パーカーを着込んで、犬ぞりの前に鎮座し、たばこを指にくわえたハンターの姿ほど、郷愁を呼ぶ光景もない。エミールは余裕たっぷりで、携帯電話のメッセージをチェックしている（場所柄、当然、電波は非常に弱いのだが……）。2時間余り、古ぼけたそりの上でがたがた揺られながら雪の上を走る。もしも道路があれば、キャップホープまでは車で8～10分の距離だろう。

モダンな下見板張りの家の玄関先で、エミールの末娘のベリッサが丸顔に満面の笑みを浮かべて、お父さんにおかえりなさい、と抱きつく。エミールと妻のエリカはかなり控えめな質だが（イヌイットの大人にはありがちだ）、3人の子どもたちや、遊びに来ている甥っ子のジュリアンは、明らかにちがう（イヌイットの子どもはみな人なつっこい）。明日は内陸の全面凍結湖へキャンプ旅行に出かけるので、子どもたちは、いつもにも増してはしゃいでいる。

4人の子どもたちはMTVを見ては、エミールとハンター仲間たちとの会話に聞き耳を立てながら、夜中バカ騒ぎしている。キャップホープにはたった4家族しか住んでおらず、マドセンさんの家は、コンスタブルポイントとイトクを行き来する人がだれでも立ち寄れる休憩所になっている。このハンターたちも、夜食のジャコウウシのシチューを食べに立ち寄ったのだ。

　朝食の時間。メニューは、たっぷりの紅茶、濃縮果汁を還元した砂糖入りのジュース、粉ミルクで戻したシリアルだ。今朝もまた、デンマークのダンスのビデオやMTVがかかっている。客がいようがいまいが、テレビを見ながら食べる。朝食のしたくをするキッチンは、小さいながらもモダンで、水道以外たいていの設備が揃っている。1年のうちこの季節は日が沈まないので、だれも出発を急ごうとはしない。一方、早春から晩夏にかけては白夜が続く。朝食が済むと、エリカは息子のエイブラハムとマルティンに、窓越しに食料品を手渡す。ビニール袋に入れたジャコウウシの冷凍肉の塊、ふたつきの防水容器には袋入りのパスタ、クッキーやシリアルが詰め込まれている。スープ鍋、釣り用のアイスパイク（小さなドリル）、携帯用灯油コンロも用意する。男の子たちは、2台ある犬ぞりの片方にこれらを積み込む。9歳のマルティンは、エミールの2台目のそりで操縦法を習っているが、3歳年上のエイブラハムは犬に近寄りたがらない。3年前、よそのハンターの犬に襲われて、九死に一生を得たのだという。

　エミールが表に出てくると、犬たちがいっせいに耳につく声で鳴き始める。これから走るとわかっているのだ。でも、中にはもう少し寝ていたくて、硬い雪の上で丸くなっている犬もいる。そり犬はペットではなく、労働犬だ。一生、互いにつながれたまま、半t以上の荷を引いて暮らす。エミールは寝袋やテントをくくりつけ、そりの後方にあるラックにライフルとショットガンを固定する。それから毛皮を敷いて暖かくし、15分ほどかけて犬に手綱を掛け、1頭ずつ定位置につかせる。家の中では、ベリッサがぶ厚く重ね履きしたソックスの上からブーツを履こうと苦心している。母親のエリカが手を貸して余分なソックスを脱がせてやり、ブーツを履かせて、髪を後ろで束ねてやる。ベリッサはコートを着て、手袋とサングラスをする。長旅のあいだ退屈しないよう、紫色のスパイスガールズの人形もバックパックに入れる。これで、準備完了。ベリッサは海鳥の死骸をまたいで表に出ると、風の冷たさに、ひゃあと大声を上げた。

出発

　凍った海岸線を、2組の犬ぞりが交互に前に出ながら進んで行く。私たちのそりの前方では、エリカとエミールがひっきりなしにたばこを吸い、中央ではベリッサが寝そべってお人形遊び、後方ではピーターが立って、カメラを構えている。15分ほど走ると、息を呑むような景色が続くが、毛皮を着こんでいても凍てつくような寒さだ。それでも5月は比較的暖かく、気温は氷点下前後。エリカは慣れっこなので、寒さは感じないという。小柄だが、がっしりしたからだつきの女性で、長男のエイブラハムとは14歳しか離れていない。2台目のそりでは、2人の少年がそりから飛び降りたり飛び乗ったり、そりに伴走したりして、からだを温めている。子どもたちはずっと「オー・ハッピー・デー」と歌っている。有名なエドウィン・ホーキンズの古いゴスペルだが、知っているのはこのフレーズだけらしい。

　エミールは犬に進路の左右を指図しながら、注意力散漫な男の子たちを心配して、もう1台のそりに常に気を配る。ベリッサはお母さんにもたれかかって居眠りしている。ピーターが2台目のそりに駆け寄っていくと、男の子たちは大喜びする。それから、2台のそりを飛び移る遊びが始まる。2台目のそりはだれが操縦しているのかといえば、犬たちだ。エミールによく躾られているのだ。そりが軋むたび、私はエミールに訊ねる。「ねえ、いまは水の上、それとも陸の上？」。コースの大半が凍ったフィヨルドの上で、氷に覆われた水と、氷に覆われた陸との境目は、見た目にはわからない。エミールは、常に遠くの流氷を目印にしていると言う。氷と水との境目を彼は「アイスエッジ（氷縁）」と呼ぶが、私は最初、「アイスエイジ（氷河期）」と勘違いする。でも、どちらでも同じようなものだ。あたりは真っ白で、アイスエッジは目に見えない。冬なら問題ないが、暖かくなってくると、氷面に裂け目が広がって危険だ。切り離された流氷に引っかかって、海を漂流したい人などいないだろう。

　内陸を目指していくと――と、エミールが言うからそうなのだろうが、視界は360度白銀の世界で言葉が出ない。そうして丘を越えると、突然、壮大な氷河が現れ、霜に覆われた山々が切り立つその裾野に、いまにも割れそうな凍った湖がある。驚いたことに、湖面は苔に覆われている。エミールは犬たちを杭につなぐと、袋入りのドッグフードとアザラシの内臓をやる。疲れきった犬たちは、餌を食べるとすぐに眠り込んでしまう。エミールとエリカは、湖上にキャンプを張る。

木の十字架が、キャップホープ村の共同墓地を見守る。いまではこの村に、わずか10人しか住んでいない。エミールもエリカもキャップホープ育ちで、エミールの父親はここの共同墓地に眠る。夜10時、遠くで巨大な氷山が光を浴びて輝いている。キャップホープでは夏のあいだ、太陽が沈まない。ただ、高い丘の向こうに、一瞬隠れてしまうことはある。

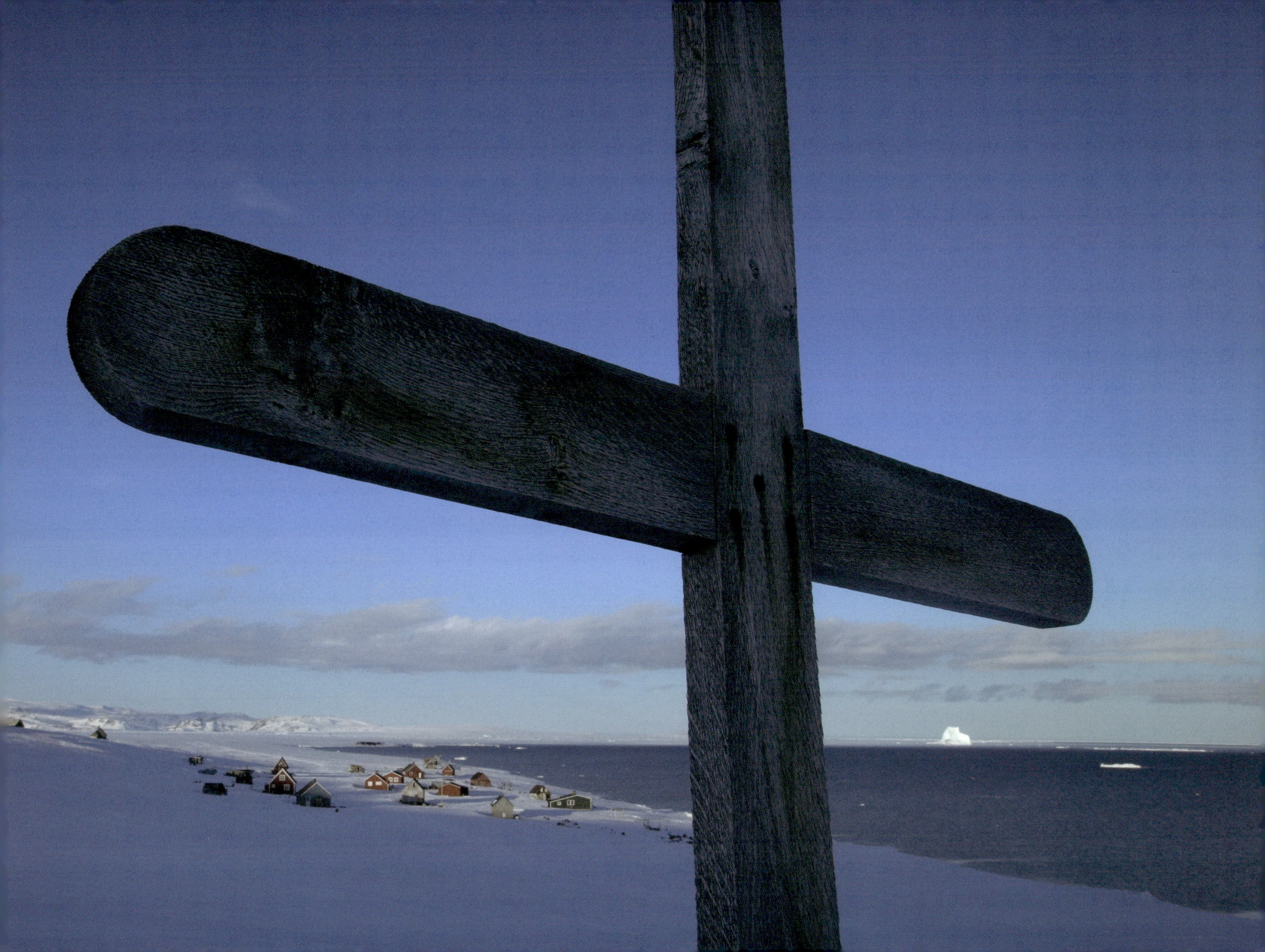

そりの旅は単調なので、9歳のマルティンは退屈しのぎにそりから下りて走ってみる。雪が、犬が乗っても大丈夫な硬さなら、犬は半tもの重さのそりを、何時間も引き続けることができる。平地では、人間が走るのと同じくらいのペースでそりを引くが、下り坂ではスピードが出すぎるので、乗っている人が制御しなければならない。ベリッサは旅のあいだ中、お父さんのそりの後ろで、ずっと眠っていた。

右：キャップホープからそりで5時間、氷河に覆われ、凍りついた湖に到着する。お腹がぺこぺこのマドセンさん一家は、カンバスのテントの中で、エミールが作ったジャコウウシのシチューとパスタをがつがつ食べる。左：翌日、エミールとエリカと子どもたちは、チャー（魚）を釣りに行く。パイク（ドリル）で突いて氷に穴を開け、アザラシの脂の餌をつけた釣り針を垂らす。チャーが食いつくと、エリカが慣れた動作で穴から引き上げる。その魚でエミールが、香辛料控えめのカレーを作る。エミールは野外料理の名コックだ。

上：真夜中過ぎ、グリーンランド東部の巨大なフィヨルド、スコアズビー湾で、エミールがアザラシを1発で仕留める。エミールはライフルのエキスパートだ。弾の当たった衝撃で海水がしぶきを上げるが、船首にいる息子のエイブラハムと甥っ子のジュリアンは、そんな音などおかまいなしに、古ぼけたジャケットにもぐり込んで眠りこけている。

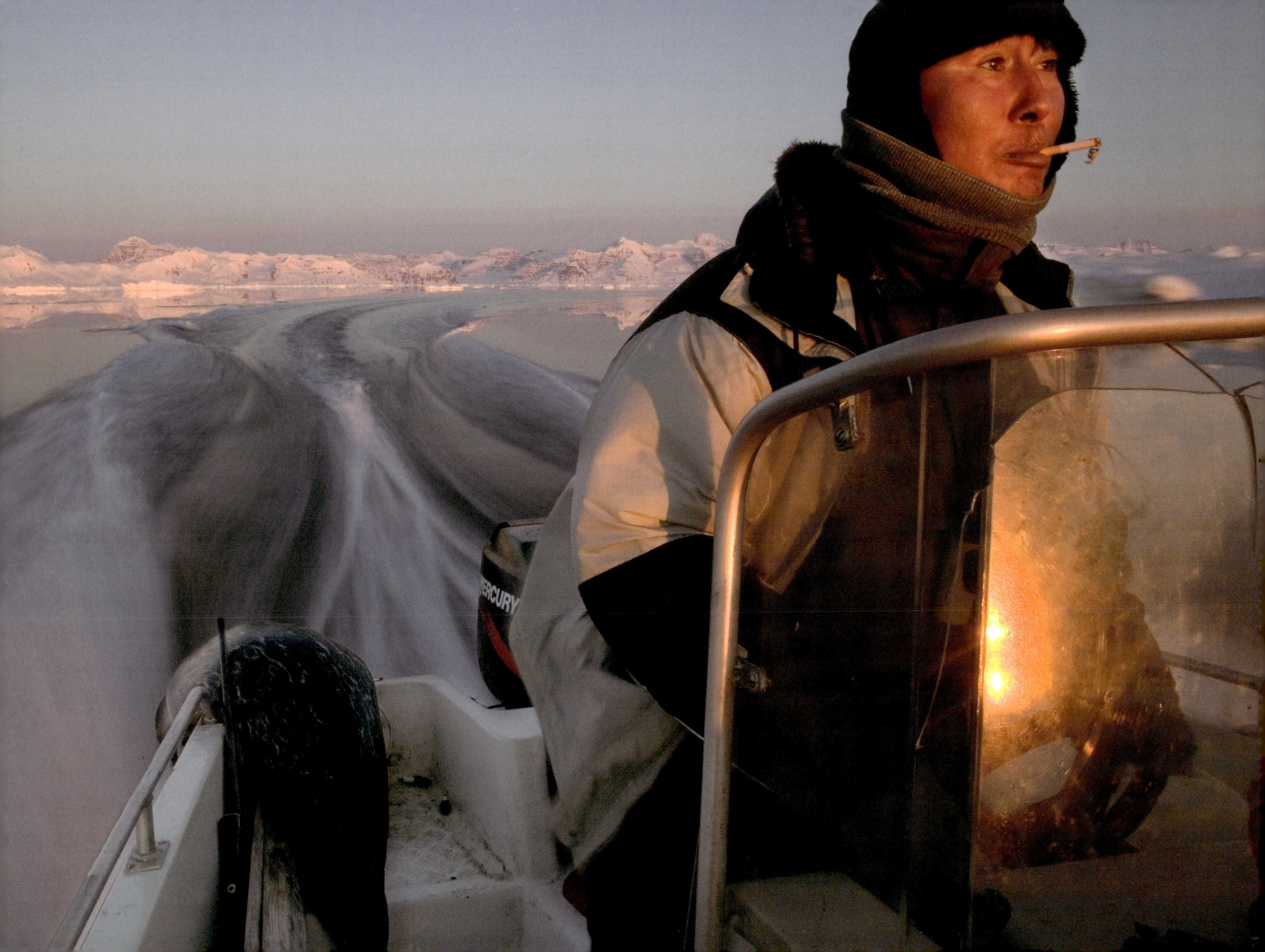
ERCURY

エミールが狩猟用具を片づけ、ボートをウィンチで陸に巻き上げているあいだに、ジュリアンとエイブラハムは、仕留めたばかりのアザラシを家まで引きずっていく。そのあとを犬が、血の跡にくんくん鼻面を押しつけながらついて行く。すでに午前1時半で、子どもたちはへとへとだが、何とか家まで獲物を運び込み、朝までバスルームの脇の廊下に置いておく。

グリーンランド

- 人口：56,384人
- キャップホープ人口：10人
- 先住イヌイット人口：88％
- 面積：2,090,273km²（米国テキサス州の3倍やや強）
- 人口密度：0.04人／km²
- 都市人口：83％
- PPPにおける1人当たりのGDP（米国の数値に換算して算出）：$20,000
- 1人当たりのデンマークからの年間支援受給額：800,748円
- 氷に覆われていない土地：19％
- 北極海の氷が10年間に溶ける割合：9％
- 平均寿命：男性64.0歳、女性70.0歳
- 出産率（出産可能女性1人当たり）：2.45人
- 1人当たりの年間アルコール消費量：12.89ℓ
- アルコールが原因で問題児収容施設に入ったことがある1960年以降生まれの人口：50％
- 1人当たりの年間医療費：309,396円
- 18歳以上の喫煙率：60％以上
- 気温が氷点下になる年間平均日数：279日
- 肥満人口：男性16.0％、女性22.0％
- 35歳以上の糖尿病人口：10％
- 1人当たりの砂糖および甘味料の年間可能補給量：40.5kg
- 1人当たりの年間肉消費量：125kg
- 週4回アザラシを食べる人口：20％
- マクドナルドの店舗数：0軒
- そり用の犬が使いものにならなくなる年齢：6〜8歳
- タイタニック号がグリーンランドの氷山に衝突して沈没した年：1912年

わが家のレシピ

グリーンランド風アザラシのシチュー

【材料】
アザラシ肉（ぶつ切り）　1kg
米　60g
塩　適量
玉ねぎ（スライス）　1個

【作り方】
- 肉と米を鍋に入れて、水を加えてふたをし、煮立たせる。
- 沸騰してきたら、塩で味をととのえ、玉ねぎを加える。
- 45分〜1時間煮る。

左上：湾の向こうにあるイトコルトールミト村は、キャップホープ村より大きく（人口500人）、ここの小売店は、半径800km圏内に住む人々の主要な食料供給センターになっている。銃でもバターでも、何でも売っていて、アザラシやジャコウウシなど、北極の野生動物の肉も扱っている。しかし、グリーンランドでは、いまでも狩りをする人が多い。エミール・マドセンも幼い頃に父からその技術を習い、狩りで家族を養っていくことを生涯の仕事と考えている。一家で食べるのに十分な肉を確保するため、1週間以上戻らないこともある。小売店は非常に高いが、デンマーク政府からの手厚い補助がある。手元にある最新データによると、1999年には、年間1人当たり80万円弱が支給されている。地政学上デンマークに属するグリーンランドは、デンマークとの結びつきが強く、相互移住者も多い。
左下：エリカ・マドセンがアザラシを処理する。肉のいいところは家族で食べ、残りをそり犬にやる。毛皮は干して売る。

グリーンランド　153

男の子たちとピーターは、何時間もかけて釣り穴を掘る。やりのようなもので厚さ120cmの氷に穴を開けるのだ。マルティンは時々素手で、穴から氷水をかき出している。そして、ちょうど夕飯ができる頃、穴は貫通する。エミールとエリカが作ったごちそうは、ジャコウウシのシチューとパスタだ。みんながつがつ食べて、またたく間にお皿を空っぽにする。灯油ストーブを囲んで、心地よい暖をとりながら食べるごちそうは、ほっぺたが落ちるほどおいしい。

　遠くの氷の上を、白ウサギが横切っていく。エリカとエミールと子どもたちは、仲よさそうに午前2時まで釣りをする。それから、とぼとぼ歩いてテントに帰り、餌をテントの外の雪の上に置く。寝る時間なのに、まだ明るい。犬たちは、雪の上で小さなボールみたいに丸まって寝ている。午前3時、携帯用温度計はマイナス23℃を指している。ピーターが起きていたら、「寝るのにもってこいの気温」と言っただろう。

　翌日も同じような感じだが、少しずつ時間感覚がからだになじんでくる（白夜の時期、グリーンランド人以外の人間が時間の見当をつけるのは難しい）。朝食には、パフライスやミューズリーなどのシリアルを食べる。エミールは自分のシリアルにじかに粉ミルクを入れて、水と砂糖を加えてかき混ぜている。今日も引き続き釣りをする。チャー（魚）を100匹余りも釣り上げ、エリカがこれをさばいて、エミールが雪解け水でひとつかみほどを鍋で蒸す。おいしい。それから、またそりに乗って出発する。エミールがアザラシ狩りに出かけるのだ。

　そり犬は走り出す前に、その都度ロープのリードを扇形にととのえ直す。それでも、束ねた長いリードは走っているうちに絡まって、しまいに肩が擦れてくる。2～3時間も走るとロープは組ひも状態で、エミールはそりを止めると、すっかり太くなったロープをぐいっと引き寄せて、犬を横たえ、もつれたロープをほどいてやる。休憩中は犬たちにやさしいが、疲れていると殴ったり、蹴ったりする。あとから聞いたところによると、それでも彼の犬の扱いは、グリーンランド人にしてはやさしいらしい。厳しく接するのは、このような環境においては、犬がハンターの生き死にを左右しかねないからだという。犬たちは確実に、チームで行動しなければならない。チームワークが乱れると、エミールは自分がリーダーであることを誇示する。ご主人様の機嫌の悪さを、犬たちもちゃんと察している。

　エミールは、もう1台のそりの男の子たちに終始目配りしている。大きな氷の裂け目は直角に通過しないといけないので、心配なのだ。ある裂け目を通り過ぎるとき、最後尾を走っていた犬が足を取られて、キャンキャンと吠えた。ほかの犬たちは引きずられまいと猛烈に前進を続ける。エミールはそりから飛び降りて、哀れな犬を救出する。突然、そりが裂け目で立ち往生になり、背後の水の方に引き込まれそうになる。そりの先頭にいるエリカは、ベリッサを安全な場所に下ろして、自分も素早く飛び降りる。私は水に突っ込みそうになっているそりの中にいて、裂け目に捕らわれたままだ。さらに滑り落ちそうになると、エミールが犬に引っぱれと大声で命じ、ピーターがそりの後尾を持って、ぐいっと引っ張り上げる。テントはぬれてしまったけれど、全員の無事を確認して、私はようやく、エミールが男の子たちのそりをあれほど気にかけていた理由を理解する。

　氷縁が近づくと、全員で水面に目を凝らして、アザラシを探す。ついさっき海から頭を出していたのだ。みんなそっとそりから下りる。エイブラハムが木のガンネルをセットすると、エミールは雪の上に腹這いになってライフルを構える。小さな光る頭が一瞬、水面をかすめ、エミールが銃を発射する。弾は当たったが、死んだか怪我だけかはわからない。家族が2台目のそりに積んであった小型ボートを引きずってきて、海に浮かべる。エミールはそれに飛び乗ると、猛烈な勢いで、水面に血が沸き出している方へ漕いでいく。エリカと男の子たちは、氷縁をシャベルで削って斜面を作り、エミールが戻ってきたとき引き上げる準備をする。エミールがボートを泊めて、じっとライフルを構える、2.5mほど沖合の様子を、全員固唾を呑んで見守る。傷を負ったアザラシは、どこかへ消えてしまっていた。獲物を逃したエミールが戻ってきて、斜面から引っ張り上げてもらう。こんな失敗はめったにないことだ。去年エミールは、北極グマを1頭に、セイウチとジャコウウシを数頭、イッカク2、3頭、たくさんの海鳥やウサギ、そして175頭のアザラシを仕留めた。肉は家族や友人たちで食べ、犬に内臓や骨をやって、毛皮は売ったり、自分たちの衣類にしたりしている。

　エミールは獲物を取り逃がしてがっくりきているが、あきらめてはいない。キャップホープの自宅には、モーターボートがあるのだ（もうずっと前からカヤックの代わりに使われている）。そりを2時間飛ばして自宅に戻ると、荷を解かず、モーターボートに乗り換えて、もう1度狩りに出発する。エリカとベリッサは家に残るが、男の子たちとピーター、それに私も、エミールについて行く。1m以上ある氷山の脇をボートで疾走するのは、心臓が止まりそうなほどスリルがある。その氷山の4mほど先に、驚くほど青く澄んだ北極海の水面が見える。時速約50kmのモーターボートの寒さは、時速8kmの犬ぞりよりもずっと厳しい。エミールがV字型の波紋をめざとく見つけるが、アザラシではなかった。エミールは周囲を見渡し、ゆっくり動きを止めると、視界に入ったアザラシめがけて引き金を引く。今度は1発で仕留める。ジュリアンが獲物をボートの後ろに乗せるのを手伝う。アザラシの頭部からは、ドクドク血が流れ出している。みんなで家に帰る。明日の朝になったら、エリカがアザラシをさばいてくれるだろう。

取材メモ

世界の果てのようなグリーンランド沿岸を、犬ぞりで飛ばすのは、実に素晴らしかった。5月最終週の天候は温暖で——真下は凍りついているというのに——ずっと明るい日差しがある。太陽が水平線にかかるのは午前2時で、またすぐに日が昇った。

　最初の2日間、私たちは氷河に覆われて、凍りついた湖のへりで過ごした。夜8時にテントを張ると、すぐに釣り穴だらけの湖の上をとぼとぼ歩いて、穴を掘り始めた。氷の厚みは120cmほどあって、それを突いて釣り穴を1つ掘るのに、最低30分はかかった。

　子どもたちは、冷たさを感じないのだろうか、素手で氷の塊をかき出し、スピナーとアザラシの脂を餌につけた三叉の釣り針で、すぐにきらきら光るチャーを釣り上げた。魚を穴から引き上げるや、ジュリアンは、つんのめるようにしてぴちぴち跳ねる北極の魚を捕まえ、1匹ずつ、がぶりと頭にかぶりついては、大はしゃぎで私に見せびらかした（p.204参照）。夜11時頃、いったんエミールの大きなテントでジャコウウシのシチューとパスタの夕飯をごちそうになり、そのあとまた、午前2時まで釣りをした。

　エミールは翌日、一家の好物であるアザラシを探しに出かけたが、その日はツイていなくて、アザラシは捕れなかった。そのため、いったん犬ぞりで村に引き返し、モーターボートを使うことにした。このボートは最近、ようやく雪から掘り起こしたものだ。午後11時頃、スコアズビー湾を横切ると、夕日が沈みかけていて、暖かい金色の光が、流氷や氷河や山々を包んでいるように見えた。あまりの寒さに、子どもたちは船首にもぐり込んで古ぼけたコートにくるまって寝ていたが、エミールは黙々とモーターボートを飛ばした。そして午前1時頃、1頭のアザラシに狙いを定めると、1発で仕留めた。

　家に帰り着くと、ちょうど子どもたちも目が覚めたようで、アザラシを家の中に運び込むのを手伝った。アザラシはひと晩、バスルームの前に放置されて、翌日、エリカが処理をした。週1便しかない飛行機に乗るため、私たちは残念ながら、マドセンさん一家がアザラシを食べる前にソリで出発しなければならず、味見はできなかった。

——ピーター

10歳になるエミールの甥っ子ジュリアンが、1週間、泊まりがけで遊びにきている。リビングルームでMTVを見ながら、砂糖を山ほど入れたシリアルの朝ごはんを食べ、ギターの弾きまねをする。ジュリアンのいとこにあたるベリッサは、ソファで眠そうに丸くなって、テレビ画面をぼんやり見ながら、お母さんが朝ごはんを運んでくれるのを待っている。

グアテマラ、トドス・サントス・クチュマタン在住のメンドーサさん一家と使用人。自宅中庭で、1週間分の食料とともに。左から、スザーナ・ペレス・マティアス（妻、47歳）、イグナシオ（長男、15歳）、クリストリーナ（長女、19歳）、家族ぐるみでつき合いのある友人の娘（どこかへ遊びに行ってしまった9歳の末娘、マルセルシアの代役）、フォルチュナート・メンドーサ（夫、50歳）、サンドラ・ラモス（住み込みの使用人、11歳）。家族はこのほかに、クスティラ（次女、17歳）とホアン（次男、12歳）。

GUATEMALA ●グアテマラ

メンドーサさん一家　トドス・サントス・クチュマタン在住

●11月の1週間分の食料

穀物、でんぷん食物：1,356円
とうもろこし（黄色と白の混合）＊24kg、じゃがいも10kg、マサ（コーントルティーヤの生地）4kg、Intiのパスタ2.2kg、コーントルティーヤ2kg、Quakerのアベナモッシュ（オート麦の朝食シリアル）550g、米♯500g。

乳製品：266円
粉ミルク423g。

肉、魚、卵：936円
鶏肉2.2kg（写真にあるもう2つの鶏肉は、諸聖人の祝日のためのもの）、卵30個。

果物、野菜、ナッツ類：4,101円
バナナ3.7kg、パイナップル3.2kg、サポーテ（茶色いフルーツ）2.5kg、パッションフルーツ2kg、アノナ（カスタードアップル）1.6kg、オレンジ1.3kg、レモン1.1kg、乾燥黒豆6.6kg、グリーンスカッシュ6kg、トマト5kg、にんじん3.9kg、アボカド2.5kg、ホワイトオニオン2.5kg、カリフラワー3個、グリーンビーンズ2.2kg、きゅうり1.8kg、ハヤトウリ1.6kg、グリーンオニオン1.5kg、キャベツ1個、赤唐辛子700g、青唐辛子264g。

調味料、香辛料：1,044円
油3.2ℓ、生のミックスハーブ1束、グラニュー糖150g、Malherの黒コショウ90g、Malherのガーリックソルト90g、Malherのオニオンソルト90g、Malherの塩90g、シナモン2本。

スナック、デザート：467円
ハンドプレス・チョコレート500g、Aztecaのトルティーヤチップス5袋。

総菜、加工食品：93円
Malherのチキンブイヨン90g。

飲料：670円
飲料用のみに使う瓶入りの水20ℓ、コラソン・デ・トリーゴ（小麦飲料）550g、Incasaのコーヒー240g

＊自家栽培のもの　♯写真にないもの

1週間分の食費：
8,933円 (573ドル)
＊＊自家栽培品を地元の市場価格に換算すると486円

祝日以外に肉を食べることは、1週間に1度あるかないか。トドス・サントスでは、ほとんどの家がそうだ。1日3食、米、豆、じゃがいも、卵、トルティーヤなどを、いろいろ取り合わせを変えて食べている。「海から遠いところに住んでいるから、魚は手に入らないのよ」とスザーナ。19歳になる娘のクリストリーナによると、ここでは、キャンディやケーキ類は食べないらしい。「ポストレ（デザート）が食べたくなったら、バナナがあるもの」。その笑顔からは、虫歯1つない真っ白な歯が覗く。村や、新たに始めたバーでもソフトドリンクは出しているが、家では水か、小麦飲料か、インスタントコーヒーしか飲まない。

メンドーサ家では、果物や野菜を旬に食べ、季節外れのものは食べない。地元の商店には、そうした品物を貯蔵するための冷蔵庫や輸送設備がないからだ。村にはじゃがいもがふんだんにあるが、クリストリーナが勉強のため村から5時間ほど離れた別の地域で暮らしていた頃には、じゃがいもが食べられなかったという。「だって、信じられないくらい高いんだもの。村の2倍もするのに、すごく小さいの」。じゃがいもが恋しかった？「そりゃあもう！」。

マヤの精霊

山間の町、トドス・サントス・クチュマタンの墓地。色とりどりの華やかな十字架に、グアテマラ市からやって来たアーティストが仕上げのタッチを加えると、派手に飾りつけされた墓地はますます派手になる。アーティストのまわりでは、女性たちが一族の墓所を掃いたりピカピカに磨き上げたりしている。今日は「ディア・デ・トドス・サントス（諸聖人の祝日）」だ。墓地を出ると、今夜のごちそう用に処分された羊が家々の軒先にぶら下がっている。その羊を処理するため、一家が総出で皮をはいだり肉を切り分けたりしている。ああしろ、こうしろ、と指図する者もいる。この週末は、キリスト教の諸聖人の祝日と村の守護聖人の祝日が重なって、村は二重におめでたい。狭い通りでは、村人に交じって、ミュージシャンたちがギターやマンドリンを手に、よそからやって来た大勢の人たち（ほとんどがアメリカやヨーロッパからの観光客）を楽しませている。人々は、世界でも指折りのおかしな競馬レース（p.158参照）が始まるのを、いまかいまかと待っている。アルコール漬けになった村の男たちは驚くばかりの盛り上がりようで、女たちがたしなめなければ、村中が酔いつぶれてしまいそうだ。年に1度きりの行事だからまだよいが。

ただ、それも祝日だけの話。ふだんはみんな働き者で、とうもろこし、豆、じゃがいも、小麦、大麦、さとうきびなどを育てて、農業を営んでいる。多くが先住民族のマヤ族で、マヤの言葉であるマム語を話す。最近では外国人観光客や滞在客も珍しくなくなり、小さなアドービ（日干し）れんが造りの家を留学生に間貸しする、サイドビジネスを始めた人もいる。小さなスペイン語学校が次々にでき、外国からやって来る留学生が増えているからだ。女たちは、馬の背帯にする織物の作り方を観光客に手ほどきしたり、バーやレストランを経営したりしている。メンドーサ夫妻は5人の子どもを養うために、こうした仕事をいくつか掛け持ちしている。夫のフォルチュナートは、大学出の教師でありながら、ミュージシャン、部屋の間貸し人、シャーマンと、いくつもの顔をもっており、この農村ではちょっとした変わり者で通っている。子どもたちをちゃんといい大学へやり、世間をうまく渡りながら、伝統文化にしっかりと根を下ろしている。彼が最愛の妻と呼ぶスザーナは、物静かで物事に動じないタイプだ。彼女と子どもたちは、フォルチュナートが展開する事業（最近では新しいバー）を手伝っていろいろな仕事をしながら、おもに料理や家事をこなしている。スザーナとフォルチュナートは、毎晩のように集まってくる友人や親戚を快くもてなす。みんないつも食事時に現れては、おいしい食事と夜更けまでとりとめもなく続くおしゃべりを楽しんでいく。

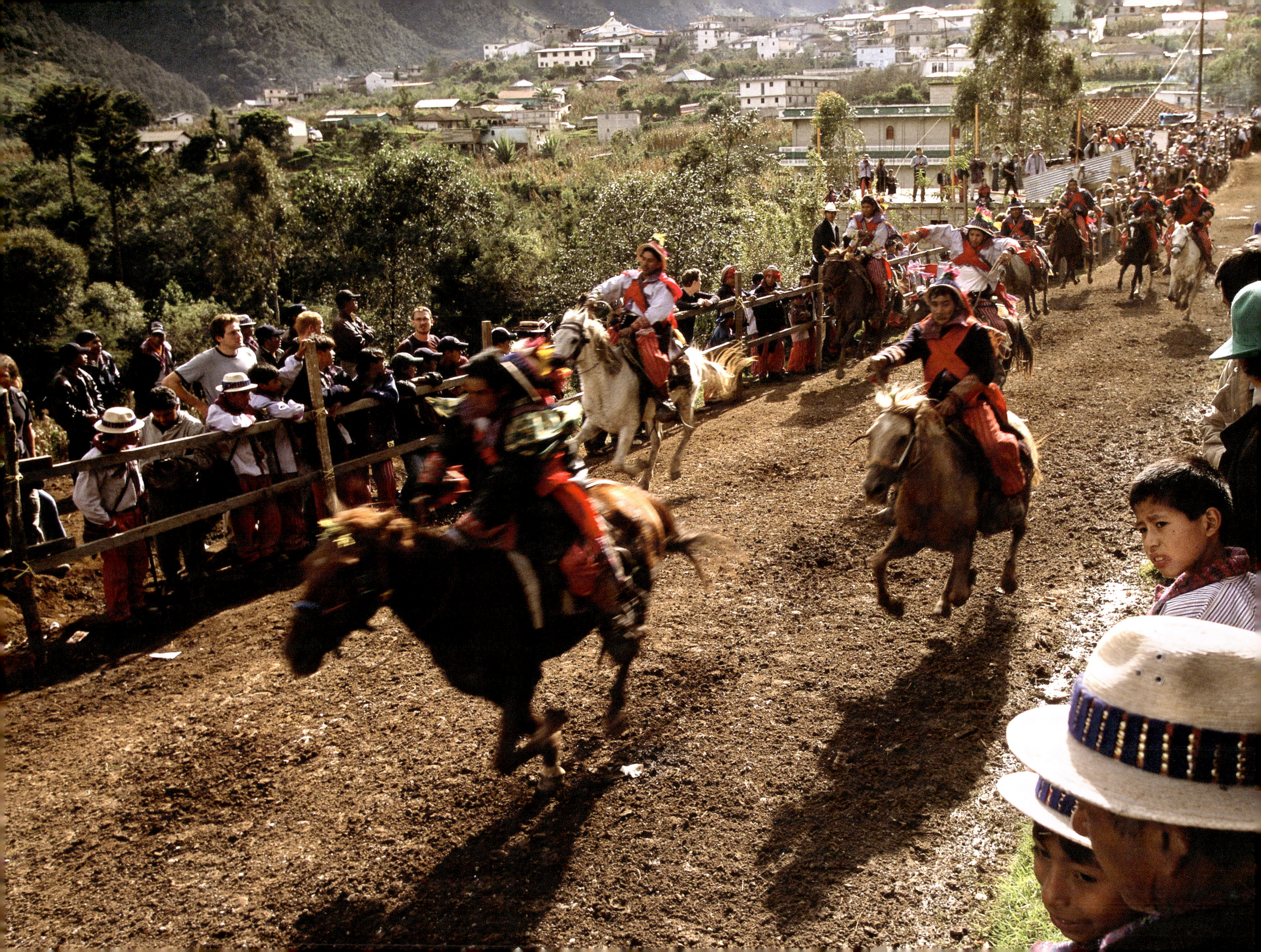

取材メモ

トドス・サントス・クチュマタンには、11月1日に行くのがベストだった。2つの祝日（村の守護聖人の祝日と諸聖人の祝日）が重なっているこの日なら、祭りを見ることができるし、この本の取材に応じてくれる家族も見つかるだろう、と思ったからだ。

村祭りの数日前から、ぼちぼち飲み始めた村人の飲酒量は、危険な飲み比べゲームで最高潮に達する。祭りのためにおめかしをして馬の背にまたがった男たちが、見物人の群がる町の目抜き通りを行ったり来たりしながら通りの突き当たりごとに馬を止めて、強いリキュール酒を引っかけ、また猛スピードで反対側の突き当たりまで疾走するのだ（左）。新たな騎手がレースに加わったり、落馬する者がいたり、ただ酔っぱらってギブアップする人もあったりで、この乱痴気ゲームは延々と何時間も続く。

そうして、レース参加者が最後の1人になるか、酔いつぶれるかすると（右上）、今度は諸聖人の祝日を祝うため、ぞろぞろと墓地へ移動する。ピカピカに磨き上げられたばかりのお墓には、色が塗られ装飾が施されている。大勢の人々がうれしそうに墓所に集い、午後の祈りや夕べの祈りを捧げては飲み、歌っては飲み、食べては飲み、思い出話をしては、飲んでいる。

お祭りのあいだは、酩酊してもダメ人間とはみなされないようだ。酔っぱらいは大人だけではない。びっくりするほどの数の少年たちまで千鳥足で、飲み代さえもっていれば、無条件に酒が出てくる（右下）。

私たちが到着したときには、村のホステルもゲストハウスも、すべて満室だった。土間の家に住むあるマヤ人の一家が、木のベッドを貸してくれたのはラッキーだった。そしてその翌日、フォルチュナートとスザーナと5人の子どもたちに出会う、という幸運に恵まれた。1週間分の食料と家族のポートレイト撮影は、村祭りのために最終日まで押せ押せになった。教養が高く、町の人から尊敬されているフォルチュナートも、みんなと同じように祭りにのぞむ準備をし──つまり、酔いつぶれていた。翌朝、友人たちとレースに繰り出した彼は、そのあいだもずっと飲み続けていた。昼下がりに撮影をするあいだ、フォルチュナートは──いく晩も寝ておらず、まだ酔っぱらっているにもかかわらず──意志の力だけで威厳を保っていたけれど、ちょっとピンぼけだった。

──ピーター

グアテマラ 159

わが家のレシピ

スザーナ・ペレス・マティアスの羊スープ
【材料】
骨つきマトン　1.5kg
じゃがいも（大きめに切る）　2.5kg
アチョーテ（ラテンアメリカ原産のベニノキの種）
30g
玉ねぎ（薄切り）　2個
シラントロ（コリアンダーの葉、きざむ）ひとつまみ
塩　適量

【作り方】
- 肉を中くらいの大きさに切り、水にさらして、厚手の鍋に入れる。10人分のスープになるよう水を入れて、じゃがいもを加え、加熱する。
- アチョーテをお湯に漬けて、種を漉す。この液体と、玉ねぎ、シラントロをスープに加え、塩を加えて、6分間煮立たせる。

七面鳥スープ
【材料】
七面鳥　3kg
コーンミール　2.5kg
粗挽きコショウ　3袋（約50g）
チキン、もしくはベジタブルのブイヨン・キューブ
4個
塩　適量

【作り方】
- 4.5kgくらいの七面鳥を締め、毛をきれいに取り除いて内臓を取り出す。
- 中くらいの大きさに切り分け、水洗いして、肉の量に見合う大きさの鍋に入れ、10人分のスープになるよう水を入れる。これを2〜4時間煮込んだあと、肉を取り出す。
- 別のボウルでコーンミールを冷水で練り、スープに加えて煮立たせる。ブイヨン・キューブと、塩、コショウで味つけする
- スープに肉を戻して、6分間煮立たせる。

下：メンドーサ家のキッチンは家族生活の中心で、スザーナの料理は夫フォルチュナート（写真中央）の心を温かく溶かす。「ライスに豆、手作りトルティーヤに七面鳥のスープ。スザーナの手料理を食べるときが、最高に幸せだよ」。

グアテマラ

- 人口：14,280,596人
- トドス・サントス・クチュマタン人口：26,000人
- 面積：105,080km²（米国テネシー州よりやや狭い）
- 先住民の人口：66%
- 人口密度：136人／km²
- 都市人口：47%
- 農村部の電力使用可能世帯：56%
- 平均寿命：男性63.1歳、女性69.0歳
- 先住民と非先住民の平均寿命の差：-13%
- 出産率（出産可能女性1人当たり）：4.4人
- 15歳以上の識字率：男性78.0%、女性63.3%
- 1日1人当たりのカロリー摂取量：2,219kcal
- 1人当たりの年間アルコール消費量：2.02ℓ
- PPPにおける1人当たりのGDP（米国の数値に換算して算出）：$4,080
- 1人当たりの年間医療費とそのGDPに占める割合：10,148円／4.8%
- 肥満人口：男性53.2%、女性61.1%
- 肥満症人口：男性13.1%、女性25.0%
- 栄養不良人口：25%
- 20歳以上の糖尿病人口：2.7%
- 1人当たりの年間肉消費量：26kg
- マクドナルドの店舗数：38軒
- ビッグマックの価格：237円
- 1人当たりの年間たばこ消費量：609本
- 1日250円未満で暮らす人口：37%

上：この町では、多くの人々が七面鳥や羊を飼っている。お祭りのときなど、家族が集まる特別な機会に食用にするためだ。左ページ上：祝日前になると、村の市場はひときわにぎわい、コンクリート造りの大きな公設市場は横町にまで店を広げる。左ページ下：日曜日には、親戚一同がメンドーサ家の広々としたキッチンに集い、メソアメリカの伝統食である七面鳥のスープを食べる。

エッセイ－4　マイケル・ポラン

顔の見える食べ物

　私たち人間と動物との関係には、分裂症気味の傾向が見られる。要するに、思いやりと残忍性が同居しているのだ。アメリカでは今年、半数の犬がクリスマスプレゼントをもらったというのに、豚の惨めな一生に思いを馳せる人はほとんどいない。犬と同じぐらい利口なのに、こっちはクリスマス用のハムにされてしまうのだ。

　この不自然さに平然としていられるのは、豚の生活を実際に目の当たりにする機会がないからである。この前豚を見たのはいつだろう？ペットは別として、本物の動物、生き死にのある動物を、私たちの日常生活の中で見ることはない。肉類は食品売場で買うことができるが、カットしてパッキングした状態で売られているから、あまり動物の一部には見えない。生活から動物が消えたことで、私たちは動物に対して、思いやりも残忍性も、リアルに感じなくなってしまったのだ。

　数年前、イギリスの批評家ジョン・バージャーが『なぜ動物を見るか(Why Look at Animals？)』というエッセイの中で、「人間が日常生活で動物と接触しなくなること、特にアイコンタクトがなくなることは、人間以外の生物との関係をひどく混乱させる結果となる」と書いていた。動物とのアイコンタクトはたいていどこか薄気味悪いものだが、動物はとても私たち人間に似ていたりいなかったりすることを、いつも鮮明に思い出させてくれるものだ。動物の眼の中に、間違いなく見慣れたもの（痛み、恐れ、やさしさ）と、厳然として異質なものをかい間見ることができる。この両極端を下地として、人間は動物を尊ぶと同時に、目をそらすことなく食物とする関係を構築できたのだ。でも、この調和も大きく崩れてきた。今日では、人々は目をそらしたり、ベジタリアンになったりしている。

　このことから、人間は、嫌々ながらも当然のこととして、あらゆる差異がなくなるアメリカ式工場飼育の方向を選ぶことになる。そこは道徳観の機微や動物の認識が意味をなさず、少なくともダーウィンの進化論以来人間が動物について学んできたあらゆる事柄が無効となる場所である。近代的なCAFO（集約型家畜飼養場所）を訪問すると、そこは洗練されたテクノロジーを駆使しているにもかかわらず、動物は痛みを感じることのない機械であるという、デカルトの信条に従って作られた場所だということがわかる。思考力のある人間ならこのような信条に従うことはないので、食肉の生産農場は、このシステムを動かす人々の不信感と、目をそらしたがる人々の気持ちとが、ともに宙に浮いた状態の上に成り立っている。

　工場飼育の仔豚は生後10日で母豚から引き離されるが（自然に育つと13週間かかる）、それはホルモンと抗生物質で強化したエサを食べさせて、早く体重を増やしたいからだ。早くに母豚から離されると、仔豚は乳を吸ったり噛んだりの行為が不足しているので、その後、目の前の豚のしっぽに噛みついて欲望を満たすことになる。正常に育った豚は自身に暴力をふるうものに刃向かっていくが、飼い慣らされた豚は、傷つけられても気にしない。「学習性無力感」は心理学用語だが、工場飼育でも無縁な言葉ではなく、何千匹もの豚が陽の光も大地もわらも知らないまま、金属製の屋根の下の肥料桶の上にぶら下がった、金属製の羽目板の中で一生を終えるのだ。だから、豚のように繊細で利口な動物が鬱（うつ）状態になるのも驚くべきことではなく、鬱状態になった豚は、しっぽを噛ませたまま感染症になってしまう。

　この問題に対するアメリカ農務省推奨の解決法は、「断尾」である。ペンチを使って（麻酔薬なしで）しっぽの大部分をチョキンと切り落とす。なぜ、根っこを少し残したりするのだろう？それは、この処方のポイントが、噛みつく目印をなくすことではなく、その部分をさらに敏感にすることだから。この状態でしっぽを噛まれると痛みが増し、飼い慣らされた豚でも、噛まれないように必死になる。アメリカの食肉生産農場ほど、資本主義における道徳不在、および規制上の制約不在の実体が酷い光景を呈している場所はほかにはない。このような農場では、生命イコール苦しみをともなうタンパク質生産を意味する。そうして尊い生命は「ストレス」となって、

断尾のように、コスト効率の高い解決法を探求する経済問題となる。

　しかし、食肉の悪口を言う前に、とても変わった動物農場を紹介させて欲しい。ポリフェース農場は、ヴァージニア州のシェナンドー・ヴァレーに200haもの、なだらかな牧草地と森林を保有している。ここでは、ジョエル・サラティン一家が、牛、豚、鶏、ウサギ、七面鳥、羊の6種類の家畜を育てており、それぞれの家畜が、サラティンの言葉を借りて言えば「生理学的な差異を十分に表に出す」ことができるよう、込み入った共生の飼育態勢がとられている。

　実際にどうやって飼育するかというと、鶏は鶏らしく、牛は牛らしく、豚は豚らしく育てるのだ。動物愛護者からみれば、ポリフェース農場だって食肉処理場に変わりないだろう。それでも、ここの動物を見ると、感情というものを知ることができる。また、動物の苦しみもわかるだろうし、動物の幸せな状態も間違いなくわかる。ポリフェース農場に滞在中、私も動物たちの幸せそうな表情を何度も見ることができた。

　サラティンは、鶏とウサギは農場で食肉加工し、牛、豚、羊もアメリカ農務省の許可が下りれば農場内で加工する。家畜小屋の裏にサラティン自身が建てた野外の食肉処理場を見せてもらった。コンクリートの仕切りがついた一種の屋外キッチンで、ステンレスの流し、煮沸用タンク、羽根をむしる器械、それに鶏の血抜き用に逆さに吊るす金属製の円錐が備えつけられている。鶏の加工は楽しい仕事ではないが、サラティンはほかのどの工場よりも人間的で、清潔にやってのける自信があるからこそ、自分で加工しているのだという。夏のあいだは隔週の土曜日に加工を行っているが、だれでも見学に行ける。

　サラティンの農場には、ジョン・バージャーがなくなったと嘆いていた人間と動物とのアイコンタクトが、生の現実として存在しており、死の現実もある。ここでは動物たちの生も死も、鉄の壁の向こうにひた隠しにされているわけではないからだ。サラティンは自分が扱う商品を「顔をもつ食物」と呼びたがるけれど、その謳い文句を恐れる顧客もいる。豚や鶏や牛の眼を覗き込むとき、人々はそれぞれにまったくちがったものを見て取ることになる。魂のない生き物、権利をもつ「生命体」、食物連鎖のひとつの鎖、痛みと喜びを感じる身体、おいしそうなランチ。

　サラティンの野外食肉処理場は、モラルの面からいっても説得力のある場所だ。人目のある場所で鶏を加工する人間は、細心の注意を払って行うし、動物にもその動物を食べる人間にも気を配る。ばかげた話に聞こえるかも知れないが、この国の動物生産工場を改善するために私たちがしなければならないことは、CAFOや食肉処理場の、鉄やコンクリートの壁を入れ替えてガラス張りにする法律を通過させることだ。私たちが制定しなければならない新しい「権利」があるとすれば、おそらくこれだろう。「見る権利」である。

　アメリカの動物農場が工業化され、つまり、非人間的になったのは比較的最近のことで、回避できる可能性があり、地方の現象でもある。この国ほど集中して無慈悲に、家畜を育て殺している国はない。もし食肉工場の壁が、文字通り、あるいは比喩的にでもガラス張りになれば、こういうことは長くは続けられない。断尾のような行為はひと晩で消滅し、1時間に400頭もの牛を処理する日々は終わりを告げる。だれもそんな恐ろしい光景を見たくはないのだから。確かに、食肉は高価になるだろう。口に入る量も減るだろうが、肉類を食べるときには、意識して、厳かに、動物に感謝して食べることになるはずだ。

――「動物の居る場所（An Animal's Place）」より抜粋
『ニューヨーク・タイムズ・マガジン』2002年11月号掲載

マイケル・ポランはカリフォルニア大学バークレー校で、ジャーナリズムの教鞭を執る。著書に『Second Nature』、『A Place of My Own』、ニューヨーク・タイムズ紙ベストセラーの『The Botany of Desire』などがある。エコロジーと食の倫理をテーマにした『The Omnivore's dilemma : A Natural History of Four Meals』を刊行したばかり。

肉類は食品売場で買うことができるが、カットしてパッキングした状態で売られているから、あまり動物の一部には見えない。生活から動物が消えたことで、私たちは動物に対して、思いやりも残忍性も、リアルに感じなくなってしまったのだ。

ラム、ウールワース（スーパーマーケット）にて／オーストラリア、ブリスベン

アヒル、清平市場にて／中国、広州

豚肉、ディビソリア市場にて／フィリピン、マニラ

牛の内臓／チャド、ンジャメナ

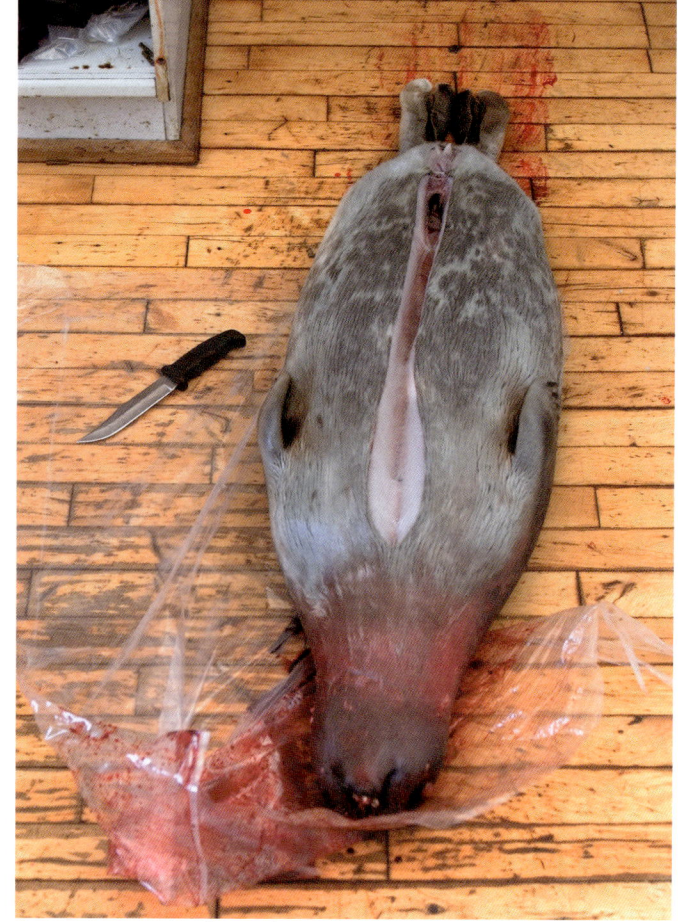

アザラシ／グリーンランド、キャップホープ

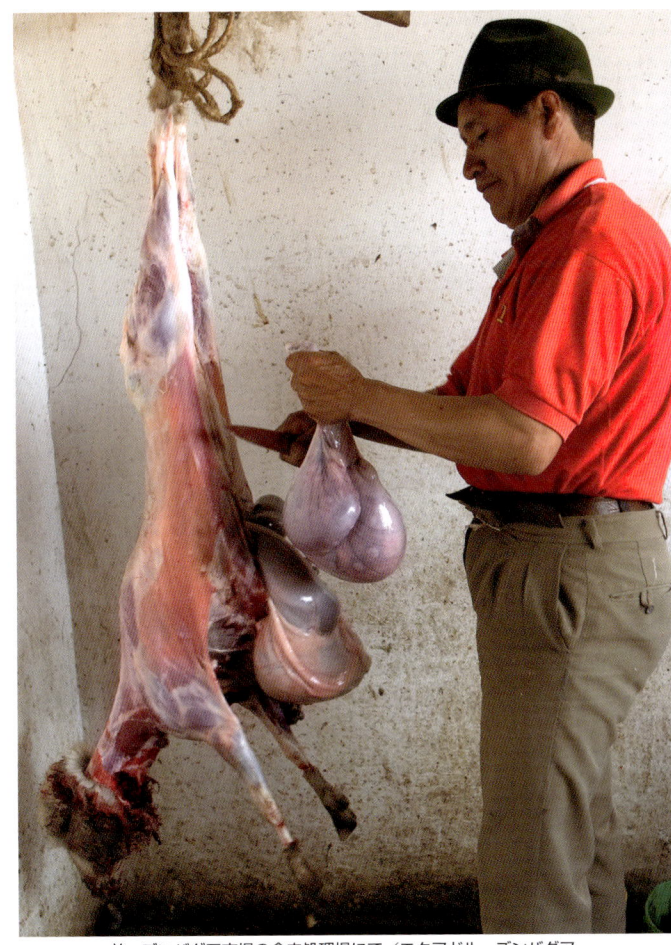

豚の各部とラード、公設市場にて／メキシコ、クエルナバカ

豚を運ぶ／パプア、バリエム渓谷

羊、ズンバグア市場の食肉処理場にて／エクアドル、ズンバグア

公設市場の牛肉／グアテマラ、トドスサントス

●フォト・ギャラリー
世界の肉

アメリカやヨーロッパの肉は、おもに工場畜産され、シュリンクパックした状態で売られている。写真を見てもわかるように、畜産物の多くはどこの国でも、小規模生産されたものが、肉屋で売られている。マイケル・ポランはエッセイの中で、機械化生産がますます問題視されるようになってきている、と指摘する。工業規模で食肉処理をすれば、コストは削減できでも、動物の犠牲に対して敬意を払うという狩猟時代からの務めが損なわれてしまうと、批評家たちは懸念をあらわにしている。

インド、マディヤ・プラデシュ州ウジャイン市在住のパトカールさん一家。自宅のリビングルームにて、1週間分の食料とともに。左から、ネハ（娘、19歳）、アクシャイ（息子、15歳）、ジャヤント・パトカール（夫、48歳）、サンギータ・パトカール（妻、42歳）。調理手段：ガスコンロ。食品保存方法：冷凍冷蔵庫。

INDIA. インド

パトカールさん一家　ウジャイン在住

●4月の1週間分の食料

穀物、でんぷん食物：631円
チャパティ（平焼きパン）6.6kg、小麦粉4.4kg、じゃがいも1.7kg、白米1.7kg、ポハ（平たくのした白米）1.1kg、Modern Specialのスライス白パン1斤、ポリッジ550g、ヒヨコ豆粉550g。

乳製品：1,145円
ミルク‡7.6ℓ、ヨーグルトカード2.2kg、Nestléのエブリデイ・デイリーホワイトナー粉ミルク550g、アイスクリーム詰め合わせ477g、ギー（澄ましバター）264g。

肉、魚、卵：0円
パトカールさん一家はカーストのバラモン（最高位）で、肉も魚も食べない。

果物、野菜、ナッツ類：912円
スイカ3.3kg、オレンジ2.2kg、グリーングレープ1.1kg、ライム384g、ココナッツ1/2個、レッドオニオン2.8kg、ウリ類1.7kg、ニガウリ1.1kg、キャベツ2個、カリフラワー850g、ヒヨコ豆550g、きゅうり550g、青レンズ豆550g、オクラ（レディーフィンガーとも呼ばれる）550g、赤いんげん豆550g、ささげ264g、コリアンダー264g、ピーマン264g、青唐辛子105g、挽いたナッツ550g。

調味料、香辛料：527円
大豆油1.1ℓ、塩550g、Nilon'sのピクルス264g、グラニュー糖264g、Maggiのトマトケチャップ213g、クミンシード105g、フェヌグリークシード105g、ミント105g、マスタードシード105g、黒コショウ54g、パセリ54g、チリパウダー54g、ドライと粉末のマンゴー54g、ガーリックチャツネ54g、アニスシード27g、ターメリックパウダー27g、アサフェティーダ（粉末の増粘剤）12g、クローブ12g。

スナック、デザート：275円
グラーブジャムーン（カルダモン風味のシロップ浸けにしたもの。油で揚げた団子状の菓子）550g、ウプマラワ（風味のよいセモリナ粉のスナック）550g、パパド（レンズ豆粉でできた薄く歯ごたえのある天日干しの薄焼きせんべい。スナックとして食べたりスープに散らす）264g、ビスケット105g、とうもろこし粉のクラッカー105g、押し出し麺105g、米粉クラッカー54g、小麦でんぷんクラッカー54g。

総菜、加工食品：229円
カーマン（ヒヨコ豆の甘い蒸し焼き菓子）550g、Maggiの2ミニットヌードル210g、Everestのチョーレマサラ（ヒヨコ豆のスパイス）99g、プーリー（小麦粉の平たい揚げパン）3切れ。

屋台で：362円
チョーレバトゥーラ（平焼きパンを添えたスパイシーなヒヨコ豆のカレー）、イドゥリー（米粉の蒸しパン）、パーブバージ（茹でて潰したスパイシーな野菜を添えたロールパン）、ピザ（小）1枚、スパイシーな野菜を添えたウッパタム（ココナッツミルクを混ぜた歯ごたえのある平焼きパン）、チャツネやスパイシーな薬味を添えたドーサ（歯ごたえのある風味のよいパンケーキ）5つ、ベールプーリ（米をふくらませたスナック菓子）、トマト・きゅうり・玉ねぎのサンドイッチ（小）1つ。

レストラン：340円
シュリーガンガー・レストラン（Shree Ganga Restaurant：聖なるガンジス川）で4人分の夕食、マライコフタ（ベジタブルグレービーソースをかけたマッシュポテトの団子）、ナブラタンコルマ（果物と野菜をクリームソースで煮て、ハーブやスパイス、カシューナッツで味付けしたもの）、ジーラ焼飯（クミンシードで炒めたもの）、タンドール（炭火焼きの土釜で焼いた平焼きパン）、フライドダール（レンズ豆粉の平焼きパン）、パパド、グリーンサラダ、ピクルス、デザート。

飲料：212円
Thumbs Upのコーラ2ℓ、Godrejのチャイハウスティー159g、Nescafe Sunriseのインスタントコーヒー15g、飲料用と調理用の井戸水。

‡写真にないもの

1週間分の食費：
4,633円（1,636.25ルピー）

ポハの朝ごはん

ヒンドゥー教の信仰によると、昔、神々と悪魔との激しい諍いのさなか、壺になみなみと満たされた不老不死の蜜のしずくが4滴、地上にこぼれ落ちた。そのしずくは、アラハバード、ハルドワール、ナーシク、ウジャインの町を流れる聖なる川にそれぞれ吸い込まれたとされる。3年に1度、聖暦によって定められたこの4つの町のいずれかに、何百万人もの巡礼者、苦行者、ヨーガ行者が続々と集う。12年で4つの町を一巡するこの祭りは、「クンブ・メラ（不老不死の壺）」の祭りという。

インド中央部のマディヤ・プラデシュ州、ウジャイン市に暮らすパトカールさんの家では、家族の半分がクンブ・メラのために、市内の勤め先や学校から、1か月間の休暇をとっている。でも、公務員としてウジャイン市の水道局に勤めるエンジニアである夫のジャヤント・パトカールは、息つく暇もない。何百万人ものヒンドゥー教徒の巡礼が、メラ（お祭り）に合わせてこの町にやって来て、丸々1か月間滞在していくこの時期、市内の給水システムにかかる負荷は計り知れないのだ。オックスフォード・ジュニア・カレッジの学長を務める妻のサンギータは、ずっとこの時期をゆったりと過ごしている。15歳の息子アクシャイもリラックス組。一方19歳になる娘のネハは、学校は休みとはいえ、医学校の入試のためにガリ勉の真っ最中だ。母親が朝食のしたくをしてくれるのを待って、すぐさまスクーターで個別講習に飛んでいく。

サンギータがフライパンに油を薄く引いて熱し、マスタードシードを加える。ジュージュー音がしてきたら、じゃがいもと玉ねぎの薄切り、刻んだ青唐辛子をいちどきに加え、玉ねぎがきつね色になるまで炒める。あらかじめ水で戻して水切りしておいたポハ（ライスフレーク）を、少量の砂糖と塩とともにフライパンに加える。色つけにターメリックもひとつまみ。しばらくかき混ぜながら炒めたら、ふたをして、薬味のコリアンダーやすりおろしたココナッツ、セブと呼ばれるカリカリのヒヨコ豆粉の麺を添えてテーブルへ。パトカール家の朝食ができ上がる。

ヒンドゥー教の精神的指導者、シュリー・パルタサラティ・ラージャゴーパーラーチャーリアのポスター大の肖像写真に見守られて、みんなが朝食のテーブルに着く。サンギータがめいめいのお皿にポハをふんわり高く盛りつけて、その野菜とライスの上にココナッツとコリアンダーをトッピングする。それからセブをふりかける。肉料理が家族の食卓に出されることはない。ヒンドゥー教徒の多くはベジタリアンで、パトカール家もそうなのだ。ただ、ひと口に菜食主義といっても、程

度はさまざまらしい。「うちは、お父さんのところほど厳格じゃないわよ」とサンギータが言う。

サンギータの一族はブラフマン階級——最高位のカーストで、僧侶や学者の家柄——なのだ。でも、15歳のアクシャイはベジタリアンらしくない。嫌いな野菜がずいぶんあるし、インドではなじみ深いウリ科の野菜やカボチャは大の苦手。それでも、家族が菜食主義なので、彼もそれに従っている。チキンは食べたことがあると白状し、好きだと言う。

そんなインドの人たちが、菜食主義という食事制限をものともせず、何より好むのが屋台の軽食だ。この国には、実に何千という屋台がある。チョーレバトゥーラ（スパイシーなヒヨコ豆のカレーとナン）、蒸し餅、パーブバージ（スパイシーなマッシュ野菜入りロールパン）、スパイシーな野菜を添えたウッパタム（ココナッツミルクを混ぜて焼き上げた、分厚く歯ごたえのあるナン）、チャツネやスパイシーな薬味を添えたドーサ（カリッとした香ばしいクレープ）、ベールプーリ（チャツネを添えた香ばしいライスパフ）、あらゆる種類のカレー、ラッシー（ヨーグルトドリンク）、フルーツジュース、もちろんチャイ（インドのお茶）も忘れてはならない。古代から続くこの広大な国は、どの地域にも独自の郷土料理があるけれど、ますます流動社会の度合いを強めるインドでは、地域間の境界線が緩やかにぼけてきている。パトカール家にしても、ジャヤントの転職にともなって何度か引っ越しを経験している。

クンブ・メラ

このヒンドゥー教のお祭りの時期になると、4大聖都は見たこともないような祝祭ムードに包まれる。何百万ものヒンドゥー教の巡礼者が、スワーミーやグル（ヒンドゥー教の学者や導師）、ヨーガ行者とともに共同生活を営みながら、シバ神に祈りを捧げたり、ウジャインの聖なるシップラ川で1度、2度とスナンと呼ばれる浄めの沐浴（行水）をする。巡礼者や聖職者を収容するテントの野営地は数kmにもおよび、アシュラマ（僧院の営むコミューン）が祭りの1か月間、毎日キャンプ地に到着する大勢の巡礼者に食事を与える。市は最大限にふくれ上がるが、にわか作りの町がなんとかでき上がり、おおむねうまく機能する。川の両岸では、あらゆる年齢層の群衆が肩を押し合いへし合いしている。昼も夜も一日中、ガート（川に通じる階段）や川にかかる橋の上に人々がひしめいている。パトカール家も、祭りの1か月間に何回かはシップラ川に出かけて、巡礼者に交じってスナンをする。

ヒンドゥー教にはさまざまな宗派がある。たとえて言うなら、1本の木に繁る木の葉のようなものだ。ここにはあらゆる宗派が勢揃いしている。ヒンドゥー教の運動や学派は多種多様で、信者は基本教義を守りながら、さまざまな学派の思想から気に入ったものをつまみ食いして、自分なりの信仰を創り上げる。その中で、最も人気の高い宗派が信者を獲得する。

苦行僧は孤独と瞑想にふける。サードゥと呼ばれる托鉢行者は、サフラン色のドーティ（長い腰布）を巻き、悟りを得ようと俗世のあらゆるものを断絶し、国中から尊敬を集めている。同じ托鉢行者でも、ナーガ（着衣のない）と呼ばれる僧はもっと好戦的で、裸体に薄く灰を塗っただけの姿をしている。聖職者のテントにはハシシの匂いが浸みついている。からだをよじってポーズをとる1人のナーガが、バランスを崩して小さな丘を転がり落ちていく。だがそれを見て笑う者は1人もいないし、だれも気づいてさえいないのではないのだろうか。このような聖職者の中には、50年間牛乳以外も口にしないで生きられる特殊な能力がある、と自ら公言する人もいれば、周囲からそう言われている人もいる。

現地のアシュラマによる巡礼者への食事配給プログラムがなければ、巡礼者は飢えてしまうだろう。この町に数多くあるアシュラマでは、1日におよそ3千人に1か月間食事を提供する。アシュラマのグルに謁見を許された裕福な信者は、食事代を寄付する。ありとあらゆる托鉢行者、グル、ヨーガ行者が、飾り立てた小型トラックやトラクター、絵を描いた象に乗って壮麗なパレードを繰り広げ、そのパレードを見ようと道の両脇で押し合いへし合いしている人だかりに向かって微笑みかける。

高いところから川辺を眺めていると、ガートから野営地やアシュラマへとゆっくり移動する人々で、色とりどりの斜線のように見える。スケジュールがびっしりの沐浴タイムには、川の中も色の塊のようになる。重要な沐浴日の1つであるシャーヒー・スナン（王家の沐浴）の日、自分の属するアシュラマのグルに導かれて浄めを行う男のかたわらで、別の男が自分で簡単に勤めを済ませている。聖水の前では、人はみな平等だ。

ボートの上から、ハンドマイクを使ってけたたましくガートの沐浴者に指示を出す警官、監視塔からホイッスルを吹き鳴らしたり命令したりする保安官、拡声器から高々と鳴り響く音楽、パレードをする苦行者——それらはまるでインドの日常生活のように、混沌としていて途方もなく、ボルテージはますます高まっていく。

シップラ川は中央インド、マディヤ・プラデシュ州の聖都ウジャインを流れる。12年に1度、何百万人もの敬けんなヒンドゥー教徒がシップラ川の聖水で沐浴をして、1か月間に渡ってクンブ・メラのお祭りを祝う。何百ものアシュラマが、何kmにも渡ってずらりとほこりっぽいキャンプを張っている。警官やライフガードの監視の目が光る中、ジャヤントさんたちも信徒の群に交じって、川で沐浴をする。

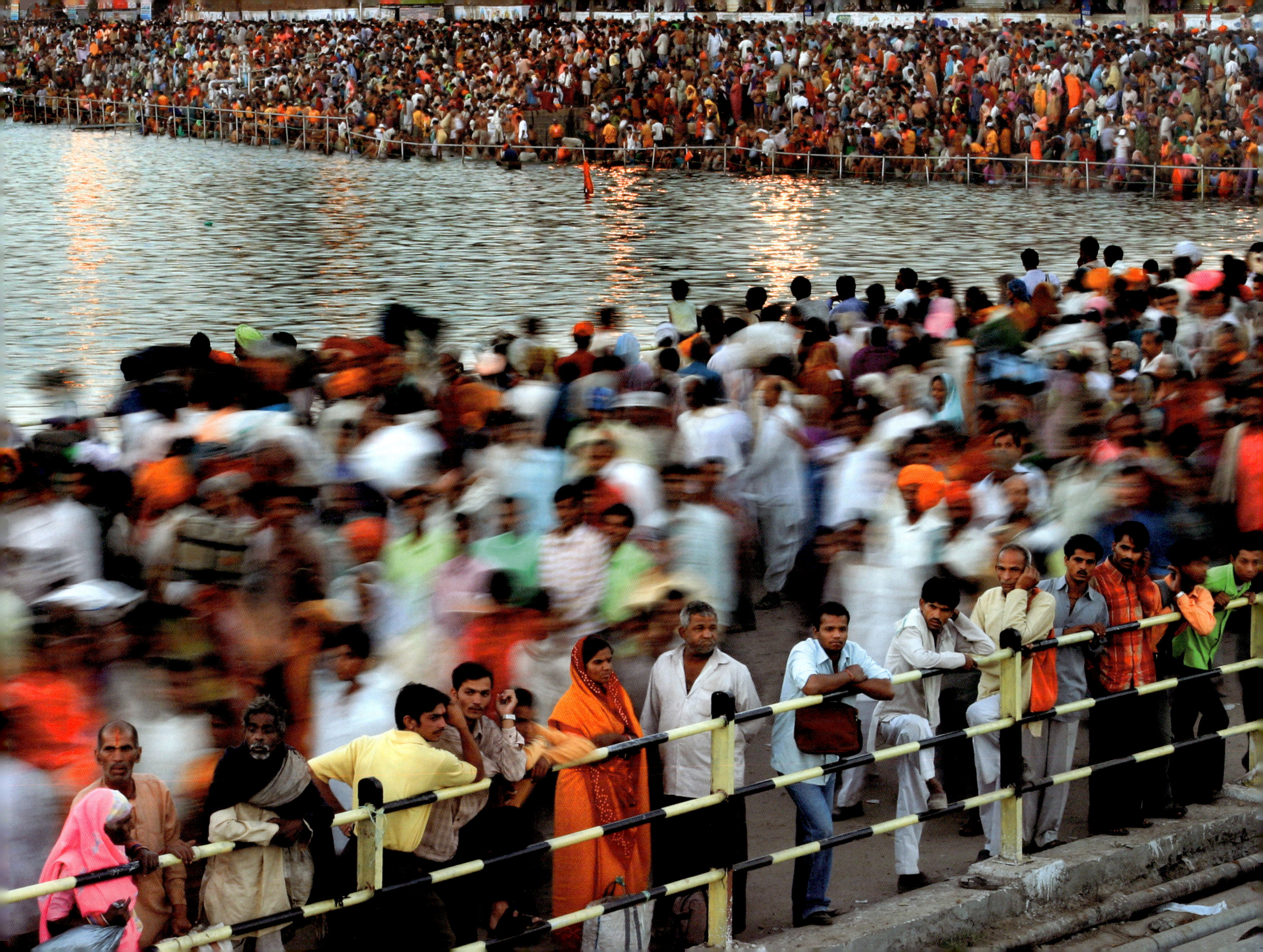

取材メモ

インドで取材をしていると、私はいつもあらゆる感覚がごちゃ混ぜになる——この国のそんな強烈さに、私は惚れ込んでいる。人口10億人以上、そのうちおそらく40％は赤貧状態というインドは、問題を山積している。一方で3億人強の人々が、急速にミドルクラスの仲間入りをしつつある。サンギータとジャヤントのパトカール夫妻も、その階層に含まれる。

サンギータは小さなセメント造りの家と猫の額ほどの中庭を、塵1つないほどきれいにしている。暑い乾期（ほこりにうってつけ）と、暑く湿気の多い季節（かびにうってつけ）が交互にやって来る土地では、骨の折れる仕事だ。パトカール家のメイドは——インドのミドルクラスの家庭では、たいてい使用人を置いている——屋外の小さな洗い場で、ずっと鍋やフライパンをゴシゴシ磨いている。屋内にはトイレがあり、そこもきれいにする。これは、重要だし珍しいことだ。20年前に初めてインドを訪れたとき、トイレはごくわずかで本当にぽつりぽつりとしかなかった。今日でも、人口の4分の3の家にはトイレがない。インドの町や村のうち、完全に下水設備がととのっているところは10か所に1か所だろう。ほとんどの人は野外で用を足すか、共同トイレを使っている。その共同トイレにしても、汚水だめに毛が生えた程度。

その結果は火を見るより明らかで、病気が蔓延した。人々がトイレで用を足さないために、戸外には驚くばかりの量の糞便と尿が溢れているのだ。バクテリアとウイルスの量も膨大だ（私はインドに行くと必ず、空気を吸い込むことが原因で何かしらの病気になる）。

インドとインドの人々は、性急に先進国の仲間入りをしようとしている。携帯電話やカラーテレビ、パソコンの増殖ぶりには驚かされる。でも、この国が本当の意味で豊かで健康な国の仲間入りをするには、みんながパトカール家を手本にし、各戸にトイレが設置されたときだろう。

——ピーター

上：ずらりと店が連なるウジャイン随一の市場で、サンギータが野菜と果物を買い物（オクラとトマトを買い求めている）。下：おやつを作るために、よくダウンタウンの自家製コーバ（少しカラメル状になったコンデンスミルク）の店にも行く。インドのお菓子には欠かせない材料。

インド

- 人口：1,065,070,607人
- ウジャイン人口：430,669人
- 面積：3,172,525km²（米国の1/3やや強）
- 人口密度：335.6人／km²
- 都市人口：28％
- 平均寿命：男性60.1歳、女性62.0歳
- 出産率（出産可能女性1人当たり）：3.0人
- 15歳以上の識字率：男性70.2％、女性48.3％
- 1日1人当たりのカロリー摂取量：2,459kcal
- 1人当たりの年間アルコール消費量：1.07ℓ
- PPPにおける1人当たりのGDP（米国の数値に換算して算出）：$2,670
- 1人当たりの年間医療費とそのGDPに占める割合：2,832円／5.1％
- 100,000人当たりの医師の人数：51人
- 肥満人口：男性15.0％、女性13.7％
- 肥満症人口：男性0.9％、女性1.1％
- 1人当たりの年間肉消費量：5.5kg
- マクドナルドの店舗数：46軒
- ビッグマック（チキンマハラジャマック）の価格：132円
- インドのビッグマックに含まれる牛肉の割合：0％
- 世界に占めるベジタリアンのためのピザハットの割合：世界1：インド1
- 1人当たりの年間たばこ消費量：129本
- 1日250円未満で暮らす人口：80％
- 栄養不良人口：21％
- 安全な衛生状態の生活人口：28％
- 1998年に行われた核兵器実験の回数：5回
- 2004年のインド洋津波による死者数：11,000人

インドの食品市場はどこもそうだが、ウジャインの中央市場も買い物客でごった返している。シートに作物を積み上げた何百もの露天商が座ったまま商いをし、そのあいだを買い物客が、ひじで行く手をかき分けていく。ヒンドゥー教徒のあがめる牛があたりをうろついているが、露天商と買い物客があまりやりとりに熱中していると、どこかに行ってしまう。パトカール家はこんな市場の騒動には慣れっこなので、必要なものを見分けながら、涼しい顔で人の群れを泳いでいく。

わが家のレシピ

サンギータ・バトカールのポハ（ライスフレーク）

【 材料 】

ポハ（ライスフレーク：焼米や白米を薄くのしたもの、押し米）　500g
食用油　大さじ1
マスタードシード　小さじ1
玉ねぎ（ごく薄切り）　大2個
じゃがいも（薄切り）　大1個
青唐辛子（きざむ）　大3個
砂糖　小さじ1
ターメリックパウダー　ひとつまみ
塩　適量
シラントロ（コリアンダー）　5〜6本
セブ（カリカリしたヒヨコ豆粉の麺）　250g
ココナッツ（おろしたもの）　50g
水　適量

【 作り方 】

- ポハを広口容器に入れて水に浸ける。水切りをして、5分間おく。
- ポハを水切りしている間に、大きめのフライパンで油を熱し、マスタードシードを入れる。ジュージュー音がしてきたら、玉ねぎ、じゃがいも、唐辛子をフライパンに加える。ときどきかき混ぜながら、全体がきつね色になるまで炒める。
- 水で戻したポハ、砂糖、ターメリックパウダーを加え、塩で味を調える。2分間炒めたあと、ふたをして火から下ろす。
- 広口容器に熱湯を注ぎ、その上にふたをしたままのフライパンをのせて、二重鍋のように保温する。
- 取り皿に盛りつけ、コリアンダーをトッピングする。

右：コンパクトに工夫されたキッチンで、サンギータが朝食のポハ（ライスフレーク、上のレシピ参照）を作っている。1時間後にはみんな朝食を終えた。左：サンギータの雇っているキッチンヘルパーが、入り口の外で洗い物をしたあと、からだを折り曲げて家屋の脇の路地をほうきで洗い流している。

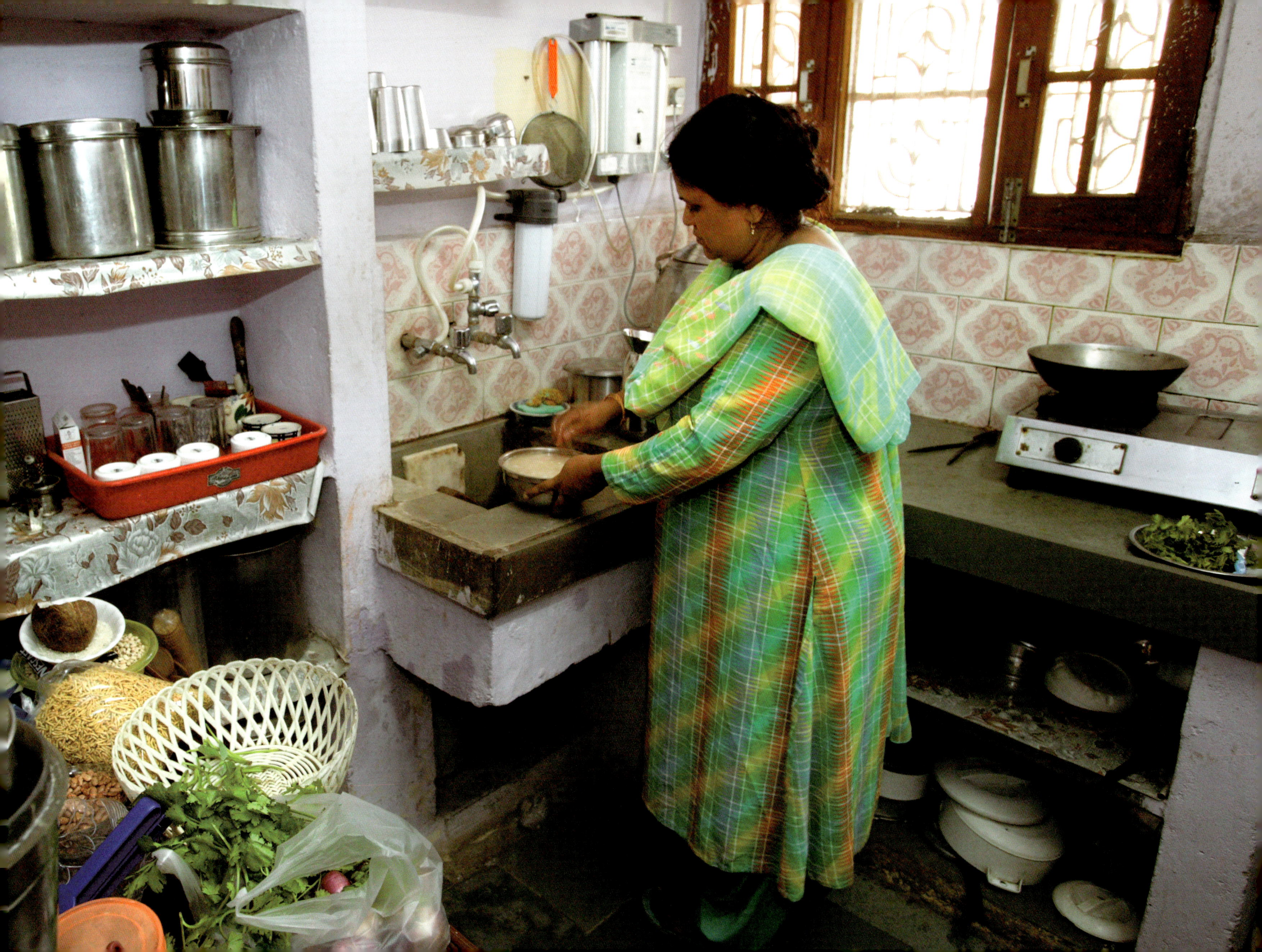

シチリア島、パレルモ在住のマンツォさん一家。自宅アパートのキッチンにて、1週間分の食料とともに。左から、ジュゼッペ・マンツォ（夫、31歳）、ピエラ・マレッタ（妻、30歳）、マウリチオ（三男、2歳）、ピエトロ（長男、9歳）ドメニコ（次男、7歳）。調理手段：ガスコンロ、電子レンジ。食品保存方法：冷凍冷蔵庫。好きな食べ物──ジュゼッペ（魚屋）：魚、ピエラとドメニコ：ラグ（ミートソース）パスタ、ピエトロ：ホットドッグ、マウリチオ：冷凍フィッシュスティック。

ITALY ●イタリア

マンツォさん一家　シチリア島在住

●10月の1週間分の食料

穀物、でんぷん食物：3,064円
Poiattiのスパゲティ、ロティーニ、オルゾ、マルゲリータ、マカロニ8.8kg、パン2.2kg、パン粉1.1kg、ホワイトポテト1.1kg、Kellogg'sのフロスティー・チョコシリアル850g、Mulino Biancoのフェッテビスコッターテ1斤、Mulino Biancoのスライス白パン1斤、小麦粉550g。

乳製品：2,169円
Granaroloの全乳4.4ℓ、Da Cucinaの料理用クリーム900g、Galbiのヨーグルト850g、Grandi Pascoliのバター550g、パルメザンチーズ213g。

肉、魚、卵：4,324円
冷凍フィッシュスティック1.1kg（ジュゼッペが勤め先の店主から鮮魚やシーフードサラダをもらってくることもあるが、めったにない。以前勤めていた魚屋では、毎日のように魚を1匹ずつ持たせてくれた）、卵12個、牛肉550g、牛挽き肉550g、ソーセージ550g、ビールインボルティーニ（ミートロール）550g、アサリ360g、マグロ339g、ブルステル（ジャーマンホットドッグ）318g、スライスハムとスライスチーズ105g、アンチョビ84g。

果物、野菜、ナッツ類：2,964円
レッドグレープ1.4kg、バナナ1.1kg、レモン1.1kg、洋なし1.1kg、Vitaleの缶入りつぶしトマト2.7kg、Starの瓶入りトマトソース2.3kg、ブロッコフラワー（ブロッコリーとカリフラワーの交配種）1個、チャード1.1kg、冷凍洋なし1.1kg、トマト1.1kg、Comalのオリーブ550g、缶入りコーン345g、にんにく264g。

調味料、香辛料：2,207円
Tevereの植物油2.1ℓ、オリーブオイル1ℓ、料理用白ワイン1ℓ、Bonannoのホワイトビネガー500㎖、マヨネーズ500㎖、チェリージャム423g、松の実とレーズン318g、Italiaのグラニュー糖264g、塩264g、トマトペースト138g入りチューブ1本、重曹105g、コショウ54g。

スナック、デザート：4,582円
Kinderのミルクチョコレート16kg、ビスコッティ1.1kg、Nutellaのチョコレートスプレッド850g、Kinderのパラディーソチョコレート500g、Buondiのパック入りクリームケーキ390g、ベビービスケット381g、Kinderのブリオス（パック入りクリームケーキ）318g、Mulino Biandoのフラウティ（パック入りチョコレートがけクリームケーキ）279g、Pavesiniのビスケット210g、キャンディ詰め合わせ105g。

総菜、加工食品：2,635円
Star Granのラグソース800g、Starの固形ベジタブルブイヨン234g、2人の子どもの学校給食として、ラザニアもしくはパスタとジュース6日分。

飲料：1,589円
ペプシ1ℓ入り瓶2本、ジンジャーソーダ1.5ℓ、ピーチジュース130㎖入りミニボトル12本、San Benedettoのアイスティー1.5ℓ、スプーマ（コーラ風ドリンク）1.5ℓ、Topのコーラ1.5ℓ、Espresso Barのコーヒー550g、飲料用と料理用の水道水。

嗜好品：7,159円
たばこ（Diana）20箱。

1週間分の食費：30,693円（214.36ユーロ）

フィッシュストーリー

海の幸の魚料理はシチリア人の大好物だが、マンツォ家の夕食のテーブルにはめったに上らない。夫のジュゼッペは魚屋に勤めているにもかかわらず、この家のシーフードといえばもっぱら冷凍フィッシュスティックで、鮮魚のマグロにはめったにお目にかかれない。

ジュゼッペ・マンツォは、パレルモのカポ市場にある3階建てのアパートに住んでいる。その建物に面した通りで、かつては父親が氷屋をしていた。平日の朝、ジュゼッペはまず1本目のたばこを吸ってコーヒーを飲む。そろそろ妻のピエラ・マレッタと3人の息子たちが起き出してくる頃だ。アパートの窓から勤め先の魚屋が見え、親方たちの積み荷をしたトラックが到着すると、ジュゼッペも下に降りていく。同業者のトラックもゴトゴト音を立てて到着し、これからお客さんが来るまでに露店に品物やテーブルを並べるので、大忙しになる。ここでは、八百屋、肉屋、食料雑貨屋、たばこ屋、魚屋、パン屋などが、日曜日を除く毎日店開きしている。ジュゼッペが朝早くドックまでひとっ走りして、その日の水揚げの中から仕入れをしてくることもある。でも今朝は、クラッシュアイスをシャベルでケースに投げ入れたり、タラやハタ、ペッシェ・アッズッロ（サーディン、アンチョビ、サバなどのいわゆる青魚）が所狭しと並べられたテーブルに水をかけたり、できたてのカラマリ（イカ）サラダを容器に詰めたりしている。いまでもミサの執り行われている古いカトリック教会の軒を借りている魚屋は、ピカピカに磨き上げられ手彩色のタイルで装飾が施されている。ジュゼッペと仲間の1人が、巨大な秤を店の奥から表へ引きずり出してくる。魚を切ったり包んだりする作業台や、よく切れるナイフも何本か運び出す。人間ほどもある巨大なカジキは薄切りにして、上を向けた頭の脇にディスプレイし、最大限見栄えをよくする。

ジュゼッペのいつもの朝が始まる頃、3階のアパートでもいつもの朝が始まっている。9歳のピエトロと7歳のドメニコは、ケロッグのフロスティー・チョコとミルクで朝食。今日のランチはあとから学校へ届けると、ピエラが2人に告げる。ランチはパスタ・アルフォルノ（パスタのオーブン焼き）だ。ピエラは2歳のマウリチオを片膝にのせたまま2本の指でたばこを挟み、煙をくゆらせては窓の外に灰を落とす。ふっと、心にくすぶっていた60年代のイタリア女優の姿が頭をよぎる。

2人の男の子は重たそうなバックパックを背負ってママに「行ってきます」のキスをすると、魚屋へダッシュしてジュゼッペに今日のおやつ代をねだる。2人分で3ユーロ（430円）。軍資金を確保

すると、今度は近所の店へダッシュしてキャンディと紙パック入りのジュースを買う。そうして買ったものをバックパックに詰めると、もう1度パパのところへ駆けて行って、「行ってきます」のキスをしてから歩いて1分の学校へ向かう。その様子を、ピエラが窓から見守っている。

「自分たちで何もかもこなしているなんて嘘みたい」。私がピエラに日課を訊ねると、彼女はこう言いながらも、手際よく身を入れて仕事をこなしていく。ジュゼッペの仕事場は通りを挟んで向かい側にあるが、昼食に必ずしも戻ってくるわけではないらしい。店にはコーヒーがあるし、お昼には、お客さんに交じってシーフードサラダを食べたりしている。ジュゼッペが食べに帰ってくれば、ピエラはパスタか肉料理を作る。息子たちは学校のカフェテリアで昼食をとる。カフェテリアが閉まっているときは、ピエラたち母親がランチタイムに学校まで温かいお弁当を届け、子どもの名札がついたランチバッグを置いてくる。

ピエラは、魚が嫌いだと打ち明ける。じゃあ、魚を料理するのは？「たまにするけど、だいたいフリットゥーラ（魚のミックスフライ）ね。あれなら大好き」。貝やイカやタコも好きだという。逆に嫌いなのは、ヒラメ、マグロ、カジキ、メルルーサ（キス、ビブなど、タラに似たイタリアの魚の総称）など、いわゆる魚らしい魚で、特に生臭さがダメらしい。ピエラは、マウリチオのかわいらしい手から、私のビデオカメラを取り上げようと格闘している。マウリチオはつかんだものをなかなか放そうとしない。そうやって何度も格闘を繰り返しながら、でも冷凍フィッシュスティックは常備している、とピエラが話す。「子どもたちに簡単に作ってやれるし、冷凍庫に保存しておけるから」。それに生臭くもない。魚屋さんにしてみたら、フィッシュスティックなんて邪道なんじゃないの、とジュゼッペに訊ねると、曖昧な返事が返ってくる。

パレルモの食料品店や市場は、いまも小規模な個人経営の店が主流だ。そんな環境で生まれ育ったピエラは、食料品を毎日買うのが当たり前で、何といっても市場は元気の源だという。マンツォ家には、車やオートバイを買う余裕はないというけれど、パレルモの通りはどこもかしこも車が溢れていて、町中の人が最低でも1人1台は車をもっているかのように見える。

私たちはダイニングテーブルに座って2杯目のコーヒーを飲み、ピエラは2本目のたばこを吸う。「子どもたちが学校から帰ってきたら、子ども用に何か別のものを作るの？」「ううん、そうでもないわね。でも、もちろんパスタは食べるわよ。毎日、豆やじゃがいも、トマトやアサリなど合わせて、ありとあらゆる食べ方をするの。ラグ（ミートソース）のときもあるわ」。もう1本たばこに火を点けて、夕食の話に移る。「夜7時になったら下に降りてジュゼッペに何が食べたいか聞きに行くの。すると彼は『わからないよ。きみが決めてよ』って言うのが口癖なので、私は『まあ、ありがとう。参考にさせてもらうわ』って言って、部屋に戻ってパスタを作るわけ。昼間パスタを食べなかった日は、特にそうなることが多いわね。あとはフリットゥーラとか、ソーセージとポテトとか、お肉やチキン。何もないときは、カラマリフリッティ（イカフライ）を買ったりしている」。じゃあデザートは？この家にあるケーキ類はワクワクするほど素晴らしいし、アイスクリームを食べるなら、シチリア島は地球上で最高の場所だろう。

食文化の融合

今日のように中世と現代が奇妙に入り混じったシチリア島の性格は、ローマ人、アラブ人、ノルマン人、古代ギリシャ人、スペイン人など、数多くの民族とかかわり共存してきたイタリア人が作り上げたものだ。そうした文化的背景の中で、ユニークかつ時にぶつかり合いも生じる料理が育まれてきた。シチリア島のピザは、中東風に生地の上にたっぷり風味のいいトッピングをしたもので、イタリアのピザと同じだ。パスタが主流なのは言うまでもないが、一方でクスクスもよく食べる。クスクスはシチリア島の南にあるアフリカの国、チュニジアの主食である。また、シチリア島は海に囲まれ大半の住民が沿岸部に暮らしているので、漁業が経済の重要な柱の1つになっている。商業的な乱獲によって魚の数は激減したが、シチリア人の魚好きが落ち込む気配はない。シチリア産の巨大なクロマグロは、東京の有名な築地魚市場で競りにかけられると1尾で何百万円もの利益をもたらす。

購買者の自己責任

スーパーマーケットは、シチリア島にはまだほかの西ヨーロッパの町のようには溢れていない。島はまだまだ貧しく、多国籍企業が経済進出するには、一定水準以上の購買力が必要なのだ。それは、シチリア島に伝統的な商業地域を保存するための時間があるということだ。ただし、シチリアの人がそれを望めばの話である。ピエラは品質のいい食料品をもっと安く買いたいとは言うけれど、同時に、スーパーマーケットが入り込んできたらこの町の文化が様変わりしてしまうだろうということも薄々感じている。ピエラが生まれたときからつき合ってきた小さな店は、適正価格で商売することをしっかり自覚している。さもなければ、食料品の多国籍事業には太刀打ちできないだろう。シチリア島の将来を考える人が、このこともしっかり考慮してくれてるといいね、と私はピエラに言う。

イタリア

- 人口：58,057,477人
- パレルモ人口：686,722人
- 面積：290,688㎢（米国アリゾナ州よりやや広い）
- 人口密度：199.6人／㎢
- 都市人口：67％
- 平均寿命：男性76.8歳、女性82.5歳
- 出産率（出産可能女性1人当たり）：1.2人
- 1日1人当たりのカロリー摂取量：3,671kcal
- 1人当たりの年間アルコール消費量：9.67ℓ
- PPPにおける1人当たりのGDP（米国の数値に換算して算出）：$26,430
- 1人当たりの年間医療費とそのGDPに占める割合：186,912円／8.4％
- 1人当たりの年間たばこ消費量：1,901本
- 肥満人口：男性51.9％、女性37.8％
- 肥満症人口：男性12.2％、女性12.2％
- 20歳以上の糖尿病人口：9.2％
- 1人当たりの年間パスタ消費量：31kg
- 1人当たりの年間肉消費量：99.5kg
- マクドナルドの店舗数：329軒
- ピザ店：40,000軒以上
- 農業省が本物のナポリタンピザを定義したガイドライン（2004年発表）：8条6項
- 農業省が「伝統の味を保証」するピザのうち、パイナップルがトッピングされている割合：0％

朝6時頃、マンツォー家の住むエレベーターのない3階建てアパートの向かいでは、果物屋がすでに半分ぐらい品物を並べ終わっている。パレルモに古くからあるカポ市場の中心部で暮らすマンツォ家は、常に商人の売り声や喧噪に包まれて暮らしている。最近では、修復工事の騒音も加わった。でも、ここで生まれ育ったジュゼッペには、そんな通りのざわめきが子守歌だ。

取材メモ

ジュゼッペは、家でも道端でも仕事場の魚屋でも、見かけると必ずたばこのディアナを吸っていた。金色のパッケージには、「IL FUMO UCCIDE（喫煙は健康を損ないます）」と書かれた、大きな黒い注意書きラベルが貼られている。11歳のときから吸っているという。妻もたばこを吸うし、姉妹たちも吸う。親戚も全員吸うし、通訳をしてくれたバルトロも吸う。シチリア島は、巨大な灰皿のようだ。

ある夜、ジュゼッペの妻のピエラが、キッチンのテーブルに座って厚紙の写真箱を見せてくれた。学生時代の古い写真や、黒いビキニ姿のピエラ、ビーチにいる若いジュゼッペ、スーパーマンやサンタクロースに扮装した子どもたちなどが写っている。赤いジンジャーソーダを飲みディアナを吸いながら、若くして結婚した話をしているうちに、ピエラはだんだん不機嫌になってきた。子どもが3人いて、在宅で仕事をして料理をして掃除をして。週末にはランチ持参でバスに乗って、子どもたちをビーチへ連れて行くの。車を買うお金も、レストランに行く余裕もないから仕方ないわ。掃除、料理、掃除、料理、たばこ。ああ、これだけやっていればいいなら、どんなに楽かしら……。

1週間分の食料を買い出しに行った日、ピエラとジュゼッペは、たばこの本数を数えるのに手を焼いた。ふだんは1日に数回1箱ずつ買っているので、1週間分の合計を出すのに時間がかかったのだ。結局2人分で1週間2カートン、金額にして50ユーロ（約7,159円）分も吸っているとわかって、2人ともびっくりしていた。ざっと暗算すると、年間のたばこ代は2,500ユーロ（357,950円）になる。2人は落ち込んだようだが、それで喫煙をやめるほどではなかった。

——ピーター

わが家のレシピ

ピエラ・マレッタのパスタ・カンチョーバ（アンチョビパスタ）

【材料】
にんにく（みじん切り）　4片
オリーブオイル　大さじ2
アンチョビ　30g
トマト・ピューレ　250g
水　250cc
ゴールデンレーズン　60g
松の実　大さじ6
塩　大さじ2
コショウ　大さじ2
砂糖　大さじ2
パン粉　200g
スパゲティ　500g

【作り方】
- にんにくとオリーブオイルを中火にかけて、焦がさないように気をつけながら、きつね色になるまで5分ほど炒める。アンチョビを加えて、やわらかくほぐれてくるまで炒める。トマト・ピューレ、水、レーズン、松の実、塩、コショウ、砂糖を加える。
- 別の鍋で、パン粉を残りのオリーブオイルとともに、きつね色になるまで炒める。油が足りなくなったら追加しながら、パン粉が油に浸かってしまわないよう、よく混ぜる。
- 大鍋でお湯を沸騰させたら塩をして、パスタを入れ、アルデンテに茹でる。
- 湯切りをして、ソースをからませる。パン粉をトッピングして食卓へ。
- ブォナッペティート（召し上がれ）！

上：1週間分の食料をマウリチオのベビーカーに積んで、ジュゼッペとピエラがカポ市場からアパートへ帰る。ふだんのピエラは毎日買い物をするので、こんなに買うのは特別な日だけ。下：ピエトロとドメニコも毎日買い物をする。学校へ行く途中、隣の食料雑貨店でお菓子をいっぱい買うのだ。それから、通りの向こう側にある父親の魚屋に立ち寄って、「行ってきます」のキスをしてから学校へ向かう。

朝8時頃までに、ジュゼッペは6人の同僚と1時間余りかけて、魚屋のスタンドをセッティングする。それから、赤い防水シートを広げ、陳列用テーブルを並べて、魚をカットしたり、氷で冷やしたりもする。シチリア人の好物のペッシェ・スパダ（カジキ）は、ますます絶滅の危機が高まっており、扱いにも細心の注意が必要だ。さばいた切り身は、切り落とした頭のまわりに並べる。10時間後、魚屋の店員たちは、逆の手順で店じまいをする。

東京都小平市に住むウキタさん一家。自宅の居間で、1週間分の食料とともに。左から、マヤ（次女、14歳）、サヨ・ウキタ（妻、51歳）、カズオ・ウキタ（夫、53歳）、ミオ（長女、17歳）。調理手段：ガスコンロ、炊飯器。食品保存方法：小型冷凍冷蔵庫。好きな食べ物——カズオ：刺身、サヨ：果物、ミオ：ケーキ、マヤ：ポテトチップス。

JAPAN ●日本-1

ウキタさん一家　東京都小平市在住

●5月の1週間分の食料

穀物、でんぷん食物：3,723円
コシヒカリ米2.7kg、じゃがいも2.6kg、スライス食パン1斤、小麦粉650g、皮むき里いも550g、うどん550g、そうめん423g、サンドイッチ用食パン372g、日粉のマカロニ318g、そば318g、フライスター7のパン粉243g。

乳製品：268円
全乳2ℓ、ハルナのヨーグルト360g、バター‡264g。

肉、魚、卵：11,632円
ニジマス1.3kg、ハム1.1kg、卵10個、大きめのイワシ650g、アサリ550g、タコ550g、サワラ550g、豚ロース肉500g、マグロ刺身465g、アジ444g、サンマ405g、ワカサギ393g、ウナギ381g、ビンチョウマグロ刺身357g、ハゴロモのツナ缶339g、角切り豚肉339g、牛肉324g、豚挽き肉318g、豚切り身318g、豚薄切り肉309g、ベーコン234g、タイの刺身108g、ノザキの缶入りコンビーフ105g。

果物、野菜、ナッツ類：9,609円
スイカ4.9kg、カンタループメロン2.2kg、バナナ1.4kg、リンゴ1.2kg、ホワイト・グレープフルーツ1.1kg、イチゴ800g、缶入りチェリー210g、玉ねぎ2.4kg、ピーマン200g、きゅうり1.7kg、だいこん1.6kg、ゴーヤー1.4kg、豆腐1.1kg、トマト1kg、にんじん600g、さやつきグリーンピース550g、ブロッコリー500g、レタス1個、ほうれん草500g、冷凍枝豆423g、アスパラガス318g、冷凍グリーンビーンズ318g、冷凍ミックスベジタブル318g、たけのこ264g、缶入りホワイトアスパラガス264g、万能ねぎ240g、かいわれだいこん180g、しいたけ180g、生わかめ168g、油あげ54g、乾燥のり54g、乾燥わかめ54g。

調味料、香辛料：3,337円
グラニュー糖468g、エバラの焼肉のたれ297g、白みそ297g、マーガリン‡264g、豊年のサラダ油255㎖、ごま油213g、豆鼓(トウチ)180㎖、ティータイムメイトのパック入り砂糖846g、キユーピーのマヨネーズ168g、日の出の料理酒141㎖、日の出のみりん141㎖、しょうゆ141㎖、スドーのオレンジマーマレード141㎖、スドーのイチゴジャム141㎖、酢141㎖、フジのオイスターソース126g、ブルドックのとんかつソース102㎖、キャプテンクックの小分けパック入りコーヒー用クリーム606㎖、塩105g、豆腐にかける中華だれ87g、カゴメのケチャップ81㎖、ごま‡78g、ハチミツ75g、ポッカの食卓用レモン果汁72㎖、桃屋のキムチの素66㎖、しょうゆドレッシング60㎖、味の素のオリーブオイル54g、S&Bの練り辛子45g、S&Bのわさび45g、すり白ごま42g、黒コショウ‡21g。

スナック、デザート：1,809円
ケーキ4切れ、コーヒーブレイク・クッキー500g、クリームパン300g、湖池屋のポテトチップス264g、パスコのクリームリング264g、チョコレート・シフォンケーキ159g。

総菜、加工食品：2,570円
日清のカップヌードル750g、サッポロ一番のインスタントラーメン550g、昭和のパンケーキミックス372g、マ・マーの缶入りパスタ用ミートソース295g、オーマイの缶入りパスタ用ミートソース312g、水で戻して食べる乾燥海草サラダ264g、S&Bのゴールデン・ハヤシソースの素264g、娘のお弁当用冷凍餃子‡255g、味の素のカツオ風味ほんだし150g、インスタントスープ81g、味噌汁に入れて食べる焼き麩81g、野菜と海草のおむすび用ふりかけ39g、リケンの海草のおむすび用ふりかけ36g、キョーワのインスタント卵とじスープ27g、娘のお弁当用冷凍ビーフコロッケ222g。

飲料：3,551円
キリンのビール350㎖缶6本、コカコーラ1.5ℓ、なっちゃんオレンジ1.5ℓ、サントリーのC.C.レモン1.5ℓ、日本酒1.8ℓ、コーヒーブレイクのインスタントコーヒー75g、緑茶63g、アルファの麦茶60g、アフタヌーンティーのダージリンティー54g、飲料用と料理用の水道水。

嗜好品：1,200円
カズオが吸うマイルドセブンのスーパーライト4箱

‡写真にないもの

1週間分の食費：
37,699円

ビタミン・シー —— 海の幸はビタミンの源

日本のデパートでは、ココアパウダーをまぶしたチョコトリュフを1個買っただけで、目を見張るような大ごとが始まる。なにしろラッピングがすごい。店員は、几帳面にトリュフを四角い薄紙にくるみ、小さな菓子箱に詰めてから上品なリボンをきゅっとかける。この素晴らしいパフォーマンスだけでも相当の値打ちがある。しかし、これは単なる見せ物ではない。日本では、食べ物と同じくらい飾りつけが大切だという考え方が、デパートから一般家庭に至るまで行き渡っている。

サヨ・ウキタの朝は早い。17歳の長女ミオと14歳の次女マヤのためにスクランブルエッグを作り、トマトときゅうりとレタスをきれいに並べた小さなモーニングサラダを用意する。そんな、妻手作りの素敵な朝食には目もくれず、夫のカズオはコーヒーカップとたばこを手にすると、そそくさとテレビを点ける。そして、昨夜の野球の結果と天気予報をチェックすると、会社へ出かける。東京郊外の小平市からカズオの勤め先の書籍卸会社がある都心までは、電車で1時間かかる。ウキタさんの家には車もあるのだが、混雑きわまる都心まで車で行くのは現実的ではない。

2人の娘は居間の茶袱台（ちゃぶだい）に脚を投げ出して、紅茶をすすっている。サヨは娘たちの食事を運んでから、自分も正座をして食べ始める。マヤのランチの弁当は、すでにでき上がっている。弁当箱の1段目には、昨夜の残り物の焼き魚が1切れとかすかに湯気の立つグリーンピースのご飯が、完ぺきなシンメトリーに詰めてある。2段目には、イチゴが4つと赤いチェリーが2つ、広げた扇子のように並べたフジリンゴの薄切りが入っている。サヨは弁当箱を包んで、専用のお箸とともにマヤのバックパックに入れる。姉のミオは、昼食はたいてい学校の近くで友だちと食べる。マクドナルド、モスバーガー、ロッテリア、KFC、ドムドム、ウェンディーズ、吉野家など、ファストフード店ならいくらでもあるからだ。娘は2人とも、食べたあとのお皿を片づけなさい、とは言われない。「あの子たちの本分は、学校で勉強することだから」と、残ったお皿を洗いながらサヨが言う。

娘たちは通学のため駅へ向かい、それぞれ反対方向の電車に乗る。サヨは、じきに今日の買い物に出かける。東京郊外の街は、たいてい駅を中心に広がっており、駅周辺には店やレストランが立ち並んでいる。

まだ人もまばらな通りを、サヨや近所の主婦たちがいち早く新鮮な食料品を仕入れようと、駅前の商店街へ向かって黙々と自転車をこいでいく。

取材メモ

日本はうまいものが食べられる、私のお気に入りの土地だ。安いうどん屋やそば屋ですら、素晴らしくうまい。それから、回転寿司や45分間食べ放題の寿司レストランは、私に言わせれば、偉大なるファストフードなのだ。

　初めてウキタさんの家に滞在したとき、サヨは毎晩、夕食のしたくに1時間以上かけていたし、しかもそれには買い物に使った時間は含まれていない。サヨは毎日自転車をこいで、家からそう遠くない駅前の商店街に出かけて行った。その商店街には、東洋人にはなじみ深い果物、魚や野菜が何でもあった。どれもものすごく新鮮で、ものすごくきれいにディスプレイされていて、ものすごく高かった。

　ウキタ家で食事をする難点は、テーブルが低いこと（あぐらをかいて座るのに、ひざがつかえて難儀した）、どこにいても大音量で聞こえてくるワイドスクリーンのテレビ、カズオが習慣にしている晩酌だった。日本の何百万人ものサラリーマンが同じようにしているのだろうが、カズオがかなりの量のジャック・ダニエルやビールや酒を、黙々と飲むのには閉口した。

　10年ほどしてこの家を再び訪れてみると、カズオは腎臓の手術を受けて間もないというのに、相変わらずジャック・ダニエルで晩酌をしていた。娘たちは大きくなり、サヨは相変わらず、自転車をこいで商店街に出かけていた（車で行きたいけれど、駐車できないらしい）。キッチンで日がな一日働き通しなので、今回は彼女に少し休んでもらおうと、寿司屋に誘った。通りの先にある小さな店で、私たちが小さなテーブルに座ると、小柄な女性が注文を取りに来た。彼女がこのささやかな商売を切り盛りしているのだった。ごくありふれた店で、期待通りうまい寿司が出てきた。

――ピーター

欧米の外食産業は年中同じメニューしか出さないが、日本のファストフード・チェーンでは、季節ごとにメニューが変わる。旬のものを食べる習慣は、日本の長年の伝統だ。食べ物をいちばんおいしい時期に食べる、という意味もあるけれど、この島国ではふだんでも高いものが、季節はずれにはいっそう値が張る、という事情もある。

わが家のレシピ

サヨ・ウキタのスキヤキ

【材料】
だし　600cc
サラダ油　大さじ2～3
牛肉（斜めに薄切りしたもの）　500g～1kg
砂糖　大さじ3～5
日本酒　100cc
白菜（5cmにきざむ）　1/4株
こんにゃく（2.5×10cmに切る）　300g
ねぎ（5cmの長さにきざむ）　2本
しいたけ（縦半分に切る）　4～6個
ほうれん草（大きめ）　1束（約500g）
豆腐（2.5cm角のさいの目に切る）　300g

【作り方】
- すきやき鍋などの卓上鍋を用意し、テーブルにセットする。
- だしをとる：1）ティーバッグ式のだしパックを600ccのお湯で10分間煮出す、もしくは、2）3×5cmの乾燥昆布を600ccのお湯で10分間煮出す。だしがとれたら、火から下ろして、昆布かかつおぶしを漉す。
- 鍋を中火にかけ、サラダ油を熱する。
- 牛肉を入れて（重ならないように広げる）、砂糖と酒を加え、2～3分加熱する。
- だし半分を加えて、野菜と豆腐を適量入れる（鍋いっぱいに入れるが、ぎゅうぎゅう詰めにはせず、鍋の中で具が混ざらないようにする）。肉や野菜に火が通るまでぐつぐつ煮て、だし、砂糖、お好みでしょうゆ味も足して味を調える。
- 煮えた野菜や肉を取り出して食べ、また新たな具をいちどきに足して、先ほどと同じ手順で調理する。用意した具がなくなるまで、これを繰り返す。
- 注意：スキヤキの味つけはふつう、しょうゆ、砂糖、酒、だしを入れて甘辛くするが、ウキタさんの家のスキヤキは、だしをたっぷり使う代わりに、しょうゆと砂糖は控えめ。

上：スーパーマーケットで買い物をするサヨ。島国の日本では思った通り、あらゆる種類の魚介や海草が食卓に上る。ウキタさんの家でも、1週間に最低12種類の魚介と3種類の海草を必ず食べている。日本のように高度に都市化された国では外食の機会も多く、ウキタ家もよくレストランに出かける。左ページ：日本の風習で、レストランの入り口には、店内のメニューがプラスチックの模型でディスプレイされている。

日本

- 人口：127,333,002人
- 東京都市圏人口：33,750,000人
- 小平市人口：175,585人
- 面積：364,610km²（米国カリフォルニア州よりやや狭い）
- 人口密度：349.2人／km²
- 都市人口：66%
- 平均寿命：男性78.4歳、女性85.3歳
- 出産率（出産可能女性1人当たり）：1.3人
- 1日1人当たりのカロリー摂取量：2,761kcal
- 1人当たりの年間アルコール消費量：5.83ℓ
- ビールの自動販売機の稼働時間が自主規制された年：2000年
- PPPにおける1人当たりのGDP（米国の数値に換算して算出）：$26,940
- 1人当たりの年間医療費とそのGDPに占める割合：309,986円／8.0%
- 肥満人口：男性25.3%、女性18.6%
- 肥満症人口：男性1.5%、女性1.5%
- 20歳以上の糖尿病人口：6.7%
- 1人当たりの年間肉消費量：48.5kg
- 1人当たりの年間魚介類消費量：73kg
- マクドナルドの店舗数：3,891軒
- ビッグマックの価格：295円
- 1人当たりの年間たばこ消費量：3,023本

左上：日本の食文化は活気に溢れ、未知なるものへの冒険心に満ちている。そのことを反映するかのように、大阪道頓堀には、イカづくしの店、カニづくしの店、フグ料理専門のレストランなどが立ち並ぶ。右：一方、京都ではお寺のような伝統ある場所の喫茶コーナーで、カップルが軽食をとっている。左下：東京のトレンドの発信地、原宿の歩道に目を移すと、小さな女の子が洋菓子のクレープを握りしめている。

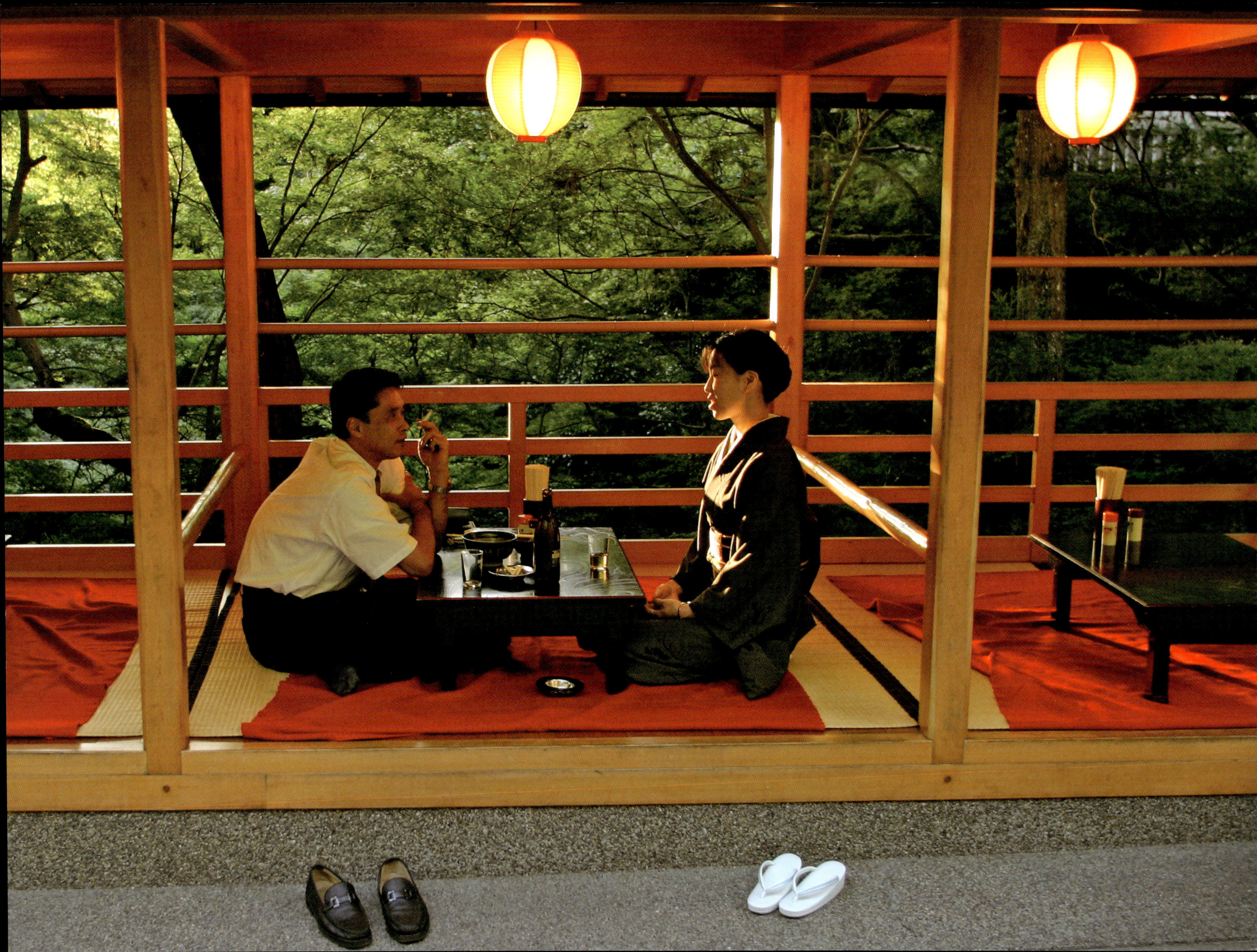

沖縄県読谷村（よみたんそん）に住むマツダさん一家。左から、タケオ・マツダ（夫、75歳）、ケイコ・マツダ（妻、75歳）、カマ（タケオの母、100歳）。自宅のキッチンで、1週間分の食料とともに。マツダ夫妻の3人の子どもは独立して、それぞれマツダ家から数百mのところに住んでいる。調理手段：ガスコンロ、電子レンジ。食品保存方法：小型冷凍冷蔵庫。

JAPAN ●日本−2

マツダさん一家　沖縄県読谷村（よみたんそん）在住

●1月の1週間分の食料

穀物、でんぷん食物：2,681円
白米3.3kg、パン372g、小麦グルテン117g、マカロニサラダ105g、うどん84g。

乳製品：955円
牛乳1ℓ、明治のブルガリアヨーグルト500g、雪印のスライスチーズ180g、雪印の6Pチーズ150g、バター75g。

肉、魚、卵：3,814円
卵20個、スパム700g、茹でた魚のすり身600g、ツナ缶423g、タイ切り身399g、スライスベーコン276g、生のサバ264g、生の骨抜きサケ252g、豚肉切り身240g、ウルメイワシの干物180g。

果物、野菜、ナッツ類：8,023円**
リンゴ1.1kg、オレンジ1.1kg、種無し柿420g、エノキの実140g、カボチャ2.7kg、ゴーヤー2kg（よく自家栽培のものを食べる）、玉ねぎ1.3kg、キャベツ1個、トマト900g、アボカド3個、オクラ650g、チンゲンサイ500g、にんじん500g、缶入りコーン450g、サラダ用野菜288g、調理済み里いも243g、金時豆210g、丸美屋の納豆210g、大豆210g、やまいもの葉210g、缶入りスーパースイート・コーン165g、もやし159g、パッケージ入りの生のえのきだけ105g、昆布だし63g、唐辛子84g、昆布60g、わかめ150g（購入もしくは採集）、苦菜*393g、ヨモギ*288g、ツルムラサキ*60g。

調味料、香辛料：5,225円
赤みそ650g、沖縄産ハチミツ550g、塩550g、S&Bのゴールデンカレー550g、ミツカンのリンゴ酢500㎖、しょうゆ350㎖、かつおぶし318g、ダイダイジュース350㎖、ケチャップ300㎖、トップバリュー（ストアブランド）のバーベキューソース310㎖、エコナのサラダ油264g、紫いも粉210g、ジャム147g、ごまドレッシング120㎖、コショウ21g。

スナック、デザート：930円
ウェザーズのキャンディ330g、明治のプリン318g、しょうが飴192g。

総菜、加工食品：372円
マイフェアの缶入りビーフシチュー360g、ギョウザ222g。

飲料：3,284円
アサヒのビール350㎖入り缶6本、ミニッツメイドのフルーティー・ベジタブルジュース350㎖入り缶6本、シークワーサージュース1.5ℓ、泡盛720㎖、オリオンビール350㎖、UCCのモカブレンドコーヒー105g、ティーバッグ50個、飲料用と料理用の水道水。

*自家栽培のもの

1週間分の食費：
25,284円
**自家栽培品を地元の市場価格に換算すると856円

腹八分

半年前、タケオ・マツダの自宅では、母カマの100歳を祝うバースデー・パーティが開かれた。子ども、孫、ひ孫らに囲まれたその祝いの席で、カマは踊りを踊った。現在、カマは、沖縄本島にあるこの家で、息子と嫁のケイコと同居している。沖縄本島には第二次世界大戦以後ずっと暮らしており、ほかの家族も全員、島内の車で15分以内のところに住んでいる。家族たちは、こうした祝い事がなくても、自然と実家であるマツダ家に集まってくる。彼らのお目当ては、75歳のケイコが週末ごとに作る沖縄料理だ。「子どもの頃の味が懐かしいんでしょう」と、大好物のツルムラサキを洗いながらケイコが言う。島に自生するこの野菜を、彼女は「からだにいい草」と呼ぶ。ツルムラサキは本当は草ではなく、ほうれん草のような味がするさつまいもの仲間だ。

ツルムラサキをきざんで、新鮮な沖縄豆腐（本土のものより硬め）と、少量の柑橘酢で和える。生の葉は少し苦味があり、その苦味が、酢の風味と豆腐のクリーミーさと絶妙に混じり合う。この和え物を脇に置いて、もう2品、別の野草料理をひと皿に盛り合わせる。ヨモギと、葉が長く苦味のあるキク科の苦菜だ。それからゴーヤー（ニガウリ）を洗い、豆腐、少量の豚肉、卵と炒める。ケイコはゴーヤーを「長寿の秘訣の1つ」と言う。こうして、野菜たっぷりで超低脂肪のヘルシーランチを、私たちに用意してくれる。

週末以外は実家を離れ、それぞれ独立して暮らしているマツダ家の若い世代は、もっと幅広くいろいろなものを食べている。欧米のファストフードも例外ではない。そのことが、ケイコには気がかりだ。沖縄の町には、マクドナルドをはじめとして、ケンタッキー・フライド・チキンやA&Wなど、ファストフード店が溢れているけれど、ケイコは食べたことがないし、ちっとも食べたいとも思わない。「だって、あんなもの栄養がないでしょう」。では、欧米の食べ物というと、いったいどんなものでできていると、ケイコは思っているのだろう？「パンばっかりでしょう？ 私はパンと言えば、おやつか軽食としか思えないけど。主食とはちがうよねえ」。それを聞いた夫のタケオがすぐさま言葉を挟み、第二次世界大戦後、アメリカから沖縄に届けられた食料物資について熱心にしゃべりだす。「当時、私らはあまり発育がよくなかった。アメリカー（沖縄の人はアメリカ人をそう呼ぶ）が野菜をたくさんくれたんだ」。"アメリカー"は沖縄の人たちに缶詰もくれた。その名残で、スパム（アメリカのHormel Foods社が製造する豚肉のランチョンミートの缶詰）とツナ缶は、マツダさん一家の食料品の定番になっている。

沖縄県の主要部分にあたる沖縄本島は、1800年代後半に日本に併合されるまで、琉球王国と呼ばれた列島の一部だった。琉球と日本、中国、さらにアメリカの文化が微妙にミックスされたこの島は、欧米のファストフードの上陸拠点となっている。そうなった大きな理由は、第二次世界大戦以降、米軍の巨大派遣部隊がこの地に駐屯し続けているからだ。とはいえ、ファストフードは、地元産の新鮮な食材を使う郷土料理との相性はよくないし、控えめがモットーの伝統文化とも相容れない。

　「腹八分――お腹いっぱい食べずに少し控えめ（8割ぐらい）でやめておけ」と、沖縄のお年寄りたちは言う。沖縄には100歳以上のお年寄りの数がずば抜けて多いため、その理由を解き明かそうとする研究者たちの目が、近年この島に注がれている。ある研究者によれば、長寿は、健康的な食習慣や運動、ストレスの少なさという、この島ならではの卓越した要素の組み合わせに起因するという。さらには、地域社会が高齢者の生活の質の高さを支えているからだ、という見方もある。

　まもなく101歳を迎えるカマは、車椅子の生活ながら、いまでも週に数回、友人たちの顔を見にシニア・デイケアセンターへ出かける。沖縄の老人ホームやデイケアセンターは、公立・私立にかかわらず素晴らしい活気に溢れている。お年寄りはそこで友人たちと、フットマッサージやウォーターバレー、ヘアカット、ランチなどを楽しむ。そうしたセンターは地域に実によく溶け込んでおり、人生のさまざまなステージを祝う祝賀行事もたくさんある。お年寄りたちにとってそこは、単なる慰みの場ではなく、年をとることへの尊厳がきちんと認められた場所だ。ケイコは、義母が年をとりその健康状態や気質が変化していくことを、おおらかに受け止めている。「97（歳）を過ぎてからは、毎日、気のいい大きな子どもを抱えているみたいなものさ」。

　ケイコはずっと義母と暮らしてきたけれど、さて、自分自身が年をとって自立できなくなったらどうなるのだろうと考える。子どもたちのうちだれかが、自分と同居してくれるだろうか。「生活の仕方が変わったからね」とケイコが言う。「私が二十代の頃はまだ、親と一緒に暮らすのをみんな厭わなかったけど、いまではだんだん少なくなってきてるでしょう。私が年とる頃には、いったいどうなることやら」。

リアル・ライフ、シンプル・ライフ

沖縄の津々浦々に、近代化の波が押し寄せているわけではない。島のおよそ半分はいまも素朴で、伝統が息づき、青々と緑に覆われている。島の北部は特にそうで、4車線の有料道路が途切れると、息を呑むような海の景色が目の前に広がる。90歳のハルコ・マエダに偶然出くわしたのも、ここだった。ハルコは、大宜味村（おおぎみそん）にある自宅の庭先で、脚を伸ばしてうつ伏せに寝そべったまま、刈り込みばさみで草を刈っていた。「暑くなる前に、刈ってしまわないといけないもんで」。彼女は素早く立ち上がると、私たちにそうあいさつする。そこへちょうど那覇市内に住んでいる息子が戻ってきたが、やあ、と手を振りながら母親の家に入っていく。母親が大ばさみを手にして庭に寝そべっているのを見ても、ちっとも変だとは思っていないようだ。「あれはいちばん上の息子」とハルコが教えてくれる。子どもは6人いて、そのうち半分は本州に住んでいると言う。「ここにはよく帰ってくるの？」。「そりゃあもう、しょっちゅう。夏にはみんな、海で泳ぎに帰ってくるさ」。ハルコも一緒に泳ぐのだろうか？「私はコーチさ」。そう言って、ニヤリとする。彼女はライフガードも兼ねていて、いちばん小さなひ孫たちが、波打ち際で水遊びをするのを監視する役目も引き受けている。

　畑にゴーヤーがあるのを見つける。きゅうりみたいな、いぼだらけの緑色の野菜だ。「どうやって食べるの？」と訊ねてみると、「薄く切って、酢をふりかけて、豆腐と混ぜるのさ。タコを入れるときもある」と答えが返ってくる。子どもたちも好きなのだろうか？「もちろん。みんな、うちから本土へ種を持って行って、自分の家の庭で育てているよ」。ハルコは種を取っておいて、来る年も来る年も自分の畑に植えている。「よく育つよ。台風シーズンにダメになるときもあるけどね」。通りがかった友人がこちらに向かって歩いてきて、神社へ一緒にお参りに行くか、と誘う。「あとから行くよ、息子が帰ってきたら」と、家の方を指さしながら言う。「向こうで落ち合おうよ」。私たちはハルコにさよならを言う。もう昼食の予約に遅れている。

マツとの食事

私たちは、大宜味村の小さなレストランに向かう。「笑味（エミ）の店」と呼ばれるレストランでは、沖縄流に調理したヘルシーな伝統料理を食べさせてくれる。セットメニューの食材は、長寿の素が中心。手書きの看板には、旬の食材を使い、料理は日替わりとの宣伝文句が記されている。店のオーナーで、栄養士でもあるエミコ・キンジョウにあらかじめ、友人を1人昼食に招いてもかまわないか訊ねてあった。96歳になる客人のマツ・タイラが現れ、歩行器を入り口の脇に寄せる。エミコはマツに椅子を勧める。料理は仕切りのある弁当箱に入っていて、中身は、あざやかな緑のモーイ（海藻）豆腐（この変わった「豆腐」に大豆は使われていなく、いばらのりという海藻だけでできている）、紫色の沖縄いもや地元で採れるシークワーサー、ゴーヤーを新鮮な豆腐や豚肉と炒めてシークワーサージュースをかけたもの、野菜の漬け物各種、それにたっぷりの緑茶が添えられている。間際に

沖縄

- 人口：1,318,220人
- 読谷村人口：36,000人
- 面積：本島1,135㎢／沖縄県全土2,178㎢（本島は米国ロードアイランド州の1/3弱）
- 第二次世界大戦中、沖縄戦で戦死した米兵の数：12,000人
- 第二次世界大戦中、沖縄戦で戦死した日本兵の数：107,500人
- 第二次世界大戦中、沖縄戦で死亡した一般市民の数：142,000人
- 沖縄に駐留する米兵の数：25,000人
- 本島における米軍基地の占める割合：20%
- 都市部人口：71%
- 平均寿命：男性77歳、女性86歳
- 長寿の世界順位：1位
- 100,000人当たりの百寿人口：33.6人
- 主要先進国における100,000人当たりの百寿人口：10人
- 百寿人口のうち女性の占める割合：85.7%
- 50歳未満の肥満率、および肝臓病、心臓病、早死する確率の全国順位：1位

読谷村から海岸沿いを数kmのところにある北谷町（ちゃたんちょう）では、沖縄最大となる24階建ての複合ホテル建設が進む。現場の土木作業員は、全員参加が義務づけられた体操を始める。日本の会社では最近まで、ごく当たり前のようにこうやって士気を高めていた。先進国の多くは、きつい肉体労働を外国人労働者に依存しているが、日本はそうとも限らないらしい。ここの男性たちも、100%とはいかないまでも、圧倒的に日本人が多い。

上：那覇市にある牧志公設市場の売り場には、極彩色のイラブチャー（ブダイの一種）がずらりと並ぶ。すみずみまで清潔に気を配った市場は、島国日本の食生活の豊かさを物語る。右：牧志市場の典型的な売り場では、通りがかった客にだいこんの味見を勧めている。ほかにもゴーヤー、プルーン、キャベツ、ミニきゅうりの漬物、らっきょうなど、さまざまな総菜が並ぶ。

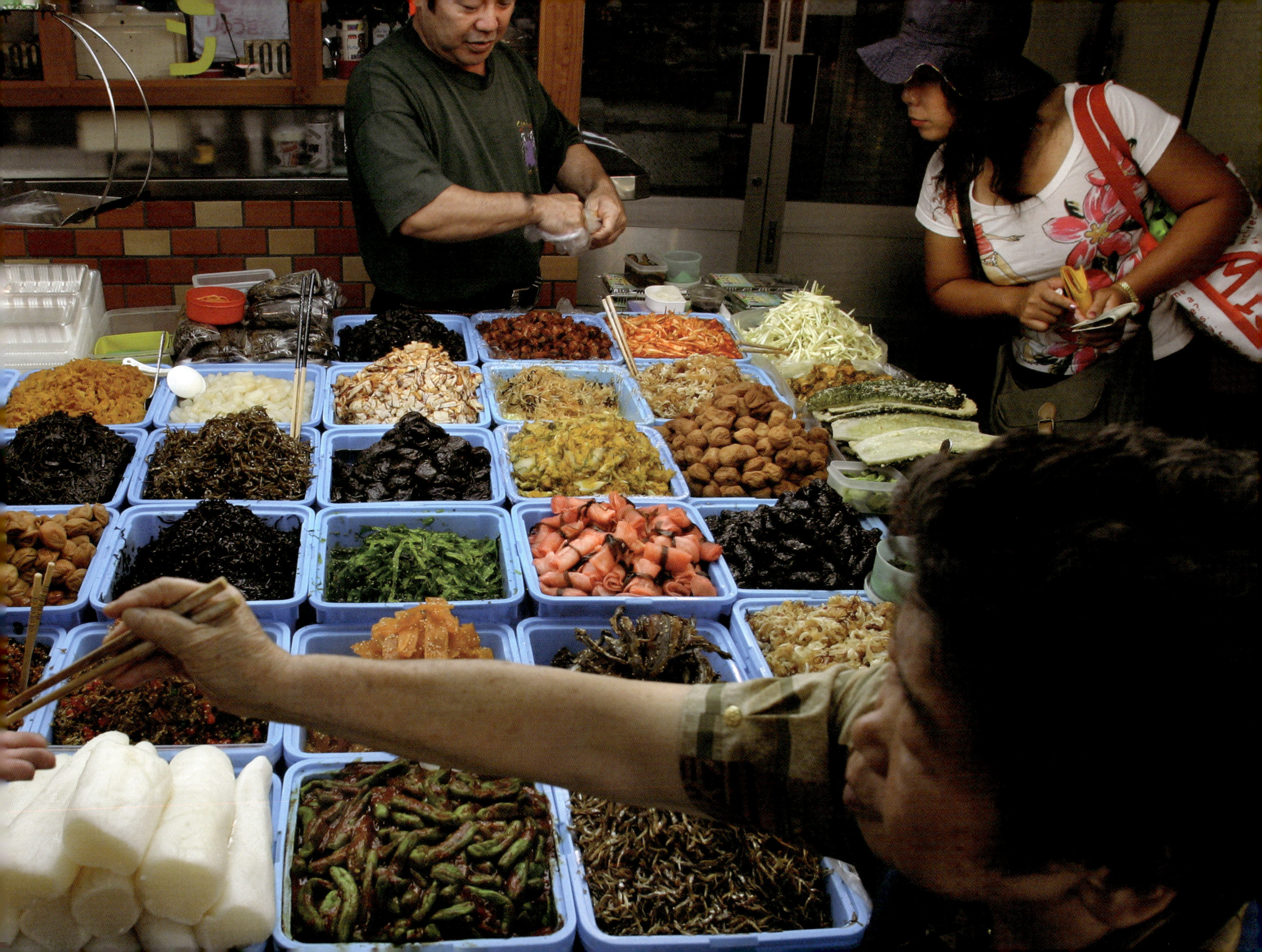

取材メモ

沖縄では毎朝早くから仕事をしていたのだが、取材地域で10時前にオープンしている飲食店が、ミスタードーナツのチェーン店たった1軒だけだったのにがく然とした。ドーナツでも、何も食べないよりはましと思って、そっと店内に入ってみた。そこで目の当たりにしたのは、目を見張るほど多種多様なドーナツが並んだショーケースだった。最もからだに悪くないものをオーダーするとしたらどれだろう、と思案していると、ミスタードーナツがなかなか共感できるポリシーをもっていることを示す原料表示が目に留まった。「ポン・デ・リング」は、大豆粉でできたドーナツで、ピンポン玉をつないだような形をしていた。中はポピーシードやオレンジクリームの層になっている。これは素晴らしかった。ちょっと歯ごたえがあって、甘すぎず、いかにもからだによさそうだった。

この南国の島で出会った、もう1つの思いがけないごちそうは、海の幸だった。私は無類の魚好きだ。那覇市最大の伝統ある牧志公設市場で、氷を敷いた上に並べられたレインボーカラーのシーフードは、まるでキャンディみたいに見えた。

市場のいちばん上のフロアは食堂になっており、下の市場で買った魚を好きなように調理してくれると教わって、姿の面白い魚を半ダースほど選ぶと、上の階へ持って行った。料理人はそのうち半分の魚を刺身にして生で出してくれ、残りは丸ごとしょうがと蒸した。しょうゆに好きなだけ使っていいワサビを入れて、生の魚の細長い切り身を浸けて食べると、うまかった。レインボーカラーの魚の方は残念ながら、蒸したら鮮やかな色が消えてしまった。思うに、魚は加熱すると、何かしら貴重な成分が変化してしまうのではないだろうか。ともあれ、この市場の最上階の食堂で出された蒸し魚も、骨までしゃぶりたくなるほどうまかった。

——ピーター

上：お客様を長生きさせる料理を出すことがモットーの、沖縄、大宜味村にある"長寿レストラン"で、96歳のマツ・タイラが長寿ランチを食べる。真っ赤なアセロラの実で作ったゼリーのデザートも添えられている。下：セットメニューのごちそうの中身は、銀色のキビナゴ、苦菜とクリーミーな豆腐の和え物、だいこん、海藻、紫いもとその葉を使ったタピオカの一品、沖縄特産のシークワーサーのジュースで風味をつけた豚肉など。

わが家のレシピ

ケイコ・マツダのヒジキジューシー（ひじきの炊き込みご飯）

【材料】
米　540g
乾燥ひじき　30g
だし　600cc
にんじん（細い千切り）　小さめ1本
豚肉（千切り）　180g
しょうゆ　大さじ3
塩　適量
ねぎ（細長く切る）　小さめ1本

【作り方】
- 米を研いで、ザル、もしくは水切りボウルで水切りする。
- ひじきを洗って、たっぷりの水に20分間浸けて戻す。ザル、もしくは水切りボウルで水切りする。
- だしをとる：1）ティーバッグ式のだしパックを600ccのお湯で10分間煮出す、もしくは、2）3×5cmの乾燥昆布を600ccのお湯で10分間煮出す。火から下ろしたら、かつお節50gを加えて、1分間浸したら、昆布とかつお節を漉す。
- ひじき、にんじん、豚肉を炊飯釜に入れて、米を炊くのに適量のだしを加える（正確な分量は炊飯釜の目盛に従う）。具が煮立ってきたら米を加え、しょうゆと塩で味つけをして、米が炊き上がるまで加熱する。
- 炊き上がったら、ふたを取らずに10分間蒸してから、具をかき混ぜる。1人分ずつよそって、ねぎを散らす。
- バリエーションは限りなくあり、残り物を何でもきざんで、ご飯に炊き込めばよい。

沖縄の小さな町、名護市のシニアセンターでは、高齢者がジャグジーや足浴施設を楽しんだり、友人と昼食をとったりと、ちょっとしたスパ気分で一日を過ごせる。沖縄の老人ホームやデイケアセンターは、介護体制がよく整い、地域社会に密着した看護スタッフやヘルパーがいて、公立の施設も私立の施設も素晴らしく活気に溢れている。お年寄りたちはそこで友人たちと、フットマッサージ、ウォーターバレー、ヘアカット、簡単な食事などを楽しんでいる。

声をかけたにもかかわらず、マツが来られたのは幸いだった。今日はそれほど天候が荒れていないので、畑仕事かもしれないと思っていたのだ。社交的なマツは、「人とおつき合いするのが若さの秘訣」と、この機会をとても喜んでくれている。「でも」と周囲を見回して、「ここにいるのが全員年寄りだったら、もっと話が面白かったろうに」とつけ加える。一同がどっと笑い、通りすがりの人まで笑う。マツはお茶をすする。それから、箸を取って海藻豆腐の味見をし、「自家製なの？ おいしいねぇ」とエミコに声をかける。

海藻がきっかけで、マツの幼い頃の思い出がよみがえる。「そう、昔はすぐそこの海に、たくさん海藻が生えていた」レストラン裏手の西の方角を指さしながら、マツが話す。「小さい頃は、海岸で海藻を採っては干したものだったけど、防波堤のせいかダメになったね。それとも公害かねぇ」と首を傾げながら、こんどは、エミコ特製のゴーヤー料理に箸をつける。旬になると、毎日作っている料理だ。「ゴーヤーも干して保存するの？」と訊ねると、「いや、そんなことはしないさ」とかぶりを振る。

マツは、スーパーマーケットでは買い物をしない。大宜味村には1軒もないからだ。彼女は自分で野菜を育て、それ以外に必要なものは、地元の食品協同組合から購入している。自分の食べるものを自分の手で育てない人がいることが信じ難く、自分が野菜を買うところなど、とても想像できないと言う。マツは、農業をやったこともない人がいるという事実にとても興味をそそられたようで、昼食のあいだ中、何度もその話題を持ち出す。「本当に何にも知らないのかねぇ？」と、心配気に繰り返す。

マツは、ファストフードを食べたことがあるのだろうか？ テーブルを囲む人たち（彼らはファストフードを食べたことがあるらしい）が、ファストフードとはどんなものか、一所懸命マツに説明する。しばらくして、1度だけジャムを塗ったパンを食べたことがあるのを思い出す。「あれがファストフードかね？」。結局、ハンバーガーが何かはわからないままだけれど、それでいいのだろう。

マツは、熟れたイエローパパイヤをひと口かじって、この味が大好きだと言う。青い未熟果のうちに食べることもあるけれど、マツはイエローの方が好きなのだ。「うちのご先祖様は、心臓にいいって言ってたよ」。そう言いながら、もうひと口かじる。「村には長いあいだ、医者がいなかったからねえ。野菜や果物を片っ端から、あれに効きそうだ、これに効きそうだって見当をつけて。苦い草があると、引っこ抜いて根を食べるの。そうすると胃のむかつきにいいとかね。こうした知恵が、代々受け継がれてきたわけさ」。

マツの夫は第二次世界大戦後、漁師をしていた。「ここいらの男はみんなそうだったさ」とマツ。「男たちが海から帰ってくると、私ら女は浜辺に出かけて行って、魚を市場へ運び込んだもんだよ。その魚を売って、米や野菜を買っていた。当時は、あまり畑ができなかったからね」。好物の魚を訊ねてみる。「魚は何でも好きだよ。大きなサメを釣って帰ってくることがあって、そうすると少し売って、残りを乾燥させて保存食にしたさ」。

幼い頃は、いもが主食の時代もあったという。紅いもと呼ばれる紫色のさつまいもで、本日のエミコの料理にも使われている。「いまでも大好きだよ。これを薄切りにしたのを毎日食べるよ。とてもからだにいいからね」。「いもを植えるなら雨のあとと、みんなに教えてやるといいよ。土がやわらかくて具合がいいから」。マツはいまだに、だれもかれもが今すぐ畑を作り始めるといい、という希望を捨てていないらしい。私たちも、彼女のたわいない夢をそっとしておきたい。

苦い教訓

沖縄では、祖父母世代、曾祖父母世代の多くが90歳代後半、もしくはそれ以上まで長生きしているが、それより下の世代は、そこまで長生きしそうにない。県の統計によると、50歳未満の沖縄県人の肥満率は高く、心疾患、肝疾患の危険性も非常に大きい。また、全国規模で比較しても、早死の率が高い。

人間が昔から当たり前のようにしてきたことが失われて、心身の刺激が減っていることも、要因の1つのようだ。かつては、沖縄の人々の多くが90歳を過ぎても、畑仕事をしたり、芭蕉布を織ったりして働いていた。芭蕉布は地元産バナナの繊維から採った糸で織った布で、かつては家内工業を主体として作られる非常に貴重なものだったが、いまでは、織り手がいたとしても、家内生産ではなくなっている。沖縄北部の喜如嘉村（きじょかそん）にある、87歳のトシコ・タイラと娘の作業場が、実質的にはこの手工芸の最後の砦である。

とはいえ、長寿県沖縄の素晴らしい遺産は、こうした文化をみんなで共有していることだ。沖縄には、「カリ」という言葉さえある。「子どもの頃は、国がまだ貧しくて、みんなで分け合うのが当たり前だった。家族で食べる分よりいもが多く採れたら、自然と分け合っていたよ。協力体制がしっかり根づいていたねぇ」タケオ・マツダがつぶやく。子どもの頃に比べて暮らしはずいぶん変わったけれど、自分の子どもたちの世代に、その気質が引き継がれていることをうれしく思う。たとえ、子どもたちが何を食べていようとも。

長寿の秘訣

1976年、医学研究者の鈴木信（まこと）は、沖縄が世界一の長寿地域であり、人口に占める100歳以上の割合が世界一高いことに非常に興味を引かれた。コーカサス山脈、パキスタンのフンザ谷、エクアドルのビルカバンバなどに100歳以上の人口が多いというレポートは、のちに誇張されたものだとわかった。しかし、沖縄に関する報告は検証が可能だと、鈴木は考えた。政府が1879年以降の出生記録を保存していたからだ。先進国の多くでは、10万人のうち100歳まで生きるのはわずか10人だ。それに対して沖縄は、10万人中33.6人で、3倍である。しかも、このお年寄りたちには、認知症、ガン、心臓病の割合が非常に低い。これはどういう訳だろう、と鈴木は考えた。ほかの地域の人たちが、沖縄から学べることがあるのではないか？

鈴木が始めた「沖縄百寿者研究（The Okinawan Centenarian Study, OCS）」では、675人の百寿者を調査し、長寿と健康の秘訣を探った。研究者たちが最初に直面したのは、確かな答えは得られそうにない、という事実だった。戦争と移住のせいで、島全体の人口を把握できなかったのだ。それでも鈴木は、少なくとも要因の1つとして、この島ならではのスローペースでストレスのない生活、定期的な運動（おもに武道）、健康的な食生活（野菜、果物、豆腐、魚をたくさん食べ、肉や乳製品が少ない）といった要素が組み合わさって、沖縄の驚異的な長寿と健康を可能にしているのだろう、と考えるようになった。さらに、沖縄では多くの人々が、腹八分──腹いっぱい食べずに少し控えめ（8割程度）にしておくこと──を守っている。からだが満腹を実感するまでには時間がかかるので、ゆったりとした生活をしている沖縄の人たちは、腹八分を守って食べすぎないのだ。

こうした考え方そのものは、びっくりするようなものではない。でも、人間がそれに従うのは、なかなか難しいのではないだろうか。沖縄の若い世代の人々は、両親という生きたお手本があるのに、先祖代々続く健康的な習慣を捨て、ファストフードやカウチポテト族に走りつつある。その結果、彼らの寿命は両親の世代より短くなるだろう、と研究者らは言う。人口統計では異例のことだ。

──チャールズ・C・マン

米寿　前田ヤス様　大宜味村喜如嘉出身

風車　座喜味マツ様　名護市伊差川出身

米寿　松本スミ様　大宜味村津波出身

大宜味村近郊の老人ホームで、地域を挙げて3人の住民の誕生日を祝う。マツ・ザキミ（左）は97歳に、スミ・マツモト（右）は88歳になる。沖縄民謡や舞踊、喜劇などが披露される中、祝いに駆けつけた人たちと一緒に寿司や果物やデザートを楽しむ。

クウェートのアル・ハガンさん一家と、ネパール人家政婦2人。クウェート市内の自宅台所で、1週間分の食料とともに。左から、アンデラ・パトライ（家政婦、23歳）、ダキ・セルバ（家政婦、27歳）、ワファー・アブドゥル・アジズ・アル・カディニ（妻、37歳）、ラヤン（三女、2歳）、ハマド（長男、10歳）、ファテマ（長女、13歳）、ダナ（次女、4歳）、サレフ・ハマド・アル・ハガン（夫、42歳）。調理手段：ガスコンロ（2台）、電子レンジ。食品保存方法：冷凍冷蔵庫。

KUWAIT ●クウェート

アル・ハガンさん一家　クウェート市在住

石油がもたらす豊かな食卓

●4月の1週間分の食料

穀物、でんぷん食物：2,502円
Kitcoのバスマティ米550g、じゃがいも3.3kg、ホットドッグ用のロールパン1.9kg、イラン風パン1.7kg、Normalのスライス白パン2斤、Patentのオールパーパス白小麦粉1.1kg、Kellogg'sのコーンフレーク550g、マカロニ550g。

乳製品：2,286円
Almaraiの低脂肪ラバン（生の飲むヨーグルト）2.1ℓ、ヨーグルト1.2kg、チョコレートミルク760mℓ、クリーム850g、Kraftのチェダーチーズ850g、Kraftのソフト・クリームチーズ・スプレッド550g、Carnationの粉ミルク423g。

肉、魚、卵：5,868円
丸鶏5羽分5.5kg、ラムの脚3.3kg、マナガツオ2.7kg、卵30個、Kabir Al Hajim Americanaのジャンボ・ハンバーガーパティ1.1kg、Sadiaのチキンナゲット396g、冷凍チキンステーキ393g。

果物、野菜、ナッツ類：5,498円
オレンジ（半分をジュースにし、残り半分を食べる）6.6kg、レモン2.2kg、リンゴ1.2kg、バナナ1.1kg、エジプト産イチゴ850g、にんじん6kg、きゅうり3.3kg、レッドオニオン3.3kg、ヨルダン産キャベツ2個、ズッキーニ1.7kg、エジプト産レタス3個、カリフラワー1個、トマト1.1kg、ピーマン900g、Californiaの缶入りゴールデンスイート・ホールコーン500g、Cariforniaの缶入りマッシュルーム500g、サラダ用野菜2束。

調味料、香辛料：4,682円
グラニュー糖2.2kg、Dalalのピュア・コーンオイル2.1ℓ、Vimtoのフルーツ・コーディアルシロップ720mℓ（ノンアルコールのフルーツドリンクとして飲む）、Kroger Hot n'Zestyのバーベキューソース550g、Consulのオリーブオイル500mℓ、コリアンダー3束、Heintzのトマトケチャップ360g、Galaxyのスムース＆クリーミー・チョコレートスプレッド327g、Fountainのペッパー・ステーキソース320mℓ、Kalasの塩264g、黒コショウ210g、カッシア（シナモン）パウダー210g、クローブ210g、クウェート風ミックススパイス210g、Taebahのシナモン210g、Taebahのガーリックパウダー210g、フレッシュミント2束、メスキートソー180mℓ、ジンジャーシード159g、Taebahのカルダモン159g、Rajahのカレー粉105g、Rajahのおろししょうが105g、ターメリックパウダー105g、生のディル1束、Crystalのホットソース90mℓ。

スナック、デザート：1,476円
McCainの冷凍ゴールデンロング・フレンチフライ1.7kg、Hitのビスケット550g、Ritzのクラッカー423g、Pringlesのオリジナル・ポテトチップス180g、Marsのキャンディバー63g、Snickersのキャンディバー63g、Twixのキャンディバー63g、Bountyのキャンディバー60g、Maltesersのチョコレートキャンディ39g、Kit Katのキャンディバー21g。

総菜、加工食品：704円
Maggiのチキンヌードル・スープ423g、Sadiaのパン粉つき冷凍ベジタブルナゲット396g、Maggiのドライスープ216g。

飲料：3,115円
瓶入りの水31.6ℓ、リンゴ＆アプリコットのジュース130mℓ入りパック8個、Areenのリンゴジュース1ℓ、Junior Drinkのマンゴー＆ビタミンのジュース130mℓ、マンゴージュース170mℓ入りパック6個、Sunquickの濃縮オレンジジュース850mℓ、Nescafeのインスタントコーヒー54g、Liptonのイエローラベル・ティーバッグ50個。

1週間分の食費：26,131円（63.63ディナール）

巨大な石油資源をもつクウェートでは、雇用、保健、教育、住居から、一部の食料品店まで、国民生活の幅広い範囲にわたって国から補助金が出ている。また、政府は女性を含む国民ほぼ全員に仕事を提供しており、サレフは国営のクウェート石油企業で、ワファーは教育省の視学官として働いている。宗教令で女性の運転が禁じられているサウジアラビアとちがって、クウェートの女性は積極的に車を運転する。クウェート版サッカー・ママのワファーは、車で買い物や仕事に行くほか、子どもたちのクラブ活動や、放課後のスポーツの送り迎えにもしょっちゅう車を使う。高速道路が四方に広がるアメリカ西部の都市のように、クウェート市内にも高速道路が縦横に広がり、ショッピング・エリアと住宅地とを結んでいる。

アル・ハガンさんの子どもたちのうち、年長のハマドとファテマは毎朝、オリーブの塩漬け、トマト、きゅうり、卵、〈フェタ〉と〈ラフィングカウ〉と〈クラフト〉のチーズ、歯ごたえのある焼きたてのイランパンを食べる。これが、朝食の定番メニューだ。食べ終わると、室内エレベーターで上の階の自室へ行く。クウェート市内にあるこの家は、まだ新築したばかりだ。2人が出て行った台所では、母親のワファー・アブドゥル・アジズ・アル・カディニが、2歳の末娘ラヤンに何とかトマトオムレツを食べさせようと、フォークを口元へ差し出す。ネパール人家政婦のダキ・セルバは、その様子を面白そうに眺めている。4歳のダナも、母親の奮闘ぶりに大喜びだ。幼い女の子らがミルクティーを飲むかたわらで、ダキとワファーは昼食の相談をする。今日はラム肉のビリヤーニ。2人の会話はアラビア語で、ダキはクウェートに来てからこの言葉を習い始めた。

ワファーが買い物リストを書き出す。エジプト産イチゴ、〈ハインツ〉のケチャップ、〈クラフト〉のマヨネーズ、〈カーネーション〉の粉ミルク、〈ギャラクシー〉のチョコレートペースト、〈コンサル〉のオリーブオイル、ヨルダン産キャベツ。この国は石油には恵まれているが、土壌と水が乏しいので食料はほとんどが輸入に頼らざるを得ない。労働力も、サービス業、産業の人材、家政婦ともに外国人が多い。ただし、クウェート国民を上回る数の外国人労働者は、市民権を得られないことになっている。アル・ハガンさんの家では、派遣会社を通じて、ダキ以外にもアンデラ・バトライというネパール人家政婦を雇っている。もう1人、ラヤンのベビーシッターとしてフィリピン人女性がいたが、就労ビザが切れて、昨夜フィリピンへ帰国したのだという。

ワファーは、2人の女の子をダキに託してエレベーターで上の階へ上がり、新しいスカーフを頭に被る（この国でも、ムスリムの女性は控えめな服装をしなければならないが、ほかのアラブ諸国に比べれば個人の選択の幅がずっと広い）。この家で階段を使っているのは、夫のサレフ・ハマド・アル・ハガンと家政婦だけ。ワファーは最新モデルのアメリカ製ミニバンで、町の向こうにあるいつものスーパーマーケットへ出かける。今日は金曜日、ムスリムの安息日だ。10歳のハマドは正午の礼拝のため、近所のモスクまで歩いて行く。「モスクの近くのスーパーは、礼拝参列者に追加のポイントサービスがあるのよ」とワファーが笑う。「だから、ちゃんとモスクへ行ったら、そのあとスーパーで好きなものを買っていいって息子に言い聞かせているの」。ハマドが欲しがるのは、たいてい〈スニッカーズ〉〈ツイックス〉〈マース〉〈ペプシ〉など、ワールドワイドな製品だ。

「私たちは忘れない」——クウェート市内の至るところに、こう書かれた看板が掲げられている。1991年のイラク侵攻と米国主導の連合軍によるクウェート解放のことを謳ったものだ。戦争で貧窮化し、疲弊したイラク国境からフリーウェイをきっかり90分、この豊かなクウェートの首都には、アメリカ系ファストフード・チェーンや、フランチャイズ・レストランが溢れている。

クウェート

- 人口：2,257,549人
- クウェート市人口：388,532人
- 面積：17,198km²（米国ニュージャージー州よりやや狭い）
- 人口密度：131.2人／km²
- 都市人口：96％
- 人口に占める外国人の割合：57％
- 選挙権をもつ国民の割合：10％
- 不毛の砂漠：91％
- 海水から塩分を除いて供給される水：90％
- 半塩水の地下水から供給される水：9％
- 食料輸入率：98％
- 輸出される石油：96％
- 平均寿命：男性75.8歳、女性76.9歳
- 出産率（出産可能女性1人当たり）：2.7人
- 15歳以上の識字率：男性85.1％、女性81.7％
- 1日1人当たりのカロリー摂取量：3,010kcal
- 1人当たりの年間アルコール消費量：0.11ℓ
- PPPにおける1人当たりのGDP（米国の数値に換算して算出）：$16,240
- 1人当たりの年間医療費とそのGDPに占める割合：63,366円／3.9％
- 肥満人口：男性69.5％、女性76.6％
- 肥満症人口：男性29.6％、女性49.2％
- 20歳以上の糖尿病人口：9.8％
- 1人当たりの年間肉消費量：66kg
- マクドナルドの店舗数：37軒
- ビッグマックの価格：865円
- 1人当たりの年間たばこ消費量：3,026本

――チャールズ・C・マン

日々の糧――クウェートのパン

クウェートでは食料品の買い出しというと、ほとんどの人が国内にたくさんある欧米スタイルのスーパーマーケットを使っている。ワファーがいつも行くのは、政府の補助金で運営されているショッピング・センター内の高層マーケット、シャミヤ・アンド・シュワイハ協同組合（左下）だ。クウェートは食料品の98％を輸入している。その大半がはるか彼方から輸入されてくるにもかかわらず、品揃えも質も欧米のスーパーマーケットに劣らず、しかも安い。

便利さと品揃えが充実している点でシャミヤは素晴らしいが、ワファーはいちばん大事な買い物だけは小さな店でする。家族の日々の糧――パンだ。バルバリというペルシャ（イラン）風の平パン（ナン）で、クウェートでは、どんな料理もこのパンと一緒に食べる。ワファーは、近所の何軒かのパン屋の善し悪しにはちょっとうるさい。

強力粉が原料のいびつなこのナンは、タヌールと呼ばれるイラン式の昔ながらのパン焼き釜で焼く。大きな丸い土釜で、内壁は昔から、カラシ油、ヨーグルト、ほうれん草のペースト、粗糖（生砂糖）でコーティングして補強するという。釜の底には開き戸があって、職人が手を伸ばしてまきやガスに点火する仕組みだ。

ワファーの家の近所にあるイラン人のパン屋は、平べったい円盤状のパン生地に空気穴を開けて、布張りのクッションのような道具を使って熱いタヌールの内壁に何枚かの生地をいちどきにバシンと叩きつける（左上）。別の職人は長い火ばしで焼けたパンを取り出し、台の上にひっくり返して冷ます。

ワファーや家政婦のアンデラ・バトライは、家から歩いて5分のところにあるお気に入りのパン屋へ行くと、いつも家族の好きなセサミシード・ナンを買う。パン1枚当たりの政府助成価格は20フィル（85円）。ほかほかでいい匂いのする焼きたてのパンは、ジッパーつきの袋に入れておくと一日中新鮮だ。

――チャールズ・C・マン

取材メモ

1991年に初めてクウェートを訪れたときは、700以上の油井に、隣国へ退却するイラク軍が放火していた。2003年の2月と3月に5度目の訪問をすると、今度は隣国のイラク軍が彼ら自身の油井に火を放つのではないかと、クウェートの人たちは恐れていた。

イラクの油田には、いまだにクラスター爆弾の不発弾が散乱しており、テキサスから派遣されてきた油井火災のスペシャリストたちは、数億円もする最新装備を備えながら、クウェートで待機したままイラクに入国できないでいた。

そんな状態で、専門部隊が活動できないことに苛立っているあいだに、私はKWWK（クウェート・ワイルド・ウェル・キラーズ）という国営石油会社の特殊部門に同行してイラクへ行った。彼らは米軍の爆発物処理部隊を待たずに、ブルドーザーを使ってジュースの小缶ほどの不発弾を除去していった。最初私は、アラブの典型的なお金持ちであるクウェート人が肉体労働なんかするはずがない、と懐疑的だった。クウェートでは肉体労働といえば、人口の半数以上を占める外国人労働者の仕事だからだ。実際、過去数回のクウェート訪問で、このステレオタイプのイメージを払拭するような出来事には出会った試しがない。しかし、KWWKはビシッと気合いを入れて爆弾除去という危険な仕事に進んで取りかかり、またたく間に油井火災を見事に治めて、私を感動させてくれた。

一日中働きづめの作業員たちはみな敬けんなムスリムで、正午の礼拝休憩を倍の長さにして、日没前の礼拝で仕事を中断しなくていいようにしていた。友だちになったばかりの彼らの写真の中で、私がとりわけ気に入っているのは後ろ姿の1枚。みんな汗とたばこの煙にまみれた服を着て、メッカのある東の方角に向かってひれ伏している。その方角には、おおかたほとぼりの冷めた火災現場があり、ソフトドリンクを冷やしている青いクーラーボックスもある。これから冷たい飲み物で、のどのほとぼりも冷まそうか、というところか。

——ピーター

わが家のレシピ

ワファー・アブドゥルのチキンビリヤーニ

【材料】
バスマティ米　4カップ
サフラン（ぬるま湯に10分間浸ける）　小さじ1
コーン油　1/2カップ
玉ねぎ（みじん切り）　2カップ
にんにく（つぶす）　大さじ1
生しょうが（すりおろす）　小さじ1/2
チキン（丸ごと1羽を10等分する）　1羽
塩　適量
コリアンダーシード（挽く）　大さじ1
ターメリック　小さじ1
オールスパイス　小さじ3
ギー（澄ましバター）　大さじ2
ヨーグルト　1カップ
生トマト（みじん切り）　1カップ
搾りたてのレモンジュース　大さじ1

【トッピング】
玉ねぎ（みじん切りし、カリカリに炒める）　1カップ
松の実（煎る）　1/4カップ
レーズン（炒める）　1/4カップ
カシューナッツ（炒める）　1/8カップ
※1カップは250cc

【作り方】
- 米を洗って、30分間水に浸けたあと水切りする。
- オーブンをあらかじめ180℃に温めておく。
- 幅のある浅い天板を熱し、油を流し込む。油が熱くなったら、玉ねぎ、にんにく、しょうがを加え、玉ねぎが透き通るまで炒める。
- チキンの切り身を加え、塩、コリアンダーシード、ターメリック、オールスパイス小さじ1、ヨーグルト、トマト、レモンジュースを加える。かき混ぜながら、中火で7分間加熱する。このときヨーグルトを煮立たせないよう注意すること。その後、水を加えてふたをし強火で45分間煮る。
- 米に塩大さじ1を加えて、5分間茹で、水切りする。
- 米1カップを鍋に入れ、調理しておいたチキンを加えて、残りの米の半分でチキンを覆う。さらにギー、サフラン、残りのオールスパイス、残りの米を重ねる。
- 鍋をアルミホイルで覆い、鍋のふたをする。
- 温めておいたオーブンで45分間焼く。
- オーブンから取り出し、よくかき混ぜてお皿に盛りトッピングをする。

左ページ上：クウェートの食料品は98%が輸入もの。ワファーの台所は、世界中の買い物かごの中身をスナップ写真に収めたようだ。上：西洋（トマトオムレツ）と西アジア（きゅうりのサラダとオリーブ）をミックスしたバラエティに富んだ朝食を用意しても、2歳のラヤンは好き嫌いが激しくなかなか口をつけたがらない。左ページ下：夕食となると、いまでもラム肉のビリヤーニ（チキンを使ったビリヤーニの作り方は「わが家のレシピ」を参照）のような、アラブの伝統料理が中心になる。

クウェート

エッセイ-5　カール・サフィーナ

海の倫理学

海はそっけなく、深淵な姿を私たちに見せている。その動きも、そこに漂う空気も、仮面をかぶって内面を見せず、いつも同じように漂っているかに見える。さざ波の広がりは、悠久の時間の中で決して変わることがない。しかし、母なる海をあなどってはならない。

　地球上の生き物の棲息地の99%は海中にあり、たとえ陸地がなくても豊かな生命を支えていくことができる。しかし、もし海がなかったら、この地球は、不毛な月面風景のように茶色い表面をさらしながら、名もない3つの軌道を回り続ける惑星にすぎなくなる。さて、海がもたらしてくれる大いなる恵みについて、どこから話を始めようか。

　見聞きしたり、感じられるかどうかにかかわらず、海は確かに私たちのすべてを感知している。人類のおよそ3分の1が海岸地域から100km以内に住んでいる。重力は人間の営みの副産物を水辺に、そして海の中へと引っ張っているのだ。大気の質すら水質に影響する。たとえば、原子力発電所から流れ出る水銀が、どこかに辿り着いて、巡り巡って食卓のお皿に載っているサケに含まれて、私たちのもとに戻ってきたりするからである。その相互作用は複雑で、このサケの例からもわかるように、必ずしも海にも私たち人間にも恵み深いものではない。

　私たちが海を最も直接的に感じるのは、魚を食べたり、本書にあるような市場で買ったりするときである。ディスプレイも大皿もキレイだが、世界中の商業漁獲は、地球規模の平均値で、すでに90%の大型の魚を捕りつくしている。さらに、海に対して私たちが間接的にしていることは、世界中の珊瑚礁を破壊し、北極の氷河を溶かし、数十億の生物を危機に追いやっていることである。人類の総重力は陸地にかかっているが、重い圧力を海に負わせているのだ。

　もちろん、陸地に対しても人間は無関心なのだが、海は陸地よりも私たちから遠くにあると考えていて、海が生命を維持してくれている場所、呼吸に適した大気と安定した温度を保ってくれている領域にいるのだとは思わない。私たちの大多数は海のことを深く考えていない。自分たちのコミュニティに対して何をすべきかと考えるほどには、海に対して考えが及ばないのは確かだ。

　私たちが、海は単なる食材の源であり水瓶であるとするのは、もっとちがう角度からものを見ようとする、倫理的な枠組みが私たちにはないからである。倫理は戦略でもなければ、処方箋や特効薬でもない。倫理とは、私たちが知りたいと思ったり、構築したいと願う人間関係の概念である。たとえば、アメリカの憲法に表現されている倫理の1つに、すべての人々は平等につくられ、創造主である神から不可譲の権利を与えられている、というものがある。厳密に言えば、これは真実ではない。人々はみなそれぞれちがうし、権利は勝ち取るもので、与えられるものではないからだ。しかし、人間とはどうあるべきかを示したこの倫理の概念化には、真の偉大な国家、人間の尊厳とその可能性の実現を目指し、平等な権利を保持するという理想に向かって、改善の余地のある国家への道を示す道徳的指針が盛り込まれている。海同様、広大な大陸が思想家に十分な余裕を与え、新しい社会を目指す崇高な願いを広言させ、テオドア・ルーズベルト、ジョン・ミュア、レイチェル・カーソン、アルド・レオポルドのような、自然からインスピレーションを得た人物たちが寛容な精神を具現化していったのは、おそらく偶然ではないだろう。

　予言的な森林学者のアルド・レオポルドは、1949年、人間を超えて生命全体の領域をも包括できるようコミュニティ感覚を広げよう、という有名な呼びかけで、自身の古典となった『A Sand Country Almanac』（邦題『野生のうたが聞こえる』、森林書房、1986年）を結んでいる。レオポルドは、このコミュニティの広がりを「土地倫理」と呼んだ。以来、環境を考える上で核をなす、当時では革新的な考えである。

　レオポルドの「土地倫理」では、地球表面の3分の1近くを覆う土地より

も、さらに大きな土地の意味合いが力説されている。レオポルドの言う「永続性のある価値尺度」が、社会的一体性、思いやり、個人としての責務につながるというのは、本当にその通りだった。

　その倫理の基礎となる命題は、善悪の密接な関わりである。ある行動に、誠実さ、安定、生活コミュニティの美しさを維持しようとする意志があれば、その行動は正しく、そうでなければその行動は間違っていると、レオポルドは述べている。正しさの判断は、現況を守り、未来への可能性を損なわないかどうかの見地から下される。人間の未来のみならず、人間を取り巻くすべてのもの、その中身や資質によって構成される生命世界の未来を含む。

　レオポルドは自著のタイトルに「土地」という言葉を使うことで、自身の偉大な思想の範囲を陸に限定したようだ。彼のウィスコンシン州の農場からは、海は遠くて見えないので、たいていの人と同じようにふだんは忘れている。自然愛好家にとっても、海は遠くて曖昧な存在だ。多くの人々にとって、海とは浜辺のことであり、砕ける波の向こうに数千kmにわたって三次元に広がる領域ではないのだ。

　私たちは自らのコミュニティ感覚を、地球上のあらゆる生命を包括する「海倫理」をもって、土地倫理を補うことが望ましいように思われる。私たち人間は、目に見えるものに関心をもつ生き物である。見える、見えないにこだわらなければ、海を含めたコミュニティ感覚は、陸地よりも海との関係の方が密接なので、陸地の感覚よりもたやすく直感的に把握できるだろうに。私たちの呼吸する酸素の大半は、海のプランクトンでつくられる。自らの生命が生じた海から離れるとき、動物は塩水を体内に蓄えていく。細胞を生存させるために、重要な体内環境である。私たち人間は、ある意味、やわらかな海水管なのである。人間の身体の70％は水分で、これは地球の表面を覆っている海水の割合と同じである。私たちは、海を体内に抱え込んでいるのだ。簡単に試すことができる。涙をなめてみればいい。

　しかし、海は土地とはちがう。まず流動性がある。人生や時間に関する数々の比喩が海の流動性から生まれている。船が通り過ぎた跡、人間が与えた傷跡は、海面がすぐさま閉じることによって隠れていく。そして、海を何者にも囚われないものに見せている。しかし、その流動性こそが、実際には海を汚し、地図のそこかしこに人間の行跡を広げていることにつながっている。つまり、汚染物質、ゴミ、異質種、エネルギー燃焼が及ぼす気候の変化、古巣に帰れなかった移動性の動物の数が目立って減少していることなどだ。海は人間に植民地化こそされなかったが、原始の状態を蹂躙されなかったとは言えない。

　シーフード愛好家は、ここでは、購買力をふるうことで大切な役目を果たしている。海洋管理協議会は、認証を求めようとする漁業会社の評価をしている。認証を受けた漁業製品には、それが継続可能な漁業を営む会社からの製品だと消費者に知らせるロゴマークがついている。消費者はシーフードをめぐる問題に関心をもつようになり、環境擁護団体の「ベスト＆ワースト・シーフード」や、ブルーオーシャン・インスティテュートが注釈をつけている「シーフード・ミニ・ガイド」のようなリストを利用して、情報を得て買うものを選択できる。消費者は、漁業会社はどれも同じではないと知るようになり、十分な情報を得たうえで買うものを選択し、シーフード産業やレストランもこれに倣っている。さまざまな漁業会社が、自社のイメージを向上させ、ウミガメや、アホウドリのような海鳥の偶発的な死亡率を最小限に抑えるべく活動をしている。養殖業はよりよいエサを使って、棲息地の破壊を最小限にくい止める方向で動いている。さらに、レストランは情報提供を増やして、目立って増えている熱烈なシーフード愛好家に応えている。

　この傾向は、ありがたいことである。漁業は顧客の要求を満足させるべく行われ、顧客はよりよい漁業方法と、サステイナブル（持続可能）であることを考慮して製造されたよりよいシーフードを求めるため、政府が決して政治的な意図だけで進めないように、よりよい製品のための市場となるよう取り組む。すべての消費者がこれに応えるわけではないが、地球規模のシーフード市場は、圧力と競争の変化に非常に敏感である。全体において、市場と、小さいながらも情報通の批判的な消費者集団が、最終的に大きな差をつけて良質のものを選ぶのかもしれない。

　美的、精神的、気候的、栄養的、そして倫理的と呼ぶ領域が合わさって、いわゆるクォリティ・オブ・ライフが形成されるのだが、それは、現実が理想に近づくことだといえる。海の豊かさは、これらの領域すべてに及ぶ。生命や人間の未来にとっての海の大切さを認識すれば、モラルを遂行しようという感覚が生まれる。それは、海に対する関係性、依存、感謝の念、それに義務の感覚を表明して、人と分かち合うことであり、そうすることの恩恵には、この地球という惑星が自力で生命を維持できるようにすることも含まれる。このことをよりよく理解すればそれだけ、ほんの少しの抑制、協力、思いやりがもたらす豊かさをすべて得ることができるかもしれない。この、宇宙で唯一生命が棲息すると知られている惑星、青く丸い地球の上で。

ブルーオーシャン・インスティテュート（Blue Ocean Institute）の代表を務めるカール・サフィーナ博士は、世界自然保護基金（WWF）からシニア・フェローシップを授与されているほか、ラナン文学賞、ジョン・バロウズ作家メダル、マッカーサー賞を受賞。著書に『Eye of the Albatross』、共著に『the Seafood Lover's Almanac』などがある。

北極チャー／東グリーンランド

フエダイ／沖縄、宜野湾市

イワシ／トルコ、イスタンブール

カニ／中国、北京

コーンスナックにのせた車エビ／スリランカ、コロンボ

メカジキ／イタリア、パレルモ

ニジェール川で採れたテラピア／マリ、クアクル

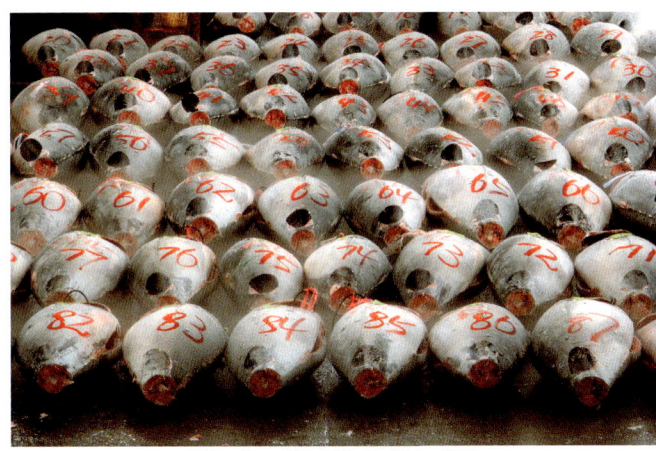

サバ／メキシコ、カンペチェ

冷凍マグロ、築地市場にて／日本、東京

ビクトリア湖で採れた魚の干物／ウガンダ、カンパラ

●フォト・ギャラリー
世界の魚

人類のおよそ3分の1が海岸地域から100km以内に住んでいる、とカール・サフィーナは言う。何億人もの人々の家が川や湖のそばにあるし、中規模から大規模な都市で、魚屋さんのない町なんて、おそらくないだろう。食生活に気を配る人は、特に魚をよく食べる。シーフードはおいしさもさることながら、非常にヘルシーだとされているのだ。ところが、私たち海の幸を好んで食べるホモ・サピエンスは、いたるところで水界生態系を危険にさらしている。この写真に見られるような豊かさは、今世紀いっぱいもたないだろうと、エコロジストたちは警告する。

ホタテとニシスズキ／フランス、ヌイイ

キングサーモン／パプア、アガッツ

205

マリ、クアクル村在住のナトモさん一家。泥れんがの家の屋上にて、1週間分の食料とともに。調理手段：まきの火。食品保存方法：自然乾燥。好きな食べ物──ナトモさん一家は「好物」なんて考えたこともない。（家族紹介は右ページ参照）

MALI ●マリ

ナトモさん一家　クアクル村在住

●1月の1週間分の食料

穀物、でんぷん食物：1,389円
乾燥とうもろこし33kg、キビ22kg、燻製米22kg。

乳製品：35円
酸乳4.4ℓ。

肉、魚、卵：176円
魚の干物2.2kg（購入できれば魚とオクラのスープに使い、そうでなければオクラだけのスープになる）。

果物、野菜、ナッツ類：767円
トマト2.8kg、乾燥オクラ2.2kg、玉ねぎ1.1kg、乾燥玉ねぎ550g、乾燥赤唐辛子423g、Anna d'Italieの缶入りトマトペースト420g（できれば買いたいが、めったに手に入らない）。
写真を撮影した時期は果物のない季節だった。旬になれば、スマナの父親が植えた10本のマンゴーの木から果実が採れるし、市場でオレンジも買う。

調味料、香辛料：711円
植物油4.4ℓ、塩2.8kg、タマリンド1.1kg、グラニュー糖219g、スンバラ（ネレの木のさやから採れるスパイス）33g（スープのブイヨンとして、唐辛子や乾燥玉ねぎと混ぜ、燻製米とともに調理する）。

総菜、加工食品：35円
Maggiの固形ブイヨン63g（この週にはこれを購入したが、ふだんは伝統的なスンバラを使っている）。

自家製食品：0円
ンゴメ約2kg（ずっしりとした揚げせんべいで、キビ粉、水、ベジタブルオイル、および「うっかり入った砂少々」でできている）。

飲料：0円
飲料用と料理用に地域の井戸から引いている水。

1週間分の食費：
3,113円（17,670フラン）

やりくり上手

几帳面で計算が得意なパマは、長い目で一家のやりくりについて考えている。一方ファトゥマタはいまやっていることを片づけてから次に移りたい質で慎重派だ。どこにいても気が合うだろう2人は、ここマリでは、1人の夫を共有する妻たちだ。

マリの首都バマコの北にあるクアクル村は、ニジェール川沿いのモプティとジェネのあいだにある。砂漠の奥深くから土が盛り上がってできたみたいに、家々も中庭の井戸も、周囲の土と一体になっている。日干しした砂漠色の泥れんがを、泥のモルタルで接合して、泥を塗って仕上げたものだ。電気はない。窓のない室内はひんやりとして、敷き布団が1、2枚と、せいぜいクッション1個とか、スツールが1台ある程度で質素だ。高い塀に囲まれた中庭は、食事時にはキッチンになり、家族はたいていの時間をそこで過ごす。塀の向こうは共有スペースで、女たちや少女が鼻歌を歌いながら、慣れた手つきで杵をくるむように持って穀物をつく（この作業には時々男の子も加わるが、大人の男は参加しない）。共同の井戸へ続く塀に囲まれた狭い通路を、桶や食器、洗濯物をバランスよく頭に載せた女たちや少女たちが通る。この通路は川にも続いていて、そこで衣類や食器を洗ったり、からだを洗ったりする。川からは、ペガスと呼ばれる屋根つきの木造客船が就航していて、数時間下流のモプティまで行くこともある。モプティは、活気にあふれる交易都市だ。

　パマとファトゥマタは、女2人で夫1人と9人の子どもを養っている。一家はムスリムで、イスラームの聖典クルアーンの教えに従い、男性は4人まで妻をもっていいことになっているのだ。ただし、男に一家全員を支えられるだけの力があり、全員を平等に扱うことが条件だ。パマが私に話してくれたところによると、この「平等に」という部分が、イスラームの教えの中でもふつうのマリの男にはなかなか守れないらしい。でも、パマもファトゥマタも、うちの夫はそんな男じゃない、と口を揃える。「このあたりでは、妻同士、子ども同士がいがみあっている家庭も多いのよ」とファトゥマタが言う。でも、いけないのは夫たちだと、2人は言う。「スマナは、私たちのどちらかに何かしたら、もう1人にも同じことをしてくれるわ」とパマが続ける。「でも、そうじゃない家庭が本当に多いのよ。私たちは夫を共有しなきゃならないけど、それでもいい。もし女同士がけんかしてるのを見たら、夫が妻たちを平等に扱わなかったのが原因と思ってまず間違いないわね」。パマは、究極的には家計のことを考えているのだ。「1人の男と結婚している妻同士がうまくいかなかったら、

ナトモさん一家：スマナ・ナトモ（ブルーの服、46歳）、両脇に2人の妻、ファトゥマタ・トゥレ（右隣、33歳）とパマ・コンド（左隣、35歳）。スマナとファトゥマタの子ども：三女テナ（ファトゥマタに抱かれている、4か月）、長女フル（赤いターバン、12歳）、次男カンシー（スマナに抱かれている、4歳）、長男ママ（スマナの足下の白いシャツ、8歳）と次女ファトゥマタ（スマナとパマのあいだ、10歳）。スマナとパマの子ども：三男ママドゥ（パマの手前、10歳）、次男ママ（左端、13歳）、長男カンティー（白いシャツ、16歳）、長女パイ（右端、18歳）。パマの左は、カディア・フネ（スマナの義妹、33歳）とその子どもカンティー（カディアに抱かれている、1歳）とマリアム（8歳）。カディアの夫が象牙海岸へ出稼ぎに行っているあいだ、ナトモさん一家と一緒に暮らす。

家の中がいろいろややこしくなるでしょ。稼ぎだって悪くなりなりかねないわ」。

パマはファトゥマタより2、3歳年上だが、実は、ファトゥマタは、パマの母親の妹、つまりパマの叔母さんという間柄でもある。

朝食の時間

ナトモさん一家の朝食は、日の出のずっと前に、パマの家の中庭で火をおこすことから始まる。妻にはそれぞれ自分の家があるけれど、2人とも仕事をするときは、たいていこのパマの家の中庭で過ごす。今朝はファトゥマタが食事当番だ。パマは、自分の家で子どもたちとまだ寝ている。スマナとファトゥマタの子どもたちも、まだファトゥマタの家で寝ている(昨夜、夫はファトゥマタの家に泊まる番だった)。もう起きている子もいて、赤ん坊のテナはファトゥマタにおんぶされ、4歳のカンシーはくすんだブルーのパジャマ姿で中庭を走り回っている。カンシーのパジャマは、かつての宗主国のフランスから送られてきた古着だ。ファトゥマタが、ミレット(雑穀)の入ったかごを前後に揺すって、もみ殻を取り除く。そのリズミカルな音に合わせて、雄鶏が鳴く。ファトゥマタは大きな樽から汲んだ水を雑穀にかけて、表面に浮かび上がったくずを取り除き、水を捨ててミレットを加熱用の鍋に移す。そこへ新たに水を加えてかき混ぜる。トウと呼ばれるこのポリッジ(粥)は、アイシュ(穀物粥、p.57参照)など、よくあるアフリカの穀物料理のようにドロドロしておらず、スープやソースになるもの(塩と油と今日は果物のタマリンド)を添えて食べる。食事はいつも、両方の家族が揃って、パマの家で食べる。ファトゥマタによると、これも2人の女性がうまくやっていく秘訣で、「だからこそ、一緒にいるようにしてるのよ」と言う。

食事のしたくができる頃、スマナがファトゥマタの家からパマの家に来て、朝いちばんの礼拝をする。ムスリムは、1日5回礼拝をするのだ。女性も礼拝はするが、人目につかないところで行うため、スマナとは別々にする。やがて子どもたちも全員、眠い目をこすりながら中庭に集まってくる。こうして2家族は、鍋の載った火を囲むように地面に座って、おののスプーンで1つの鍋からトウを食べる。日によっては、燻製米とサワーミルクのポリッジや、コーンミールのポリッジ、燻製魚とトマトのシチューのこともある。朝食用のメニュー、夕食用のメニューというのはなくて、ひたすらポリッジを食べる。子どもたちは、言われればお手伝いをするし、どちらのお母さんに頼まれても、快く言うことを聞いているようだ。

川辺の市場

土曜日の早朝、商人や買い物客が、ロバが引く荷車や馬、バイクやトラックに乗って、川辺に続々とやって来る。小さなカヌーを漕ぐ少年や男たちは、砂の浅瀬にポールを突き刺して、お客さんたちをクアクル村に送り届ける。この入り江がクアクル村の境界で、市場はこの水際に立つ。カヌーの漕ぎ手は、ニジェール川を上ってくるペガス(大きな客船)を機敏にかわす。ドックがないので、ペガスから乗客を降ろすには、岸に乗り上げるしかなさそうだ。船上では甲板員が、船長とクルーの飲み終わった甘い紅茶のグラスを、ひっそりと回収している。

騒々しい市が立つ。早々とわらで覆った店を構えている商人もいて、毛布、へこんだ缶詰類、粗末な家財道具、土鍋(砂浜でひと晩焼いたもの)、薄手で安っぽく色鮮やかな機械織りの綿布などを売っている。マリの女性はこの布で、たっぷりとしたドレスや被り物を作る。野菜売り、穀物商、肉屋や魚屋が、ずらりと地面に商品を広げ、商売をしながら互いの店をひやかし合う。少年が2羽の鳩を逆さにぶら下げて、買ってくれる人を探し歩いている。女たちは手を貸し合って頭の上の重い荷物を下ろし、子どもたちはナツメの実、タマリンドやトマトを買いにあちこち駆け回る。赤ん坊は、お母さんの背中で泣いたり眠ったり忙しい。ニジェール川の入り江では、2人の男が汗をかいた馬に冷たい泥水をかけてやっている。まじない師が、生きたサソリ、万能薬、ボロボロの猫の剥製などの入ったトランクを広げると、たちまち人だかりができる。ネックレスを手に取って、「これさえ着けたら、ヘビは絶対噛まない。たった15フラン(3円)だよ!」と声をかける。商人は、水辺で食器を洗う女たちを巧みによけて船から下り、ミレットやとうもろこしや米の袋を下ろす。日差しはますます強くなり、ほこりがもうもうと立ち昇る。砂が舞い上がって、届いたばかりのンゴメ(塩味をつけたとうもろこしやミレットのせんべい)やフルフル(ミレットの揚げ団子)は、きっとジャリジャリするだろう。

スマナとパマは穀物商だ。パマは朝早くから市場に出向き、地面に防水シートを広げて穀物の計量を始めている。スマナは量り売りをする係で、お客さんを待っている。ファトゥマタが手伝うこともあるが、今日は、家

ふだんは静かなニジェール川の水際は、クアクル村の週市が開かれる土曜日の午前11時にもなると、群衆や、むしろで日よけをした露店商でごった返す。船首の尖った船に乗った商人たちも、川の上流や下流から続々とやってくる。スマナも毎週、この市場で穀物を売り買いする。2人の妻のパマとファトゥマタも一緒だ。

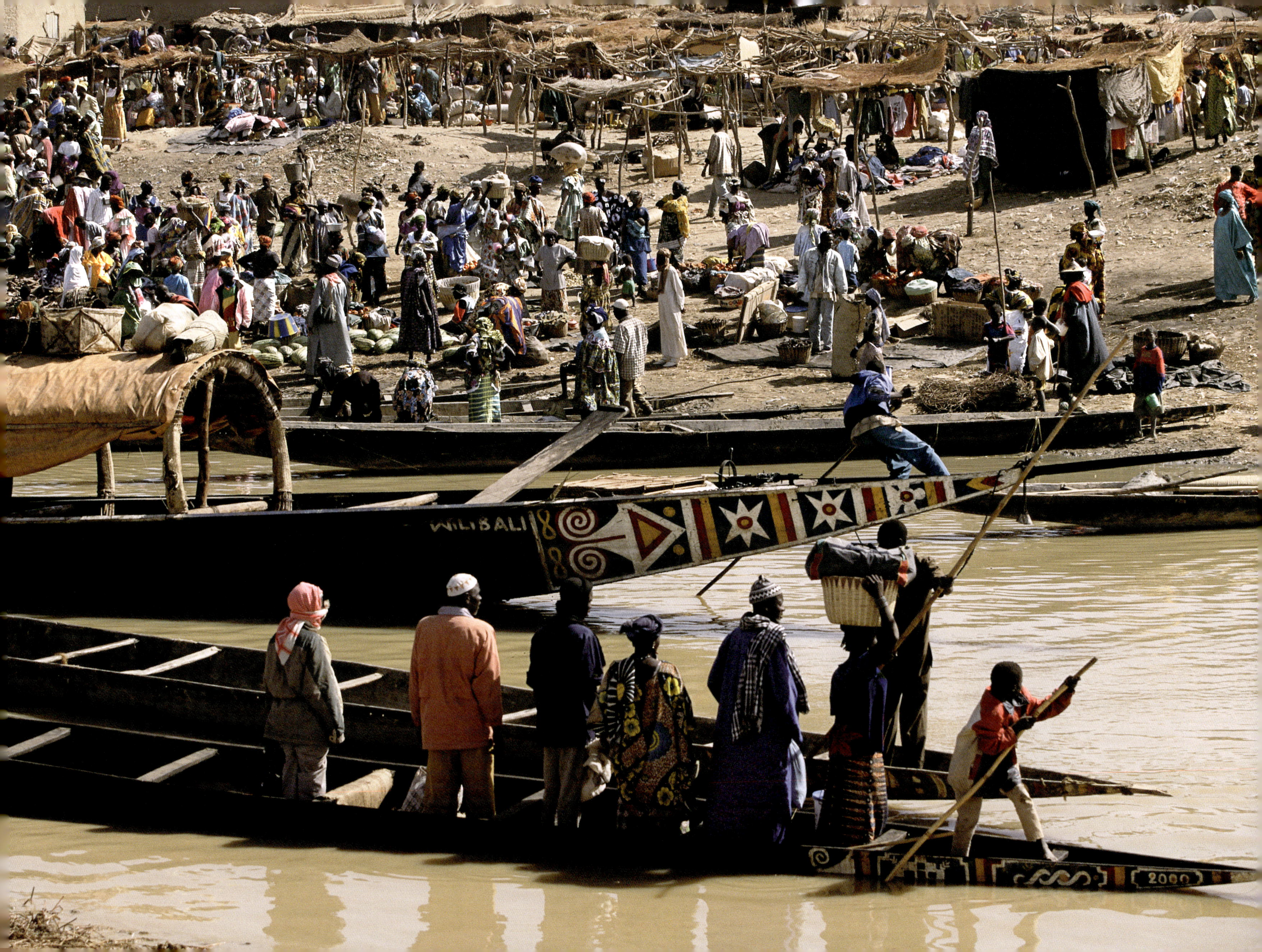
WILIBALI
2000

解体処理された牛が、クアクル村の土曜市の近くで売られている。本日の目玉だ。電気も冷蔵庫もないので、この人たちは牛肉を、解体した日の日没までに売りさばかねばならない。

マリ

- 人口：11,956,788人
- クアクル村人口：2,200人（推計）
- 面積：1,196,600㎢（米国テキサス州の2倍よりやや狭い）
- 人口密度：10人／㎢
- 都市人口：33%
- 法定貧困レベルを下回る生活をしている人口：都市部30%、農村部70%
- 遊牧民の割合：10%
- 農民または漁師の割合：80%
- 砂漠または半砂漠の土地：65%
- 農村部の電力使用可能世帯：1%
- 平均寿命：男性43.9歳、女性45.7歳
- 出産率（出産可能女性1人当たり）：7.0人
- 15歳以上の識字率：男性53.5%、女性39.6%
- 1日1人当たりのカロリー摂取量：2,174kcal
- 1人当たりの年間アルコール消費量：0.29ℓ
- PPPにおける1人当たりのGDP（米国の数値に換算して算出）：$930
- 1人当たりの年間医療費とそのGDPに占める割合：1,298円／4.3%
- 100,000人当たりの医師の人数：4人
- 肥満人口：男性12.8%、女性26.1%
- 肥満症人口：男性0.4%、女性3.4%
- 20歳以上の糖尿病人口：2.9%
- 1人当たりの年間肉消費量：21kg
- マクドナルドの店舗数：0軒
- 1人当たりの年間たばこ消費量：233本
- 1日250円未満で暮らす人口：91%

わが家のレシピ

ナトモ家特製お米料理

【材料】

トマトペースト、もしくはドライトマト　60g
乾燥赤唐辛子（きざむ）　30g
シアーバター、もしくは油　270g
ブイヨンキューブ　60g
玉ねぎ（みじん切り）　270g
燻製米　約2kg
塩　30g
スンバラ（ネレの木のさやから採れるスパイス）のだし　120cc

【作り方】

- すべての材料を、水と一緒に鍋に入れてふたをし、やわらかくなるまでコトコト煮る。

上：夜明け前、末っ子のテナをおぶったファトゥマタが、家の前の通りでグリドルに火を入れ、ンゴメを焼く。ンゴメは、こまかく挽いたとうもろこし粉やミレットの粉に、油と塩を混ぜて、焼いたぶ厚いせんべいのようなもの。ファトゥマタの家は、もう1人の妻バマの家から徒歩1分で、バマの家の方が広い。ファトゥマタは毎日こうして通りでンゴメを焼いているが、土曜日だけは市場で焼いて、朝ごはんとして売る。
下：市の立つ日は朝早くから焼き始めるが、もう1人の妻バマも一緒だ（腰を曲げているのがファトゥマタ、中央がバマ）。2人は穀物を大量に仕入れ、買い物客に小分けにして売る。スマナはたいてい、妻たちの働きぶりを監督しているが、商品が足りなくなると、穀物貯蔵庫へ取りに行くこともある。

左：パマが、大きな木の臼で米をついて粉にし、そのあと丁寧に殻を取り除く。かたわらでは10歳のファトゥマタ（夫ともう1人の妻であるファトゥマタの娘）が、同じようにソルガムの殻を取り除いている。この仕事をしなくてよくなる日はくるだろうか？「子どもたちには、そうあって欲しいわね」と、パマは真顔で答える。右：午後は燦々と日が照りつけても、日が暮れると驚くほど寒くなることがある。布で頭と顔を覆ったスマナ。こうして、朝方の冷え込みや、砂嵐、日照りなど、さまざまな気象の変化に備える。

ナトモさんの家ではバイ（左上）に、結婚相手がいとこのババ（手前でパンを食べている）であることが明かされた。その朝、家の中庭で、みんなで朝ごはんを食べる。習慣に従って、その日は2人別々に過ごし、バイは子ども時代に別れを告げるために、思いっきり泣く。翌日のウェディング・パーティでは、ファトゥマタは涙をこぼしていたが、バイの母親のバマは泣いていなかった。よく子どもたちの子守をしてもらったというファトゥマタは、バイが恋しくなると言う。

上：日曜日。18歳のパイが、食べかけのトマトをヘナで染めた手に持ったまま、たったいま知らされたこと——今日、これから結婚する相手が、年長のいとこババ・ニエンタオで、彼の家がある象牙海岸に引っ越すこと——について、じっと思いを巡らせている。右：両親はいずれも、結婚式には出席しない。その代わり、パイの女友だちがにぎやかに役場までつき添い（パイはショールで隠れている）、パイとババはそこで結婚証明書にサインする。

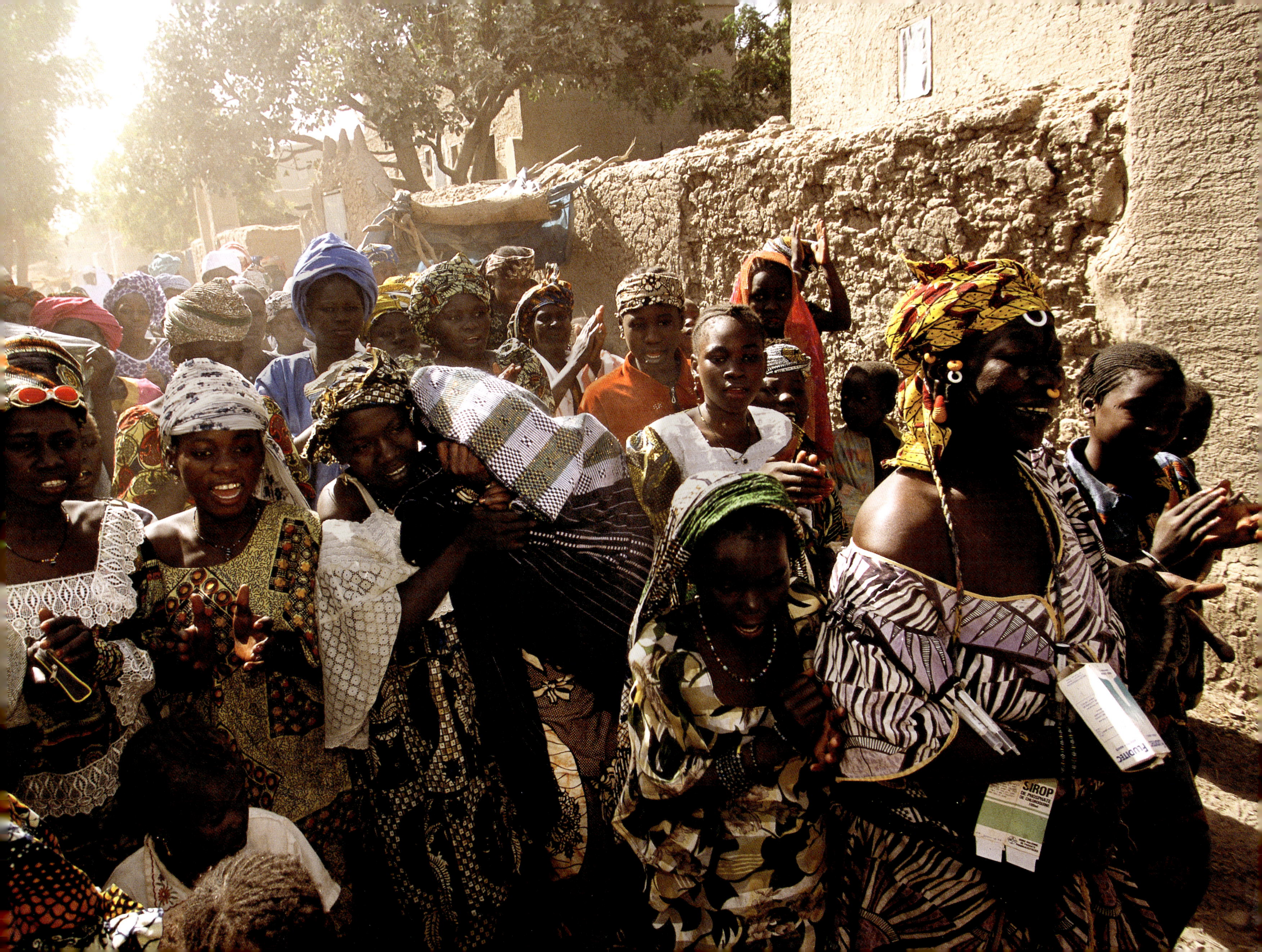

族と食料品のポートレイト撮影のために、大量の燻製米、乾燥とうもろこしやミレットと、わずかな魚の干物などを買い出ししている。ミレットはパマから買う。「まけてくれないと、よそで買うわよ」とファトゥマタが冗談を言うと、パマは地元民族の言葉であるボゾで何か言い返し、2人とも笑う（よそ者と話すときは、同じ民族語でも、より広範囲で使われるバンバラという言葉を使う）。一家が1週間で食べるミレットは約22kg。パマがその分量を手際よく計ると、ファトゥマタは、ミレットを預けたまま次の店に行く。魚を丸ごと燻製や干物にしたものを丁寧に吟味するが、彼女は気に入らない。ほかの魚屋でもよさそうな魚は見つからず、ファトゥマタは納得がいかないけれど、仕方がない。いい品が届くのを待っている時間はないので、ブツブツ言いながら買う。次にとうもろこしを買う。「今日はこれ（とうもろこし粉）、明日はミレット、って具合よ」。そう言いながらファトゥマタは、信頼を寄せる売り手をそそくさと探し回り、ある燻製米売りのところで、丹念に品定めをする。「町からいい燻製米を売りに来るおばあさんがいるのよ」とファトゥマタが言う。「あのおばあさんのを買えたらいいんだけど」。でも、おばあさんの店は定期市の立つ日には開いていないので、仕方なくここにあるものを買う。

ファトゥマタは、よい穀物を見分ける目をもっている。私にはわからない、米粒のふくらみ具合のちがいがわかる。ふだんアメリカでは、小さな袋入りのお米を買っているので、中身を吟味したりはせずブランドで選んでいる、と私が話すと、ファトゥマタは信じられない、と言う。ここにはブランドものなんてないに等しく、けたたましい宣伝広告もなくて、嵐のあとの静けさのようにすがすがしい。市場は一日中開かれているが、スマナたちは少しだけ早く店じまいをして、私たちのポートレイト撮影に協力してくれる。あまりお客さんを逃がさないといいけど、と私たちが心配すると、スマナは「心配ないよ」と言う。「どうせこの週末は、もう1つ、ビッグ・イベントがあるんだから」。

花嫁のかくれんぼ

赤ん坊のテナをあやしながら、微笑むファトゥマタの頬を涙が伝う。今日はパマの娘パイの結婚式で、象牙海岸にある花婿の家へ引っ越していってしまうのだ。「パイは小さい頃から、言いつけられたことは何でもできたのよ」とファトゥマタが言う。涙が頬をぐしょぐしょにし、フェイスラインを飾るタトゥーを伝って流れ落ちていく。「あの子が、うちの赤ん坊をみんな世話してくれたの。それを他人がさらっていくのよ。寂しくなるわ」。ファトゥマタの息子のカンシーは、子犬みたいにパイにまとわりついている。パイがいなくなったら、この子も寂しがるだろう。

婚礼では1日がかりで、さまざまな習慣や伝統が披露される。花嫁の母のパマは、感情をじっと抑えている。パイの夫になるのは、彼女のいちばん歳上のいとこババ・ニエンタオで、伝統にのっとって、パイはまさに婚礼当日の朝、結婚相手を知らされる。「ババの方は、結婚することになっているのを前から知ってたの？」。私はスマナに質問してみる。「もちろん」とスマナが答える。私は、なおも食い下がる。「どうしてパイは知らされてなかったの？」。「それが習慣だからさ」。結婚相手を知らされると、花嫁になる少女は1人で身を隠す。これも習慣だそうで、私が欧米人の偏見に満ちた質問を胸の内にしまい込もうとしていると、ファトゥマタがその行為の意味を教えてくれる。「そうやって、子ども時代との別れをするのよ」。パイとババが役場へ行って正式な結婚の書類にサインをすると、家族の年長者たちがイマーム（イスラームの礼拝をつかさどる指導者）のところへ赴いて報告し、結婚契約が完了する。それが済むと、スマナは子どもたちにキャンディを配る。この「習慣」を、子どもたちは待ちわびている。夜になると、パイの女友だちが花嫁を村のどこかに隠して、花婿とその友人たちが花嫁を探す。翌日は、何十人もの少女たちが、ドラムバンドに合わせて、踊ったり、歌ったりし、結婚を祝福する。

「この文化で生きていくのに、女と男とどっちがいいのかしら？」とパマとファトゥマタに訊ねてみる。「男ね」とパマが答えて、笑う。「だって、このアフリカで女が生きていくのは大変よ。仕事が山ほどあるから」。パマもファトゥマタもこの会話にすっかり没頭して、ずっと息の合っていた2人が、初めて相手の言葉を遮ったり、いちどきに話したりする。「この村には100人以上男がいるけど、家族をちゃんと養ってるのはたった2人よ」とファトゥマタが言う。パマが続ける。「そうよ。男たちはみんな座ったり、寝ころんだりして、女が食べさせてるのよ。この中庭の外に出たら、あたりを見回してごらんなさい。何にもしないでごろごろしてる男たちがいっぱいいるわ。私たちだって男になって、少しはゆっくりしたいわ」。「こういう話をパイとしたことある？」と私が訊ねると、「言わなくても、見ていればわかるわよ」とパイの母親のパマが言う。

パマは、食事用の穀物もつくるけれど、そうした家事よりも、穀物商の仕事の方が性に合っている。35歳の今日まで、いったいどれだけ穀物をついてきたかわかる？　私が訊ねると、パマは笑いながら、「いっぱい」と答える。でも、この仕事から少しでも解放されるようになりたいと言う。いま、村の女たちはみんな識字教室に通っていて、コースを修了したら、援助団体から村の女たちが共同で使える穀物製粉機を贈られることになっている。「女だけが使っていいのよ」とパマが教えてくれ、会話はさらにジェンダーの話題へと広がっていく。

取材メモ

マリには、コンビニエンスストアもファストフードもない。アフリカにあるこの国で、加工食品といえば、手でついた穀物だ。水は共同の井戸から汲んでくるし、料理用のまきは遠くまで拾いに行く。食事のあとの洗いものはニジェール川でする。マリは、スローフードの国なのだ。

中庭の泥れんがの塀越しに、ズンッ、ズンッと重くリズミカルな音が響いて、ほこりっぽい村の空気を震わせている。でも、携帯用ステレオから聞こえるのではない。この鼓動は、ずっしり重い木製の杵でミレット（雑穀）や乾燥とうもろこし、燻製米をひたすらつく音なのだった。スマナ家では、2人の妻が交代で食事当番をしている。食事作りは、その日の当番が火をおこすことから始まる。あらかじめ用意しておいた小麦粉に、井戸水と乾燥オクラを加えて混ぜる。新鮮なトマトがあれば、野菜ポリッジになる。大鍋いっぱいで、スマナと食事当番でないもう1人の妻、スマナの義妹（夫が出稼ぎで留守のあいだ同居している）、その日居合わせた子どもたち（平均で最低8人）の分が十分ある。

取材中、食事に招かれたことは一度もなかった。ここの人たちは、ご飯を手づかみで1つの鍋から食べるので、私たち欧米人がその作法を嫌がるのではないか、と気を遣ったのだろう。あるいはただ単に、量が足りなかったのかもしれない。そういえば、残飯を見かけたことがない。

私たちの訪問中に、スマナの娘のパイが結婚した。婚礼は、複雑な伝統様式にのっとり、2日目に家の敷地で催された騒々しいパーティでクライマックスを迎えた。ただ、招待客に食事はいっさいふるまわれなかった。

私は、ファトゥマタが作ったンゴメ（朝食用のせんべいのようなもので、米やミレットをついたもの、塩、油で作る）を分け前以上に食べた。時々ジャリっと砂を噛むのが玉にきずだが、けっこううまい。ただしこれはふるまわれたのではなく、ファトゥマタが毎日家の前の通りで作って、お客さん（私もその1人）に売っていたものだ。この一家も、そしてこの村も、素晴らしくフレンドリーで、ホスピタリティに溢れている。ただし、その気配りに食事は含まれていなかった。

――ピーター

暖かい土曜日の午後。トレイを日よけにしながら、クアクル村を売り歩くスイカ売りの少年が、床屋の入り口でひと息つく。中ではスマナたち何人かの男が、ロサンゼルスのSWATチーム（特別機動隊）のドキュメンタリーを見ている。白黒テレビの電源はカーバッテリーで、隣の小さな薬局の屋根に取りつけられたソーラーパネルで充電したもの。

メキシコ、クエルナバカ在住のカザレーゼさん一家。自宅屋外のリビングルームにて、1週間分の食料とともに。左から、ブライアン（次男、5歳）、エマニュエル（長男、7歳）、アルマ・カザレーゼ・グティエレス（妻、30歳）、アラス（三男、1歳）、マルコ・アントニオ（夫、29歳）。調理手段：ガスコンロ。食品保存方法：冷凍冷蔵庫。好きな食べ物──マルコ・アントニオ：ピザ、アルマ：カニ、エマニュエル：パスタ、ブライアン：カニとキャンディ、アラス：チキン。

MEXICO ●メキシコ

カザレーゼさん一家　クエルナバカ在住

●5月の1週間分の食料

穀物、でんぷん食物：1,860円

とうもろこしのトルティーヤ11.5kg、ロールパン1.6kg、Morelosの白米1.1kg、じゃがいも1.1kg、Bimboのスライス白パン1斤、Kellogg'sのスペシャルKシリアル550g、Morelosのパスタ550g、La Modernaのパスタ423g、パン・ドゥルセ詰め合わせ（菓子パン）264g、スティックパン±105g。

乳製品：3,164円

Alpuraの2000全乳7.6ℓ、Alpuraのサワークリーム2.1ℓ、Muecasのアイスクリーム・ポップ1ℓ、Yoplaitのヨーグルト1ℓ、ハンドメイド・チーズ550g、La Lecheraの缶入りコンデンスミルク420g、カッテージチーズ408g、Carnationのエバミルク360g、Manchegoのチーズ264g、クリームチーズ200g、バター105g。

肉、魚、卵：5,052円

鶏肉（切り身）7.7kg、カニ1.4kg、卵18個、ティラピア（魚）1.2kg、ナマズ1.1kg、ソーセージ198g（写真中の分量は1か月分）、FUDのハム168g。

果物、野菜、ナッツ類：5,217円

マンゴー6.6kg、パイナップル3.3kg、スイカ3.3kg、オレンジ2.7kg、カンタループメロン2.2kg、グアバ1.1kg、マルメロ1.1kg、バナナ1.1kg、ローマトマト3.3kg、トマティロ（食用ホオズキ）3.3kg、とうもろこし±4本、アボカド7個、ハヤトウリ1.1kg、モレロス産の豆1.1kg、ホワイトオニオン1.1kg、ズッキーニ1.1kg、La Costeñaの缶入りハラペーニョのピクルス800g、グリーンビーンズ550g、生のハラペーニョ550g、ブロッコリー384g、にんにく264g、チポートレイペッパー（燻製ハラペーニョ）210g。

調味料、香辛料：1,106円

Capulloのキャノーラオイル2.1ℓ、マーガリン477g、McCormackのマヨネーズ414g、塩264g、ガーリックソルト96g、McCormackの黒コショウ96g、クミン21g、乾燥ローリエ15g。

スナック、デザート：740円

Rockaletaのチリ・アイスキャンディ600g、Ricolino' pasitasのチョコレートキャンディ550g、Gamesaのクラッカー477g、Drumsのマシュマロ360g、Rockaletaのチリキャンディ171g。

総菜、加工食品：565円

Doña Mariaのモレ（チョコレートとチリで作るピリ辛ソース）1.5kg、Knorrのチキンブイヨン96g。

飲料：4,610円

コカコーラ2ℓ入り瓶12本、瓶入りの水20ℓ、Victoriaのビール350㎖入り瓶20本、Jumexのジュース1.3ℓ、Gatoradeのファイス・ブラックハリケーン・ドリンク1.1ℓ、Gatoradeのライムドリンク1.1ℓ、Nescafeのインスタント・ノンカフェイン飲料210g、料理用の水道水。

±写真にないもの

注：カザレーゼさん一家が店をたたんで、マルコ・アントニオが職探しにアメリカへ渡る前の1週間分の食費。

**1週間分の食費：
22,314円（1,862.78メキシコ・ペソ）**

求む、最低生活賃金

マルコ・アントニオは2004年10月、メキシコをあとにしてアメリカへ向かった。密入国業者と、35万円でアメリカ行きの話をつけたのだ。現在は不法移民としてアメリカに滞在し、時給600円で果物の収穫をしている。妻は1人で3人の子どもを育てている。こんなはずではなかったのだが。

マルコ・アントニオと妻のアルマに初めて会った頃、2人はメキシコシティから80km南にあるクエルナバカ郊外の、セメントブロックでできた2階建てアパートに住んでいた。その建物の1階で2人は、チャンガロと呼ばれる小さなコンビニエンスストアを営んでいた。アルマはかつて看護師をしており、マルコ・アントニオは数年前に醸造所をリストラされてから、新しい仕事を見つけられずにいた。2人には貯金もなかったし、ほかに生きていく術もなかったので、小さな店を始めることにしたのだ。

最初は、ポークラインズやソーセージ、キャンディ類、コカコーラ、デリフードなど、10～15品くらいしか商品がなかった。マルコ・アントニオとアルマは店を分業制にし、徐々に品数を増やしていった。小さな店の天井からテレビを吊り下げて、客待ちのあいだ退屈しないようにもした。家族は、カウンターの後ろで一緒に食事をとっていた。メキシコの家族経営の店ではおなじみの光景だ。

家族のスケジュールは、常にチャンガロを中心に回っていた。マルコ・アントニオがガラスのショーケース越しに小さな窓からお客さんの相手をしているあいだは、7歳のエマニュエルが弟のアラスの世話をした。客は、ほとんどが近所の人たちや友人だった。仕事中にマルコ・アントニオがアラスを抱き上げることは、めったになかった。夫が使いに行くと、アルマが代わりに店番をした。生活をやりくりする秘訣は、とにかく店を昼も夜も開け続けることだったのだ。お昼になると、アルマは上の階にあるキッチンでみんなのランチを用意した。ライスとビーンズ、それにシラントロ（コリアンダー）入りのチキンスープか、風味のよいカニのスープが定番だった。時にはタコス・デ・カルニタス（ポークタコス）のこともあった。この界隈の人がたいていそうするように、アルマも毎日、近所のトルティーヤ屋さんで焼きたてのコーントルティーヤを買っていた。ランチの用意ができると、階下の店にいるマルコ・アントニオのところに運ぶ。子どもたちは床に座り込んで、めいめい食器を自分のひざにのせて食べていた。夕方になると、メリエンダと呼ばれる、パンと果物の軽食をとるのが日課だった。「メキシコでは、もっと夜遅くなってから家族で夕食をとるのがふつうだけど、うちはお店があるからそうじゃないの」と、アルマは話していた。

子どもたちは大きくなるにつれて、ポテトチップスや、キャンディ、袋詰めされた加工菓子など、スナックによく手を出すようになった。カザレーゼさん一家の食事にはほぼ欠かさず、コカコーラが添えられていた。みんなこの飲み物が好きで、1週間に20ℓ以上飲んでいた。アルマが子どもの頃は、ビーンズ、パスタ、ライス、トルティーヤが家族の食生活の中心で、おやつを買う余裕なんてなかったという。「お母さんの手料理以外、食べたことなかったわ」とアルマが言う。「キャンディやレフレスコ（ソフトドリンク）を欲しがると、お母さんにこう言い聞かされたものよ。おやつにお金を使っちゃったら、トルティーヤが買えなくなるわ、ってね」。それでもアルマとマルコ・アントニオは、お金に困っているくせに、高脂肪、高カロリーの加工スナックをかなりの量、あれこれと買っていた。

　伝統的なメキシコ料理——タマレスや、焼きたてのコーントルティーヤで作るウェボス・ランチェーロス、チーズ・エンチラーダ、ラードたっぷりのビーンズやライスなどは、からだをよく動かす人にとっては素晴らしい活力源だが、あいにくメキシコでは運動不足の人が増えている。体重は憂慮すべき域に達している。世界保健機関（WHO）が2005年に発表した統計によると、いまやメキシコの人口の65％が、肥満症、もしくは太りすぎだという。これは、途方もない数字だ（それでも、アメリカよりはまだ5％低い）。

　アメリカと同じく、メキシコでも過食と運動不足が問題になっている。アルマとマルコ・アントニオの家族も例外ではない。「うちの母も、義理の父と母も太りすぎなの。全員、糖尿病も患っているわ」とアルマ。アルマとマルコ・アントニオ、上の息子も太りすぎで、糖尿病になるのではないかと心配している。そのくせ、心配が行動に結びつかない。何か運動はしているかとマルコ・アントニオに訊ねると、特にしていないと言う。「昔はサッカーをやって走り回っていたけど、子どもが生まれてからはスポーツをする時間なんてないよ」。じゃあ、子どもたちと外で遊ぶことは？「ほとんどないなあ」。毎日、チャンガロのカウンターの中に長時間座って客待ちをしているのでは、確かにカロリーは消費できないだろう。脱農業化、脱工業化した国ならフィットネス・クラブに行って運動不足を解消できるけれど、マルコ・アントニオには、経済的にも物理的にも無理だった。

　やがて、近所にどんどん小さな店ができて、アルマとマルコ・アントニオの店は深刻な打撃を受けた。大きなスーパーマーケットも次々と界隈に移転してきて、店のお客さんを吸収していった。商売上がったりで、もはや店を続けるのが困難になったが、それでもマルコ・アントニオにはほかに仕事のあてもなかった。私たちが取材に訪れたあと、彼はアルマの父親から、お前もアメリカに来ないかと誘われた。義父は不法就労者で、アメリカで果物の収穫をしている。おそらくそうすることが、経済的安定を得る唯一の方法だろう、夫婦はそう結論づけた。そこで、マルコ・アントニオは35万円でコヨーテ（密入国業者）と取り引きし、ひそかに国境を越える手はずをつけた。お金は1度に全額支払う必要はなく、コヨーテには手つけ金を渡して、残りはあとから払う約束だった。こうして、マルコ・アントニオは、恐れと希望を胸に故国をあとにした。

危ない橋を渡って

　これまでのところ、マルコ・アントニオのリスクは報われていない。週に20〜30時間しか仕事がなく、時給はたった5ドル（590円）だ。乏しい給料（小切手で支払われる）はメキシコに送る。アルマはそのお金で、コヨーテに月々の支払いをし、わずかな残りで食料品を買ったり、さまざまな費用に充てる。「前みたいには食べられないわ」とアルマがぼやく。そうかといって、食生活は健康的にもなっていない。新鮮な果物や野菜が減っているのに、スナックやソフトドリンクは習慣になっていて、コーラは週4ℓに減ったとはいえ、カザレーゼ一家の食生活にすっかり定着している。財布のひもを締めているはずなのに、子どもたちは相変わらずスナックをたくさん食べている。アルマの財布にそんな余裕がないときですらそうだ。「あの子たちは働いていないし、お手伝いもほとんどしない。そのくせ、もらったお金はキャンディやらポテトチップスやらに使ってしまうのよ。学校の昼食代を渡しても、スナックを買っちゃったりするんだから」。アルマは、子どもたちを母親の家に引っ越させた。妹のエステラは近所で小さな軽食スタンドを営んでおり、アルマが近くの市場へパートに出ているあいだ、甥っ子たちの面倒をみてくれる。マルコ・アントニオのことが気がかりでしょう？ とアルマに訊ねる。「ええ、心配だわ。でも、彼の方も十分な仕送りができなくて、私たちを心配してるわ」。マルコ・アントニオは別の仕事を見つけようとは思ってないのか聞くと、ためらっているのだという。「もう少しアメリカのシステムになじんだら、もっといい仕事に移れるでしょうけど。言葉ができないから難しいわね」。2人は月に1度電話で話す。この電話線が、2人の希望と夢をつないでいる。

メキシコの町には必ず、ゾカロと呼ばれる植民地時代の中央広場がある。風船売りや野外ステージのバンド演奏でにぎわう、このクエルナバカのゾカロでも、町の住民や観光客が昔と変わらず、週末の夕方の散歩を楽しんでいる。メキシコの町々で1世紀以上も、同じような光景が繰り返されてきた。しかし、国内のいたるところで変化の兆しがうかがえる。この広場でも、間近に迫ったアメリカ系大型箱型店舗、コストコの進出に抗議する横断幕が目につく。

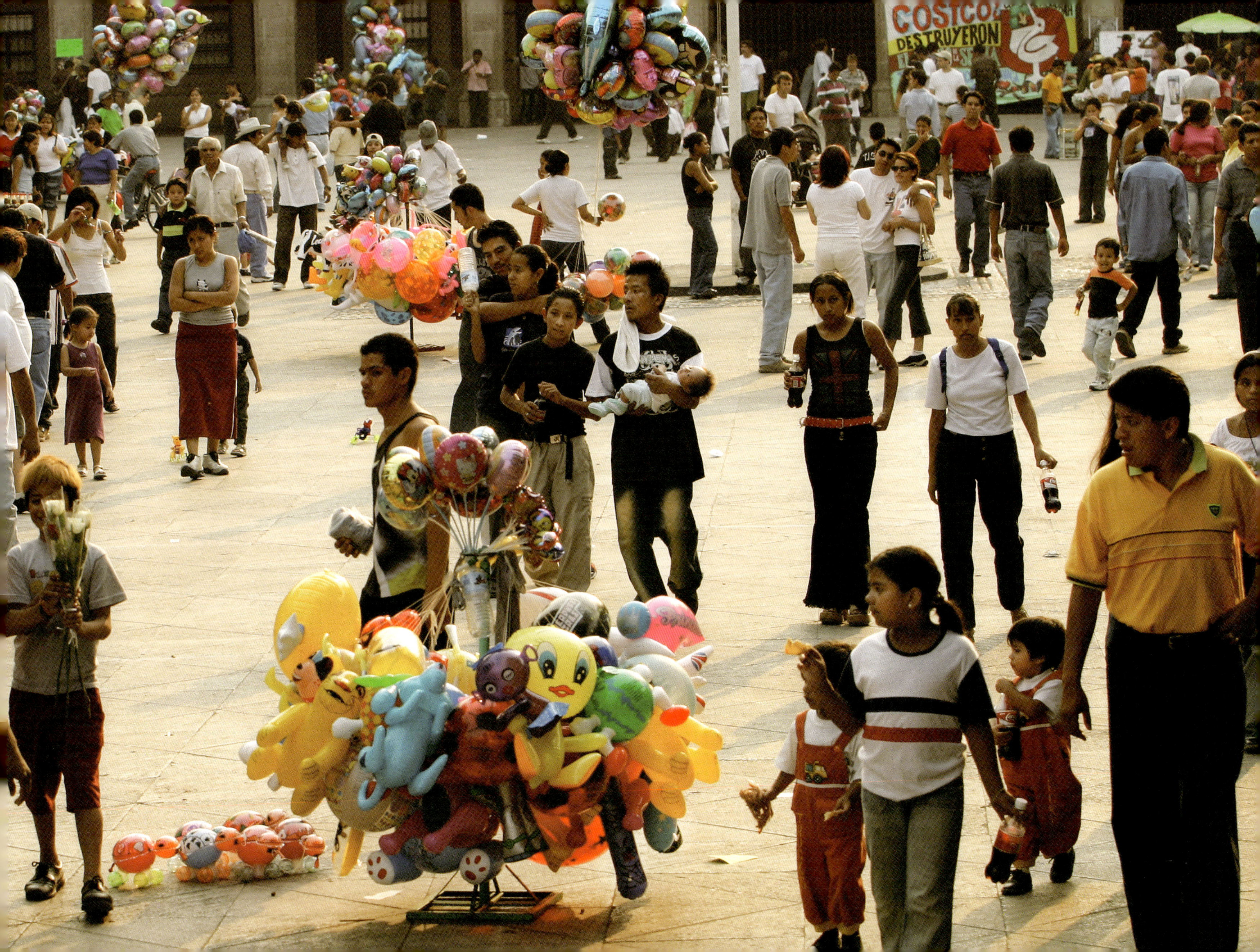
COSTCO
DESTRUYERON

上：大きなスーパーマーケットで、1週間分の食料を買い物するアルマが、レジに向かう。お行儀悪くリンゴにかぶりつき、こんなにたくさんのパンを1度に買うなんて、と笑う。右ページ上：アルマのコンビニエンスストアの向かいにあるトルティーヤ屋さんでも、まとめ買いをする。トルティーヤはもちが悪いので、アルマはこんな買い方をしたことはなく、まったく不合理なことだという。右ページ下：その後、妹のレストランで、客用兼家族用にカニのスープを作る。

メキシコ

- 人口：104,959,594人
- クエルナバカ人口：705,405人
- 面積：1,903,510km²（米国テキサス州の3倍よりやや狭い）
- 人口密度：55.2人／km²
- 都市人口：76％
- 先住民の人口：14％
- 平均寿命：男性71.7歳、女性77.0歳
- 先住民と非先住民の平均寿命の差：－6％
- 出産率（出産可能女性1人当たり）：2.5人
- 15歳以上の識字率：男性94.0％、女性90.5％
- 1日1人当たりのカロリー摂取量：3,145kcal
- 1人当たりの年間アルコール消費量：4.24ℓ
- PPPにおける1人当たりのGDP（米国の数値に換算して算出）：$8,970
- 1人当たりの年間医療費とそのGDPに占める割合：43,660円／6.1％
- 肥満人口：男性64.6％、女性65.6％
- 肥満症人口：男性20.3％、女性31.6％
- 20歳以上の糖尿病人口：3.9％
- 1人当たりの年間トルティーヤ消費量：114kg
- 1人当たりの年間肉消費量：64.5kg
- マクドナルドの店舗数：261軒
- ビッグマックの価格：250円
- ウォルメックス（ウォルマートのメキシコ法人）が経営する店舗の数：レストラン285軒、小売店411軒
- 1人当たりの年間たばこ消費量：754本
- 1人当たりのコカコーラ消費量の世界順位：1位
- 1日250円未満で暮らす人口：26％

取材メモ

地元の生活、いや生と死にどっぷり浸ってみたければ、クエルナバカのだだっ広い公設市場に出かけてみるといい。町を見下ろす丘の上に、6棟の大きな古い建物が寄り集まった市場だ。地元の露天商や買い物客の準備がととのうのを待つあいだ、私はオレンジとにんじんの搾りたてジュースを飲み、フレッシュなトロピカルフルーツ・サラダを食べた。この市場には、豚や鶏の頭部やら脚を商う露店が軒を連ねた通りがいくつもあって、興味をそそられる。アメリカでは、豚の頭部が陳列されることはまずない。死は避けがたい人生の現実だが、死んだものは不快感を起こさせ、食欲をなえさせるもの、と見なされているからだ。アメリカでは私たちの食べる肉にもともと手脚がついていたことを思い起こさせないよう、もとの姿が一切わからないように切り分けて、ビニールで包んでしまう。メキシコでは、私たちが肉を食べるために動物が殺されているという事実から目をそらすことはできない。肉を食べる以上、現実に目を向けるべきだし、ごまかしはいけない。かつて牛肉牧場を営んでいた者として、このことをしっかり見つめよう、と言いたい。
　　　　　　　　　　　　　　　　——ピーター

わが家のレシピ

アルマ・カザレーゼのソッパ・デ・ハイバ（カニのスープ）

【材料】
マーガリン　50g
レッドトマト（きざむ）　1kg
玉ねぎ（薄切り）　250g
にんにく　5片
オリーブの葉　5枚
塩　大さじ5
カニ肉（よく洗う）　2kg
チポートレイペッパー　700g
にんじん（薄切り）　500g
水　10ℓ

【作り方】
- 大きな鍋でマーガリンを溶かす。トマト、玉ねぎ、にんにく、オリーブの葉、塩を加える。玉ねぎがやわらかくなるまで炒める。
- カニ、そのほかの材料もすべて鍋に加える。
- 水を注いでふたをし、80分間コトコト煮る。
- メキシコの白パンを添えて。

毎日開かれるクエルナバカの公設市場には、大勢の買い物客が集い、驚くほど新鮮な肉の吟味をしたり（上、豚の頭は肉屋がいる合図）、屋内にたくさんある小さなレストラン（右）で軽食をつまんだりする。こんな習慣も、だんだん消えつつあるのかもしれない。大勢の人でにぎわっているとはいえ、かつてほどではない。メキシコでは、大手スーパーマーケット・チェーンで買い物をする人が増えており、いまや、メキシコ版ウォルマートのウォルメックスは、民間最大の雇用主になっている。

TACOS ESPECIALES
DE TROMPITA · TRIPA GORDA · OJO
CACHETE · CUAJO · MOLLEJA

モンゴル、ウラーンバートル在住のバトソーリさん一家。広いアパートの1室を間借りしているひと部屋だけの自宅で、1週間分の食料とともに。左から、レクセン・バトソーリ（夫、44歳）、ホルロー（娘、17歳）、バトビレク（息子、13歳）、オユンチェチェック（オユナ）・ラカモスレン（妻、38歳）。調理手段：電気コンロ、石炭コンロ。食品保存方法：冷凍冷蔵庫（コンロとともに、ほかの2家族と共同で使用している）。

MONGOLIA ●モンゴル

バトソーリさん一家　ウラーンバートル在住

●5月の1週間分の食料

穀物、でんぷん食物：638円
パン7.7kg、じゃがいも5.5kg、白米2.2kg、Macburのスパイラルパスタ1.1kg、スパゲティ1.1kg、白小麦粉1.1kg。

乳製品：730円
Aptaの牛乳3.2ℓ、Ramaのバター1.1kg、オランダチーズ‡550g（高価な贅沢品なので、めったに買わない）。

肉、魚、卵：1,594円
牛肉3.4kg、マトン2.2kg、卵30個、乾燥ソーセージ800g（欲しい種類のものがなかったので、いつもより味が落ちるものを買った）、缶入りキルカ（アンチョビのような魚）210g、缶入りスプラット（ニシンのような魚）160g。

果物、野菜、ナッツ類：985円
青リンゴ2.2kg、タンジェリン1.1kg、きゅうり2.7kg、キャベツ1個、にんじん1.1kg、トマト1.1kg、かぶ1.1kg、玉ねぎ550g、Urbanekの保存野菜530㎖、にんにく57g。

調味料、香辛料：186円
グラニュー糖1.1kg、ベジタブルオイル510㎖、塩264g、ケチャップ132g、マヨネーズ111g、Vitanaのしょうゆ30㎖。

スナック、デザート：281円
ペストリー3.3kg、ドライド・ミルクトリート550g（牛乳を粉状に乾燥させて甘味をつけ、型抜きした菓子）。

飲料：205円
Bavariaのミレニアムブリュービール420㎖入り瓶3本（バトソーリさんは、家ではアルコール類を飲まないが、友人たちと飲む）、Gitaのインド紅茶132g、飲料用と料理用の水道水。

嗜好品：101円
Monte Carloのたばこ2箱。

‡写真にないもの

1週間分の食費：
4,720円（41,985.85トゥグリク）

変化を求めて

オユンチェチェック（オユナ）・ラカモスレンが一家の食料品を買うウラーンバートルの巨大な中央卸売市場のまわりには、小麦粉と輸入ものの砂糖が山積みになっている。春の朝、銀色に煙り立つ小麦粉のもやをくぐり抜けて、がらんとした市場の中へ歩いていく。ここから先は幌がかかっていて、屋外で商売をする穀物卸売業者と区別されている。屋内の市場では、おのおのの商人がずらりと店を広げ、卓上や屋台に商品を並べて売っている。オユナはそんな市場で、きびきびと買い物をしていく。皮の薄い玉ねぎとにんにくを1軒の店で選び、別の店で中華風の保存野菜を1瓶購入する。寒冷地ではどこでもそうだが、赤身の肉はモンゴル人の食生活にも欠かせないのだ。マトンを買うのに、オユナは4軒の肉屋を見て回ってから決める。トゥグリク（モンゴルの通貨）を数えて渡し、肉の包みを特大のショッピングバッグに押し込む。家に戻る前に回り道をして、近所の仏教寺院に立ち寄る。「悩みが多くて仏様の助けがいるの」。そう言いながら、オユナはお賽銭をあげて拝む。

1990年にソビエト式の共産主義から脱して以降、モンゴルでは多くの人々が、この国の新しい市場経済にうまく乗り切れないでいる。オユナの一家もそうだ。夫のレクセン・バトソーリは、何年もかけて資材を集め、彼らがもともと住んでいたゲル（持ち運びのできる丸い組み立て式テント）に隣接する、所有者のいない町外れの土地に手作りの家を建てた。一方、オユナはかつての同僚と一緒に、個人経営の小さな薬局を開いた。政府が私営企業を認可するようになる前は、2人とも国営薬局で働いていたからだ。この時期、オユナの次なる望みであった水道も引かれて、彼らは意気揚々としていたが、その後、経済的にかつてないほどの苦しさを味わうことになった。彼女と友人は、薬局を維持していくのに個人ローンを取りつけた。ところが、複利利子の概念を理解していなかったため借金がかさんで、結局オユナの一家は、ゲルも家も何もかも失ってしまったのだ。一家4人は現在、近代的なアパートで暮らしている。ここには水道設備がもとからついている。ただし、このアパートは83歳になるロシア移民のタニヤのもので、ひと間だけを間貸しし、厚意でキッチンを提供している。オユナは新たに、前よりもうんと小さな薬局を開いた。現在電気技師をしているレクセンは、失った家産（一家の財産）を取り戻したいと思っているが、子どもたちやオユナは、屋内に浴室があり電気コンロもあるいまの生活が気に入っている。たとえたったひと間の小さな部屋で、せせこましい暮らしをしなければならなくても、こちらの方がいいという。とりわけ子どもたちは、バケツに水を汲んで急な坂を運んでこなくてよくなったのを喜んでいる。

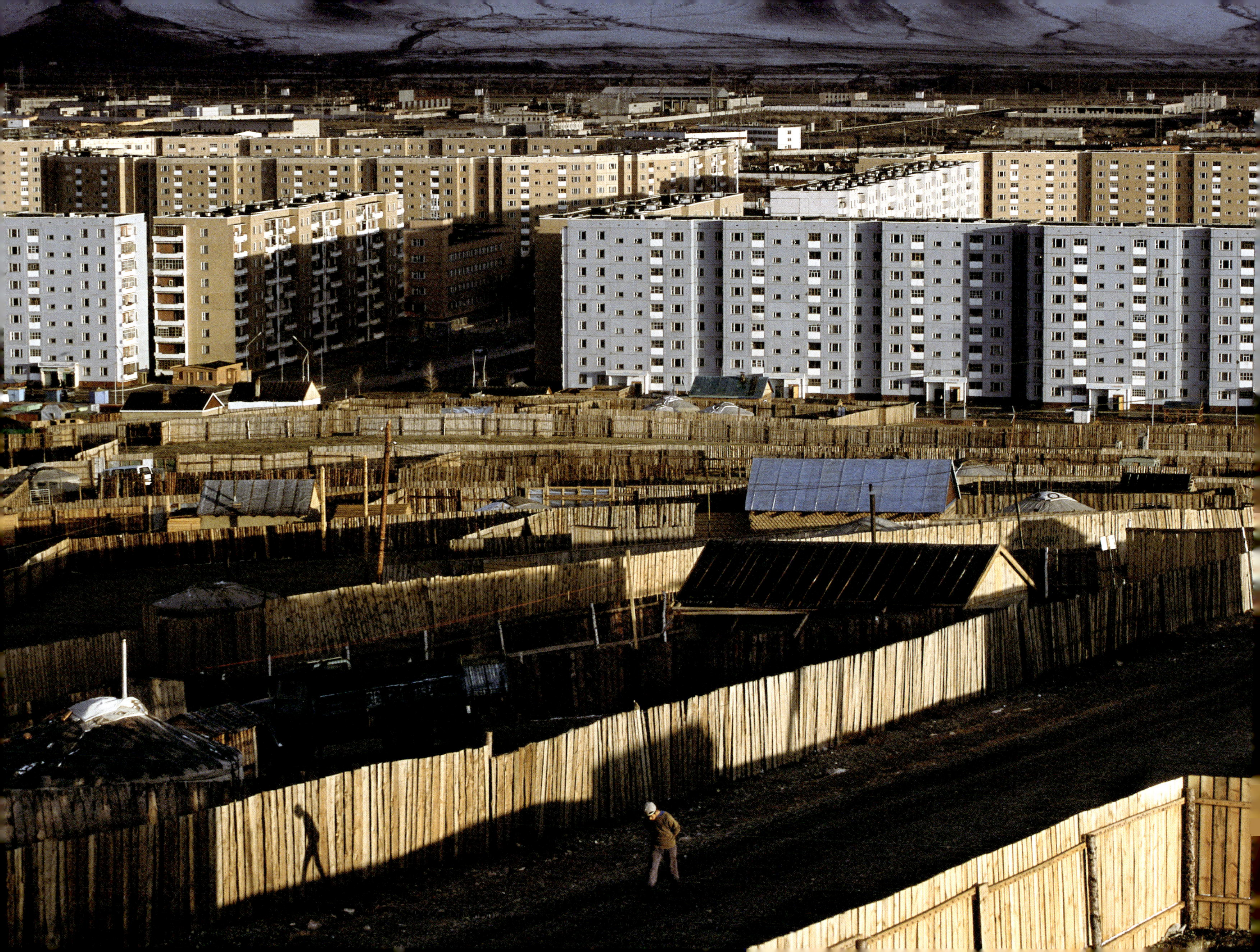

左：ウラーンバートルの町外れに建つソビエト式のアパート群は、かつてモンゴル人が共産主義だった名残だが、いまでは無断居住者――もとい、「家産（共産主義時代における一家の財産）」所有者たちが周囲を取り巻いている。もともと遊牧民族のモンゴル人が、ここでは土地をきっちり区画に分け、杭を立てて整然とゲルを仕切っている。ゲルの室内には水道設備はないが、別の見方をすれば、狭苦しいアパートよりも快適かもしれない。上：ホルロー（中央）とバトビレク（寝ころんでいる）が、いとこのソブド・エルデネと一緒に宿題をしているところ。

モンゴル 229

取材メモ

ウラーンバートルで、私はバトビレクや近所の子どもたちとバスケットボールをした。モンゴルではこの球技がものすごく盛んなのだ。コートは、バトソーリさんのアパートの前にある泥土の駐車場だった。試合中、3頭の牛が、ごみの散乱するひどい荒れ地をのんびり通り過ぎていった。私は試合を抜けさせてもらうと、カメラを手に牛を間近まで追いかけた。牛たちは、家庭ごみや、プラスチック容器の残骸、破棄された車の部品や動物の部位（蹄や頭部や頭蓋骨など）が溢れ出したごみ箱の餌をあさっている。夕暮れ時で、あちこちに散らばるガラスの破片に、夕日が鮮やかに反射していた。太陽は灰色の雲にすっぽりと覆われて沈み、あたりのムードも、牛たちが醸し出すこの世の終末、といった雰囲気から、ロードウォーリアー（モバイルコンピューターを駆使する現代のビジネスマン）の都会的なまばゆさに変わった。

ウラーンバートル最後の夜、観光案内パンフレットの熱烈な推薦文にほだされて、ゲル（フェルトとキャンバスで覆われた伝統的な丸テント）のプライベート・ディナーシアターに出かけてみた。ディナーはあいにく、レクセンが前の晩にアパートで作ってくれた美味なボーズ（肉ギョウザ）が、冷めてまずくなったような感じだった。パッとしない料理を半分くらい食べた頃、ミュージシャンが登場した。ホーミー（のど歌）歌手と彼のバックバンドだった。低く単調なハスキーボイスに、ところどころ、フルートのようなハーモニックスの入るサウンドがゲルいっぱいに響き渡った。そのハーモニックスは、1人のミュージシャンがのどを使い分けて出しているのだった。信じられないほど美しい歌で、歌詞は理解できなくても、そのサウンドは私の心をすっかり酔わせた。半時間ほどして、スパンコールのついたレオタード姿のストリートチルドレンの少女が2人、すっかり満員のゲルの中に入ってきた。そうして、ホーミー歌手とバックバンドがゲルの片側を盛り上げる中、もう片側では、2人の少女がクモのように動き回って、お決まりの完璧な曲芸の技を披露した。素晴らしい音楽に釘づけにされ、少女の動きに魅了り、生ぬるいビールに酔って、私は無上の喜びの中を漂っていた。その喜びを、どんな言葉にできるだろう。結局、観光案内パンフレットは正しかったのだ。

——ピーター

モンゴル

- 人口：2,751,314人
- ウラーンバートル人口：760,077人
- 面積：1,509,373km²（米国アラスカ州よりやや狭い）
- 放牧に使用される土地（草原および不毛地帯）：80.7%
- 人口密度：2人／km²
- 都市人口：57%
- ゲルに住む人口：45%
- 家畜（牛、馬、羊、ヤギ、ラクダ）の頭数：25,000,000頭
- 1999年夏から2002年冬にかけての干ばつおよびゾド（厳冬）で死んだ家畜の数：7,000,000頭
- 世界で最も寒い首都順位：1位（ウラーンバートル）
- 平均寿命：男性60.1歳、女性65.9歳
- 出産率（出産可能女性1人当たり）：2.4人
- 15歳以上の識字率：男性98.0%、女性97.5%
- 1日1人当たりのカロリー摂取量：2,249kcal
- 1人当たりの年間アルコール消費量：2.40ℓ
- PPPにおける1人当たりのGDP（米国の数値に換算して算出）：$1,710
- ソ連が経済支援を打ち切った年：1991年
- 1人当たりの年間医療費とそのGDPに占める割合：2,950円／6.4%
- 肥満人口：男性46.0%、女性65.8%
- 肥満症人口：男性5.2%、女性24.6%
- 20歳以上の糖尿病人口：2.5%
- 1人当たりの年間肉消費量：119.5kg
- マクドナルドの店舗数：0軒
- 1日250円未満で暮らす人口：50%

左ページ上：リンゴのような頬をした根菜売りの少女が、ウラーンバートルの中央卸売市場で客を待っている。左ページ下：冬の日、暖房のない市場は冷え冷えするが、トラックでやって来て屋外に店を構える小麦の卸売業者は、もっと寒そう。上：この町の暮らしは厳しいが、徐々によくなってきている。放し飼いの牛がごみ箱を漁るこの駐車場の光景は、裕福なモンゴル人がいまや十分な食料を確保し、一部を捨てるまでになっている皮肉な証。

モンゴル 231

わが家のレシピ

**オユンチェチェック・ラカモスレンのボーズ
（蒸しギョウザ）**

【 材料 】
マトン（代わりに牛肉でもよい）　約900ｇ
マトンのテール脂　約200ｇ
塩　適量
コショウ　適量
玉ねぎ（みじん切り）　大きめ１個
小麦粉　約900ｇ
水　３〜４カップ
※１カップは250cc

【 作り方 】
- 肉をみじん切りにするか、挽き肉にする（肉汁を逃がさないよう、包丁で細かくきざむのがベスト）。これにテール脂を混ぜて、肉をやわらかくジューシーにする。塩、コショウで味つけし、玉ねぎを加える。
- 小麦に３カップのぬるま湯を注ぎ、５分ほどこねて、なめらかで弾力のある生地に仕上げる。丸めやすい状態になるのが目安。必要に応じて水を加える。10〜15分間、布巾をかけて寝かしておく。
- 生地を寝かしたら、転がしてきゅうり大の筒に丸め、薄い輪切りにする。これを小さな綿棒で薄く延ばして、きれいな丸を作る。端を薄くし、中央をやや厚めにする。
- 大さじ約１の肉を生地の中央にのせ、端をぎゅっと合わせて肉を閉じ込め、半円のギョウザの形にととのえる。コツは両端をぴったり合わせること。
- ギョウザを１つ１つ丁寧に蒸し器（中華用の竹せいろなら底に油を引くこと）に並べ、ぐらぐらお湯を沸かしながら約20分間蒸す。

左上：２家族と共同の小さなキッチンで、レクセンが、カボチャとにんじんとキャベツを切っている。左下：娘のホルローに手伝ってもらって、ボーズ（マトンのギョウザ）の下ごしらえはできている。右：今夜はオユナが残業なので、レクセンは妻の薬局まで食事を届けに行き、そのあと家族３人と姪とで夕食のテーブルを囲む。

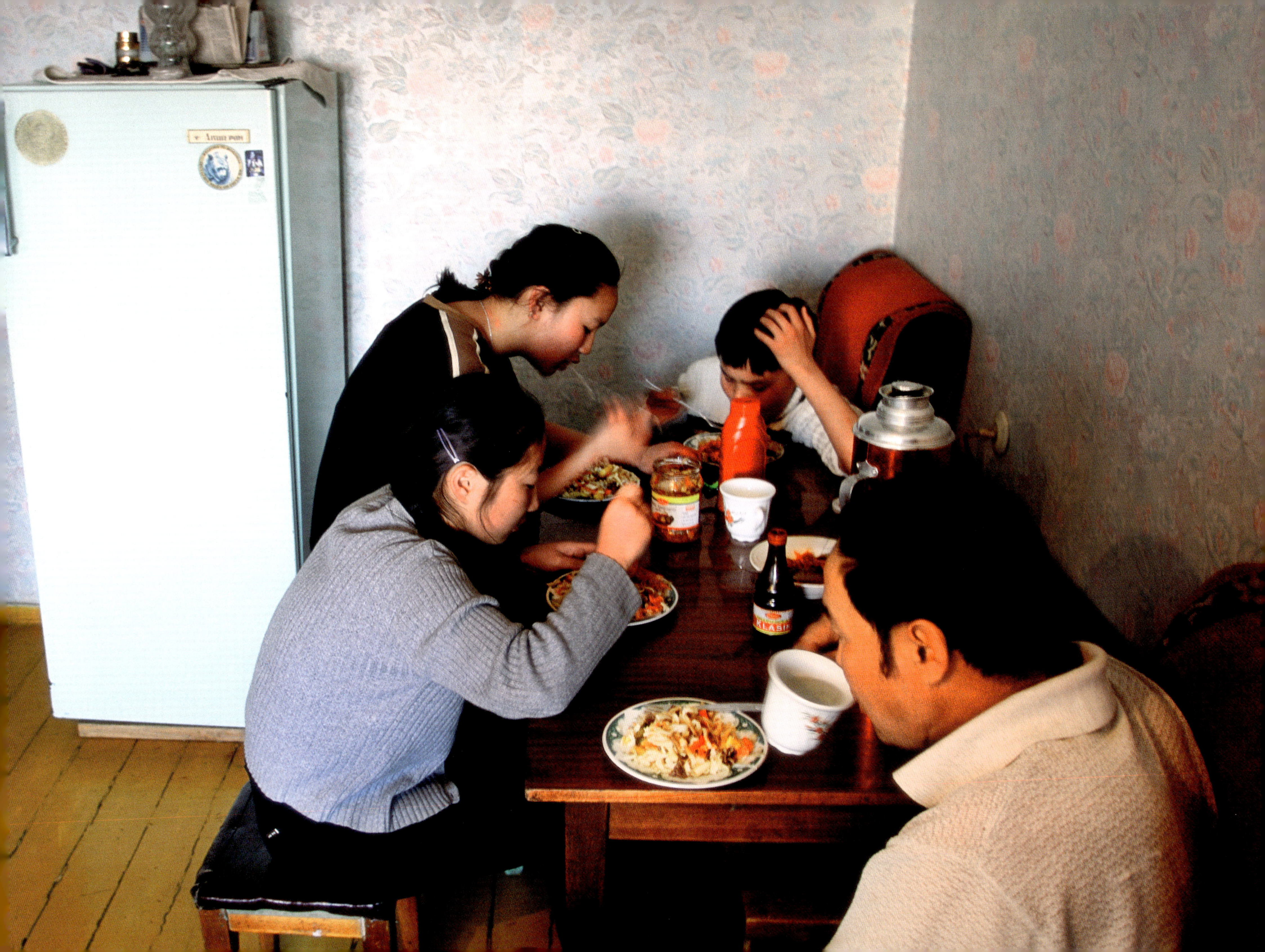

フィリピン、マニラ在住のカバーニャさん一家。18㎡のアパートのメインルームにて、1週間分の食料とともに。左から、チャールズ（次男、20歳）、エドゥアルド・カバーニャ（夫、56歳）、デーブ（エドゥアルド・ジュニアの長男、2歳）、アンジェリータ・カバーニャ（妻、51歳）、エドゥアルド・ジュニア（長男、22歳、愛称ニョク）、アレクサンドラ（エドゥアルド・ジュニアの長女、3歳）、アビゲイル（長男の嫁、22歳）、クリスチャン（三男、13歳、愛称イアン）。調理手段：ガスコンロ。食品保存方法：特になし。

PHILIPPINES ●フィリピン

カバーニャさん一家　マニラ在住

●1月の1週間分の食料

穀物、でんぷん食物：837円
白米15.5kg、Parkn'Goのスライス白パン3斤、パン・デ・サル（塩味のパン）1.1kg、チーズパン650g、じゃがいも348g、V.C.のオリジナル・パンミックス105g。

乳製品：237円
Nestléのベアーブランド粉381g、Kraftのチーズウィッツ（チーズペースト）264g。

肉、魚、卵：2,327円
豚肉3.9kg、丸鶏2.2kg、生のサバヒー（魚）2.2kg、生のガロンゴン（魚）1.1kg、生のティラピア（魚）1.1kg、卵12個、ジャンボ・ホットドッグ550g、Ma Ling'sの缶入りランチョンミート423g、555 Brandの缶入りイワシ、チリトマトソース漬け174g、555 Brandの缶入りイワシ、トマトソース漬け174g、トゥヨ（タンバン（ニシン）のような魚の詰め合わせ）75g。

果物、野菜、ナッツ類：846円
グリーン・マンダリンオレンジ4.4kg、バナナ2.2kg、サバ（料理用バナナ）1.5kg、ライム264g、カラバサン・タガログ（スカッシュ）1.5kg、なす1.2kg、グリーントマト1.1kg、だいこん1.1kg、スカッシュ850g、カンコン（空心菜）650g、ニガウリ550g、レッドオニオン550g、キャベツ小さめ1個、オクラ372g、にんじん264g、緑豆264g、さやいんげん264g、さつまいも195g、青唐辛子159g、にんにく111g。

調味料、香辛料：237円
グラニュー糖1.1kg、サラダ油550g、Silver Swanのしょうゆ350㎖、タマリンド264g、Lorins Patisのホット・フィッシュソース180㎖、ケチャップ170㎖、ビネガー150㎖、塩132g、Mang Tomasのオールアラウンド・ソース（レバーを挽いたものと調味料でできている）90㎖、黒コショウ15g、ローリエ8枚。

スナック、デザート：227円
Granny Gooseのストーングラウンド・トルティーヤチップス255g、グラハムクラッカー105g、Sky Flakesのクラッカー105g、Helloのチョコレート・ミニバー63g、チョコレートキャンディ33g、Hallsの咳止めドロップ30g。

総菜、加工食品：133円
Lucky Meのインスタント・パンシットカントン（焼きそば）650g、Nissinのインスタントラーメン650g。

ファストフード：219円
Jollibeeのハンバーガーとフライドポテト、フライドチキンとライス、コカコーラ2つ。

屋台の食べ物：153円
シオパオ（豚肉まん）550g、クェッククェック（うずらの卵を小麦粉と卵の衣でくるみ、油で揚げたもの）159g。

飲料：526円
ポップコーラ（コカコーラブランド製の飲物）810㎖入り瓶11本、Sunkistのオレンジジュース・ドリンク260㎖入りパック4個、Nescafeのインスタントコーヒー57g、室内の蛇口から汲む飲料用と料理用の水道水（午前2時から6時までのあいだしか出ないうえ、水圧がとても弱い）。

嗜好品：89円
HOPEのたばこ2箱。

1週間分の食費：
5,831円（2,629.50ペソ）

ぎりぎりいっぱい

好奇心を抱いてメトロマニラ（マニラ首都圏）を旅する人は、この街に魅せられると同時に、勤勉に働いて何とかサバイバルするフィリピン人こそが、この街に元気をもたらしているのだと気づく。失業、公害、犯罪、縁故主義、政治腐敗、えこひいき、過密、交通渋滞……。あらゆるものが、悲惨な状態でこのフィリピンの首都にはびこっている。マニラの素晴らしい面を1つ挙げるなら、フィリピン人家族の結束の強さと知恵だろう。それがこの街を、何とか生きながらえさせている。

うららかなマニラ中心部の街路から、脚を丸太に縛りつけられた鶏の脇を通って、真っ暗な狭い路地を入る。その突き当たりに、アンジェリータ・カバーニャの家がある。アンジェリータの息子のニョクとチャールズが、お母さんは留守だけど、じきに戻るはずだ、と言う。タッパーウェアを買ってくれそうなお客さんのところに、商品一式を見せに行っているという。これ以外にも、彼女は実にいろいろな仕事をしている。そうやって家族を養い、子どもたちを学校にやり、何とか家計を持ち堪えさせているのだ。たとえば、マッサージ療法。技術を習得して、何人か顧客をとっている。顧客はいずれも、1時間4～5ドル（472～590円）の料金を払ってプライベートな贅沢を楽しむ余裕のあるご婦人たちだ。洗濯も請け負っている。こちらの顧客は、彼女の家の借家人。アンジェリータは家族8人を3部屋の狭いスペースにぎゅっと押し込んで、家の半分を間貸ししているのだ。家計がピンチになると、時計修理もする。アンジェリータは亡くなった父親から時計修理の店を継ぎ、夫のエドゥアルドもその店で仕事をしている。近くの通りの歩道の脇にボルトで固定された電話ボックスくらいの小さな店で、丸1日働いてもエドゥアルドの稼ぎは18ドル（2,124円）ほどだ。

マニラ観光の中心地であるマラテ地区でも、カバーニャさん一家の自宅周辺には貧しい労働者たちが住んでおり、近くの観光ホテルのウエイターや、観光ガイド、バーテンダーなどをしている。露天商もここには多く住んでいて、市内を移動しながら、箱入りキャンディだの台所用品だのを売り歩く。屋台の食べ物屋は、カリッと揚げたスイートポテトや、焼き鳥、うずらの茹で卵をオレンジ色の粉でコーティングしたクェッククェックなどを売る。ママンド・ポップというサリサリ（日用雑貨食料店）は、早朝から深夜まで営業している。コカコーラ、ネスレ、クラフトといったブランド商品のかたわらで、フィリピン人にも買える細々したものも売られている。

カバーニャさんの自宅周辺に行政の計らいで街灯が取りつけられ、一家は喜んでいる。フィリピ

ンの首都メトロマニラ（マニラ市の正式名称）は単独の市ではなく、4市と13の町村が合併したものだ。カバーニャさんの家の界隈には麻薬をやっている人や不審者がたむろしているが、照明のおかげで、このあたりの治安は以前よりよくなった。とはいえ、交通渋滞や基本的な役所業務のいいかげんさ、根強くはびこる犯罪といった現実を目の当たりにすると、過密したこの都市の極度に貧しい住民すべてに治安がよく清潔な環境を提供することは、至難の業のように思える。一方、カバーニャさんの家の中は、リビングルームの端から端まで大股でわずか1歩半とはいえ、何もかもきれいに整理整頓されている。

カバーニャ家のシェフ

長男ニョクの3歳になる娘アレクサンドラは、テレビのアニメに釘づけになっている。部屋の隅には、サントニーニョ（幼きイエス）の大きな像があって、私たちもうっとりと釘づけになる。カトリックが大多数を占めるフィリピン人家庭では、こんな像をよく見かける。年に1度、サントニーニョをたたえたパレードがあるほどだ。フィリピン観光省はこの祭りを、「メトロマニラ・サントニーニョ・フェスティバル」と呼んで、「美しく着飾った200余りの幼きイエス像の大行進」と謳っている（確かに数は200以上で、実に美しく着飾っていた）。

アレクサンドラの弟で2歳になるデーブは、おばあちゃんのリタ（アンジェリータのことを、みんなこう呼ぶ）が帰ってくると、急に元気になる。おばあちゃんは、デーブの理想の女性だ。なんといっても、食べ物に関する一切を執り仕切っているシェフなのだから。麺類や卵料理を作ってくれるし、チーズウィッツ（チーズ味のペースト）も管理している。ブレックファスト・ア・ラ・リタ（リタ風朝ごはん）には、たまにチーズウィッツがついてくる。ふつうはご飯と鶏肉と卵で、「ポッポッ」という露店で買ってくるパン・デ・サル（塩味のパン）は、朝ごはんの定番だ。「ポッポッ」という名は、呼び売りに使うクラクションの音にちなんだものだ。

リタが帰ってきたので、ニョクは子守りから解放されてそそくさと自分の部屋に引き上げ、勉強を始める。ニョクは大学の経営学部の学生で、2人の子どもと妻のアビゲイルとともに、小さなひと間で生活している。アビゲイルは地元の市場でたばこ売りをしている。一家4人はリタと同居して、生活費を分担している。このような複合家族は、この街では珍しくない。そのうえ、リタはマニラゲームのエキスパートで、その点でも同居のメリットがある。マニラゲームとは、市場で所持金のペソをできる限り有効に使うテクニックで、中でも、「スキ」が重要なのだという。

スキのしくみ

リタは、家族全員分の食料品の買い出しを、マッサージやタッパーウェア販売の約束の合間にする。最近、冷蔵庫が壊れたので、ほとんど毎日のように買い物をしなくてはならない。問題は、最も安い値段で買い物をしようとすると、うんと遠くまで出かけなければならないことだ。今日は、スキで買い物をするために、家からジープニー（フィリピンの小型乗り合い自動車）で30分の、ディビソリア市場まで出かける。

「スキ」という言葉は、買い物客にも売り手にも使われ、商売上の「なじみ」のことをいう。何度も買い物をするうちに両者は顔なじみになり、いわば顔パスで、買い物客にとっては大幅な値引きが期待でき、売り手にとっては確実に顧客を確保できる、という相互関係が生まれる。リタに言わせれば、ディスカウントがあるとないとでは、おやつ程度の量か食事になる量かほどの差が出るものもあるという。「スキで買い物をすれば、最高で20％値引きしてもらえるのさ」とリタが教えてくれる。

リタは、各青果店の混み具合をざっと見渡してから、予算内で最も新鮮な品物を手に入れる方法を決め、スキで、玉ねぎとトマトを買う。トマトは青いものばかりを選ぶ。「だって青い方が長もちするでしょ？」。スキの店に欲しい品がない場合は、客の1人もいない店を探して、値切り交渉をする作戦をとる。予算の範囲内で買えそうななすがないか探してみるが、どうやら駄目らしい。「なんて高いんだろうね」。ある店のテーブルに1kg30ペソ（67円）と表示されているのを見て、リタはがく然とする。ふだんは1kg20ペソ（44円）もしないのだ。ようやく、客がだれもいない店を見つける。こういう売り手は値切り交渉に乗ってくれる。値段が折り合うと、「よさそうなのを見つくろってちょうだい」とリタが売り手に声をかける。それから私に、なすをどんな風に調理するか教えてくれる。「焼いて皮をむいてから、卵と一緒に炒めるのよ」。売り子がなすを入れ替えているあいだ、リタが指をぎゅっと握っている。「大丈夫？」と私が訊ねると、「昨夜寝てるとき、鼠に噛まれたんだよ」と言いながら、リタが傷口を見せてくれる。確かに、指先に小さな噛み傷があって、皮膚が剥けている。お医者さんに見せなくていいのだろうか。「まあね」と、リタは無頓着な様子だ。食費以外の支出は慎重にならざるを得ず、結局、病院には行かない。

さらにマニラゲームのコツを訊ねると、まとめ買いだという。お金に余裕さえあれば、その方がたくさんまけてもらえる。リタ自身、いつもそうできるわけではないけれど、まとめ買いをするなら玉ねぎのような長もちするものにしている。シニガン（酸味のあるフィリピン特有のスープ）などさまざまなフィリピン料理に使われるサバヒーのような魚をまとめ買いしたら、リタは酢とにんにくに漬けてマリネにする。そうすれば長もちさせ

フィリピン

- 人口：86,241,697人
- 海外在住または海外勤務のフィリピン人の人数：7,500,000人（推計）
- マニラ都市圏人口：14,000,000人（推計）
- 面積：289,500km²（米国アリゾナ州よりやや狭い）
- 人口密度：298人／km²
- 都市人口：62％
- 平均寿命：男性72歳、女性65歳
- 出産率（出産可能女性1人当たり）：3.2人
- 15歳以上の識字率：男性92.5％、女性92.7％
- 1日1人当たりのカロリー摂取量：2,379kcal
- 1人当たりの年間アルコール消費量：3.50ℓ
- PPPにおける1人当たりのGDP（米国の数値に換算して算出）：$4,170
- 1人当たりの年間医療費とそのGDPに占める割合：3,540円／3.3％
- 肥満人口：男性21.7％、女性25.4％
- 肥満症人口：男性1.1％、女性2.8％
- 20歳以上の糖尿病人口：7.1％
- 1人当たりの年間肉消費量：34kg
- ファストフードの店舗数：マクドナルド236軒、ジョリビー400軒以上
- ビッグマックの価格：168円
- 1人当たりの年間たばこ消費量：1,849本
- 1日250円未満で暮らす人口：46％

マニラ湾とシエラマドレ山脈にはさまれた狭い低地に、1,400万人が密集して暮らすメトロマニラ。人口の多くは極貧で、ごくわずかなすき間でも利用し、バラックと、干潟や川や海に高床式で建てられた高層アパートが、競い合うように立ち並ぶ。鉄道線路を支柱に使った露店の主は、ウォークイン・クローゼットほどもないわずかなスペースで、つつましく商売をする。

フィリピン 237

カバーニャさんの自宅から数ブロック、マラテ地区のショッピング街で、アンジェリータ（右）が撮影用に、1週間分の米15kgを買う。店先がこんなふうにガードされているのは、ただごとではない。サリサリ（小規模食料雑貨店。通りに面したウインドー1つで営業していることもある）にも、セキュリティを考慮して同様の柵や鉄格子が設けられている。アンジェリータの買い物も、ただごとではない。労働者が多く暮らすこの地区では、本来買い物は少量ずつで、柵ごしにお金を差し出すと、米が渡される仕組みになっている。

取材メモ

フィリピンは中国よりもさらに、1人当たりのストリートフードの消費量が多い。これは何を物語っているのだろう。いたるところに屋台があり、非常に貧しいスラムですら、壁に穴の開いたキッチンや、屋台のカート、串に刺した怪しげな肉をブリキ缶の中の赤々と燃える炭火で焼く貧しい自営業者など、とにかく何でもありだ。たいていはなかなかうまいが、いろいろ試してみたフィリピン料理の中では、ディヌグアン（豚の内臓を血とレバーで煮込んで、ご飯にかけたもの）のように、生理的にダメなものもあった。

ある夜、軒先にテントが張られた家の前を通りがかると、葬儀の真っ最中だった。ガラスのふたがついた棺のかたわらでは、母親を亡くしたばかりの娘が、なすと魚の干物を小さな焚き火で焼いている。その娘は、焼き上がった食べ物を、葬儀に参列した友人や近所の人たちにふるまっていた。会葬者の多くが、ここぞとばかりにギャンブルに興じていた。フィリピンの法律では、葬儀のときにのみ賭け事が認められているのだ。ギャンブルの収益の一部は娘に寄付され、娘はそのお金で母親を埋葬した。

大きなスーパーマーケットのサービスカウンターのそばで、キス、キング・オブ・ボールズという、小さなテイクアウト専門店を見つけた。この手の名前で、売り子が魅力的な若い娘ときたら、素通りするわけにはいかない。キーキャムボール（豚挽き肉と野菜の湯葉もどきの包み揚げ）や、グラマンボール（海藻ゼラチン）がそのときはどんなものかわからなかったので、とりあえずスクイッドボールを注文してみた。イカのすり身団子みたいなもので、まんざらでもなかった。私は店のネーミングがすっかり気に入り、この店のフランチャイズ・チェーンをやろう、とジョークを言った。「キス、キング・オブ・ボールズCEO」の肩書き入りの名刺をもてたら、どんなに素敵だろう。あとで聞いてがっかりしたのだが、すでにメルチョール・フローレというマニラのビジネスマンが、250店舗以上のキス、キング・オブ・ボールズを全国展開しているのだった。中東にまで数店をオープンさせているという。

——ピーター

わが家のレシピ

カ・リタのシニガン・ナ・バブイ（豚肉のサワースープ）

【材料】

豚肉（2.5cm角のさいころに切る）　1kg
水（米の研ぎ汁がのぞましい）　4カップ
塩　小さじ1/2
トマト（くし形切り）　60g
玉ねぎ（くし形切り）　60g
なす（さいの目切り）　1カップ
オクラ　1カップ
だいこん（斜め切り）　120g
タマリンド　360g
魚醤（ナンプラー）　小さじ1/2、および各自お好みで
空心菜　330g
青唐辛子　15g

※1カップは250cc

【作り方】
- 豚肉、トマト、玉ねぎを塩茹でする。
- 豚肉が大体やわらかくなったら、なす、オクラ、だいこんを加える。
- そのあいだに別の鍋で、タマリンドを1カップの水で茹でる。
- フォークでタマリンドをつぶして、果汁を搾り出す。搾りたてのタマリンドエキスと魚醤を鍋に加える。
- 5分間加熱して、火から下ろす直前に、空心菜と青唐辛子を加える。
- ライスと魚醤を添えて、熱々を召し上がれ。

下：キアポ市場の屋外では、早朝の卸市場から出たごみを人々があさる。騒々しく活気づいた屋内では、ありとあらゆるものが売られている。食料品や衣類、家電、特許薬をはじめとして、宗教画や、祈祷代行サービスまである（忙しい人たちは、自分でキアポ教会へ行く代わりに、「祈祷婦」に祈りを捧げてもらうのだ）。
上：こんなにせち辛い世の中では、魚も目方では売れないので、ひと山いくらで売る。山の大きさは値切り交渉により、その時々で変わる。

ることができる。いいサバヒーを見分けるコツをリタに訊いてみる。「新鮮さがポイントさ。目が赤いのはダメ。それから臭くないこと。身が固すぎたり、やわらかすぎたりしないこと」。さらに、リタのアドバイスに耳を傾ける。砂糖、石けん、缶詰などの必需品は、繁華街の店まで買いに出かけるという。どうしてだろう？「値段は同じだけど、エアコンが効いてるでしょ！」とリタ。うまい具合に、マッサージの顧客の1人が繁華街の店の近くに住んでいて、帰り道に立ち寄るのだという。

さすがのリタでも、安くは買えないものがある。「肉は、家の近所の市場の肉屋で買ってるよ。肉はどこでも値段が同じだからね」。でも、肉まで買う余裕がいつもあるわけではない。「家族には、あまりお金のかからない範囲で、栄養のあるものを食べさせるようにしている。でも、魚の干物やイワシしか食卓に出せない日もある。たまに余裕のあるときは、レストランのローストチキンを買うの。こうやって、何とかやってるのよ。お金持ちが食べているような高価なものではないけど、おいしく食べてるのさ」。

フィリピンのファストフード店、ジョリビー

マクドナルドやケンタッキー・フライド・チキンを筆頭に、メトロマニラにもグローバルフードの専門店が進出しているとはいえ、ストリートフードは依然として文化の大黒柱だし、この国の経済の底辺を支えている。キアポ地区には、街のいたるところに、屋台のバーベキューチェーン、ジュリアス・アンド・レミ・ガリマリ（p.131参照）があって、キンタマーケットの路上で、10年以上も調味酢のディップを添えたバーベキューを売っている。「儲けは一定していないね」と、家族経営でこの屋台チェーンを切り盛りするレミが言う。それでも、「イソウ」、「タバ」、「ドゴー」、「アディダス」などとネーミングされた串焼きバーベキューをせっせと作って、家族と4人の子どもたちを何とか養っている。豚のイソウと鶏の小腸のバーベキューは、国民的な食べ物だ。豚の脂身を串に刺して油で揚げたタバも、大変人気がある。ドゴーは、豚の血を凝固させて切り分け、串に刺して直火焼きしたもの。牛の血では味が強すぎると、屋台の商人たちは口を揃える。「アディダス」は鶏の脚のバーベキューで、ネーミングはスポーツシューズにちなんだものだ。レミは、40ペソ（89円）のドゴーが界隈の食べ物でいちばん安い場所なら、どこででも商売をする。露店では鶏の頭、生まれたての雛鶏、肉団子、うずら卵の衣揚げ（クェッククェック）なども売られているが、移動式のストリートメニューは、内臓だけのことが多いのが特徴だ。

リタの末息子イアンは、毎日、ストリートフードで昼食を済ます。1週間の昼食代は、約100ペソ（222円）。次男のチャールズは、通りの片隅でクェッククェックも食べるが、マクドナルドや、地元のファストフードチェーンであるジョリビーの方が好きだ。この地元チェーンもどんどんグローバル化して、すでに何百軒ものチェーン店を展開している。この店では、ハンバーガーやフライドポテトといった典型的なアメリカ式のファストフードと、フィリピン料理の両方を出している。チャールズはマニラ市の奨学生で、大学の授業料を政府が負担している。そのおかげで、仕事を詰め込まなくて済み、多くのマニラ市民がこなしているハードスケジュールから逃れられている。マクドナルドやジョリビーで毎日お昼を食べるのは、ごくふつうのことだ、と言う。「屋台より、こっちの方がいいよ。だって、エアコンが効いてるもの。確かに、こうした店の商品はもともとアメリカ生まれで、食べ慣れたフィリピン料理とはかけ離れているかもしれないけど、だんだんフィリピン人になじみのあるメニューも増えてきているよ」。でも、とチャールズはつけ加える。「ストリートフードは、これからも廃れないと思うよ。安いし、どこにでもあるし、正真正銘のピノイ（フィリピンっ子）の味だもんね」。あのリタですら、月に1、2度は、マッサージの仕事のあとにマクドナルドやジョリビーに入ることがある。でも、いちばん好きなファストフードは、結婚前から夫とよく出かけていた麺屋のレイモンリーだ。店は1軒しかなく、家から45分のところにある。

カバーニャさん一家は、日中は市内に散らばっていても夕食の時間になると家に帰って、みんなで揃って食べる。リタの子どもたちは、シニガンや、タマリンドの味がする酸っぱい魚のスープ、貝料理、豚肉や牛肉料理など、お母さんの手料理をせがむ。チャールズは、リタの料理を評して、「フィリピン一おいしい」と言い、イアンは「ぼくの大好物」だと言う。「私たちは、粗末な家に住んでいるけど」とリタが言葉を継ぐ。「家中に愛と敬意が満ち溢れている、って胸を張って言えるよ。子育てにはできる限りのことをしているし、私たちの親の世代から教わった価値観を、あの子たちにはきっちり伝えているの。教育は何より大事よ。子どもたちにもよく言うの。教育は、あなたたちに遺してやれる唯一の財産だからね、って」。

女性が、亡くなった母親の棺のすぐそばで、なすとトゥヨ（魚の干物）を揚げている。葬儀に集まった家族や親戚の夕食だ。眠気覚ましのコーヒーと、ビスケットやピーナッツも用意する。会葬者は、ここぞとばかりにギャンブルに興じる。フィリピンの法律で、葬儀では、賭け事が認められているのだ。女性は、上がりの一部を受け取り埋葬資金に充てることになっているので、賭け事を不作法だとは思わない。

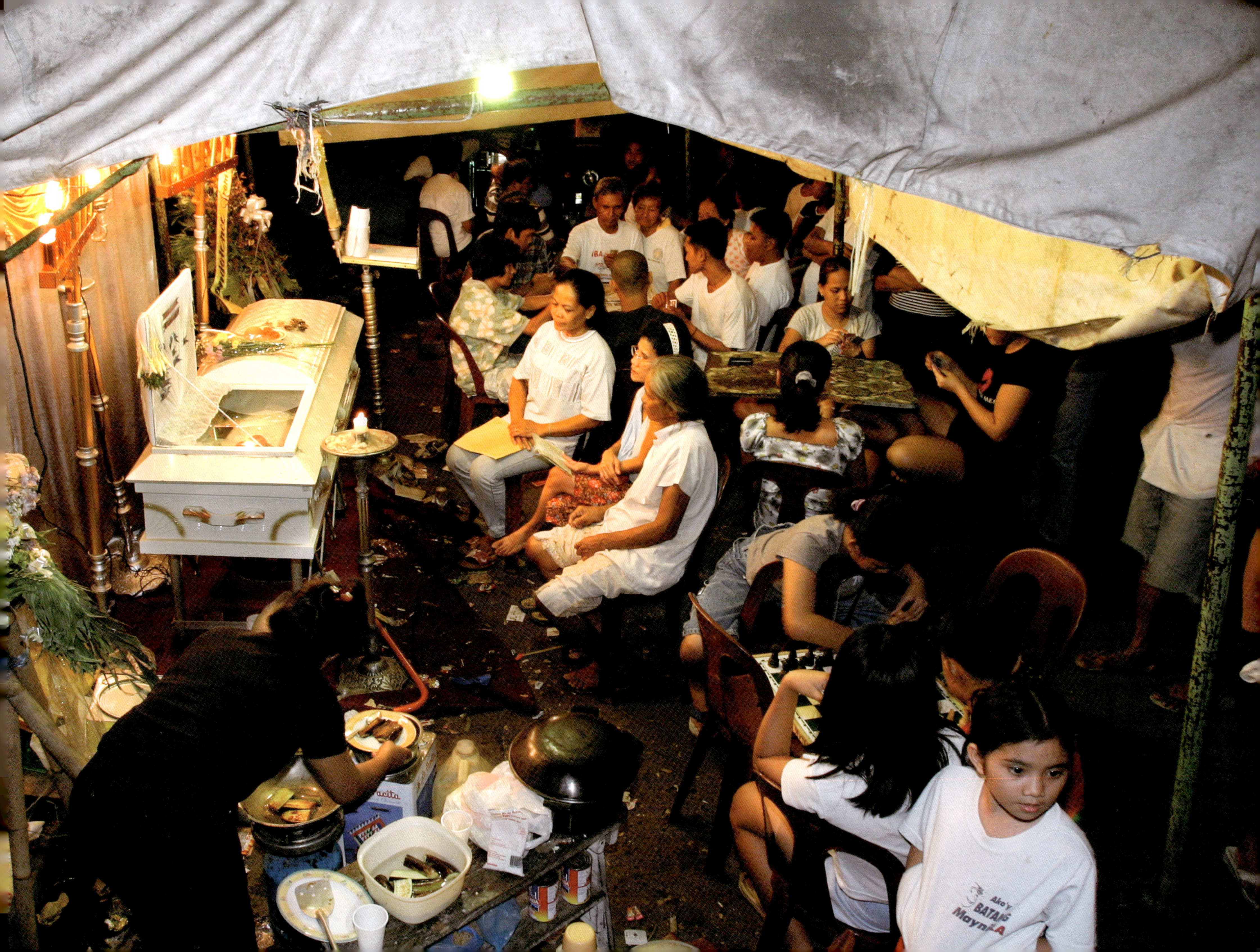
Ako'y

エッセイ-6　フランシーン・カウフマン

糖尿肥満症

人間は雑食なので、果物、野菜、穀類、肉類など、信じられないくらい多種多様な食物をどん欲に食べる。食べ物の好みは、世界各地でさまざまに異なっていただろうが、世界共通の傾向もいくつか認められた。ほとんどすべての国々において、食物は伝統的に単炭水化物、特に加工糖に乏しく、ヤシ油やココナッツ油のようなトランス脂肪や、飽和脂肪も不足していた。しかし、いまや世界は変わりつつある。世界中のいたるところで、人々は単炭水化物、飽和脂肪やトランス脂肪を、以前よりも多く摂取している。人々が食べるものは、いまでも国によって異なるけれど、概して大企業製の加工食品、袋詰め食品が増えている。そうして、人間にとって好ましい食品が減っている。

結果として私たちは、地球規模の流行病を経験しつつある——糖尿病と肥満症が強力に結びついた「糖尿肥満症」だ。この流行病の中心地はアメリカで、およそ60％の成人と30％の子どもが肥満か肥満症となっている。肥満症は糖尿病と密接に関連しており、疾患管理予防センターの概算では、2000年にアメリカで生まれた子どもの3人に1人が、一生のうちに何度か糖尿病を患うことになるという。糖尿肥満症を患うと、この世代のアメリカの子どもたちは、自分たちの親よりも長く生きられないことになる。

糖尿病は、異常な高血糖値が特徴の疾病である。主要なホルモンであるインシュリンが欠乏しているか、体内で正常に機能できない場合に発症する。糖尿病にはタイプ1とタイプ2の2種類がある。タイプ1の糖尿病は、かつて「若年型糖尿病」と呼ばれていたもので、免疫組織が故障して、体内のインシュリンを生成する膵臓内の細胞を破壊したときに発症する。概して子ども時代に発症して急速に進行するが、このタイプ1は比較的まれである。10人中9人が罹るのがタイプ2の糖尿病で、「成人型糖尿病」と呼ばれていたものだ。このタイプは、膵臓でインシュリンの生成はできるものの、身体が反応できない。どちらのタイプにしろ、インシュリンが欠乏したり拒否反応を起こすことから、体内の細胞が糖分を熱量として取り入れることができないのだ。体内の細胞が欲すると、使われていない糖分が血中に蓄積され、尿内に下りて、頻尿、喉の渇き、疲労、目のちらつき、腫れといった糖尿病の兆候が出てきて、ふつうは治らない。

糖尿病はアメリカ人口の死因の第6位となっており、年間およそ20万人のアメリカ人が糖尿病で亡くなっている。そしてそのほとんどが、心臓血管疾病を併発している。糖尿病は心臓疾患の危険性を6倍に増やし、心臓発作のリスクは4倍にもなっている。後天性失明、腎臓疾患、非外傷性切断（事故や暴力によらない肋骨損失）の主たる要因でもある。2002年、糖尿病が原因でアメリカが被った損害は、直接的な医療費、賃金と生産高の損失を合計すると1,320億ドル（15兆5,760億円）にのぼる。

タイプ2の糖尿病は、遺伝的に病気にかかりやすい人が、特に飽和脂肪や単糖からカロリーを摂りすぎたときに発症する。身体を動かさないことも病気に拍車をかける。通常は、些細な兆候からじわじわと広がるので、500万人以上いるアメリカの糖尿病患者のうち3分の1は、自分が糖尿病だと気づいていない。昔は、50～60代に発症するのが普通だった（かつて成人型糖尿病と呼ばれたのはそのためだ）けれど、もはやそれは通用しない。今日では、若者も、子どもでさえも、タイプ2の糖尿病を患う。

タイプ1の糖尿病は治療は可能だが、不治の病で予防もできない。しかし、タイプ2は違う。健康体重を維持するだけで、多くの人がこの病気を予防することができる。たとえ発症しても、体重を落とせば多くの人が完治するが、それも初期の段階までだ。

不幸なことに、依然として多くの人々が、健康的な食事をとることが極端に難しい環境の中で家庭生活を送り、学校に通い、地域生活を営んでいる。この人たちはみな、何の注意も払わない社会の、果物よりもフライドポテトを食べる方が安上がりな経済構造の、マスメディアが食べてはいけない食品の購買意欲をそそる食品産業の、犠牲者なのだ。学校はどこより

も悪い環境となりつつあり、糖分がいっぱいのソフトドリンク、キャンディやファストフードを子どもたちに売りつけている。

　私は、ロサンゼルス小児病院の肥満児対策センターで仕事をしており、そこで、環境のせいで病気になった子どもたちを毎日診ている。患者の1人で16才のマックスは体重136kgで、甘味料の入ったソーダを毎日6缶飲むと言った。私はびっくりした。彼は毎日ソーダだけで1,000kcal以上もの、内容のないエネルギーを摂取しているわけだ。私は不思議にも思った。マックスは高校のフットボール・チームのジュニア代表選手で、学校には早朝に出かけ、練習をしてから午後遅くに帰宅している。いったいどうやったら、練習の合間に1日に6缶ものソーダを飲む暇があるだろう？

　彼の答えを聞いて、私は打ちのめされた。マックスの説明では、その糖分たっぷりのソーダ缶を、毎日学校の自動販売機で買っているというのだ。1時間目の前、2時間目の前、ランチの前にそれぞれ1缶ずつ、練習の前に4缶目を飲み干し、練習が終わってから5缶目を開ける。もう1缶は家に持って帰る。私は、なぜ水を飲まないのか聞いてみた。水道水は茶色く濁っていて臭いし、自動販売機では水は売っていないらしい。マックスのそれ以外の食生活もひどいものだった。午前中に購買部でアイスを買い、ランチには高カロリー高脂肪のブリートにフライドポテト、あるいはチーズナチョスを食べ、放課後の練習を終えるとドーナツ1箱を平らげる。果物や野菜は食べないのだろうか。果物や野菜はしなびて変色しているか、バターやソースにまみれていると、マックスは言った。彼が毎日暮らす住環境には、栄養豊かで魅力的な食生活は文字通り皆無なのだった。

　マックスは、増加しつつある危険な子どもの1人にすぎない。2001年、医療専門誌の『ランセット』は、ボストン在住の6年生と7年生の児童の調査を発表した。その中で、毎日甘味料入りのソーダ350ml缶1本を飲んでいる児童のうち60％が肥満になるという確率を発見したとしている。追試に次ぐ追試の結果、正確であると判明した数字が出たのだから、学校はキャンディ、甘味料入りソフトドリンク、カロリーと脂肪でいっぱいのファストフードを売ってはいけないはずだ。

　ジャンクフード、ファストフード、ソーダなどを学校で販売して得る営利よりも、子どもの健康と福祉を優先させなければならない。『ランセット』誌の調査の1年後、私はアメリカで2番目に大きなロサンゼルス学校統合地区で、ソーダの販売を禁止する連合運動に参加した。最終的に、この地区はまずソーダの販売、次いでジャンクフードを生徒に売る自動販売機を禁止した。この運動が、これからどんどん広がって欲しいと願っている。

　私たちは、岐路に立たされている。現在はアメリカ、そしてすぐに世界中がそうなる。学校を、コミュニティを、健康福祉制度を、職場や政府を、そして1人ひとりが、まず自分の家庭を変えていかなければならない。そのときになって初めて、私たちは適切な栄養と身体の働きをともなった生活に戻れる。その状態でなら、正常な体重、正常な血糖値、健康であることの幸運を享受しつつ暮らし、年を重ねることができるのである。

フランシーン・カウフマン博士は、糖尿病と肥満症の危険性に対する行動を呼びかけた『Diabesity（糖尿肥満症）』の著者である。サウス・カリフォルニア大学の教授である博士は、ロサンゼルス小児病院の糖尿病・内分泌学センターの所長でもある。

**この人たちはみな、何の注意も払わない社会の、
果物よりもフライドポテトを食べる方が安上がりな経済構造の、
マスメディアが食べてはいけない食品の購買意欲をそそる食品産業の、
犠牲者なのだ。**

鶏肉、豚足、牛肉、豆腐、白身の卵豆腐／中国、ウェイタイウ村

朝食用シナモンロール、チーズ、スライスミート／ドイツ、バルグテハイデ

ポテトカレー、ダル、チャパティ、クンブ・メラの祭りで／インド、ウジャイン

セラーノハム、グリル野菜、果物／フランス、パリ

ポークBBQ／ポーランド、ワルシャワ

ポーク＆オニオン／オーストラリア、ブリスベン

チュグチュカラ（ポーク、バナナ、コーン、エンパナーダス）／エクアドル、ラタクンガ

カラオケランチ（チキン、カニ、スープ、春巻）／フィリピン、マニラ

朝食のポハ（ライスフレーク、ヒヨコ豆のヌードル）／インド、ウジャイン

目玉焼き／ボスニア・ヘルツェゴビナ、サラエボ

プラスチックのメニューサンプル／日本、神戸

●フォト・ギャラリー
世界の食事

だれでも旅行をするとわかるが、人間は信じられないくらいさまざまなものを食べている。その作り方も、実にさまざまだ。でも、フランシーン・カウフマンがエッセイの中で指摘している通り、このページの写真に収められた世界各国の食事は一見、大きく異なるように見えても、ある共通したトレンドを反映している。つまり、世界中どこでも、社会が豊かになるにつれて、糖類、精製炭水化物、食物脂肪を多く食べるようになるのだ。それらの相互作用については、栄養士の間でも意見が食いちがっているが、多くは、食生活がこのように移行していくのにともなう集合的な影響力は、肥満症、糖尿病、心臓疾患を生成する悲惨なものだとしている。

チキンとライス／アラブ首長国連邦、ドバイ

ワッタバーガーのフライドチキンとフライドポテト／米国、サンアントニオ

ポーランド、ワルシャワ郊外、コンスタンチン・イェジョルナ在住のソブツィンスキーさん一家。自宅アパートのメインルームにて、1週間分の食料とともに。左から、ヤン・ボインスキー（マルツェナの父、59歳）、アンナ・ボインスカ（マルツェナの母、56歳）、マルツェナ・ソブツィンスカ（妻、32歳）、フーベルト・ソブツィンスキー（夫、31歳）、クラウディア（娘、13歳）。調理手段：ガスコンロ。食品保存方法：冷凍冷蔵庫。

POLAND ●ポーランド

ソブツィンスキーさん一家　コンスタンチン・イェジョルナ在住

●7月の1週間分の食料

穀物、でんぷん食物：1,300円
じゃがいも（グリル用の熟れたもの）3.3kg、新じゃがいも2.2kg、オニオンブレッド1.1kg、Szymanowskaの小麦粉1.1kg、シックスグレイン・ブレッド900g、ロールパン650g、セサミブレッド‡650g、ポーリッシュブレッド650g、Agnesiのスパゲティ550g、バゲット550g、白米550g、Sonkoのそば粉123g、チャバータ318g、Wasaのクリスプブレッド213g。

乳製品：2,301円
Bakomaのケフィア（軽いサワークリームの一種）1.6ℓ、牛乳1ℓ、フェタチーズ600g、低脂肪カッテージチーズ477g、裏ごしカッテージチーズ477g、DanoneのダニオStraciatelaクリームチーズ（バニラクリームとチョコレートフレーク入り）477g、生クリーム456mℓ、Bakomaのプラムヨーグルト318g、Danoneのファンタジア・クリームチーズ318g、ゴーダチーズ264g、モッツァレラチーズ210g、ソワソンチーズ210g、Danoneのダニオ低脂肪バニラクリームチーズ795g、Danoneのダニオ・ストロベリークリームチーズ159g、BakomaのKremowyココナッツヨーグルト159g、BakomaのKremowyコーヒーヨーグルト159g。

肉、魚、卵：5,959円
Auchan（ストアブランド）の豚すね肉2.3kg、Auchanの丸鶏1.7kg、Auchanの骨つき豚ロース肉1.1kg、Auchanの鶏ささみ肉1.1kg、Auchanの豚挽き肉1.1kg、Auchanの豚肩肉1.1kg、Auchanのリブ肉1.1kg、ソーセージ1.1kg、Auchanのハム850g、卵12個、ニシン850g、ヘッドチーズ700g、Koralのノルウェーサーモン700g、チキンパテ414g、Lososの缶入りスプラット（小型のイワシ）、トマトソース漬け360g、スモーク・ポークソーセージ348g、Auchanの豚ロース肉318g、サバ318g、Morlinyのホットドッグ用ソーセージ264g。

果物、野菜、ナッツ類：2,666円
洋なし2.2kg、レモン1.1kg、レッドチェリー1.1kg、Doleのバナナ1kg、青リンゴ550g、ハニーメロン550g、プラム550g、オレンジ500g、トマト5.5kg、にんじん1.7kg、ホワイトオニオン1.1kg、きゅうり1kg、赤、オレンジ、黄ピーマン700g、サラダ菜2個、カリフラワー1個、ピクルス530mℓ、スープストック用のミックスベジタブル（リーキ、パセリ、にんじん、セロリアック）550g、レッドオニオン‡550g、ラディッシュ318g、トマトピュレ222g、チャイブ105g、くるみ213g、ヘーゼルナッツ159g。

調味料、香辛料：1,381円
ザワークラウト2.2kg、ベジタブルオイル1.1ℓ、グラニュー糖1.1kg、Winiaryのマヨネーズ720mℓ、マーガリン423g、オリーブオイル380mℓ、塩264g、生のバジル1束、マスタード132g、スパイスミックス（さまざまなハーブと塩を混ぜたもの）132g、チリパウダー57g、クミンパウダー57g、乾燥ローズマリー57g、スイートパプリカ42g、マジョラム15g、乾燥ローリエ6g。

スナック、デザート：530円
M&M'sのチョコレートキャンディ420g、Princessaのマキシ・チョコレートバー192g、Milkaのナッツ入りチョコレートキャンディ159g、Mentosのグレープフルーツ・キャンディ129g、Alpenのゴールドnussbeisserチョコレートヘーゼルナッツバー105g、Mentosのミント66g、Twixのキャンディバー60g、Snickersのキャンディバー60g、Danusiaのチョコレートバー54g、Olza Prince Poloのチョコレートウェハース54g。

総菜、加工食品：104円
Knorrの固形チキンブイヨン261g。

ファストフード：307円
McDonald'sのハンバーガー、フライドポテト、飲み物。

飲料：2,511円
ミネラルウォーター4.8ℓ、Dr.Wittのキャロットジュース1ℓ入り瓶3本、Zwiec Zdrojのミネラルウォーター3.2ℓ、コカコーラ2.1ℓ、Gardenのアップルジュース1.1ℓ入りボックス2個、オレンジジュース1.1ℓ入りボックス2個、Millerのビール360mℓ入り瓶4本、スプライト1.1ℓ、コーヒー210g、Liptonのティーバッグ50個、飲料用と料理用の水道水。

その他：792円
Pedigreeのドライ・ドッグフード1.5kg、Pedigreeの缶入りドッグフード1.3kg、Wiskasの缶入りキャットフード1.3kg、Wiskasのドライ・キャットフード500g。

‡写真にないもの

1週間分の食費：17,851円（582.48ズウォティ）

食料危機の時代を越えて

ダンプリング（じゃがいもと小麦粉で練ったすいとん）を浮かべたビートルート（ビーツ）のスープ、ハーブ、じゃがいも、ザワークラフト、何日も煮込んだ肉のシチュー。フーベルト・ソブツィンスキーはワルシャワ郊外の小さな村で、こんな心づくしのポーランド料理を食べて育った。それから寿司。料理文化的に飛躍するようだが、彼は若い頃から寿司が大好きなのだ。ポーランド料理は、はるか彼方の国日本の料理とはまったくちがうけれど、寿司の味も、その作り方の作法も、フーベルトを虜にした。ワルシャワ初の日本料理店で日本人寿司職人に弟子入りし、修業を積んだあと、フーベルトと妻のマルツェナは、「SHOKUYOKU」という寿司レストランをオープンした。新しいレストランを維持していくために家賃を浮かそうと、2人は13歳になる娘のクラウディアを連れて、3部屋の小さなアパートに住むマルツェナの両親のもとへ転がり込んだ。レストランで寿司を握らない日は、フーベルトが家で家族5人分のポーランド料理を作る。

朝になると親娘3人は、シーツを戸棚の中にしまって、ベッドをリビングルーム用のソファに戻すのが日課だ。それから、狭いキッチンでの朝食タイム。朝の食卓には、いろいろな食べ物が並ぶ。スイートバンズ、果物、ヨーグルト、シリアルのミルクがけ、卵、ソーセージ、それにコーヒーか紅茶。ソブツィンスキーさんのような一家でも、家ではポーランドの一般家庭と同様に、伝統的なポーランド料理を食べる。マルツェナの母親のアンナは、フーベルトの寿司のおかげで味覚が開発された。「店に出る日は、必ず何かお母さんにお土産を持って帰るの。そうしないと、がっかりされちゃうのよ」とマルツェナが言う。「お母さんは何でも好きよ。エビも、ウナギも、ウニも」。一方、マルツェナの父のヤンはおよび腰で、食べ物に関しては妻よりも保守的だ。「寿司を味見してもらうのに、1年近くもかかったんだから。しまいには、ママの好物にやきもちを焼いたんじゃないかって、みんな思ったくらい。でも結局は食べてみたわけ。いまでは、おいしい？　って訊いても何も言わないけど、ママにお土産を持って帰るといつの間にかなくなってたりするわけ」。

寿司は、この東欧のかつての共産主義国に流れ込んでいる、数ある多国籍料理の1つにすぎない。いまではポーランド人もだんだん収入に余裕ができてきて、外食をする人が増え始めている。1989年以前には、バル・ムレツィニ（ミルクバーの意）と呼ばれる国営レストランが、実質上、食事に行ける唯一の場所だった。当初は、名前にちなんで牛乳を使ったスープばかり出していて、アルコールや肉類は出していなかった。いまでも営業している店舗があって、そんな店ではポーランドの伝

統料理を安く食べさせてくれる。現在も国からの補助金が出ているが、個人所有になっている。

それ以外のレストランやファストフード・レストランの競合は、いまや熾烈だ。共産主義崩壊後に資本主義が導入されて、アメリカン・スタイルのファストフードはポーランドにすっかり定着した。メディアは10代の女の子が太ってきていると伝え、それにあおられるように、マルツェナはこれまで経験したことのないような不安を味わっている。カロリーだけのファストフードが自国の文化に組み込まれているなんて、マルツェナは変だと思うので、できるだけその影響から遠ざかるようにしている。「クラウディアのお友だちは、こぞってダイエット中」とマルツェナが言う。でも、うまくいかないのではないか、と気にかけている。マルツェナとフーベルトは、ファストフードを食べたことがあるのだろうか？「ハンバーガーは犬のミンチと犬小屋でできるって、2人で悪態をついて笑ってるの。でも、折に触れてそういう類いのものを食べたくなるわね。食べたあとで罪悪感を感じて、これで最後にしようね、って誓い合うの」。今日のポーランドには、ありふれた多国籍スーパーマーケットも少しはあるし、小さな食料品店や、青物市場、肉屋やパン屋でも、食料品をたやすく買える。でも、あと20～30年したらどうなるのだろう？

1981年12月のポーランド危機

マルツェナは、肉を買い求めるための長い行列で、父親のために場所取りをしたのを憶えている。父は娘に付き添って行って、1つ買い物が終わるとまた次の店の行列に娘を並ばせているあいだ、別の用事をしていた。「私は9歳で、怖くてドキドキだったわ」とマルツェナが言う。「疲れ切った見ず知らずの人たちに囲まれて、思ったものよ。買う順番が回ってきたとき、タタ（お父さん）が約束通り戻ってこなかったらどうしよう？ 何て言えばいいの？ 後ろの人に先に買ってもらって、タタを待っていた方がいいだろうか、ってね」。お父さんが戻ってくるまでに肉が売り切れてしまう可能性だってあるし、小さな女の子にとっては、ストレスいっぱいの状況だったのだ。

ポーランドはその歴史の中で、いく度となく近隣諸国の支配下に置かれた。第二次世界大戦では人口の20％が死に、次にやって来たソビエトはナチスを一掃したものの、自らポーランドの支配者となって傀儡政権を操った。

もっとも最近、ポーランドの人々が経験した試練は、世に「ポーランド危機」と言われている、1981年に共産党政権が発令した戒厳令の時期だ。独立労働組合の「連帯」などによる民主化運動への気運を阻む目的で施行され、国境封鎖にともなって、国は休眠状態となった。戒厳令は1983年に解除されたものの、食料不足は10年余り続いた。仮に食べ物が見つかっても、高くて買えなかった。「時々、父が朝早くまだ暗いうちから出かけて、何かないか探しに行ったわ」とマルツェナが回想する。「夜遅くまで帰ってこないこともあったけど、食べ物を持ち帰ったときは、どんなにかうれしくて誇らしかったことでしょうね」。一日、まずい残りものにしかありつけないこともしょっちゅうだった。「あるお店で、こんなことがあったわ。店にある唯一の食料品は、オレンジ色の大きなチーズの塊1個だけだったの。しょっぱくて、全然おいしくなかったわ」。食料不足だと、好き嫌いが大きくクローズアップされる。「祖母はキャラウェイシードを混ぜ込んだソーセージをよく買ってたわ。一所懸命種をよけたけど、ちっともましな味にならなかった。私は、このソーセージが心底嫌いだったけど、祖母は買える限り買い続けてたわね。結構いい値段だったと思うけど」。

戒厳令発令直後は、まだチョコレートが手に入ったという。チョコレートはマルツェナの大好物だ。その後、チョコレートが手に入らなくなり、模造品が出回った。「変だったけど、おいしくて好きだった」。甘いものがすっかり手に入らなくなると、マルツェナの母のアンナは子どもたちに、オーツフレークにココアを混ぜた小さなボールをこしらえた。一度、カトリック教会で教区の子どもたち1人ひとりに、粉ミルク1kgとゲルベルのベビーフード1瓶がプレゼントされたことがあった。「粉ミルクはそのまま食べたけど、瓶の中身は全然おいしくなかったわ」。

フーベルトとマルツェナは同窓生で、共通の幼なじみとともに大きくなった。フーベルトの祖母が、「危機」の前にアメリカへ移住し、フーベルト一家に食料品を送っていることは、学校では周知の事実だった。「アメリカの祖母のことが、みんなうらやましくてね」とマルツェナが言う。フーベルトには、大きなチョコレートバーが送られてきて、ナイフで切り分けた懐かしい思い出がある。それから、当時ポーランドでは手に入らなかったヌテラ（スプレッド）が送られてきたこともあった。「フーベルトが学校にいくつかオレンジを持ってきたことがあったの。オレンジは1個1個、薄紙に包んであって、ラッキーなことに、彼は私に恋をしてたから、私だけに特別にくれたの。おいしくて、包み紙は栞にして、長い間使っていたわ」。

試練のときだからこそ、ほんのささやかなことがうれしかった。「ほんの小さなチョコレートバーや、ミントキャンディ1個でもね」。マルツェナは、そんなささやかな喜びを、昨日のことのように憶えている。友だちと粉末レモネードを舌の上にのせると、「シュワーって泡立った」ことも。豊かな時代になって、自分の娘が豊かさに感謝していないことを気にかける。「クラウディアは、めったなものでは喜ばないわ。キャンディはただのキャンディで、特別な意味はない。バナナも、オレンジも、あって当たり前。私たちにはすごく特別だったし、いまでも特別よ」。

ポーランド

- 人口：38,626,349人
- 第二次世界大戦で殺害されたポーランド人：6,800,000人
- コンスタンチン・イェジョルナ人口：22,000人
- 1795年以降ポーランドが国として存在しなかった年数：129年
- ポーランドがソ連の支配下に置かれた年数：45年
- 面積：301,740km²（米国ニューメキシコ州よりやや狭い）
- 人口密度：128人／km²
- 都市人口：62%
- 平均寿命：男性70.6歳、女性78.7歳
- 出産率（出産可能女性1人当たり）：1.3人
- 15歳以上の識字率：男性99.8%、女性99.7%
- 1日1人当たりのカロリー摂取量：3,374kcal
- 1人当たりの年間アルコール消費量：8.74ℓ
- PPPにおける1人当たりのGDP（米国の数値に換算して算出）：$10,560
- 1人当たりの年間医療費とそのGDPに占める割合：34,102円／6.1%
- 肥満人口：男性50.7%、女性44.3%
- 肥満症人口：男性12.9%、女性18.0%
- 20歳以上の糖尿病人口：4.1%
- 1人当たりの年間肉消費量：86kg
- マクドナルドの店舗数：200軒
- ビッグマックの価格：243円
- 1人当たりの年間たばこ消費量：2,061本

ザワークラフトをすくうマルツェナ。フーベルトとクラウディアを促して、ハイパーマーケットのオーシャンで、家族のための食料品を買い出しをする。新しくできたこの巨大スーパーは、家から車で10分の距離で、4つか5つのベッドタウンを結ぶ大きな交差点の近くにある。週末の買い物客でにぎわうこの店は、ポーランドの地方にも急速な経済発展が浸透している証。20年前、このあたりには、共産主義時代の集団農場が広がっていたという。

ポーランド

ポーランド中央部、アダムカ村の農家のキッチンで、フーベルトの友人ボリスの93歳になる祖母、マリア・クィアトフォスカがチーズケーキを切り分けている。諸聖人の祝日に家族が集う折りには欠かせないお菓子だ。お墓参りを済ませると、子どもや孫たちは素晴らしい午餐に飛びつく。メニューは、キャベツとにんじん入りのヌードルスープ、プラムとカボチャのピクルスを添えたローストポーク、フルーツナッツ・ロール、チーズケーキ。

わが家のレシピ

フーベルトのナックル
【材料】
水　6ℓ
ピメントベリー（ドライ）　6個
塩　大さじ6
ベイリーフ　6枚
豚のナックル（ひざの骨）　4切れ
玉ねぎ（みじん切り）　2個
スープ用野菜（にんじん、セロリ、パースニップ、カブ）
固形ブイヨン（お好みで）　1、2個
塩　適量
コショウ　適量

【作り方】
- ピメントベリー、塩、ベイリーフ3枚、水3ℓで、肉を浸ける塩水を作る。
- ナックルをよく洗って、塩水に浸ける。水からはみ出さないよう注意して、冷蔵庫で3日間寝かす。
- 寝かし終わったら、塩水から取り出して、水洗いする。
- 玉ねぎをフライパンでから煎りする。両面が黒っぽくなるくらいまで炒める（こうして風味と香味を添える）。
- 水3ℓに、スープ用野菜、お好みでブイヨン、ナックルを加え、塩、コショウで味を調える。ナックルがやわらかくなるまで3時間ほど煮る。
- パンと、わさび、もしくはカラシを添える。

取材メモ

フーベルトがポーランドの料理界で、見習いから寿司職人の親方に昇りつめるまでの話は感動的だが、何よりその素晴らしさを証明しているのは、彼の寿司だろう。ある夜、私たち8人は、長いカウンターテーブルのあるフーベルトの新しいレストランで食事をした。

私はひそかに心配していた。その2〜3か月前、テネシー州ノックスビル郊外にあるショッピングモールで、食べ物を物色しているときのことだった。食べ放題のビュッフェスタイルのレストラン（あらゆる揚げ物が保温トレイに載っている）を2、3軒ひやかしたあと、何か口直しをと思って、新しくできた日本食コーナーのブースに腰を下ろした。そこで、寿司のランチメニューを注文した。エビやマグロは、ものすごく新鮮とは言えないまでも、まずくはなかった。ところが、「カリフォルニア・ロール」をひと口食べたときだった。ここのカリフォルニア・ロールは、スイートマヨネーズとクリームチーズでできていて、日本ではもちろん、カリフォルニアでもお目にかかったことのない代物だったのだ。南部料理の悪魔にでも取り憑かれたみたいに、頭がくらくらした。勘定を済ませても、まだ味覚がおかしくて、私はその店の日本人オーナーを探した。そのオーナーの説明によると、地元の味覚に合わせているという。寿司のグリッツ（粥）や寿司のフライはないのかい、とは尋ねなかった。いいアイデアだと思われたりしたら、大変じゃないか。

でも、フーベルトの寿司については、私の取り越し苦労だったようで、その味は限りなく本物に近かった。ポーランドもテネシー州も、同じくらい日本から遠く離れているのに、この新鮮さ、おいしさはどうだろう。ワルシャワの街中で、伝統的な素晴らしい寿司に舌鼓を打てるのは、なんともうれしい驚きだった。しかも、その寿司は、1度も日本を訪れたことがない、2人の若いポーランド人が握っているのだ。

——ピーター

上：フーベルト・ソブツィンスキーはプロの寿司職人だが、家庭では、家族や訪問客に西洋料理をふるまう（コーヒーとペストリー、自宅アパートにて）。下：また、近所の人や友人のボリスの家に家族ぐるみで夕食に招かれると、喜んでキッチンに立つ。ボリスがリビングルームで、アブサン（ニガヨモギとアニスのフレーバーがする有名なグリーンのリキュール）のカクテルをふるまっていても、気にせずサラダやスタッフドポテトを作っている。

ポーランド　251

トルコ、イスタンブール在住のチェリクさん一家。3室ある自宅アパートのメインルームにて、1週間分の食料とともに。左から、アイクト（次男、8歳）、セムラ（長女、15歳）、メティン（長男、16歳）、メラハット・チェリク（妻、33歳）、メフメット・チェリク（夫、40歳）ハビベ・ファトマ・コゼ（メラハットの母、51歳）。調理手段：ガスコンロ。食品保存方法：冷凍冷蔵庫。

TURKEY ●トルコ

チェリクさん一家　イスタンブール在住

●1月の1週間分の食料

穀物、でんぷん食物：1,234円
パン32本24.7kg（撮影を待っているあいだに家族が食べてしまったので2本足りない）、じゃがいも5.5kg、米3.3kg、露店で買ったユフカ（薄いパイ生地）1.1kg、Filizのパスタ550g。

乳製品：1,435円
ヨーグルト2.1ℓ、水に漬けたフェタチーズ1.1kg、Dostの牛乳1ℓ、飲むヨーグルト（トルコ風）1.1ℓ、Sanaのバター264g。

肉、魚、卵：1,357円
卵24個、ハムシ（アンチョビのような魚。食べるのは1か月に2回程度）550g、牛肉396g（食べるのは1か月にせいぜい1～2回。写真は1か月相当の量）。

果物、野菜、ナッツ類：6,671円
オレンジ3.3kg、タンジェリン3.3kg、ナツメヤシ￡1.1kg、バナナ1.1kg、ザクロ1kg、ズッキーニ4kg、トマト2.2kg、ブラックオリーブ1.7kg、乾燥ヒヨコ豆1.7kg、キャベツ1個、にんじん1.1kg、なす1.1kg、リーキ1.1kg、レンズ豆1.1kg、レタス2個、唐辛子￡1.1kg、ほうれん草1.1kg、イエローオニオン1.1kg、きゅうり850g、ルッコラ500g、Avsarlarのミックスナッツ1.1kg。

調味料、香辛料：1,133円
ひまわり油￡1ℓ、Bal Küpüの角砂糖550g、ジャム318g、ハチミツ300mℓ、乾燥ミント264g、塩240g、シナモン200g、コショウ200g。

スナック、デザート：60円
Seyidogluのヘルバ（ゴマペースト・クッキー）550g。

総菜、加工食品：160円
KnorrのGunun Corbasa粉末ドライスープ336g。

自家製食品：0円
パイ包み焼き約2.2kg（ユフカシート：イースト菌を入れないパン菓子生地）で型を作り、中に上記のルッコラとフェタチーズを詰めたもの）、ドルマ約1.1kg（ぶどうの葉に既出のスパイスや米、野菜、肉を詰めたもの）。

飲料：3,500円
Efesのビール510mℓ入り瓶8本、コカコーラ360mℓ入り缶8本、ファンタ・オレンジソーダ2ℓ、Hediyelikの紅茶1.7kg、ペプシ360mℓ入り缶3本、コカコーラライト360mℓ、NescafeのVIPインスタントコーヒー105g、料理用と飲料用に購入する瓶入りの水。

その他：1,664円
Tekelのたばこ7箱、Simarikの鳥の餌600g。

1週間分の食費：17,214円（198.48新トルコリラ）

素晴らしい日々の糧

私たちがアパートを訪ねると、メラハット・チェリクはまだ仕事から帰ってきていなくて、彼女のお母さんと8歳になる息子のアイクトが、私たちを出迎えてくれた。メラハットは、イスタンブール市内にあるこのアパートで、家族と実の母親のハビベ・ファトマとともに暮らしている。あいさつを交わした親戚の人たちも、同じ建物に住んでいる。ホールで大声がするのを聞きつけて、メラハットの叔母さんが慌てて戻っていく。あとで聞くと、叔母さんの旦那さんは「怒りん坊」なのだそうだ。部屋の隅の鳥かごで緑の啼き鳥がさえずり、近くのモスクから午後の祈りを呼びかける声が、オープンバルコニーの窓から聞こえてくる。ハビベが、小さなカップに入れた甘いトルココーヒーを勧めてくれる。メラハットが帰ってくるまで、座り心地のいいソファに座って――このソファは夜になるとベッドに早変わりする――16歳の長男メティンと、15歳になる長女のセムラとおしゃべりをして過ごす。2人とも、学校から帰ってきたばかりだ。メラハットの夫のメフメットは工場勤め、そして彼女自身はよその家の家政婦をしている。2人とも、トルコの黒海沿岸地域にあたるカスタモヌ県のアナトリアの町で育った。土地の慣わし通り、お見合い結婚だった。結婚すると間もなく、2人は仕事に就くためにイスタンブールへ引っ越した。メラハットのお母さんのハビベも、すぐに2人のあとを追ってイスタンブールへ出てきた。ハビベは未亡人で、以来、娘夫婦と同居している。

チェリクさん一家の暮らす小さなアパートには寝室が1つしかなく、5人家族プラスおばあちゃんには窮屈だと、メラハットがシガラボレイ（チーズなどを巻いて揚げた春巻の一種）の詰め物を混ぜながら言う。リビングルームのソファを背に床に座り込んで、小さな丸い調理用ローテーブルで家族の好物をこしらえているのだ。このテーブルは、トルコの家庭ではよく使われるもので、故郷の町からイスタンブールへ彼女が持ってきた。まず、ルッコラとフェタチーズを混ぜて脇に置き、近所の屋台で買ってきた生のユフカ（パン・菓子生地）で包む。「ユフカはいつも買ってくるの。作り方が難しいし、手作りするのは時間がかかりすぎるから」。小テーブルに慣れた手つきで生地シートを広げ、薄く切り取って、生地の上にフィリングをのせていく。それから、手のひらでフィリングをくるくるっと生地に巻き込んで、葉巻のような形にする。その生地の端を器に用意しておいた水に浸し、生地と生地とを軽く押し合わせ、貼り合わせるようにして口を閉じる。生地をどんどん伸ばしては、ルッコラとチーズのフィリングをのせて、山のように生のシガラボレイを作る。これらを、フライパンで揚げるのだ。生地が全然テーブルにくっつかないことに、私は感動する。「上等

なユフカはくっついたりしないのよ」と、メラハットが言う。こうして食事のしたくをするのに、優に2時間はかかっている。一日中仕事をしたあとで、夕食のしたくにいつもこんなに長い時間をかけているのだろうか。「疲れてたって何だって、同じように料理してるわよ」。料理のレパートリーは、レンズ豆のスープ、トマトスープ、お米のスープ、ドルマ（スパイスを利かせた肉の細切れをぶどうの葉で包んだもの、メフメットの好物）、ほうれん草、なす、ズッキーニ、米、黒キャベツなどで、たまに魚料理や肉料理（ラムと玉ねぎとじゃがいもを使った煮込みなど）も作る。「私が残業だと、メフメットの妹のドネーが子どもたちの面倒をみてくれるの。でも、料理はほとんど私の担当ね」。

メラハットは週のうち平日に、6つの家庭の料理と掃除をこなしている。その家に夕食の招待客があると、帰宅が午前2時になることもある。また、週末に田舎の別荘まで同行して、料理や掃除をすることもある。メラハットが留守だとハビベが家事をすることになるが、ずっと胃が悪いので、大したことはできない。それでも、簡単な食事くらいは作る。メラハットによると、「ゼイティンヤールっていう野菜のオリーブオイル料理とか、簡単にできるものね」。メフメットも手伝うけれど、もっぱらドネーに頼りっきりだ。義妹は子どもが1人しかいないので、家に来てメラハットの代役を引き受けてくれる。子どもたちも大きくなって、自分のことは自分でできるようになった。義妹の助けがなければとてもやってこれなかった、とメラハットは言う。家政婦として訪問している家庭と比べて自分の暮らしをどう思うか、と訊ねてみる。「あの人たちは高い教育を受けて、財産もあるから。生活も、着るものも食べるものも上等よね。晩餐会があると、うちのひと月分よりたくさんの肉を食べるわ」。かといって、そんな悠々とした暮らしをうらやましいとは思っていない、と言う。むしろ、お下がりの衣類を分けてもらったりして、感謝しているという。

メラハットの夢は、子どもたちがしっかり教育を受けて、自分や夫のような肉体労働に就かなくて済むよう見届けることだ。自分たちは教育を受けていないので、生活のためにそうせざるを得ない。「あの子たちがいい教育を受けられるなら、私は空腹だってへっちゃらよ」と彼女は続ける。「子どもたちには、私みたいにはならないで欲しいの。他人に料理を出したり、あと片づけをするのは辛いものよ。私は料理もアイロンがけもするし、風呂掃除やトイレ掃除、窓ふきや床磨きもする。すごくハードよ。子どもには、いま私がしてるみたいな、他人のあと片づけはしてもらいたくないわ。そうね、先生か秘書になって欲しいな。からだじゃなく頭を使って、いい生活をして欲しいと思ってるわ」。

子どもたちの生活は、メラハットが故郷で過ごした頃とはずいぶんちが

う。メティンとセムラは高校に通っていて、成績もいい。母は、きっとこの子たちはいい仕事に就けるだろうと思う。ただ、子どもたちのファストフード好き、とりわけマクドナルドには困っている。ファストフードはからだによくないと、家政婦をしている家の人から聞かされたけれど、年に何度かおやつを買ってやる余裕のあるとき、マクドナルドはダメよ、とは言いづらいのだ。「アイクトはハンバーガーとフライドポテトが好きで、お子様用メニューについてくるおまけをもらうのがうれしいの。お金があれば、毎日だって子どもたちにチキンやお肉を食べさせてやりたいわ」。ところが現実は、年に4、5回、お金の余裕ができたときだけ、地元のショッピングモールにあるマクドナルドへ、子どもたちを連れて行くことしかできない。

マクドナルドが好きと聞いて、とても意外に思った。というのも、イスタンブールの通りには、ドネルケバブ（スパイスを利かせたラムの挽き肉を大きな塊にプレスし、薄くスライスしたものにチリソースをかけてピタパンに挟んだもの）や、シュワルマ（スパイスを利かせたラムなど大きな肉の塊を、回転グリルから薄くスライスして、ピタパンに挟んだもの）など、伝統的なファストフードが溢れているからだ。トルコ料理に独特なスパイスやハーブは使われているものの、西洋のハンバーガーそっくりな料理もある。でも、メラハットはそれすらふだんは手が出ないので、子どもたちは2番目に好きなもので我慢する。ママ手作りのフライドポテトにマヨネーズを添えたものや、ケチャップとフェタチーズのスパゲティだ。ふと、オーストラリアのヴァネッサ・スタントンが、家でマック・フライポテトに似せたフライドポテトを作っていた（p.28参照）のを思い出し、2人の女性が互いを見比べたら面白がるだろうな、と思う。

しばらく打ち解けた時間を過ごしたあと、メラハットは手狭なキッチンに立って、シガラボレイを揚げ始める。キッチンは寝室とリビングルームの隣にあって、このリビングルームは夜になると、子どもたちと母の寝室になる。家の中でいちばん快適な場所は、おそらく半分囲いのあるバルコニーだろう。ここは水の貯蔵場所にもなっていて（イスタンブールの水道は飲料水には適さない）、清潔な匂いのする洗濯物が物干し用ロープではためいている。あいにくメラハットにとっては、苦い思い出のある場所なのだが。というのも、彼女は以前マットレスをはたいていて、この3階のバルコニーから転落したことがあるのだ。もし自分が死んでいたら子どもたちの将来はどうなっていただろうと思うと、ぞっとする、と言う。肩をひどく骨折したものの、幸い命に別状はなかった。この話をしているかたわらで、アイクトがお母さんにぴたりと寄り添っている。もしかしたら、アイクトは教育よりずっと大事なものを失うところだったかもしれない。

トルコ

- 人口：68,893,918人
- イスタンブール人口：8,803,468人
- 面積：753,260㎢（米国テキサス州よりやや広い）
- 人口密度：91.6人／㎢
- 都市人口：67%
- トルコが政教分離国家になってからの年数：81年（人口の99%がイスラム教徒）
- 平均寿命：男性67.9歳、女性72.2歳
- 出産率（出産可能女性1人当たり）：2.4人
- 15歳以上の識字率：男性94.3%、女性78.7%
- 1日1人当たりのカロリー摂取量：3,357kcal
- 1人当たりの年間アルコール消費量：1.66ℓ
- PPPにおける1人当たりのGDP（米国の数値に換算して算出）：$6,390
- 1人当たりの年間医療費とそのGDPに占める割合：12,862円／5.0%
- 肥満人口：男性47.9%、女性65.4%
- 肥満症人口：男性10.8%、女性32.1%
- 20歳以上の糖尿病人口：7.3%
- 1人当たりの年間肉消費量：21kg
- マクドナルドの店舗数：81軒
- ビッグマックの価格：330円
- 1人当たりの年間たばこ消費量：2,394本
- 1日250円未満で暮らす人口：10%

黒海とエーゲ海に挟まれたボスポラス海峡にかかるガラタ橋には、アジ釣りをする人々がずらりと並ぶ。2つの水域に囲まれ、地形の狭まったイスタンブール（かつてはコンスタンチノープル、その前はビザンチンと呼ばれていた）は長らく、ヨーロッパとアジアの貿易の要衝だった。遠景に見えるガラタ地区は娯楽と金融の中心地で、地形的にも文化的にも、ボスポラス海峡のヨーロッパ側の果てにあたる。

イスタンブールの市場で、くわえたばこの魚屋が、トルコ人の好きなアンチョビによく似たイワシを売る。黒海の伝説によると、40通りの調理法があるという。布のテントを張った魚屋は1週間、毎日河岸を変える。客の取り合いをしないよう、同じ曜日に複数の市場で店開きしないようにしている。

取材メモ

カリフォルニアから飛行機でひと晩かけて、生まれて初めてイスタンブールへやって来た。辛いフライトで、ひどく時差ぼけしていたが、私は、どこの町でも必ず行う儀式を執り行った。ホテルの屋上から街の景色を眺めるのだ。イスタンブールには何年も前からあこがれていたが、期待に違わぬ街だった。西の方を見ると、ボスポラス川と真っ赤な空をなだらかに連なる古い建物が隔て、いくつも突き出したミナレットがアクセントになっている。そのとき、これぞイスラームというサラウンド・サウンドに包まれた。イスタンブールの街の1,000のモスクから、夕べの祈りを呼びかける声が、拡声器を通して聞こえてきたのだ。私は写真を撮る手を休めて、その呼び声が終わるまでじっと耳を傾けた。

それから8日間、ハードな撮影をこなしたあと、休息したいと思い、フェイスのたっての希望もあって、トルコ人の友人のフェリトにともなわれ、ターリヒ・ガラタサライ・ハマムへ出かけた。1481年に建てられた伝統的なトルコの共同浴場だ。湯気の立ち込める古い大理石の浴室内は、まさに蒸し風呂そのもので古びていた。風呂に浸かって、垢すりをして、ひと汗をかいて、マッサージをして、もうひと汗をかいて、からだを洗い流して……よっし！ 私は、ドーム型の大理石の部屋にある、大きな大理石の厚板に目をつけた。湯気で曇った部屋でその厚板に横になると、私はすっかりリラックスして静かに溶けていった。

毛深く、タフな顔つきをした男が入ってきた。私の身長と同じくらい横幅のあるこの怪物みたいな男が、垢すりとマッサージをしてくれたのだが、自分の身体からはがれ落ちた原形質に埋もれて、私は痛さに身もだえした。垢すりには、ワイヤーブラシと見間違えそうな浴用タオルが使われた。マッサージの方は、まるで羽交い締めされているようだった。お願いだからやめてくれ、とはプライドが許さずにどうしても言えなくて、たっぷり30分間、その拷問に耐えた。

あとでフェリトに聞くと、彼はこの国民的拷問を何度も受けたことがあるそうで、何が不満なのかわかってくれなかった。でも、こう打ち明けた。自分は少しサディストの気があるのかもしれない、と。

——ピーター

わが家のレシピ

メラハットのパフボレイ（パイ生地包み）

【材料】

小麦粉　250g
水　180cc
卵　1個
エキストラヴァージン・オリーブオイル　大さじ1
バター（溶かす）　90g
フェタチーズ（おろす）　250g
サラダ油　1～1/2カップ
※1カップは250cc

【作り方】

- 小麦粉、水、卵、オリーブオイルを混ぜて、パイ生地を作る。15分間生地を寝かせてから、5等分に切る。
- 5等分した生地を麺棒で延ばし、両面に溶かしバターを塗って積み重ねる。そのまま30分置いておく。
- この生地をできるだけ薄く、大きな円に延ばす。円の半分にフェタチーズを小分けにしてのせる。2.5cmほど間隔をあけること。
- 生地の何ものっていない部分を、チーズをのせた部分に重ねて、大きな半円形の生地を作る。アルミ皿のようなもので、詰め物をした部分をそれぞれ、10cmの半円形に切り取る。指で生地の端を押さえて、半月形の口をしっかり閉じる。
- でき上がった包みを油で揚げる。
- バリエーション：上と同じ要領で、フェタチーズの代わりに、挽き肉250gと玉ねぎのみじん切り（風味づけ）を混ぜたものにしてもよい。

上：メラハットが家政婦の仕事で出かける家の近所の青空市場で、息子のアイクトと卵を買っている。
下：ゴールデンホーン付近にある別の市場の肉屋には、牛の胃袋、心臓、レバー、脚、頭部が並ぶ。

トルコ　257

ÇEKİRDEKSİZ kilo
İZMİR
300
KEMAL
B.PASA-525
B.PASA-525
Reebok
TENNIS

上：おいしいシガラボレイ（トルコ風パイ）に詰めるルッコラとフェタチーズのフィリングをあらかじめキッチンで混ぜてから、メラハット・チェリクはリビングルームの床に座り込んで、ユフカとよばれる紙のように薄いパイ生地でフィリングを巻いていく。この春巻のようなパイは、家族の大好物だ。左：金曜日の正午の祈りが始まり、小さなモスクで男たちが祈りを捧げる。そのかたわらで、1人の露天商が店にオレンジを並べている。

トルコ　259

カリフォルニア州アメリカン・キャニオン在住のキャベンさん一家。自宅のキッチンにて、1週間分の食料とともに。左から、アンドレア（娘、5歳）、クレイグ・キャベン（夫、38歳）、ライアン（息子、3歳）、リーガン・ロネイン（妻、42歳）。調理手段：電気コンロ、電子レンジ、屋外のバーベキュー。食品保存方法：冷凍冷蔵庫、冷凍庫。好きな食べ物──クレイグ：ビーフシチュー、リーガン：ベリーヨーグルト・サンデー（Costco製）、アンドレア：クラムチャウダー、ライアン：アイスクリーム。

UNITED STATES ●アメリカ合衆国−1

キャベンさん一家　カリフォルニア在住

●4月の1週間分の食料

穀物、でんぷん食物：3,553円
Sam Luisのスライス・サワードウブレッド2斤、Oroweatのシナモンレーズン・ベーグル1.3kg、Oroweatのオニオンベーグル1.3kg、じゃがいも1kg、Kellogg'sのレーズンブラン・シリアル500g、Quakerのインスタント・オートミール500g、Bohemian Hearthのスライス・セブングレイン・ブレッド半斤、No Yolkのエッグヌードル360g、Missionのゴーディタス・トルティーヤ粉300g、Buitoniのファイブチーズ・トルテッツーニ240g、Pillsburyのベスト・オールパーパス・フラワー240g、Progressoのパン粉120g。

乳製品：734円
Sunny Select（ストアブランド）の牛乳♯4ℓ、シュレッドチーズ♯240g、Kraftの粉パルメザンチーズ90g。

肉、魚、卵：2,699円
Foster Farmsの鶏ささみ2kg、Sunnysideの卵12個、牛挽き肉700g、ツナ缶♯500g。

果物、野菜、ナッツ類：2,513円
Del Monteのバナナ2.5kg、ブリーバーン種のリンゴ1.3kg、ゴールデンデリシャス種のリンゴ1.3kg、タンジェリン1kg、レッドグレープ700g、ベビーキャロット1kg、ブロッコリー500g、にんじん500g、Sunny Selectの冷凍ミックスベジタブル240g、Sunny Selectの冷凍豆240g。

調味料、香辛料：1,113円
Skippyのローストハニーナッツ・ピーナッツバター550g、C&Hの白砂糖240g、Mary Ellenのアプリコットジャム120g、Best Foodsのマヨネーズ♯60g、French'sのイエローマスタード♯60g、Heinzのケチャップ♯60g、塩48g。

スナック、デザート：1,362円
Snydersのサワードウ・ニブラープレッツェル500g、Sunny Selectのレーズン360g、Sunny Selectのバニラウェハース360g、Sunny Selectのブルーベリーフルーツ&グレイン・シリアルバー312g、Sunny Selectのラズベリーフルーツ&グレイン・シリアルバー312g。

総菜、加工食品：2,281円
Red Baronのペパローニピザ2kg、ハム入りサブマリンサンドイッチ360gのもの2つ。クレイグは週に2回、学校でサンドイッチを買う。Foster Farmsのアメリカンドッグ650g、Five Brothersのマリナラソース360g、チキン風味のつけ合わせ用米加工食品207g。

ファストフード：885円
McDonald'sのハッピーミール2つ（チキンマックナゲット16ピースと小さいフライドポテト1つ、低脂肪牛乳1つのセット）、チョコレートチップ・クッキー1パック。

レストラン：531円
Fresh Choice Restaurantで。一家は月に1度、割引クーポンを使って、ここで食事をする。表示価格は、月に1度食べに行ってかかる金額の1/4。

飲料：2,701円
Alhambraの水20ℓ、コカコーラ♯2.6ℓ、ダイエットコカコーラ2.2ℓ（毎日、通勤の車に乗る前に販売機で1つ飲み物を買う）、Capri Sunのジュースドリンク200㎖入りパック10個、アップルジュース2ℓ、Toropicanaのホームスタイル・オレンジジュース2ℓ、Sunny Selectのインスタントコーヒー360g、料理用の水道水。

嗜好品：412円
Whiskasのセイバリーナゲット・キャットフード1.7kg。

♯写真にないもの

1週間分の食費：
18,784円（159.18ドル）

「うちの母は、FDA（米国食品医薬品局）の栄養成分表なんて見てなかったわ」とリーガン。「市場に出回ってる食品なら、食べても大丈夫ってことよって。だから、時間の節約になる加工食品や缶詰をさんざん食べさせられたの。生もなんてめったに出てこなかったわよ。でも私は逆。家族に缶詰なんてめったに食べさせない」。彼女はいつも極力、新鮮な果物や野菜を出すようにしているという。

学校は缶だらけ

クレイグが勤めるノーザンカリフォルニア高校には、水飲み場よりもソフトドリンクの自動販売機の方が多い。腹立たしいけれど、驚くにはあたらない。学校側がソフトドリンク会社やスナック販売業者と契約を交わして、資金不足を補っているからだ。それに、学校という囲いの中は、お金はもっていても選択の自由のない消費者を見つけるにはうってつけの場所なのだ。「カフェテリアの食事はよくなったよ。でも、いまだに脂っこいものが出てくるね」とクレイグが言う。いまでもたくさんの生徒が自動販売機を利用しているし、ピザを食べている。「どうしてわかると思う？」とクレイグが質問する。「空き缶やピザの包み紙が教室の床に落ちてるからだよ」。思うに、家庭での躾がそのまま反映されているのだろう。「親がもっとちゃんとした食習慣を教えていたら、子どもたちだって、学校でもっと健康に気を使った食べ方をするはずだよ」。

クレイグの妻のリーガンは、カリフォルニア大学バークレー校でカウンセラーをしている。2人のあいだには5歳の娘アンドレアと3歳の息子ライアンがいるが、子どもの食生活に関しては、食べたがるものと、食べなければいけないもののバランスを心がけている。バランスといえば、リーガン自身も綱渡りのような生活をしている。市内から緑の多い郊外の家まで、通勤に1時間もかかるのだ。「料理は苦じゃないの。ただ、帰宅してから何を作るか考える時間のないことが多いのよね」。子どもたちには冷凍のアメリカンドッグを1、2本食べさせれば済むとわかっていても、リーガンは日頃、あまりインスタント食品を出さない。時間的にきつくても、栄養のある食事を作れるのは、電子レンジという助っ人のおかげだ。では、運動はどうだろう？　クレイグはその時間はあまりないと言う。「ダイエットはやったことがないよ。ここ何年か、それとなくほのめかされたことはあるけど」。

リーガンとクレイグは、同じように栄養を考えて買い物をするけれど、買い方は異なる。リーガンは、メーカーの注意書きを読む。一方、クレイグは店に入るとすぐに、ストアブランドの商品を買う。「たいてい国産ブランドより安いから」だ。リーガンが求めるのは、「低塩、低脂肪、かつ新鮮でオーガニックな食品」。ただし、「あまり高くなければ」の話。食事はほとんど家でとり、子どもたちによいお手本を示すようにしている。それでも月に2、3回は、ファストフードを食べさせてしまう。よいことを実践するのは、なかなか楽ではない。「チョコレートを食べる機会も多すぎる」と、リーガンが悩みを打ち明ける。「クリスマスのすぐあとにバレンタインデーで、お次がイースター。それが過ぎれば、ようやくハロウィーンまでは甘いものから遠ざかっていられるわね！」。

わが家のレシピ

キャベン家特製ビーフシチュー
【材料】
シチュー用牛肉（赤身）　1kg
玉ねぎ（皮をむいて八つ切り）　大きめ1個
サラダ油　大さじ1〜2
水　2カップ
トマトソース（缶詰）　1カップ
にんにく（みじん切り）　1片
フレッシュパセリ（きざむ）　大さじ4
乾燥バジル　小さじ1/4
乾燥マジョラム　小さじ1/4
乾燥オレガノ　小さじ1/4
挽きたての黒コショウ　小さじ1/4
乾燥ローズマリー　小さじ1/4
乾燥セージ　小さじ1/4
塩　小さじ1/4
乾燥タイム　小さじ1/4
じゃがいも（皮をむいて八つ切り）　大きめ3個
にんじん（ひと口大に切る）　2本
セロリ（粗くきざむ）　2本
※1カップは250cc

【作り方】
- 大鍋で油を熱し、牛肉と玉ねぎをきつね色になるまで炒める。
- 水、トマトソース、にんにく、パセリ、スパイス各種を加える。煮立ったら弱火にし、ふたをして、1時間コトコト煮る。
- じゃがいも、にんじん、セロリを加える。ふたをして、野菜がやわらかくなるまで、30分〜1時間煮る。
- おいしいクラスティブレッド（皮の固いパン）を添えて。

「大人になると、若い頃ほどからだを動かさなくなるよね。そのことが、子どもたちにも影響している」とクレイグが言う。「あの子たちは外での遊びを、それほど大事だと考えてないんじゃないかな。僕があの子たちの年頃には、静かな住宅街に住んでいたから、両親は安心して僕を外で遊び回らせることができたんだ。でも、いま住んでいるような交通量の多い通りでは、近所での遊びも限られている。僕の頃は自転車通学だったけど、アンドレアもライアンも、隣町に学校があるから、車で送り迎えしなければならない。それも、運動する機会を逃す原因だね」。

取材メモ

イースターの週は仕事が休みなので、スーパーマーケットのレーリーズへは、クレイグが買い物に行った。リーガンが作成した細々とした食料品リストを握りしめて、クレイグはうやうやしく、食品棚を満杯にするための雑用をこなしていった。男が休みの日にスーパーマーケットで買い物するのは、わくわくするものだ。買い物をする前にまず、アンドレアとライアンをスーパーマーケットの託児ルームに預け、溢れそうなカートを押しながらレジを通り抜けると、子どもたちをピックアップして、出口の脇で立ち止まり、子どもの気を引く自動販売機でガムを買わせてやった。

それから、駐車場の反対側にあるマクドナルドのドライブスルーへまっすぐ向かうと、子どもたちに「ハッピーミール」と小さな箱入りのミルクを買った。小さなライアンは、ミルクをひと口すすってはマックナゲットをかじり、ガムを鼻にくっつけて遊んでいた。牧場風の家に帰り着くと、クレイグが食料品を片づけているあいだに、ライアンとアンドレアはアニメを見ながらハッピーミールを平らげた。クレイグは食料品の収納を済ませると、リビングルームに来て、ライアンと床でレスリングを始める。クレイグは時折、息が上がったりアニメに熱中しだすと、タイムと言って一時休止してしまう。

彼は、自分がライアンの年頃には、やっぱりものすごく活発だったと話していたが、自分も子どもに帰ったような純粋なノスタルジーから、からだの触れ合いを楽しんでいるように見えた。私も息子たちとのレスリングの思い出がよみがえり、記憶は父との一戦にまでさかのぼった。こうした記憶がまさに甘いのは、父と息子のスパーリングがおそらく、テストステロン（闘争心をうながす男性ホルモンの代表的なもの）とともに、フルクトース（果糖）によって促されているからなのだろう。

――ピーター

上：息子とのレスリングを一時中断し、クレイグが頭をそらせてテレビアニメを見る。かたわらには、マクドナルドのハッピーミールが食べ散らかしてある。左ページ上：カリフォルニアの食料品チェーン、レーリーズへ週に1度の買い出しに行く。左ページ下：その後、ドライブスルーで買い物。クレイグの勤め先の高校は今週は休みなので、子どもたちも託児所に行かず、パパと家にいる。

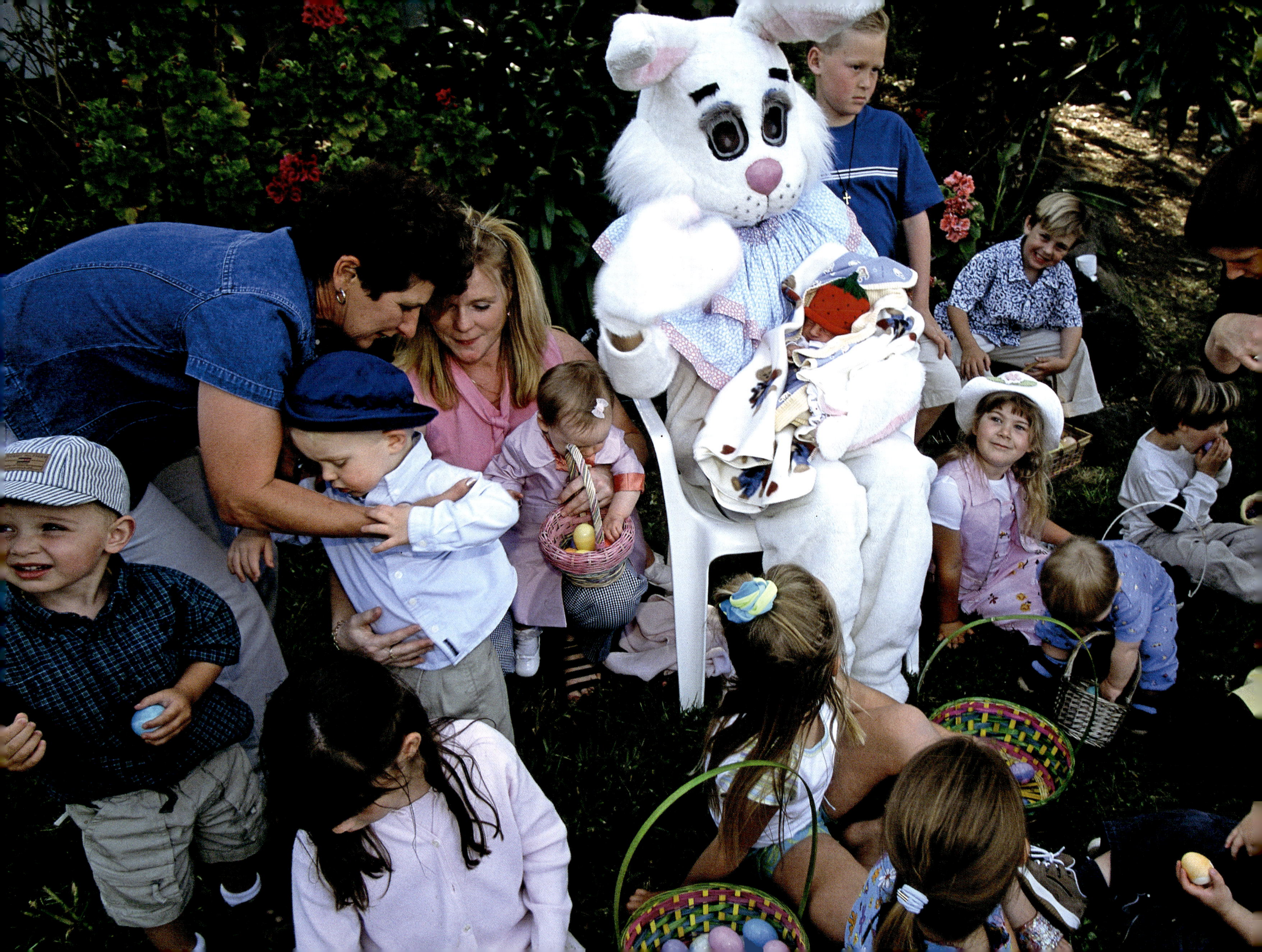

上：アメリカン・キャニオンのコミュニティセンターにあるバレエ教室で、アンドレア（左から2番目）が、いつものリズム運動をしている。親たち（リーガンは右端）は壁際の椅子に座って、その様子を見守っている。左：翌日はイースターサンデー。2人の子どもたち（アンドレアは手前のピンクの服、ライアンは手前で卵を手にしている）も、70㎞離れたクレイグの実家に出かけて、イースター祭の卵探しに参加する。イースターの着ぐるみウサギもいる。

ノースカロライナ州ローリー郊外在住のリーバイスさん一家。自宅のキッチンにて、1週間分の食料とともに。ロナルド・リーバイス（夫、39歳）、ローズマリー・リーバイス（妻、40歳）夫妻。手前はローズマリーの前夫とのあいだの息子たちで、ブランドン・デメリー（左、長男、16歳）とタイロン・デメリー（次男、14歳）。調理手段：電気コンロ、トースター・オーブン、電子レンジ、屋外のバーベキュー。食品保存方法：冷凍冷蔵庫。好きな食べ物――ロナルド、ブランドン：スパゲティ、ローズマリー：「ポテトなら何でも」、タイロン：セサミ・チキン。

UNITED STATES ●アメリカ合衆国-2

リーバイスさん一家　ノースカロライナ在住

●3月の1週間分の食料

穀物、でんぷん食物：2,115円
レッドポテト2.2kg、Natures Ownのスライスパン1斤、Trixのシリアル700g、Muellerのフェトチーネ500g、Mullerのスパゲティ500g、Uncle Ben'sのオリジナル白米500g、Flatoutのフラットブレッド420g、New Yorkのオリジナル・テキサスガーリックトースト339g、Harris Teeter（ストアブランド）のフレイキーブラウン＆サービス・ディナーロールパン330g。

乳製品：1,712円
Harris Teeterの牛乳4ℓ、Kraftのシュレッドチーズ240g、Kraftのピリっとしたスライス・チェダーチーズ240g、Kraftのスライス・スイスチーズ240g、Kraftのチーズシングルス180g、Kraftの粉パルメザンチーズ90g、Harris Teeterのバター60g。

肉、魚、卵：6,481円
Harris Teeterのポットロースト・ビーフ1.3kg、Harris Teeterの豚肉切り身950g、Harris Teeterの鶏骨つきもも肉850g、卵12個、Harris Teeterの鶏手羽肉700g、Armourのイタリア風ミートボール500g、Gwaltneyのブラウンシュガーとバージニア風燻製ベーコン500g、Harris Teeterの七面鳥挽き肉500g、エビ500g、StarKistのツナ缶360g、スライス・ハチミツ焼きハム270g、スライス燻製七面鳥234g。

果物、野菜、ナッツ類：4,846円
Doleのバナナ1.5kg、種なしレッドグレープ1.21kg、種なしグリーングレープ1.1kg、Birds Eyeの冷凍ベビーブロッコリー2kg、イエローオニオン1.5kg、Green Giantの缶入りコーン950g、Green Giantの缶入りグリーンビーンズ900g、Bush'sの缶入りベジタリアン・ベイクドビーンズ900g、きゅうり700g、Harris Teeterの完熟トマト600g、Del Monteの缶入りホールリーフ・スピナッチ405g、パック入りガーデンサラダ300g、パック入りイタリアンサラダ・ミックス264g、マッシュルームのピクルス219g、Harris Teeterのピーナッツ500g。

調味料、香辛料：1,476円
グラニュー糖800g、Rufflesのランチディップ330g、Ciscoのベジタブルオイル180mℓ、Nestleのコーヒーメイト無脂肪フレンチバニラ180mℓ、Food Lionのガーリックソルト159g、Hellmann'sのマヨネーズ120g、Newman's Ownのサラダドレッシング120g、Jiffyのピーナッツバター‡90g、黒コショウ60g、Harris Teeterのオリジナル・イエローマスタード60g、Heinzのケチャップ60g、塩60g、Colonial Kitchenの食肉軟化剤30g、Durkeeのセロリシード30g、Encoreのガーリックパウダー30g。

スナック、デザート：2,510円
Mott'sのアップルソース700g、Munchiesのクラシックミックス465g、Kellogg'sのヨーグルト味ポップタルト‡441g、Orville Redenbacher'sのポップコーン270g、Harris Teeterのヒマワリの種219g、Lays Classicのポテトチップス165g、Lays Wavyのポテトチップス165g、Del Monteのフルーツ・イン・チェリージェル135g、エクストラ・チューインガム3個、Snickersのキャンディバー60g、M&M'sのピーナッツキャンディ51g。

総菜、加工食品：2,864円
Bertolliのポルトベーロ・アルフレッドソース500g、Raguの大ぶりマッシュルームとピーマンのスパゲティソース500g、Maruchanのエビ風味ラーメン450g、Californiaの巻き寿司420g、Campbell'sのセロリスープのクリーム324g、Hot Pocketsのハラペーニョ、ステーキ＆チーズ270g、エビ巻き寿司210g。

ファストフード：8,450円
McDonald'sで、マック・チキンナゲット10ピース、フライドポテトLサイズ、コカコーラLサイズ、フィレオフィッシュセット、Taco Bellで、ナチョス・ベルグランデ4、ソフトタコス2、タコシュープリーム、タコピザ、タコ、豆ブリート、レモネードLサイズ、Burger Kingで、ダブルチーズバーガー、オニオンリング、コカコーラLサイズ、KFCでチキンのマッシュポテト添え2個、コカコーラLサイズ、Subwayで、15cm・ベジタブル・サブマリンサンドイッチ、15cm・シーフードとカニのサブマリンサンドイッチ、Milano's PizzeriaでソーセージピザLサイズ、ペパロニピザLサイズ、I Love NYピザ4切れ。

レストラン：726円
China Marketでエビチャーハン2つ、大きいフルーツパンチ。

飲料：9,175円
バドワイザー360mℓ入り缶24本、瓶入りの水8ℓ、Harris Teeterのクランベリー・アップルジュース・カクテル2ℓ入り瓶4本、ダイエットコカコーラ360mℓ入り缶12本、A&Wのクリームソーダ2.1ℓ入り瓶2本、セブンアップ510mℓ入り瓶6本、Harris Teeterのクランベリーラズベリージュースカクテル2ℓ入り瓶2本、Harris Teeterのルビーグレープフルーツジュース・カクテル2ℓ入り瓶2本、カプリサン200mℓ入りパック10個、ブランドンが毎日学校で購入するソーダ‡360mℓ入り缶5本、Arbor Mistのストロベリーワインブレンダー1.1ℓ、ゲータレード‡480mℓ、パワーレード‡480mℓ、スナップル・ゴーバナナス・ジュースドリンク480mℓ、Maxwell Houseのインスタントコーヒー45g、クールエイド・ブラックチェリー15g、朝食用ティーバッグ5個、飲料用と料理用の水道水。

‡写真にないもの

1週間分の食費：40,355円（341.98ドル）

体重との戦い

多くのアメリカ人が、そうすべきだし、そうしたいと思いながら、心身を消耗させている毎日のハードスケジュールのために、エクササイズ・プログラムを実践できずにいる。ノースカロライナ州司法局で消費者保護の専門家として働くローズマリー・リーバイスは、オフィスでも家でも忙しい。2人のティーンエイジャーの息子、ブランドンとタイロン、それに夫のロン（ロナルドの愛称）の世話をしなければならないからだ。肉体的なきつさよりも精神的なストレスの方が大きいのは、現代人の生活ではありがちなことだ。過密スケジュールをこなしながらずっと間食を続けていたら、体重が15kgも増えてしまったという。ローズマリーは必死にダイエットにトライして体重を落としたけれど、結局半年でもとに戻ってしまった。「食習慣がもとに戻っちゃったのよね」。

家族の中で食べ物と格闘しているのは、彼女だけではなかった。14歳のタイロンは小さい頃、好き嫌いが激しかった。それで、祖母が引っ越してきて、孫息子の世話を手伝ってくれることになった。「母は料理がすごく上手なの」とローズマリー。「グレービーソースをかけたサイコロステーキに玉ねぎやキャベツ、茹でたじゃがいも、それにコーンブレッドを添えたものや、ポークチョップやチキンソテーと緑の生野菜サラダとか。夕方家に帰ってくると、いい匂いがしたものよ」。おばあちゃんの手料理のおかげで、タイロンはだんだん好き嫌いがなくなったが、大きくなるにつれて今度はアメリカのティーンエイジャーらしく、スナックやファストフードをたくさん食べるようになった。「カウチでゴロゴロして、テレビを観ながら食べてばかりいたんだ。ホットポケット、ブリート、フライドエッグ」とタイロンが言う。スケボーをするようになっても、ポテトチップスの誘惑は強力だった。それでお母さんが減量のためにフィットネス・クラブに入会すると決めたとき、一緒に入会した。ロンとブランドンもそれに倣った。ロンは細身で健康的なので、おもに予防のために、冬にはウォーキング・マシーン、それ以外の季節はバスケットボールやウォーキングをしている。ただし、週5日ランチにファストフードを食べているし、家でも食べる。ところが、一家のエクササイズには、思いがけない落とし穴があった。家で食事を作る時間が少なくなってしまったのだ。「それでファストフードを買っていたの。いちばん手っ取り早かったのね」。運動した分、体重は落ちたけれど、以前にも増してファストフードを食べるようになってしまったのだ。

結局一家はフィットネス・クラブを見限って、いまでは自宅で運動器具を用い、ファストフードを減らして、肉が少なく新鮮野菜の多い、計画的な食事をするようになっている。

わが家のレシピ

ローズマリー・リーバイスのスタッフド・ピーマン
【材料】
七面鳥の挽き肉　500g
玉ねぎ（粗くきざむ）　1個
インスタントライス（炊かない）　170g
水　180cc
トマトの缶詰（皮をむいてさいの目にしたトマトジュース漬け）　400g入り1缶
トマトの缶詰（水煮、きざんで塩、コショウしたもの）400g入り1缶
コーンの缶詰（お好みで）　400g
青ピーマン　大4個
スパゲティソース（加熱する）　500g入り1瓶
モッツァレラチーズ（おろす）　250〜500g

【作り方】
- 七面鳥の挽き肉と玉ねぎをなべに入れ、中火できつね色になるまで炒める。余分な油を捨てる。
- インスタントライス、水、さいの目のトマト、水煮のトマトを加える。塩、コショウで調味して、米がやわらかくなるまでコトコト煮る。お好みでコーンを加える。
- オーブンをあらかじめ160℃に温めておく。
- ピーマンの上部を切り落とし、種と薄皮をかき出す。中に肉と米の具を詰める。
- キャセロールディッシュに縦に並べて、オーブンで25分間、ピーマンがやわらかくなるまで焼く。
- オーブンから取り出し、温めたスパゲティソースをかける。
- モッツァレラチーズをトッピングして、オーブンに戻し、チーズを溶かす。

上：ブランドンは今週、学校が休みなので、ポートレイト用に1週間分の食料品を買い出しする、ハリス・ティーターまでローズマリーにつき添う。このスーパーまでは、郊外の家から車ですぐ。下：ローズマリーの平日のランチは、サブウェイでサンドイッチを買うか、州営のカフェテリアでとる。

取材メモ

ノースカロライナでは、「バルジの戦い（痩せようと必死に努力すること）」が大流行している。敵は、ローリー郊外のいたるところ、ほとんど交差点ごとにいる。攻撃をしかける者は、直感ではわからないロジックを駆使しているので、迷彩柄でカムフラージュをする必要もない。それどころか、遠くからでも目に入る巨大なネオンサインで、戸惑う犠牲者たちを、明るいダイニングエリアへ、あるいは、脂ぎった時限爆弾を何の危険もなさそうな袋に入れて車に押し込む小窓へとおびき寄せる。しかも、哀れな犠牲者たちはその時限爆弾の代金を、口にもしないうちから払わされる。しかし、全員が敵に屈するわけではなく、応戦する者もいる。

私はある一家の毎週水曜日の夜の野戦場を取材し、彼らの勇気に気分が高揚した。前線──彼らの行きつけのフィットネス・クラブにたどり着くと、リーバイスさん一家はすでに、サウナにでも入っているみたいに汗びっしょりだった。ロンと義理の息子たちは、ウォーキング・マシーンで走り込みをし、しのぎを削っている。毎日ウォーキングもしているローズマリーは、黙々とマシーンに挑み始めている。その後、男性陣は作戦を変更して、ハイテク・マシーンで個人戦に挑む（脚、背中、胴体、腕など）──2時間ノンストップの闘いだ。

リーバイスさん一家は常に体重と格闘していたので、勝ち負けは何とも言えない。ただ、私が目の当たりにしたのは、肉体派として歩み続けようとする、彼らの果敢な試みだった。
　　　　　　　　　　　　　　──ピーター

リーバイス家では、本書のポートレイトを、生活を変えるきっかけにしたという。「撮影用にテーブルに並べられた食料品の量と種類の多さに、家族全員がく然としたの」とローズマリー。ファストフードを食べすぎるとどうなるかを扱った『Super Size Me（スーパーサイズ・ミー）』というドキュメンタリー映画を観てからは、これまでの食生活がなおさら恐ろしくなったのだという。最近では、新鮮な野菜を多くとるようになり、肉を減らしている。また、冷蔵庫の食べ物を互いにチェックし合っているそうだ。「ブランドンはいまでは何か食べる前に、私にこう訊くの、『ママ、あのサンドイッチ、脂肪はどれくらいだと思う？』って。以前はこんなことあり得なかったわ」。

リーバイスさん一家（手前はウェイトトレーニングをするブランドン、後ろ左からローズマリー、タイロン、ロナルド）は以前、ウェイクフィールド・メディカルセンター内にあるフィットネス・クラブのエクササイズ・プログラムに、毎週せっせと通っていた。センターは病院との複合施設で、2時間のコースだった。フィットネスは楽しかったが、かえって料理する時間がなくなり、結果的にファストフードを食べる量が増えていることに気がついた。潜在的な健康への悪影響を考えて、結局クラブはやめて、家で食事をとり、エクササイズも自宅でするようにした。

テキサス州サンアントニオ在住のフェルナンデスさん一家。自宅のキッチンにて、1週間分の食料とともに。左から、ローレンス・フェルナンデス（夫、31歳）、ダイアナ・フェルナンデス（妻、35歳）、ブリアンナ（娘、4歳）、アレハンドリーナ・セペダ（ダイアナの母、58歳）、ブライアン（息子、5歳）。調理手段：電気コンロ、電子レンジ、トースター・オーブン、屋外のバーベキュー。食品保存方法：冷凍冷蔵庫、冷凍庫。好きな食べ物──ダイアナ：エビのアルフレッドソース、ローレンス：バーベキューリブ、ブライアンとブリアンナ：ピザ、アレハンドリーナ：チキンモレ。

UNITED STATES ●アメリカ合衆国―3

フェルナンデスさん一家　テキサス在住

●3月の1週間分の食料

穀物、でんぷん食物：2,275円

じゃがいも2.5kg、自家製トルティーヤ800g、Kellogg'sのレッドベリー入りスペシャルKシリアル700g、Nature's Ownのハチミツ入り小麦パン1斤、Quakerのマサハリナ650g、Gold Medalのオールパーパス・フラワー500g、H・E・B（ストアブランド）のフランス風パン500g、白米500g、Cream of Wheatのシリアル420g、Quakerのオートミール380g、ディナー用ロールパン405g、Postのココアペブルス・シリアル390g、H・E・Bのフェトチーネ159g、Q&Qのバーミセリ150g。

乳製品：2,091円

Bordenの1%低脂肪・高カルシウム・キッドビルダー牛乳4ℓ、Oak Farmsのスキムデラックスミルク4ℓ、Blue Belleのアイスクリーム1ℓ、Danonのダニマルス・スインギンストロベリー・バナナ・アンド・ロッキンラズベリー飲むヨーグルト760mℓ、Yoplaitのピニャコラーダヨーグルト700g、Yoplaitのブルーベリーヨーグルト360g、Kraftのコルビー＆モントレージャック・チーズ240g、Frigoのチーズヘッズ・ストリングチーズ180g。

肉、魚、卵：4,968円

Hill Country Fareの鶏骨つきもも肉1.5kg、Hill Country Fareのジャンボエッグ18個、H・E・Bのオリジナルフレーバー・ローストチキン1.3kg、Sanderson Farmsの骨と皮なし鶏もも肉700g、Gorton'sの冷凍オリジナルテンダーズ・フィッシュスティック550g、H・E・Bの特上牛赤身挽き肉500g、H・E・Bの七面鳥胸挽き肉500g、Oscar Mayerの七面鳥コットサラミ500g、冷凍エビ500g、Butterballのスライス七面鳥バラエティパック360g、H・E・Bの牛肉もも肉角切り360g、Tysonの冷凍鶏肉ファンナゲット360g、Hill Country Fareのスライス・スモークチキン150g。

果物、野菜、ナッツ類：3,900円

グレープフルーツ2.5kg、Doleのバナナ1.3kg、グラニースミス・アップル650g、グリーングレープ650g、コースタルストロベリー500g、キーライム500g、赤リンゴ384g、ハースアボカド4個、Huntsのトマトソース1.3kg、Green Giantの缶入りグリーンビーンズ1kg、Green Giantの冷凍とうもろこし800g、トマト650g、La Sierraのフライド・ピントビーンズ450g、アイスバーグレタス1個、Fresh Expressのイタリアンサラダ・ミックス264g、イエローオニオン258g、Fresh Expressのコールスロー240g、ミニキャロット240g、スライスマッシュルーム240g、ハラペーニョ120g、にんにく60g、Planter'sのハニーロースト・ピーナッツ360g。

調味料、香辛料：1,894円

Great Valueのベジタブルオイル2.1ℓ、Hill Country FareのBBQソース550g、International Delightのコーヒー用クリーム480mℓ、I Can't Believe It's Not Butterのスプレッド474g、Aunt Jemimaのバターライト・シロップ360g、Hill Country Fareのケチャップ270g、Burleson'sのクローバーハチミツ240g、H・E・Bのローストペッパーのピリ辛サルサ240g、Seanson Allの風味つきソルト240g、Wish Boneのクラシッククランチアップ・ドレッシング180g、ピーナッツバター120g、挽きコショウ30g、塩15g。

スナック、デザート：2,753円

H・E・Bのテキサス州形コーンチップス500g、プレッツェル500g、Dreyersのまるごとフルーツ・アイスキャンディ500mℓ、Oreoのクッキー270g、Ritzの全粒小麦クラッカー225g、Pepperidge Farmのゴールドフィッシュカラー・クラッカー198g、Ritzのスティッククラッカー189g、Pringlesのポテトチップス180g、General Millsのフルーツガッシャー・スナック162g、Kellogg'sのスペシャルKブルーベリーバー147g、Kellogg'sのスペシャルKピーチ＆バー147g、Orville Redenbacher'sのスマートポップ・電子レンジで作れるポップコーン111g、Barnum'sの動物クラッカー60g。

総菜、加工食品：2,143円

Pregoのスパゲティソース500g、La Sierraのフライドピニチーズビーンズ450g、Ranch Styleのハラペーニャビーンズ450g、Pioneer Brandのバターミルクパンケーキ・ミックス300g、Bertolliのクリーミー・アルフレッドソース240g、Zatarain'sのブラックビーンズ＆ライス210g、Zatarain'sのガンボミックス210g、Pioneerの低脂肪ブラウングレイビー・ミックス約80g、Pioneer Countryの低脂肪グレイビーミックス84g、Knorr Suizaのチキンスープ60g。

ダイアナは仕事場のカフェテリアで、さまざまなチョイスからメインディッシュを選べる昼食を、週5回とる。ローレンスは仕事場でサラダやピザで簡単に済ます。

ファストフード：1,394円

McDonald'sで、ハッピーミール3つ、マウンテンブラスト・アイスクリーム・ドリンク4つ、バニラ・ソフトクリーム1つ。

レストラン：4,969円

Fire Mountain Buffetで、5人分の夕食、量り売りメニューの盛り合わせ114g、Cici's Pizzaで、ビーフピザLサイズ、ホワイトピザLサイズ、ミートラバー・ピザLサイズ、サラダ3つ。

飲料：2,227円

Hill Country Fareのナチュラル・スプリングウォーター32ℓ、Tre Topのリンゴジュース4ℓ、Capri Sunのマウンテンクーラー200mℓ入りパック10個、Capri Sunのオレンジドリンク200mℓ入りパック10個、Doleのパイナップル・オレンジバナナ・ジュース180mℓ入り紙パック8個、Hill Country Fareのアイスティー・ミックス850g、Wylers Lightのピンクレモネード粉末ミックス600g、H・E・BのCafコーヒー（カフェ・オレ）90g、Ovaltineのインスタント麦芽ドリンクミックス90g、Kool-Aidの無糖グレープ粉末ミックス36g。

1週間分の食費：28,614円（242.48ドル）

テハスはテキサス

アレハンドリーナ・セペダは、ふだんは子守をしているが、土曜日の午後の1時間、娘一家と同居している自宅を、メキシコのトルティーヤ屋さんに変身させる。孫たちは子ども用の小さいトルティーヤプレスを持って椅子に上り、マサハリナ（とうもろこし粉）と水を混ぜるおばあちゃんの手元をじっと見ている。4歳のブリアンナは、ボウルを興味津々でのぞき込みながら、おばあちゃんに英語で話しかける。アレハンドリーナは英語も話すけれど、返事は母国語のスペイン語です。5歳のブライアンは手に持ったプレス機を、パカパカ音を立てて何度も開け閉めする。「ブライアン、わかってるでしょ？」お母さんのダイアナ・フェルナンデスが息子に言い聞かせる。「おばあちゃんはお料理するとき、あなたに真面目にやってほしいのよ」。ブライアンはトルティーヤができるのが待ち切れないが、スーパーマーケットで買ってきた水を加えるだけのトルティーヤ・ミックスを使えば、あっという間にできてしまう。学校司書のダイアナは、アメリカとの国境にほど近いメキシコの町、ヌエボラレドでアレハンドリーナを母に育ったので、途切れることなく2か国語をなめらかに話す。だから、子どもたちにも知らない言葉を教えてやることができる。会話の内容は幅広い。「リモン（limon）ってなーに？」おばあちゃんから丸めた生地を手渡してもらいながら、ブリアンナが質問する。「レモンよ」と答えて、ブライアンがプレス機の中の生地をこぶしでたたくのをじっと見ている。「これってパンケーキなの？」とブリアンナが質問する。「ブエノ（Bueno）――その通りよ」。慣れた手つきでトルティーヤを自分の大きなプレス機で延ばしながら、アレハンドリーナがスペイン語で答える。「でも、パンケーキとは違うわね。これはトルティーヤ」。それをダイアナが通訳する。今日はトルティーヤを、コマールと呼ばれる鉄板ではなくコンロで作って、子どもたちの好きなチーズ・ケサディージャにしてやるつもりだ。

フェルナンデス家のふだんの食卓は、国際色豊かだ。「ボラも、メヌード（豚レバーの煮込み）や春巻だって食べるよ」とローレンスが言う。義母の調理助手を務める彼は、ルイジアナ育ちだ。食べることが何より好きなのがルイジアナ出身者の証拠だという。「ルイジアナで夕食に招かれたら、絶対断っちゃいけないよ」とローレンス。シシズ・ピザを経営するローレンスも、子どもたちと料理をすることがある。一緒に生地を丸めるけれど、義母のよりもうんと大きい。「生地とソースを持ち帰って、子どもたちとピザを作るんだ。すごいごちそうだろう」。で、デザートは？「真夜中のアイスクリーム。ただし、子どもたちが寝静まってからね」。

右ページ上：土曜日はサッカーの試合のあと、家族の儀式を執り行う。ダイアナとアレハンドリーナが、チーズ・ケサディージャ（レシピ参照）を作るため、トルティーヤを焼くのだ。
右ページ下：でも、次の日になると、伝統料理とはほど遠い、テイクアウトのチキンとソーダポップという食生活に逆戻りする。上：ランチのあと、フェルナンデスさん一家は、食料品の買い出しに出かける。ブリアンナとブライアンは、おこづかいを握りしめて、ケーキ屋のショーケースを目指す。今日は大きなチョコレートケーキに決まり！

アメリカ合衆国

- 人口：293,027,571人
- 面積：9,294,318km²
- 都市人口：80%
- 平均寿命：男性74.6歳、女性79.8歳
- 出産率（出産可能女性1人当たり）：2.1人
- 1日1人当たりのカロリー摂取量：3,774kcal
- 1日1人当たりの動物性食品によるカロリー摂取量：1,047kcal
- 1人当たりの年間アルコール消費量：9.58ℓ
- PPPにおける1人当たりのGDP：$35,750
- 1人当たりの年間医療費とそのGDPに占める割合：576,666円／13.9%
- 100,000人当たりの医師の人数：279人
- 1人当たりの年間たばこ消費量：2,255本
- 1人当たりの砂糖および甘味料の年間可能補給量：79kg
- 1人当たりのソフトドリンク年間消費量：219.2ℓ（うちコカコーラ社製品102.8ℓ）
- 1人当たりの年間肉消費量：137.5kg
- マクドナルドの店舗数：13,491軒
- マクドナルドの食材年間仕入れ量：牛肉50万t、じゃがいも50万t
- すべての集約畜産農場で採れる肥料：20億t
- 人糞年間排出量：2億t
- 家庭生ゴミ年間排出量：4,800万t
- 家庭生ゴミ年間処理費：5兆740億円
- 家庭生ゴミ年間処理費の食品購入額に対する割合：14%
- 遺伝子組み換え成分を含む加工食品の割合：75%
- 遺伝子組み換え品種として栽培される割合：大豆80%、とうもろこし40%

わが家のレシピ

ダイアナ・フェルナンデスの、焼きたてコーントルティーヤのケサディージャ

【材料】
マサハリナ（乾燥石灰処理とうもろこし粉）　2カップ
ぬるま湯　1と1/2カップ
コルビー＆モントレージャック・チーズ（チェダーチーズでもよい、粗くおろす）　4カップ
塩　小さじ1/4

※1カップは250cc

【作り方】
- マサハリナにぬるま湯と塩を加えて、生地がやわらかく、やや粘りがあるくらいになるまでこねる。生地をトルティーヤ1枚分ずつ、18個くらいのボールに切り分ける。
- 小さく切り分けた生地を、トルティーヤプレスで薄く延ばす（麺棒で延ばしてもよいが、その方がずっと難しい）。
- 調味料を入れたコマール（トルティーヤ専用の平鍋）に延ばした生地を入れ、やや強めの中火にかける。
- トルティーヤが黄色くなって、固まったら、中央にチーズをのせて折り重ねる。チーズがとろけるまで、適当にひっくり返しながら、コマールで焼く（約5分間）。
- 熱いうちにテーブルへ。

"超大国"アメリカ

- 肥満人口：男性72%、女性70%
- 肥満症人口：男性32%、女性38%
- 20歳以上の糖尿病人口：8.8%
- 年間脂肪吸引手術件数：40万件
- 年間胃バイパス手術件数：15万件
- 納税者における肥満関連の医療費支出の割合：50%
- 恒常的ダイエット実践者の割合：男性25%、女性45%
- ダイエットおよびダイエット関連商品への年間支出額：400億ドル（4兆7,200億円）
- あらゆるダイエット実践者における1〜5年以内のリバウンド率：95%

Nutrition for Women
DOUBLE RAISIN DANISH
CINNAMON ROLL
QUAKER OATMEAL
STRAWBERRIES & CREAM
REGULAR FLAVOR
APPLES & CINNAMON
PEACHES & CREAM
OATMEAL
Cinnamon & Spice
French Vanilla
BIG BOWL
$1.49
low prices every day
$2.09
JUMBO
1 DOZEN
GRADE A EGGS
COCOA PEBBLES
CREAM-WHEAT

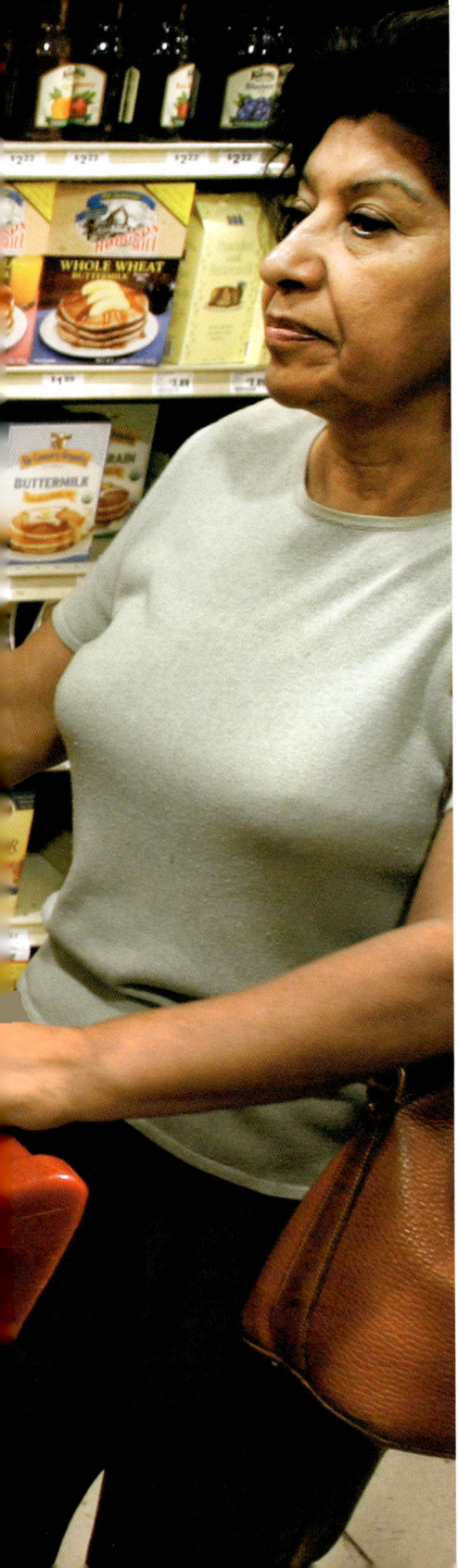

取材メモ

ローレンス・フェルナンデスは、食のプロだ。テキサス州のサンアントニオ郊外で、食べ放題のカフェテリアを何軒も経営している。ルビーズや、現在では470円で食べ放題のピザ・チェーン、シシズもそうだ。フェルナンデスさん一家はスーパーサイズではないけれど、サンアントニオ市はそうではない。2003年から2004年にかけて、全米肥満都市の第13位から第4位になったと、ある男性向けフィットネス誌がレポートしている。疾病管理センターによると、テキサス州の成人のうち、4人に1人が臨床的に肥満症だという。

テキサス州は、地形的にみると肥満で、横幅の広い胴体と長い首をもつことから、パンハンドル（フライパンの取っ手）とも呼ばれる。一方、食事や人々のサイズからみると、パンハンドルというより、もっと取っ手の短いスキレットと言わざるを得ない。サンアントニオでは、「ビッグスタンド」、「ファットチューズデー」、「ファットボーイ・ファヒータ」といった名前のレストランが、否応なく目についた。

しかし、そんなあからさまな名前の飲食店が広い通りに立ち並ぶこの町には、とてつもなく素晴らしい宝石もある。サンアントニオ川の川べりに、ショップやホテル、さらにはレストランが美しく連なるダウンタウンのリバーウォークだ。川を行く遊覧船が、美しく整備された遊歩道の脇を、客引きをしながらゆっくりとかすめていく。リバーウォークを歩きだすとほどなく、食べ物の誘惑に負けてしまう。もう歩きたくない、何か食べない？ あるいは、船上ディナーという手もある（船の上から、川岸で食事をする人々を眺めながら食事をするという趣向だ）。

しかしながら、太ることはナチュラルで、ノーマルで、ノーブルですらある、という拡大解釈された世論もある。取材訪問中、私は、2004年度のミズ・プラス・アメリカ・ウーマンに選ばれた、ナネット・ワッツの写真を撮った。ピンクのトップスにサテンのたすきをかけて、まばゆいばかりの王冠を戴いた、実に美しい女性だった。彼女は巨漢だが、スーパーサイズのアラモスタジアムを背景にすると、ちょうど釣り合いがとれてごくふつうに見えた。

——ピーター

左：巨大なショッピングカートに子どもたちを押し込んで、ダイアナと母親が、地元のスーパーマーケット、H・E・Bの店内を見て回る。たびたびカートから脱け出して、売り場ごとに何かしらを衝動的に欲しがるブライアンはその都度、ショッピング・リストに載っていないからダメ、と言い渡される。右：家で、ワッタバーガーのチーズバーガーを平らげるブライアン。

客のもてなし用に、バター茶を用意するサンガイム。妹のバングムが茶こしを持ち、サンガイムが魔法瓶にお茶を注ぐ。家長のナムガイは、お茶が入るのをじっと待っている。

あとがき｜ピーター・メンツェル

食後酒に代えて

　地球の食卓に関する本を制作しようと思ったのはどうしてですか？　食べた中でいちばんおいしかったもの、まずかったもの、奇妙だったものは何ですか？　取材後、あなた自身の食生活は変わりましたか？　このプロジェクトに関して、こんな質問をひんぱんに受けた。

　写真の仕事で世界中を飛び回るようになって、20年余りになる。この間、世界は狭くなったと感じる一方、アメリカ人は「大きく」なったように思われる。21世紀を迎えて、環境保護団体ワールドウォッチの報告書を読んでいたら、こんなことが書かれていた。地球の歴史が始まって以来、食べすぎの人の数が栄養不足の人の数を上回ったというのだ。栄養失調とは、栄養不足や栄養過多のほか、健康のために必要とされる要素のバランスが崩れた状態をさすが、その影響が、糖尿病や摂食障害（拒食症・過食症）となって世界的に広がっている。あり余るほどの食料が供給されている今日、さまざまなかたちで記録的な水準の栄養失調が世界を襲っているのだ。食料不足から食べすぎへ——この世界的な食の転換期を記録するチャンスを逃す手はない。

　アメリカ人は、年間1人当たり60万円弱と、世界一高額な医療費を支払っているにもかかわらず、世界一太っていて、世界一不健康になっていく。どうしてだろう？　専門家はいくつもの相関要因があると指摘する。私たちが暮らすポスト工業社会では、肉体労働が減ったこと、車文化の発達によって移動が容易になったこと、甘いもの、脂っこいもの、でんぷん質のもの、高度に加工された食品が安く幅広く手に入るようになったことなどが挙げられる。食品環境について言えば、巨大な食品会社のおかげで、丸々太ったアメリカ人の寿命が縮められているのだ。

　撮影の仕事でアジアやアフリカを頻繁に行き来するうち、その地の人々がアメリカ人のようにぜい肉と格闘しなくていい理由、またヨーロッパ人が遅れている理由がわかってきた。だとしたら、それ以外の地域の人々が何を、どのように食べているのか検証してみれば、何かわかるだろうか？　食生活に秘密があるのだろうか、それとも、たるんだ腿や胴回りのぜい肉を落とす食材でもあるのだろうか？　答えは3つ。ただし、その答えは単純でもなければ、秘密でもない。1. からだが必要とする以上のカロリーを摂取しないこと。2. あらゆる方法で活動的な生活を心がけ、健康を維持すること。3. 自然食品、非加工食品、それが無理ならせめて加工度の低い食品を食べること。ただし、こうした心がけを実践するのは並たいていのことではない。太った人に効く魔法の錠剤などありはしないのだ。

　いちばんおいしかったもの、まずかったもの、奇妙だったものは何だったかって？　人の食べ物の嗜好はごく早い時期に決まり、ほとんどの人の場合、そうして染みついた好き嫌いが一生ついてまわる。私は恐怖を押し殺して、新鮮な旬のものであれば、という条件つきながら、ほかの人が食べているものなら自分も何でも食べるようにしている。この『地球の食卓』に登場する食べ物の中では、エクアドルのクイの丸焼き、沖縄のブダイの刺身、グリーンランドの凍りついた湖で釣った採れたてのチャー、肉汁したたるモンゴルのマトンのギョウザが、おいしかったものの上位にランクされる。24か国で食べたうち、どうしても最後まで食べ切れなかったのは、中国のヒトデの串揚げだ。

　私たちの食生活は変わったのだろうか？　フェイスと私はつねに、新鮮な旬の食材を食べるよう心がけている。オーガニックフードの数々の長所に目覚め、もうずいぶん前から大きな野菜畑を作って、自分たちで収穫したものを食べている。また外食、特にアメリカで外食をするときは、しばしばサラダを2皿注文し、メインディッシュは1皿だけにして分け合うようにしている。私は子どもの頃、両親から料理を残さず食べるよう躾られて育った。いまだにその躾がからだに染みついているが、年をとるにつれて、自分に課したこの食事のルールを少しずつ緩め、長寿を誇る沖縄の人々の教えに耳を傾けるようになっている。腹八分——この古い教えは、新たに迎えた栄養過多の時代において、実に秀逸な発想なのである。

プロジェクトの実施方法

この本ができるまで

『地球の食卓　世界24か国の家族のごはん』は、ミレニアムとともに幕を開けた。2000年元旦、私たちは、NHKテレビのドキュメンタリーを取材するため、イスタンブールへ飛んだ。それから4か月間、1994年に刊行した『地球家族　世界30か国のふつうの暮らし』で取材をした何組かの家族を再訪した。あの本では、統計上平均的な家族に持ち物を何もかも家の外に出してもらい、家族のポートレイトを撮った。今回は、その家族の暮らしが、前回訪れたときからどのように変化しているかを、日本人スタッフとともに見に行ったのだ。

フェイスは、そのうち何か国かを訪れたことがあり、1996年に刊行した『続・地球家族　世界20か国の女性の暮らし』の取材で訪問している家族もあった。日本のテレビの仕事のほかに、『GEOドイツ版』の仕事もこなしながら、私たちは新たにいくつかの家族を訪問し、1週間分の食料とともにポートレイトを撮った。このアイデアは、『GEO』のフォトディレクター、ルース・アイヒホルンのもので、栄養をテーマにした雑誌でその写真を使いたいと言った。1週間分の食料（代金はこちらもちだった）とともに写真を撮らせてもらうのは、『地球家族』で家の中の物を全部外に出して撮影させて欲しいと頼むより、ずっと簡単だった。

2000年末になってフェイスが、もっとたくさん家族の写真を撮って、本にするべきだと言いだしたが、最初はピンとこなかった。その後、2003年にアメリカ占領下のイラクとクウェートに赴き、クウェート市のある家族と1週間分の食料の写真を撮った。ブッシュの外交政策にくみするようなことにはやる気が出ず、もっと意味のあることをしたいと思った。そのときになって、フェイスの言ったことは正しいと気がついた。肥満症が大きな問題として認識されつつある現代、栄養と食事についてレポートし、検証した本は、地球にとってきっと大きな意味のあるものにちがいない。

国の選択に際しては、すでにほかの仕事で訪れたことがある国だから選んだ場合もあるし、何か目新しいものを見てみたいという理由からの場合もあった。私たちはともにグリーンランドを訪れたことがなかったので、私はぜひ行ってみたいと思ったが、フェイスは寒そう、と言った。単に数合わせのために取材した国もある。南米の国をぜひ入れたかったので、エクアドルをラインナップに加えた。また、アフリカでもう1か国欲しくて、難民キャンプの暮らしも見てみたかったので、チャドに赴いた。

取材家族を見つける方法はさまざまだった。仕事仲間、通訳やコーディネイター、友人、タクシー運転手といった人を介してのこともあれば、たまたま道端で出会った人もいる。その国の典型的な人々を探してはいたものの、必ずしも統計上平均的な家族とは限らなかったし、本の内容に華を添えるために、シチュエーションやイベントを優先したものもある。インドのウジャインを訪れたのも、あの、実に奇妙で興味をそそられるクンブ・メラの祭りで盛り上がっていたからだった。

1つのプロジェクトの取材を、単独で行うのはまれだ。米ドルが弱いことも手伝って、旅費が高くつくので、同時にいくつもの仕事をこなす。そのため、撮影と取材は困難を極め、ややこしくなる。でも、決して退屈はしない。

フェイスと私は、あるときはシャム双生児のように、またあるときは、凶暴な妻と横暴な夫のごとく、息の合ったコンビでコラボレーションをしている。私は写真家である。と同時に、取材家族を探したり、裏方の実務をこなしたり、通訳や運転手を手配したりもする。フェイスはライターだ。それに加えて、インタビューや取材、フードスタイリング、現地での画像処理もする。そして文章を書き、本のかたちにする。彼女が自宅で執筆に取りかかると、料理はすべて私がこなす。フェイスはしかめっ面で仕事に集中しなければならないし、お腹が空くとなお凶暴になるからだ。

最初の8家族の撮影では、フジクロームの透明フィルムを使って、キヤノンとマミヤのカメラで撮った。その後のイラクとクウェートの撮影では、キヤノンのデジタルカメラに切り替えた。以来、ひとこまもフィルムでは撮影していない。私が使っているのは、キヤノンの1Dsや20Dで、おもにRAWモードで撮影している。デジタルカメラや、それに付随するコンピューター、外部記憶装置は、フィルムカメラよりかなり値は張るが、私はこのデジタル方式に大いに満足している。フィルムもフィルターも持ち運ばなくていいし、照明機材も少なくて済むからだ。ただし、30家族中27家族のポートレイトでは、フラッシュを使用した。何ケースもの照明が必要な場合もあって、フェイスは少なくとも3度は、重い照明機材を引きずって世界を旅している。

地球上のどこで仕事をするときも、過度な期待をせず、なじみのない食べ物や状況に広い心で接するのがコツだ。そうすれば、仕事はそれほど困難ではなくなる。私たちは長年、そうしてきた。以前、別の仕事で13か国で虫を食べたが、その体験を通して私たちは、自分の食の好みを知り、思いがけない味や食感（それに生きたまま虫を食べる方法も）を経験した。だから、いまでは未知のメニューだって朝めし前なのだ。

——ピーター

写真集に文章を添えるのは難しいものだ。ただ、ピーターの場合は、言葉が写真を補い、画面を完成させる役割をすることを理解している読者のために、本を作るのが好きなので助かっている。ある状況を説明するのに、もっと言葉を挟むスペースが欲しいと強く感じれば、私はそうしている。ピーターには迷惑な話かもしれないが、私はそうするほかない。

取材した30の家族について書くのに、決まったスタイルはなかった。おもしろいと思ったら、食べ物にあまり関係なくても書いた。1人の夫を共有するマリのパマとファトゥマタには非常に興味を引かれたので、きっと必要以上に書いていると思う。でも、2人が協力し合っているからこそ、家計が成り立っているのだった。彼女たちの方も、私の「夫1人妻1人」の暮らしに興味津々だった。

歴史のさなかで育ち、その体験が現在の家族の食事に影響しているとわかると、そのことにも触れた。ポーランドのマルツェナは、共産主義時代のポーランドで過ごした子どもの頃について雄弁に語り、自分の娘が、食事の心配をしなくていいことを当たり前のように思っているのが気がかりだ、と話した。私にも同じような経験がある。

この本を作るために訪れた24か国で、たっぷりインタビューと観察をし、それに基づいて家族の物語を書いた。あとから補足的なやりとりをすることもしばしばあった。「つながっている場所」とのやりとりの方が容易にはちがいないが、チャドのように遠く離れた場所でも、思うほどやりとりは困難ではなかった。Eメールやファクスとなると、援助団体以外使用できないだろうが、携帯電話は普及しつつある。私たちは、アベシェのクハミ・ハッサン・ジュマに電話をして、当地のミレットの現在の値段を訊ねられるし、彼の方も市場までひと走りして、ほんの2～3分で返事をしてくれる。

ピーターも私も、接続可能（つながっている）ということが、これほどすばらしいツールだとは思ってもみなかった。私はエクアドルのキトでパソコンの前に居ながらにして、ワルシャワのエヴァ・レドチョービッチ、沖縄のジョン・ツイ、台北の自宅にいる息子のジョシュと「おしゃべり」した。息子はそうして、私の文章をチェックしてくれていたのだ。私は「チャットルーム」は使用しない。それでは仕事がはかどらないからだが、1本の線で「つながっている」人たちが、この青い地球の上で、同時に同じ仕事をしていることを実感できる。そう思うと元気が出る。

食品リストをまとめるのはことのほか厄介で、本が仕上がる直前までかかった。細々したものは間違いも多くなりやすく、私たちは必死で校正作業をした。統計も同様だった。

私たちの本が長く人々の心に残るなら、それほどうれしいことはない。この仕事に協力してくれた友人のチャールズ・C・マンと、デビッド・グリフィンの適切なアドバイスがなければ、この本はできなかった。

——フェイス

参考文献

Brownell, Kelly D., Ph.D., and Katherine Battle Horgen, Ph.D., *Food Fight: The Inside Story of the Food Industry, America's Obesity Crisis, and What We Can Do About It*. New York: McGraw-Hill Companies Inc., 2004.

Cahill, Tim. *Pass the Butterworms: Remote Journeys Oddly Rendered*. New York: Villard Books, 1997.

Campbell, T. Colin, Ph.D. *The China Study: Startling Implications for Diet, Weight Loss and Long-term Health*. Dallas: Benbella Books, 2004.

Cherikoff, Vic. *The Bushfood Handbook: How to Gather, Grow, Process & Cook Australian Wild Foods*. Bornoria Park: Cherikoff Pty Ltd, 2000.

Child, Julia. *The Way to Cook*. New York: Alfred A. Knopf, Inc., 1989.

Cook, Christopher D. *Diet for a Dead Planet: How the Food Industry Is Killing Us*. New York: The New Press, 2004.

Cook, Guy. *Genetically Modified Language*. New York: Routledge, 2004.

Crosby, Alfred W., Jr. *The Colombian Exchange: Biological and Cultural Consequences of 1492*. Westport: Praeger Publishers, 2003.

Crosby, Alfred W. *Ecological Imperialism: The Biological Expansion of Europe, 900-1900*, 2nd ed. Cambridge: Cambridge University Press, 2004.

Cummins, Ronnie, and Ben Lilliston. *Genetically Engineered Food: A Self-Defense Guide for Consumers*, 2nd ed. New York: Marlowe & Company, 2004.

Dalby, Andrew. *Dangerous Tastes: The Story of Spices*. London: The British Museum Press, 2000.

Davidson, Alan. *The Oxford Companion to Food*. Oxford: Oxford University Press Inc., 1999.

Easterbrook, Gregg. *The Progress Paradox: How Life Gets Better While People Feel Worse*. New York: Random House, Inc., 2003.

Fisher, M. F. K. *The Art of Eating*. New York: Macmillan, 1990.

Halweil, Brian. *Eat Here: Reclaiming Homegrown Pleasures in a Global Supermarket*. New York: W. W. Norton & Company, Inc., 2004.

Jacobson, Michael F., Ph.D., and Jayne Hurley, RD. *Restaurant Confidential: The Shocking Truth About What You're Really Eating When You're Eating Out*. New York: Workman Publishing Company Inc., 2002.

Kaufman, Francine R., M.D. *Diabesity: The Obesity-Diabetes Epidemic That Threatens America, and What We Must Do to Stop It*. New York: Bantam Dell, 2005.

Kummer, Corby. *The Joy of Coffee: The Essential Guide to Buying, Brewing and Enjoying*, rev. ed. Boston: Houghton Mifflin, 2003.

Lambrecht, Bill. *Dinner at the New Gene Café How Genetic Engineering Is Changing What We Eat, How We Live, and the Global Politics of Food*. New York: Thomas Dunne Books, 2001.

Leonard, John. *The New York Times Guide to Essential Knowledge*. New York: St. Martin's Press, 2004.

McGee, Harold. *On Food and Cooking: The Science and Lore of the Kitchen*, rev. ed. New York: Scribner, 2004.

Menzel, Peter, and Faith D'Aluisio. *Man Eating Bugs: The Art and Science of Eating Insects*. Berkeley: Ten Speed Press, 1998.

Nestle, Marion. *Food Politics: How the Food Industry Influences Nutrition and Health*. Berkeley and Los Angeles: University of California Press, 2002.

Nestle, Marion. *Safe Food: Bacteria, Biotechnology, and Bioterrorism*. Berkeley and Los Angeles: University of California Press, 2003.

Pollan, Michael. *Second Nature: A Gardener's Education*. New York: Delta, 1992.

Pollan, Michael. *The Botany of Desire: A Plant's-Eye View of the World*. New York: Random House, Inc., 2002.

朝の冷気に包まれたブータン、ガンテ・ゴンパの僧院で、幼い僧侶が仏典を読む。

Safina, Carl. *Eye of the Albatross: Visions of Hope and Survival*. New York: Owl Books, 2003.

Safina, Carl. *Song for the Blue Ocean: Encounters Along the World's Coasts and Beneath the Seas*. New York: Owl Books, 1999.

Sale, Kirkpatrick. *The Conquest of Paradise: Christopher Columbus and the Columbian Legacy*. New York: The Penguin Group, 1990.

Schell, Ruppel Ellen. *The Hungry Gene: The Science of Fat and the Future of Thin*. New York: Atlantic Monthly Press, 2002.

Schlosser, Eric. *Fast Food Nation: The Dark Side of the All-American Meal*. New York: Houghton Mifflin, 2001.

Schwartz, Barry. *The Paradox of Choice: Why More Is Less*. New York: HarperCollins Publishers Inc, 2004.

Severson, Kim and Cindy Burke. *The Trans Fat Solution: Cooking and Shopping to Eliminate the Deadliest Fat from Your Diet*. Berkeley: Ten Speed Press, 2003.

Simoons, Frederick J. *Eat Not This Flesh: Food Avoidances from Prehistory to the Present*, 2nd ed. Madison: The University of Wisconsin Press, 1994.

Simoons, Frederick J. *Food in China: A Cultural and Historical Inquiry*. Boca Raton: CRC Press Inc., 1991.

Stewart, Jon, and Ben Karlin, and David Javerbaum. *America (The Book): A Citizen's Guide to Democracy Inaction*. New York: Warner Books, Inc., 2004.

Tannahill, Reay. *Food in History*. New York: Crown Trade Paperbacks, 1988.

The Worldwatch Institute. *State of the World 2005: Redefining Global Security*. New York: W. W. Norton & Company, Inc., 2005.

Toussaint-Samat, Maguelonne and Anthea Bell trans. *History of Food*. Cambridge: Blackwell Publishing, Ltd., 1994.

Willcox, Bradley J., M.D., and D. Craig Willcox, Ph.D., and Makoto Suzuki, M.D. *The Okinawa Program*. New York: Three Rivers Press, 2001.

24か国の統計一覧

	人口 (人)	人口密度 (人／km²)	面積 (km²)	都市人口 (%)	平均寿命 (歳、男性／女性)	出産率 (人、出産可能 女性1人当たり)	15歳以上の 識字率 (%、男性／女性)	平均所得 (1人当たりの平均年収) ／PPP	年間1人当たりの 医療費とそのGDP に占める割合 (円／%)	人口10万人 当たりの 医師の数(人)	安全な水の 入手可能人口 (%)	安全な衛生状態 の生活人口 (%)
オーストラリア	19,913,144	2.8	7,417,810	92	77.9/83.0	1.7	100.0/100.0	$20,822/28,260	205,438/9.2	247	100	100
ブータン	2,185,569	48.4	45,355	9	60.2/62.4	5.0	56.2/28.1	$695/1,300	1,062/3.9	5	62	70
ボスニア・ヘルツェゴビナ	4,007,608	81.2	49,340	45	69.3/76.4	1.3	98.4/91.1	$1,362/6,100	10,030/7.5	145	不明	不明
チャド	9,538,544	7.6	1,239,060	25	46.1/49.3	6.7	56.0/39.3	$240/1,020	590/2.6	3	27	29
中国	1,298,847,624	140.4	9,261,068	38	69.6/72.7	1.8	95.1/86.5	$989/4,580	5,782/5.5	164	75	40
キューバ	11,308,764	105.6	106,980	76	75.0/79.3	1.6	97.2/96.9	不明/2,900	21,830/7.2	596	91	98
エクアドル	13,212,742	48.4	273,635	62	67.9/73.5	2.8	94.0/91.0	$1,897/3,580	8,968/4.5	145	85	86
エジプト	76,117,421	78.8	966,400	42	65.3/69.0	3.3	68.3/46.9	$1,354/3,810	5,428/3.9	218	97	98
フランス	60,424,213	114.4	527,885	76	75.9/83.5	1.9	99.0/99.0	$24,061/26,920	248,862/9.6	330	不明	不明
ドイツ	82,424,609	239.2	344,525	88	75.6/81.6	1.4	99.0/99.0	$24,051/27,100	284,616/10.8	363	不明	不明
イギリス	60,270,708	255.2	236,250	89	75.8/80.5	1.6	99.0/99.0	$26,444/26,150	216,530/7.6	164	100	100
グリーンランド	56,384	0.04	2,090,273	83	64.0/70.0	2.45	不明	不明	309,396	146	100	>90
グアテマラ	14,280,596	136	105,080	47	63.1/69.0	4.4	78.0/63.3	$1,941/4,080	10,148/4.8	109	92	81
インド	1,065,070,607	335.6	3,172,525	28	60.1/62.0	3.0	70.2/48.3	$487/2,670	2,832/5.1	51	84	28
イタリア	58,057,477	119.6	290,688	67	76.8/82.5	1.2	99.0/98.3	$20,528/26,430	186,912/8.4	607	不明	不明
日本	127,333,002	349.2	364,610	66	78.4/85.3	1.3	99.0/99.0	$31,407/26,940	309,986/8.0	202	不明	不明
クウェート	2,257,549*	131.2	17,198	96	75.8/76.9	2.7	85.1/81.7	$15,193/16,240	63,366/3.9	160	不明	不明
マリ	11,956,788	10	1,196,600	33	43.9/45.7	7.0	53.5/39.6	$296/930	1,298/4.3	4	65	69
メキシコ	104,959,594	55.2	1,903,510	76	71.7/77.0	2.5	94.0/90.5	$6,320/8,970	43,660/6.1	156	88	74
モンゴル	2,751,314	2	1,509,373	57	60.1/65.9	2.4	98.0/97.5	$457/1,710	2,950/6.4	278	60	30
フィリピン	86,241,697	298	289,500	62	65.1/71.7	3.2	92.5/92.7	$975/4,170	3,540/3.3	115	86	83
ポーランド	38,626,349	128	301,740	62	70.6/78.7	1.3	99.8/99.7	$4,894/10,560	34,102/6.1	220	不明	不明
トルコ	68,893,918	91.6	753,260	67	67.9/72.2	2.4	94.3/78.7	$2,638/6,390	12,862/5.0	123	82	90
アメリカ合衆国	293,027,571	不明	9,294,318	80	74.6/79.8	2.1	97.0/97.0	$36,006/35,750	576,666/13.9	279	100	100

*291,354人の外国人を含む。　†35歳以上の成人型糖尿病のみ　‡米国基地内　**男女合計＞60％

1日1人当たりの カロリー摂取量 (kcal)	1日1人当たりの 動物性食品による カロリー摂取量 (kcal)	栄養不良人口 (%、2001年)	肥満人口 (%、男性／女性)	肥満症人口 (%、男性／女性)	20歳以上の 糖尿病人口 (%)	人間開発指数	マクドナルド の店舗数（軒）	1人当たりの 年間肉の消費量 (kg)	1人当たりの 砂糖および 甘味料の 年間可能補給量 (kg)	1人当たりの年間 アルコール消費量 (ℓ)	1人当たりの年間 たばこ消費量 (本)	18歳以上の 喫煙率 (%、男性／女性)	
3,054	1,032	不明	69.7/60.2	21.2/22.5	6.8	94.6	726	103.5	53.2	10.87	1,907	30.7/23.1	Australia
不明	不明	不明	34.0/44.7	5.3/13.1	3.5	53.6	0	3.3	不明	0.60	不明	不明	Bhutan
2,894	391	8	56.6/51.0	13.8/21.5	3.8	78.1	0	23.5	36.5	6.70	不明	54.6/31.5	Bosnia
2,114	140	34	10.4/17.1	0.3/1.3	2.8	37.9	0	15.5	8.8	0.21	160	19.7/3.1	Chad
2,951	618	11	27.5/22.7	1.0/1.5	2.4	74.5	546	57.5	8	5.45	1,791	58.9/3.6	China
3,152	387	11	55.2/57.0	12.3/20.7	6.0	80.9	1‡	35.5	68.5	3.61	1343	48.8/28.5	Cuba
2,754	502	4	40.2/50.9	6.1/15.4	4.8	73.5	10	49.5	53	1.73	232	31.9/7.4	Ecuador
3,338	255	3	64.5/69.7	22.0/39.3	7.2	65.3	40	24.8	33	0.47	1,275	47.9/1.8	Egypt
3,654	1,357	不明	44.1/33.4	7.2/6.1	3.9	93.2	973	111	44	14.07	2,058	42.6/33.9	France
3,496	1,070	不明	63.7/53.6	19.7/19.2	4.1	92.5	1,211	90.5	49	13.17	1,702	39.0/30.9	Germany
3,412	1,043	不明	62.5/58.8	18.7/21.3	3.9	93.6	1,110	87.5	48	10.19	1,748	34.6/34.4	Great Britain
不明	不明	不明	35.0/33.0	16.0/22.0	10†	不明	0	125	40.5	12.89	不明	60**	Greenland
2,219	204	25	53.2/61.1	13.1/25.0	2.7	64.9	38	26	45.3	2.02	609	24.5/3.7	Guatemala
2,459	189	21	15.0/13.7	0.9/1.1	5.5	59.5	46	5.5	27.1	1.07	129	34.6/3.4	India
3,671	952	不明	51.9/37.8	12.2/12.2	9.2	92.0	329	99.5	34.3	9.67	1,901	37.9/29.7	Italy
2,761	572	不明	25.3/18.6	1.5/1.5	6.7	93.8	3,891	48.5	32.3	5.83	3,023	52.5/12.4	Japan
3,010	525	4	69.5/76.6	29.6/49.2	9.8	83.8	37	66	40	0.11	3,026	35.7/2.7	Kuwait
2,174	208	21	12.8/26.1	0.4/3.4	2.9	32.6	0	21	11.2	0.29	233	26.9/4.7	Mali
3,145	611	5	64.6/65.6	20.3/31.6	3.9	80.2	261	64.5	54.6	4.24	754	36.5/14.3	Mexico
2,249	894	38	46.0/65.8	5.2/24.6	2.5	66.8	0	119.5	14.1	2.40	不明	46.2/7.3	Mongolia
2,379	373	22	21.7/25.4	1.1/2.8	7.1	75.3	236	34	30.9	3.50	1,849	59.6/13.8	Philippines
3,374	882	不明	50.7/44.3	12.9/18.0	4.1	85.0	200	86	49.7	8.74	2,061	51.5/27.9	Poland
3,357	318	3	47.9/65.4	10.8/32.1	7.3	75.1	81	21	28.4	1.66	2,394	51.1/18.5	Turkey
3,774	1,047	不明	72.2/69.8	32.0/37.8	8.8	93.9	13,491	137.5	79	9.58	2,255	27.8/22.3	USA

出典

24か国の統計一覧

人口：米国国勢調査局による。
面積：CIA World Factbook 2004による。
都市人口：国連経済社会局（UNDESA）統計課による。
中国は国連開発計画（UNDP）によるHuman Development Report 2004での報告。
平均寿命＊：世界保健機関（WHO）による。
出産率（出産可能女性１人当たり）＊：国連開発計画（UNDP）によるHuman Development Report 2004での報告。
15歳以上の識字率：CIA World Factbook 2004による。
ボスニアは国連開発計画（UNDP）によるHuman Development Report 2004での報告。
平均年収（１USドル＝118円で換算）：国連開発計画（UNDP）によるHuman Development Report 2004での報告。ブータン、ボスニア、キューバはCIA World Factbook 2004による。
１人当たりの年間医療費＊（１USドル＝118円で換算）：世界保健機関（WHO）による。
人口10万人当たりの医師の数＊：国連開発計画（UNDP）によるHuman Development Report 2004での報告。
安全な水の入手可能人口＊：国連開発計画（UNDP）によるHuman Development Report 2004での報告。
安全な衛生状態の生活人口＊：国連開発計画（UNDP）によるHuman Development Report 2004での報告。
１日１人当たりのカロリー摂取量：国連食糧農業機関（FAO）による。
栄養不良人口：国連開発計画（UNDP）によるHuman Development Report 2004での報告。
肥満人口＊：世界保健機関（WHO）による。
肥満症人口＊：世界保健機関（WHO）による。
20歳以上の糖尿病人口＊：世界保健機関（WHO）による。
人間開発指数：国連開発計画（UNDP）によるHuman Development Report 2004での報告。
マクドナルドの店舗数：McDonald's Corporation、www.McDonalds.comによる。
１人当たりの年間肉消費量：世界資源研究所（WRI）による。
１人当たりの砂糖および甘味料の年間可能補給量＊：国連食糧農業機関（FAO）による。
１人当たりの年間アルコール消費量＊：世界保健機関（WHO）による。
１人当たりの年間たばこ消費量：世界保健機関（WHO）による。
18歳以上の喫煙率＊：世界保健機関（WHO）による。
＊グリーンランドはこの国のチーフメディカルオフィサーより情報を入手。

国別統計のための補足参考文献

オーストラリア
人口：ブリスベンの都市圏人口：Australian Bureau of Statistics.による。
リバービューの人口：Queensland Department of Housingによる。
国土に占める砂漠の割合：University of New South Wales School of Biological Scienceによる。
羊と人間の比率：Meat and Livestock Australiaによる。
先住民の人口：www.countriesquest.comによる。
1777年の先住民の人口：Australian Government Culture and Recreation Portalによる。
先住民と非先住民との平均寿命の差：国連開発計画（UNDP）によるHuman Development Report 2004での報告。
ビッグマックの価格：The Economistによる。
2003年に食用および毛皮目的で商業捕獲されたカンガルー：Australia Department of the Environment and Heritageによる。

ブータン
自給自足農の割合：EM研究機構による。
標高3,000m以上の土地：国連食糧農業機関（FAO）による。
電力使用可能人口：BBC Newsによる。
テレビ局の数（1998/2005年）：BBC Newsによる。
外国人の個人観光客にかかる政府の関税：Bhutan Department of Tourismによる。

ボスニア・ヘルツェゴビナ
サラエボ人口：Bosnia and Herzegovina Federal Office of Statisticsによる。
サラエボ包囲での死者数：users.erols.com/mwhite28/warstat3.htmによる。
失業率：CIA World Factbook 2004による。
100,000人当たりの自殺率（戦前/戦後）：Space Dailyによる。

チャド
自給自足農および畜牛者人口：CIA World Factbook 2004による。
植樹園作物が植えられた土地：CIA World Factbook 2004による。
1960年にフランスから独立するまでの民族紛争の年数：World Factbook 2004による。
南チャドの石油埋蔵量：CIA World Factbook 2004による。
チャドへの石油供給年数（埋蔵量を現在のベースで使用、輸出しないものとして算出）：CIA World Factbook 2004による。
石油輸出量：CIA World Factbook 2004による。
電力使用可能世帯：African Energy newsletterによる。
舗装された公道：CIA World Factbook 2004による。

スーダン（ダルフール地方）
ダルフール地方の人口：International Crisis Groupによる。
ダルフールに留まる難民の人口比率：International Crisis Groupによる。
チャドに流れ込んだスーダン難民の人口：国際開発庁（USAID）による。
ブレイジング難民キャンプの人口：国連高等難民弁務官事務所（UNHCR）による。
難民キャンプでインタビューしたうち、家族が殺害されるところを目撃した人の割合：Coalition for International Justiceによる。
2004年のインド洋津波による死者数：Center of Excellence in Disaster Management and Humanitarian Assistanceによる。
2003年以降のダルフール虐殺による死者数：Coalition for International Justiceによる。
米国政府による2003年以降のダルフール地方への援助額：国際開発庁（USAID）による。
米国政府によるインド洋津波被災地域への援助額：Center of Excellence in Disaster Management and Humanitarian Assistanceによる。
チャド東部の難民キャンプ数：世界保健機関（WHO）による。
ダルフール地方の難民キャンプ数：国際開発庁（USAID）による。
スーダンからエジプトへの食用ラクダ年間輸出量：Al Ahram Weekly Onlineによる。

中国
北京都市圏人口：China Statistical Yearbook 2003による。
KFCの店舗数：Shenzhen Dailyによる。
ビッグマックの価格：The Economistによる。
１日250円未満で暮らす人口：国連開発計画（UNDP）によるHuman Development Report 2004での報告。
ピータンが最もおいしくなるのにかかる日数：www.kowloontraders.comによる。

中国農村部
農村人口（人数/世帯数）：Program on Energy and Sustainable Development, Stanfordによる。
中国の農業従事労働人口：Ministry of Agriculture of the People's Republic of Chinaによる。
肥満人口比率：ワールドウォッチ研究所による。
１人当たりの電力消費量比率：The Chinese Academy of Social Sciencesによる。
家計消費比率：China Statistical Yearbook 2003による。
自殺比率：Muzi Newsによる。
1998年前半に中国農村部で激高した農民たちが地方政府庁舎を包囲した、420件の抗議行動による死傷者数：Institute of International Relations, National Chengchi University, Taipei,TaiwanによるIssues & Studiesでの報告。
１人当たりの平均所得（農村部/都市部）：China Statistical Yearbook 2003による。
100家族当たりの冷蔵庫数：China and World Economyによる。
農村部の住宅エネルギー消費のうち、わら・紙・糞など、家庭から排出されるもので賄う割合：The Chinese Academy of Social Sciencesによる。
インターネット使用者比率：Ministry of Science and Technology of the People's Republic of Chinaによる。
農村部で殺人の手段として殺鼠剤が選ばれる順位：ニューヨークタイムズによる。

キューバ
ハバナ人口：www.citypopulation.deによる。
カストロが国家元首になったあとに生まれた人口：www.cubanet.orgによる。

エクアドル
先住民の人口：国連開発計画（UNDP）によるHuman Development Report 2004での報告。
エクアドルが米国ドルを法定通貨として正式に導入した年：CIA World Factbook 2004による。
火山の数：volcano.und.nodak.eduによる。
１日250円未満で暮らす人口：国連開発計画（UNDP）によるHuman Development Report 2004での報告。

エジプト
カイロ人口：www.citypopulation.deによる。
電力使用可能人口：Africa Energy Forumによる。
ビッグマックの価格：The Economistによる。
１日250円未満で暮らす人口：国連開発計画（UNDP）によるHuman Development Report 2004での報告。
エジプトへの輸入ラクダが食用になる割合：experts.about.comによる。

フランス
パリ都市圏人口：Institut National de la Statistique et des Etudes Economiques, Franceによる。
パリ人口のうち外国で生まれた人の割合：国連開発計画（UNDP）によるHuman Development Report 2004での報告。
１人当たりの年間ワイン／ソフトドリンク消費量：CBC News、www.nutraingredients.comによる。
１人当たりの年間チーズ消費量：中央酪農会議による。
ビッグマックの価格：The Economistによる。

ドイツ
１人当たりの年間ビール／ソフトドリンク消費量：The Guardianによる。
１人当たりの年間ソーセージ消費量：Euromonitor Global Information Databaseによる。
ビッグマックの価格：The Economistによる。

イギリス
ビッグマックの価格：The Economistによる。
フィッシュ＆チップスの店：www.plaiceandchips.co.ukによる。
フィッシュ＆チップスの店で出す魚の年間供給量：www.plaiceandchips.co.ukによる。

グリーンランド
先住イヌイット人口：Greenland in Figures 2003による。
１人当たりのデンマークからの年間支援受給額：CIA World Factbook 2003による。
氷に覆われていない土地：Greenland in Figures 2003による。
北極海の氷が10年間に溶ける割合：BBC Newsによる。
アルコールが原因で問題児収容施設に入ったことがある1960年以降生まれの人口：Danish Environmental Protection Agencyによる。
気温が氷点下になる年間平均日数：www.weatherbase.comによる。
週４回アザラシを食べる人口：Danish Environmental Protection Agencyによる。
タイタニック号がグリーンランドの氷山に衝突して沈没した年：www.factmonster.comによる。

グアテマラ
トドス・サントス・クチュマタン人口：www.cause.caによる。
先住民の人口：国連開発計画（UNDP）によるHuman Development Report 2004での報告。
農村部の電力使用可能世帯：

ENCOVI Living Standard Measurement Studyによる。
先住民と非先住民の平均寿命の差：国連開発計画（UNDP）によるHuman Development Report 2004での報告。
ビッグマックの価格：The Economistによる。
1日250円未満で暮らす人口：国連開発計画（UNDP）によるHuman Development Report 2004での報告。

インド
ウジャイン人口：Office of the Registrar General and Census Commissioner, Indiaによる。
ビッグマック（チキンマハラジャマック）の価格：The Economistによる。
世界に占めるベジタリアンのためのピザハットの割合：www.rediff.comによる。
1日250円未満で暮らす人口：国連開発計画（UNDP）によるHuman Development Report 2004での報告。
1998年に行われた核兵器実験の回数：www.infoplease.comによる。
2004年のインド洋津波による死者数：www.infoplease.comによる。

イタリア
パレルモ人口：Istituto Nazionale di Statistica, Italyによる。
1人当たりの年間パスタ消費量：http://www.personal.psu.edu/users/t/m/tmg203/group_project/index.htmによる。
ピザ店：www.arrivenet.comによる。
農業省が伝統の味を守るため本物のナポリタンピザを定義したことに関する記事：BBC Newsによる。

日本
東京都市圏人口：Statistical Handbook of Japan 2004 "外国人のための英文ハンドブック"（日本統計協会）による。
小平市人口：小平市による。
ビールの自動販売機の稼働時間が自主規制された年：www.jointogether.orgによる。
1人当たりの年間魚介類消費量：国連食糧農業機構（FAO）による。
ビッグマックの価格：The Economistによる。

日本、沖縄
読谷村人口：http://www.vill.yomitan.okinawa.jpによる。
第二次世界大戦中、沖縄戦で戦死した米兵の数：www.globalsecurity.orgによる。
第二次世界大戦中、沖縄戦で戦死した日本兵の数：

www.globalsecurity.orgによる。
第二次世界大戦中、沖縄戦で死亡した一般市民の数：www.globalsecurity.orgによる。
沖縄に駐留する米兵の数：Marine Corps Timesによる。
本島における米軍基地の占める割合：Okinawa Peace Network of Los Angeles http://www.uchinanchu.orgによる。
都市部人口：沖縄県ホームページ http://www.pref.okinawa.jpによる。
平均寿命：厚生労働省による。
長寿の世界順位：沖縄百寿研究による。
100,000人当たりの百寿人口：沖縄百寿研究による。
主要先進国における100,000人当たりの百寿人口：沖縄百寿研究による。
百寿人口のうち女性の占める割合：沖縄百寿研究による。
50歳未満の肥満率、および肝臓病、心臓病、早死する確率の全国順位：沖縄県福祉保健部統計情報課による。
コラム「長寿の秘訣」：沖縄国際大学、沖縄長寿科学研究センター・鈴木信による。

クウェート
クウェート市人口：www.citypopulation.deによる。
人口に占める外国人の割合：CIA World Factbook 2004による。
選挙権をもつ国民の割合：CIA World Factbook 2004による。
不毛の砂漠：cp.settlement.orgによる。
海水から塩分を除いて供給される水：www.gulflink.osd.milによる。
半塩水の地下水から供給される水：www.gulflink.osd.milによる。
食料輸入率：Kuwait Information Officeによる。
輸出される石油：Kuwait Information Officeによる。
ビッグマックの価格：The Economistによる。

マリ
法定貧困レベルを下回る生活をしている人口：CIA World Factbook 2004による。
遊牧民の割合：CIA World Factbook 2004による。
農民または漁師の割合：CIA World Factbook 2004による。
砂漠または半砂漠の土地：CIA World Factbook 2004による。
農村部の電力使用可能世帯：地球環境ファシリティー（GEF）による。
1日250円未満で暮らす人口：国連開発計画（UNDP）によるHuman Development Report 2004での報告。

メキシコ
クエルナバカ人口：Instituto Nacional de Estadistica Geografia e Informatica, Mexによる。
先住民の人口：国連開発計画（UNDP）によるHuman Development Report 2004での報告。
1人当たりの年間トルティーヤ消費量：www.signonsandiego.comによる。
ビッグマックの価格：The Economistによる。
ウォルメックスが経営する店舗の数：The Christian Science Monitorによる。
1人当たりのコカコーラ消費量の世界順位：ワールドウォッチ研究所。
1日250円未満で暮らす人口：国連開発計画（UNDP）によるHuman Development Report 2004での報告。

モンゴル
ウラーンバートル人口：National Statistical Office of Mongoliaによる。
放牧に使用される土地：国連食糧農業機構（FAO）による。
ゲルに住む人口：Mongolia National Statistical Officeによる。
家畜の頭数：www.freedomhouse.orgによる。
1999年夏から2002年冬にかけての干ばつおよびゾド（厳冬）で死んだ家畜の数：www.freedomhouse.orgによる。
世界で最も寒い首都順位：アジア開発銀行による。
ソ連が経済支援を打ち切った年：CIA World Factbook 2004による。
1日250円未満で暮らす人口：国連開発計画（UNDP）によるHuman Development Report 2004での報告。

フィリピン
海外在住、海外勤務のフィリピン人の人数：The Occidental Quarterlyによる。
マニラ都市圏人口：www.absoluteastronomy.comによる。
ジョリビーの店舗数：http://www.jollibee.com.phによる。

ビッグマックの価格：The Economistによる。
1日250円未満で暮らす人口：国連開発計画（UNDP）によるHuman Development Report 2004での報告。

ポーランド
第二次世界大戦で殺害されたポーランド人：Polonia Global Fundによる。
コンスタンチン・イェジョルナ人口：www.ville-st-germain-en-laye.frによる。
1795年以降ポーランドが国として存在しなかった年数：freepages.genealogy.rootsweb.comによる。
ポーランドがソ連の支配下に置かれた年数：www.lewrockwell.comによる。
ビッグマックの価格：The Economistによる。

トルコ
イスタンブール人口：State Institute of Statistics, Republic of Turkeyによる。
トルコが政教分離国家になってからの年数：CIA World Factbook 2004、www.eurasianet.orgによる。
ビッグマックの価格：The Economistによる。
1日250円未満で暮らす人口：国連開発計画（UNDP）によるHuman Development Report 2004での報告。

アメリカ合衆国
1人当たりのソフトドリンク年間消費量（うちコカコーラ社製品）：www.mattonigranddrink.comによる。
マクドナルドの食材年間仕入れ量：ニューヨークタイムズによる。
すべての集約畜産農場で採れる肥料：Animal Alliance of Canadaによる。
人糞年間排出量：Animal Alliance of Canadaによる。
家庭生ゴミ年間排出量：www.endhunger.orgによる。
家庭生ゴミ年間処理費：Medical News Todayによる。
家庭生ゴミ年間処理費の食品購入額に対する割合：Medical News Todayによる。
遺伝子組み換え成分を含む加工食品の割合：Associated Pressによる。
遺伝子組み換え品種として栽培される割合（大豆／とうもろこし）Associated Pressによる。
年間脂肪吸引手術件数：ワールドウォッチ研究所。
年間胃バイパス手術件数：ニューヨークタイムズによる。
納税者における肥満関連の医療費支出の割合：Center for Disease Controlによる。
恒常的ダイエット実践者の割合：National Eating Disorders Associationによる。
ダイエットおよびダイエット関連商品への年間支出額：National Eating Disorders Association.
あらゆるダイエット実践者における1〜5年以内のリバウンド率：National Eating Disorders Associationによる。

スリランカ、ガレウェラに立つ市場の露天商が、穀物と香辛料のかたわらでゆったり客待ちをする。

執筆者略歴

補足取材および翻訳：
Fiona Rowe
（オーストラリア、ブリスベン）
Abakar Saleh
（チャド、ンジャメナ）
Khamis Hassan Jouma
（チャド、アベシェ）
Joshua N. D'Aluisio-Guerrieri
（中国、北京）
Owaldo Muñoz
（エクアドル、キト／シミアトゥグ）
Karina Bernlow
（グリーンランド、イトコルトールミト）
John Tsui
（日本、那覇）
Elaine Capili
（フィリピン、マニラ）
Neha Diddee
（インド、ウジャイン／バラナシ／ムンバイ）
Tuvshin Mend
（モンゴル、ウラーンバートル）
Dorota Waśniewska、Ewa Ledochowicz
（ポーランド、ワルシャワ）
Ferit Kayabal
（トルコ、イスタンブール）

アルフレッド・W・クロスビー
Alfred W. Crosby

アルフレッド・W・クロスビー博士は、テキサス大学史学科を退官後、博士の唯一の交通手段である自転車で、ナンタケット島のツーリングを楽しんでいる。これまで多数の論文を発表しているほか、有名な『The Columbian Exchange』、『Ecological Imperialism』など7冊の本を書いている。メディカル・ライター協会賞、フィー・ベータ・カッパ協会エマーソン賞受賞。フィンランド・アカデミー、米国芸術科学アカデミー、アメリカ哲学学会会員。現在、人間性と活力に関する本を執筆中。

フェイス・ダルージオ
Faith D'Aluisio

フェイス・ダルージオは、『続・地球家族　世界20か国の女性の暮らし』の著者であり、ピーター・メンゼルとの共著に『Man Eating Bugs: The Art and Science of Eating Insects』、『Robo Sapiens: Evolution of a New Species』がある。テレビニュースの番組プロデューサーの経歴をもち、ドキュメンタリー、ニュース番組で、テキサス・ヘッド・ライナー財団、UPI通信社、AP通信社、ラジオ・アンド・テレビニュースディレクターズ協会から地方賞、全国賞を受賞している。

ジョシュア・N・ダルージオ・グエルリエーリ
Joshua N. D'Aluisio-Guerrieri

ジョシュア・N・ダルージオ・グエルリエーリは、カリフォルニア大学バークレー校卒業後、中国を数年間放浪し、現在は北京と台北に在住。フリーの通訳・翻訳家、また、アメリカほかインターナショナルな雑誌、企業のコーディネイターとして中国全土を飛び回る。

フランシーン・カウフマン
Francine R. Kaufman

フランシーン・カウフマンは、著書『Diabesity』の中で、糖尿肥満症を、予防できるが命取りにもなる病気と位置づけ、その危険性に対する行動を呼びかけている。そのアドバイスは、家庭や学校から医療制度、政府まで、さまざまな段階ごとに細部に渡る。アメリカ糖尿病協会の元会長。現在は、サウス・カリフォルニア大学医学部小児科の教授、ロサンゼルス小児病院の糖尿病・内分泌学センターの所長を務める。

コービー・クマー
Corby Kummer

コービー・クマーは1981年以来、『アトランティック・マンスリー』編集主幹を務める。この雑誌のほか、『ニューヨーク・タイムズ』、『グルメ』に寄稿した作品によって、食に関する最も信頼のおけるライターの1人となる。著書に『The Pleasures of Slow Food:Celebrating Authentic Traditions, Flavors, and Recipes』、『The Joy of Coffee: The Essential Guide to Buying, Brewing, and Enjoying』がある。

チャールズ・C・マン
Charles C. Mann

チャールズ・C・マンは、『アトランティック・マンスリー』、『サイエンス』の通信記者である。『朝日新聞』、『GEO』、『ニューヨーク・タイムズ』、『パノラマ』、『スミソニアン』、『ワシントン・ポスト』など、アメリカ、ヨーロッパ、アジアの雑誌、新聞の仕事もしている。共著が4冊あるほか、最新作にコロンブス以前の新大陸について新たな真実を解き明かした『1491』がある。「地球家族（マテリアルワールド）」シリーズの編集者兼協力者。

ピーター・メンゼル
Peter Menzel

ピーター・メンゼルは、科学や環境に関する国際的な報道で有名なカメラマンである。数々の賞に輝く彼の写真は、『ライフ』、『ナショナル・ジオグラフィック』、『スミソニアン』、『ニューヨーク・タイムズ』、『タイム』、『ステルン』、『GEO』、『ル・フィガロ』に掲載されている。『地球家族　世界30か国のふつうの暮らし』の起草者、ディレクター、主要カメラマンであり、『続・地球家族　世界20か国の女性の暮らし』の起草者である。フェイス・ダルージオとの共著に、『Man Eating Bugs: The Art and Science of Eating Insects』、『Robo Sapiens: Evolution of a New Species』がある。www.menzelphoto.com

マリオン・ネスル
Marion Nestle

マリオン・ネスルはニューヨーク大学栄養食品学科教授で、Ph.D.、M.P.H.（公衆衛生学修士）。著書に受賞作『Food Politics: How the food Industry Influences Nutrition and Health（邦題：フード・ポリティクス―肥満社会と食品産業）』、『Safe Food: Bacteria, Biotechnology, and Bioterrorism』がある。www.foodpolitics.com

マイケル・ポラン
Michael Pollan

マイケル・ポランは『Second Nature』、『A Place of My Own』、ニューヨーク・タイムズ紙ベストセラーの『The Botany of Desire』がある。数々の受賞歴があり、その作品は『Norton Book of Nature Writing』、『Best American Essays』、『Best American Science Writing』といった多くのアンソロジーに収録されている。『ニューヨーク・タイムズ』の仕事をするかたわら、カリフォルニア大学バークレー校でジャーナリズムの教鞭を執る。エコロジーと食の倫理をテーマにした『The Omnivore's dilemma: A Natural History of Four Meals』を刊行したばかり。

カール・サフィーナ
Carl Safina

カール・サフィーナは、海を愛して大きくなった。Ph.D.をもつ。『Song for the Blue Ocean』、『Eye of the Albatross』など多数の著書があり、共著に『Seafood Lover's Almanac』がある。ピュー・フェローシップ、世界自然保護基金（WWF）からシニア・フェローシップを授与されているほか、ラナン文学賞、ジョン・バロウズ作家メダル、マッカーサー賞を受賞。海とのもっと緊密な関係を呼びかけるブルーオーシャン・インスティテュート代表。
http://safinacenter.org

メキシコ、オアハカのイタノーニというトルティーヤの店では、土釜で焼いた手作りのトルティーヤを売っている。この店では、地元の栽培者と契約して、どんどん少なくなる在来品種のとうもろこしを仕入れている。オアハカは世界的なとうもろこしの産地で、遺伝子プールと呼ばれるほど。

謝辞

世界中に散らばる24もの国々に暮らす人々をテーマとしたこの本は、何百人もの人々の助けがなければ、とうていかたちにできなかった。すべての人々に感謝する。また、家を開放し、心を開き、冷蔵庫の扉を開けて、この本に協力してくれた家族には、特に深い感謝の気持ちをお受け取りいただきたい。

Editorial and design：David Griffin and Charles C. Mann.

Book production：Liddy Tryon, Joshua N. D'Aluisio-Guerrieri, Hui-ling Sun, Carla Crawford, Susan D'Aluisio, Loren Van Krieken, Adam Guerrieri and Evan Menzel.

Copyediting：Charles C. Mann and Katherine H. Wright.

Special thanks to：Ruth Eichhorn and GEO magazine, Germany; Nozomu Makino and NHK TV, Japan; Elizabeth Olson, P&G, USA; Kathleen Strong and Chizuru Nishida, World Health Organization; Sissi Marini, UNDP, New York; Aida Albina and Cedric Bezin, UNHCR, Abeche.

Ten Speed Press：Phil Wood, Lorena Jones, Julie Bennett, Nancy Austin, Hal Hershey, Gonzalo Ferreyra, Erika Bradfield, Lisa Regul.

Copia, the American Center for Wine, Food, and the Arts：Betty Teller, Deborah Gangwer, Neil Harvey.

Pictopia：Mark Liebman, Bryan Bailey, James Cacciatore, Bo Blanton. www.pictopia.com.

Website：Bo Blanton.

Peter Menzel Photography staff, recent past and present：Liddy Tryon, Sheila DS Foraker, Nicole Elwood, Colleen Leyden D'Aluisio.

Australia
Fiona Rowe
Kelly Debono
Val Brown
Bernadette Jeffries
Vic Cherikoff
Beryl Van Oploo
Norma Scott-Molloy

Bhutan
Brent Olson at Geographic Expeditions：www.GeoEx.com
Ugen Rinzen at Yangphel Travels：www.yangphel.com
Karma Lotey
Yangzom
Yosushi Yugi
Jigme Singye
Tshering Phuntsho
Sha Phurba Dorji
Chato Namgay

Bosnia
Mirha Kuljuh
Mr. Oska
Sheila DS Foraker
Nedzad Eminagic
Arina and Nadja Bucalovic
Lokman Demirovic
Alexandra Boulat

Chad
Aida Albina
Cédric Bezin
Willem Botha
Colin Pryce
Guy Levine
Colin Sanders
Jean Charles Dei
Taban Lokonga
Stefano Porotti
Khamis Hassan Jouma
Eduardo Cué
Nancy Palus
Moustapha Abdelkarim
Hassane Mahamat Senoussi
Stefanie Frease
Abakar Saleh

China
Angela Yu
Joshua N. D'Aluisio-Guerrieri
Leong Ka Tai
Juliet Hsu

Cuba
Alberto D. Perez
Oswaldo Hernandez
Georgina Torriente
Kenji Fujita
Emilio Reyes

Ecuador
Oswaldo Muñoz at www.nuevomundotravel.com
David Muñoz
Pablo and Augusto Corral Vega
Cornelia at Simiatug Sinai

Egypt
Mounir and Wagdi Fahmy
Mona Abdel Zaher
Mohamed Bakr of Mitsco Languages and Translation：http://mitsco.org

France
Isabelle and Pierre Gillet
Annie Boulat and Cosmos
Olivier Dumont
Patrice Lanoy
Delphine Le Moine
Edward Arckless
Rémi Blemia

Germany
Ruth Eichhorn
Venita Kaleps
Peter-Matthias Gaede
Christiana Breustedt
Uta Henschel
Nadja Masri
Peter C. Hubschmid
Peter Ginter
Thomas and Susanne Borchert

Great Britain
Philippe Achache
Zute Lightfoot
Michael and Caroline Martin

Greenland
Knud Brinkløv Jensen
Lars Pederson
Karina Bernlow and Marten Munck at Nanu Travel：www.nanu-travel.com
Kathleen Cartwright at Arcturus Expeditions：www.arcturusexpeditions.co.uk

Guatemala
Naomi Robertson
Pablo Perez
Eve Astrid Andersson

Iceland
Björn Thoroddsen
Linda Gunnlaugsdottr

India
Neha Diddee
Susan Welchman
Manoj Davey
William Allard
Kathy Moran

Italy
Fabio Artusi
Bartolo Usticano
Grazia Neri

Japan
Hui-ling Sun
Toyoo Ohta
Lina Wang
John Tsui
Asaka Barsley
Hsiu-lin Wang
Hirofumi Ando

Kuwait
Bill Kalis
Michel Stephenson
Haider Farman
Larry Flak
Brian Krause
Aisa BouYabes
Sara Akbar

Mali
Patricia Minn
Kone Lassine
Albert Gano
Sékou Macalou

Mexico
Juan Espinosa
Agustin Gutierrez
Angélica Pardiñas Romero
Mauricio Casteñeda
Jorge Vasquez Villalón
T. Boone Hallberg
Amada Ramirez Leyva
Lea Gabriela Fernandez Orantes
Irma Ortiz Perez

Mongolia
Tanya Suren
Tuvshin Mend

Philippines
Elaine Capili
Peter Ginter

Poland
Ewa, Borys, and Ola Ledochowicz
Dorota and Bartek Waśniewscy
Malgorzata Maruszkin
Albert Krako

Turkey
Ferit Kayabal
Ugurlu Yaltir
Sezgi & Feriye

USA
Ray Kinoshita
Melanie Lawson
John Guess
Dawn D'Aluisio
Karen and Bob Prior
Malena Gonzales-Cid
Lisa Kuny
Ellie Menzel
Linda and Ron Junier
Ruben Perez
Paul Franson
Brian Braff
Nicole David
Miriam Hernandez
Andrew Clarke
Linda Dallas
Billy and Kimberly Campbell
Philip Greenspun
Michael Hawley
JP Caldwell, for taking care of Oscar during our many absences

左：フェイス・ダルージオ。インドネシア、パプアにて、ヤリ族のエルガンデグマとともに。
右：ピーター・メンツェル。北京の通りでヒトデの揚げ物の味と歯ごたえを吟味し、これはとても食べられない、と思う。

地球の食卓
世界24か国の家族のごはん

発　　　行	2006年5月30日　初版第 1 刷発行
	2019年3月30日　初版第10刷発行
著　　　者	ピーター・メンツェル＋フェイス・ダルージオ
翻　　　訳	みつじまちこ
編 集 協 力	有限会社ジャッジ
発 行 者	加藤 徹
発 行 所	TOTO出版（TOTO株式会社）
	〒107-0062 東京都港区南青山1-24-3 TOTO乃木坂ビル2F
	［営業］　TEL: 03-3402-7138　FAX: 03-3402-7187
	［編集］　TEL: 03-3497-1010
	URL: https://jp.toto.com/publishing
ブックデザイン	有限会社ジャッジ
印刷・製本	株式会社サンニチ印刷

落丁本・乱丁本はお取り替えいたします。
本書の全部又は一部に対するコピー・スキャン・デジタル化等の無断複製行為は、著作権法上での例外を除き禁じます。本書を代行業者等の第三者に依頼してスキャンやデジタル化することは、たとえ個人や家庭内での利用であっても著作権上認められておりません。
定価はカバーに表示してあります。

©2006　Peter Menzel & Faith D'Aluisio/Uniphoto Press International Inc.

Printed in Japan
ISBN978-4-88706-269-6

最後のひと口。ブータン、ワンディ・フォダンにて。